BAND III

DIE GRÖSSTEN DEUTSCHEN DER WM-GESCHICHTE

1930 – 2006

10

WM-FINALE 1954 *Im Fokus der internationalen Fotografen reicht Deutschlands Kapitän Fritz Walter (Mitte) am 4. Juli vor dem Endspiel im Berner Wankdorfstadion dem walisischen Linienrichter Mervyn Griffiths die Hand. »Auf ein gutes Spiel.« Schiedsrichter William Ling (England) beobachtet die Szene. Der ungarische Spielführer Ferenc Puskás posiert noch einmal für ein Fotodokument. Rechts: der zweite Linienrichter, Vincenzo Orlandini aus Italien. Deutschland siegt 3:2*

WM-FINALE 1974 *Schiedsrichter Jack Taylor (Mitte) hat im Münchner Olympiastadion zur Seitenwahl gebeten. Der Engländer, Deutschlands Kapitän Franz Beckenbauer (Nr. 5), sein Pendant auf holländischer Seite, Johan Cruyff, und Linienrichter Ramón Barreto Ruiz aus Uruguay (mit dem Spielball in der Hand) verfolgen am 7. Juli um kurz vor vier Uhr nachmittags den Flug der Münze. Holland hat um 16.02 Uhr Anstoß und führt nach einer Minute 1:0. Deutschland gewinnt noch 2:1*

0117

WM-FINALE 1990 *Lothar Matthäus und Diego Armando Maradona, die Kapitäne Deutschlands und Argentiniens, führen ihre Mannschaften beim Aufstieg aus den Katakomben auf das Spielfeld des Olympiastadions von Rom. Es ist der 8. Juli, kurz vor 20 Uhr. Ihnen folgen die Torhüter Bodo Illgner und Sergio Goycoechea. Andreas Brehme, der goldene Torschütze zum 1:0 für Deutschland, geht noch im Untergeschoß – vor Pierre Littbarski und hinter Jürgen Kohler*

Weltbild Buchverlag
–Originalausgaben–

Steinerne Furt 67, 86167 Augsburg und SPORT BILD, Hamburg

Herausgeber: Pit Gottschalk
Redaktionelle Leitung: Christian Tuchtfeldt
Art Director: Leif Schindel
Layout & Produktion: Jan Krummrey, Helmut Plumeyer
Fotoredaktion: Jan Becker, Mario Thielemann,
Christian Gelhausen, Corinna Schmidt, Deert Jacobs
Texte: Hardy Grüne, Folke Havekost, Raimund Hinko, Udo Muras,
Gerhard Pietsch, Frank Quednau, Utz Rehbein, Tobias Schild,
Ulrika Sickenberger, Volker Stahl, Andreas Wittner
Schlußredaktion: Volker Roggatz, Andreas Kusel, Kai-Uwe Günther
Dokumentation: Jörg Hobusch, Mathias Janßen, Till Burmeister,
Jörn Eilers, Nils Feicht, Stefan Gerken, Thomas Hampel,
Udo Lindner, Dennis Sukowski, Thomas Wiedenhöfer

Projektleitung Weltbild: Gerald Fiebig
Repro: Imagepool / Susanne Kreher
Printed in Germany
ISBN 3-89897-385-9

Um in Deutschland ein Star zu werden, kommt es nicht allein darauf an, Erfolge zu feiern. Sonst wären viele Landsleute, die Starruhm beanspruchen, Prinz in der Provinz. Maßgeblich kommt es darauf an, wie sich jemand präsentiert – und wenn er dann verliert, nun gut, verkraftet man das schnell. Wie 1970 in Mexiko. Wohl nie war eine deutsche Nationalmannschaft beliebter als die Elf um den jungen Beckenbauer, die am Ende nicht Weltmeister wurde, sondern nur – in Anführungszeichen – Dritter. Sie war beliebt, weil dort den Ursprung fand, was erst viel später als deutsche Tugend bezeichnet wurde: die Pflicht, in aussichtsloser Situation nie, nie, nie aufzugeben. Nicht, wenn man 0:2 gegen England zurückliegt oder 0:1 gegen Italien – das erste Spiel drehte man auf 3:2, im zweiten Spiel wurden Helden geboren, trotz der Niederlage (3:4). Das dritte WM-Buch von SPORT BILD erzählt eine ganze Reihe von Spielen, die Deutschland legendär machten. Und leider kommen auch wir nicht daran vorbei, die Kehrseite darzustellen – die Zeiten, in denen deutsche Teams ihr Heimatland beschämten. So 1982 in Spanien. Alle Hoffnung auf eine gute Weltmeisterschaft war längst dahin, die Wut daheim stieg mit jedem Tag. Bis Frankreich im Halbfinale der Gegner war, und Klaus Fischer mit Fallrückzieher das 3:3 schaffte, Deutschland doch im Elfmeterschießen gewann. So wollen wir die deutsche Nationalmannschaft immer erleben: kämpferisch, nie aufgebend. Dann sind Rückschläge leichter zu ertragen. Die Vorbilder finden Sie und die Spieler in der WM-Geschichte einfach unter den 249 deutschen WM-Spielern. Und, hoffentlich, bei der Weltmeisterschaft 2006! Viele vergnügliche Lesestunden wünscht Ihnen

Pit Gottschalk, Chefredakteur SPORT BILD

177

26

61

108

KAPITEL 1

KAPITEL 2

173

110

98

201

KAPITEL 3

laus Augenthaler·Franz Beckenbaue
Hölzenbein·Horst-Dieter Höttges·Jürg
e Littbarski·Sepp Maier·Lothar Matt
g Overath·Helmut Rahn·Hans Schäf

WM-FINALE 1974 *Rainer Bonhof (l.) schirmt den Ball gegen René van de Kerkhof ab. Es läuft die zweite Halbzeit im Finale, nach der Pause ist der Holländer für Rob Rensenbrink ins Spiel gekommen. Deutschland verteidigt den 2:1-Vorsprung mit Glück und Geschick und einem überragenden Torwart Sepp Maier*

·Paul Breitner·Jürgen Grabowski·Be
en Klinsmann·Werner Kohlmeyer·Pi
äus·Max Morlock·Gerd Müller·Wolf
r·Rudi Völler·Berti Vogts·Fritz Walte

Kapitel 1

DIE GRÖSSTEN DEUTSCHEN DER WM-GESCHICHTE

Drei deutsche Mannschaften gewannen den WM-Titel. Die »Helden von Bern« erlangten Kultstatus, die Weltmeister von 1974 stritten ums Geld, das Team von 1990 ist das populärste nach dem von 1954. Diese Mannschaften, ihre Spieler und Trainer haben große deutsche Fußball-Geschichte geschrieben

Weltmeister 1954
Seite_016

Weltmeister 1974
Seite_040

Weltmeister 1990
Seite_064

WM-FINALE 1954 *Die Stadionuhr zeigt die achte Spielminute an, als Deutschland mit 0:2 in Rückstand gerät. Nach einem Mißverständnis zwischen Torwart Toni Turek und Werner Kohlmeyer (Mitte), die von Sándor Kocsis (r.) unter Druck gesetzt werden, prallt der Ball zu Zoltán Czibor (nicht im Foto), der mühelos einschiebt. Auf dem Weg zum Mittelanstoß feuern sich die deutschen Spieler gegenseitig an, es beginnt eine bis heute einzigartige Aufholjagd. Nie mehr gewann eine Mannschaft den Titel, die im Endspiel mit zwei Toren zurücklag*

LONGINES

DIE WELTMEISTER 1954

Hinten von links: Bundestrainer Sepp Herberger, Masseur Erich Deuser, Gunter Baumann, Herbert Ehrhardt, Alfred Pfaff, Richard Herrmann, Werner Kohlmeyer, Heinz Kubsch, Helmut Rahn, Werner Liebrich, Horst Eckel, Fritz Walter, Hans Schäfer, Hans Bauer, Herbert Schäfer. Vorn: Gerhard Harpers, Fritz Laband, Ulrich Biesinger, Richard Gottinger, Jupp Posipal, Josef Röhrig, Bernhard Klodt, Toni Turek, Max Morlock, Karl Mai, Paul Mebus, Karl-Heinz Metzner, Heinrich Kwiatkowski. Das Foto wurde am 29. Mai in der Sportschule München-Grünwald aufgenommen. Ottmar Walter fehlt. Harpers, Gottinger, Röhrig, Baumann und Herbert Schäfer wurden nicht nominiert. Für die WM qualifizierte sich die Mannschaft in Europa-Gruppe 1 als Erster (7:1 Punkte) vor dem Saarland, trainiert vom späteren Bundestrainer Helmut Schön, und Norwegen

16. Juni – 4. Juli

SCHWEIZ 1954

Teilnehmer (16): Belgien, Brasilien, Deutschland, England, Frankreich, Italien, Jugoslawien, Mexiko, Österreich, Schottland, Schweiz, Südkorea, Tschechoslowakei, Türkei, Ungarn, Uruguay

Weltmeister: Deutschland
Torschützenkönig: Sándor Kocsis (Ungarn), 11 Tore

Eine Million bei Festzug in München

Spieler müssen für die WM unbezahlten Urlaub nehmen ++ Nur zwei Deutsche genießen internationales Ansehen: Fritz Walter und Jupp Posipal ++ Herberger regiert von seinem Hotelzimmer am Ende des Flures ++ Rahn zunächst nur Ersatz ++ Morlock erzielt drei Tore im Entscheidungsspiel gegen die Türkei – Deutschland ist nach 7:2 im Viertelfinale ++ Bundestrainer findet passende Mannschaft erst im Halbfinale gegen Österreich. Deutschland zeigt bestes Spiel im Turnier und gewinnt 6:1 ++ 4. Juli erster Festtag der jungen Bundesrepublik ++ 25 000 Deutsche empfangen Helden auf dem Bahnsteig in Singen ++ Eine Million Menschen bei Triumphzug in München ++

DAS SPIEL IST AUS *Nach erster verhaltener Freude rennen die deutschen Spieler zu den Zuschauern und lassen sich von ihnen feiern. Bundestrainer Sepp Herberger (l.) schaut emotionslos zu. Vorn rechts mit der Rückennummer 16: Kapitän Fritz Walter*

»WIR WAREN KEINE ELF, WIR WAREN 22«

Das Geheimnis der Mannschaft, die den ersten WM-Titel nach Deutschland holte. Die Helden von Bern sind Kult

Keine Fußball-Nationalmannschaft ist im Bewußtsein der Deutschen stärker verwurzelt als die von 1954. Das gilt bis heute, obwohl die wenigsten sie noch haben spielen sehen. Die Helden von Bern sind seit Jahren Kult.
Es ist nicht anzunehmen, daß über die Weltmeister-Teams von 1974 und 1990 jemals ein Kinofilm gedreht wird. Die Geschichte der Weltmeister von 1954 aber wurde verfilmt. Im Herbst 2003 kam »Das Wunder von Bern« in die Kinos, das Regisseur Sönke Wortmann in den zeitgeschichtlichen Zusammenhang setzte und somit überhöhte. Das Epos faszinierte Millionen Besucher in den Lichtspielhäusern. Es ist auch kaum anzunehmen, daß jemals wieder eine Fußballreportage auf CD gepreßt und einen solchen Kultstatus erlangen wird wie jene von Radio-Kommentator Herbert Zimmermann am 4. Juli 1954. Seit über 50 Jahren wissen die Deutschen, was »Fritz-Walter-Wetter« ist, daß Toni Turek ein »Fußballgott« war und daß Helmut Rahn sein drittes Tor »aus dem Hintergrund« schoß.
2004, 50 Jahre nach dem 3:2-Triumph über die für unschlagbar gehaltenen Ungarn, erschienen allein in Deutschland 19 Bücher rund um die WM. Was aber wissen wir eigentlich über diese Elf? >

ECKEL ARBEITETE 9 STUNDEN AM TAG

› Anfang 2006 lebten nur noch drei Männer der Endspiel-Elf – es waren Horst Eckel, Ottmar Walter und Hans Schäfer.
Und wie war es möglich, daß sie Weltmeister wurden?
Zuerst wird stets der Teamgeist, der legendäre »Geist von Spiez«, genannt. »Triumph deutscher Fußballkameradschaft!« titelte das Sportmagazin nach dem Finale. Das scheint es eher zu treffen als die Mär von den elf Freunden. Auch wenn nicht zuletzt ihr Erfolg den Journalisten Sammy Drechsel 1955 zu dem Jugendroman »Elf Freunde müßt ihr sein« inspirierte. Den hat wohl jeder deutsche Junge einmal gelesen.
Glaubt man Horst Eckel, dann »waren wir keine Elf, sondern wir waren 22«. Nach heutigen Begriffen gab es noch keine Stars, weil die Zeit es nicht duldete. Alle waren sie Amateure. Eckel arbeitete neun Stunden am Tag. ›

5. WM-ENDRUNDE

Gruppe 1

16.6.	Lausanne	Jugoslawien – Frankreich	1:0
16.6.	Genf	Brasilien – Mexiko	5:0
19.6.	Lausanne	Brasilien – Jugoslawien	1:1 n.V.
19.6.	Genf	Frankreich – Mexiko	3:2

Gruppe 2

17.6.	Bern	Deutschland – Türkei	4:1
17.6.	Zürich	Ungarn – Südkorea	9:0
20.6.	Basel	Ungarn – Deutschland	8:3
20.6.	Genf	Türkei – Südkorea	7:0

Entscheidungsspiel

23.6.	Zürich	Deutschland – Türkei	7:2

Gruppe 3

16.6.	Bern	Uruguay – Tschechoslow.	2:0
16.6.	Zürich	Österreich – Schottland	1:0
19.6.	Basel	Uruguay – Schottland	7:0
19.6.	Zürich	Österreich – Tschechoslow.	5:0

Gruppe 4

17.6.	Lausanne	Schweiz – Italien	2:1
17.6.	Basel	England – Belgien	4:4 n.V.
20.6.	Lugano	Italien – Belgien	4:1
20.6.	Bern	England – Schweiz	2:0

Entscheidungsspiel

23.6.	Basel	Schweiz – Italien	4:1

Viertelfinale

26.6.	Lausanne	Österreich – Schweiz	7:5
26.6.	Basel	Uruguay – England	4:2
27.6.	Bern	Ungarn – Brasilien	4:2
27.6.	Genf	Deutschland – Jugoslawien	2:0

Halbfinale

30.6.	Lausanne	Ungarn – Uruguay	4:2 n.V.
30.6.	Basel	Deutschland – Österreich	6:1

Spiel um Platz 3

3.7.	Zürich	Österreich – Uruguay	3:1

Finale

4.7.	Bern	Deutschland – Ungarn	3:2

1. Spiel Vorrunde

DEUTSCHLAND – TÜRKEI 4:1

17. Juni 1954, 18 Uhr Ortszeit, Wankdorfstadion, Bern

Schiedsrichter: *da Costa (Portugal).*
Tore: *0:1 Suat (2.), 1:1 Schäfer (14.), 2:1 Klodt (52.), 3:1 O. Walter (60.), 4:1 Morlock (84.).*
Zuschauer: *24 458.*

1 Toni Turek

Daß er 1954 wirklich der beste deutsche Torwart war, wurde gelegentlich bezweifelt. Dazu leistete sich der Mann von Fortuna Düsseldorf zu viele Leichtsinnsfehler. Jedenfalls war er der populärste, die Leser-Wahl des Kicker zum »Torwart des Jahres 1953« gewann Turek mit 15 013 Stimmen. In der Elf von Bern war Turek mit 35 Jahren der Älteste. Herberger schätzte es, daß er auch Bälle aus nächster Nähe festhalten konnte. Seinen besten Tag hatte Turek im Viertelfinale gegen Jugoslawien, seine Sternstunde im Finale. Drei Monate später bestritt er sein letztes Länderspiel, seine Karriere beendete er mit 37 Jahren bei Borussia Mönchengladbach.

2 Fritz Laband

Der Verteidiger hatte vor seiner Flucht 1950 über die grüne Grenze einige inoffizielle Spiele für die DDR bestritten. Für die Bundesrepublik absolvierte der Neu-Hamburger vor der WM nur ein Länderspiel, auf seiner Position war der Stuttgarter Erich Retter vorgesehen. Dessen Verletzung verdankte Laband seine WM-Teilnahme. Und als auch Liebrich ausfiel, stand er plötzlich in der Elf. »Nur Laband scheint ein Spieler wirklicher internationaler Klasse«, lobte Gazzetta dello Sport. Gegen Jugoslawien spielte er etwas schwächer, und da Herberger noch einen Platz für Posipal suchte, opferte er für ihn Laband. So kam er nur zu vier Länderspielen.

AUTOKORSO *In München feiern eine Million Menschen die Helden von Bern. Selbst in die Baugerüste auf dem Marienplatz sind die Fans geklettert. Die Spieler genießen die Ovationen in ihren offenen Mercedes-Limousinen*

3 Werner Kohlmeyer

Sie nannten ihn »Kohli«, und alle mochten ihn. Der linke Verteidiger aus Kaiserslautern war bei Herberger trotz heftiger Experten-Kritik gesetzt. Er fehlte nur beim 7:2 gegen die Türkei verletzt. Der rundliche Mann mit dem schütteren Haar war reaktionsschnell, er rettete öfter für Turek auf der Linie. »Felsblock Kohlmeyer«, titelte der Kicker nach dem Finale. Sein gutes Stellungsspiel zeichnete ihn immer aus, aus der Ruhe brachte ihn wenig. Nach der Karriere hatte Kohlmeyer kein Glück, Scheidung und Alkohol warfen ihn aus der Bahn. Er mußte seine Weltmeister-Medaille versetzen, zog wieder bei der Mutter ein und arbeitete als Pförtner.

4 Hans Bauer

Der erste Weltmeister des FC Bayern spielte in der Schweiz eine Nebenrolle, die er aber sportlich nahm. Er hatte viel Schlimmeres erlebt, war mit 18 in französischer Kriegsgefangenschaft an Typhus erkrankt. Bis zur WM hatte der linke Verteidiger nur zwei Länderspiele gegen Luxemburg bestritten – das letzte 1952. In der Schweiz verdankte er es Herbergers Strategie und Kohlmeyers angeschwollenem Zeh, daß er zu zwei weiteren Länderspielen kam. Nach dem 7:2 gegen die Türkei war das Turnier für Bauer beendet, anscheinend auch die Karriere im Nationaldress. Erst nach der WM 1958 holte ihn Herberger zurück – für ein Spiel.

»WIR SIND WIEDER WER«

Herberger (l.) und Hans Schäfer lesen im Hotel Belvédère Glückwunsch-Telegramme. Vor ihnen steht der WM-Pokal

Historiker wie Artur Heinrich bezeichnen das Wunder von Bern als »die eigentliche Gründung der Bundesrepublik«. Zwar existierte der Staat schon fünf Jahre, doch kennzeichneten Niedergeschlagenheit und Mangel die ersten Jahre. Stolz war niemand. Von den Siegermächten besetzt und geteilt, entmilitarisiert und materiell demontiert, lebten Millionen Menschen mit der Sorge um Angehörige und Freunde im jeweils anderen Deutschland – und viele tausend noch in Kriegsgefangenenlagern. ***So darf der Triumph von Bern als erstes schönes Gemeinschaftserlebnis für die Deutschen gelten*** *– übrigens auch in der DDR. Das Schlagwort jener Tage hieß: »Wir sind wieder wer.« Innenminister Gerhard Schröder (CDU, nicht verwandt mit dem späteren SPD-Bundeskanzler) sagte den Spielern: »Ihr Sieg in Bern hat uns ein echtes und reines Gemeinschaftsgefühl geschenkt; es hätte in der gegenwärtigen Zeit kaum aus einem schöneren Anlaß geschehen können.« Entsprechend war der Empfang. Beim ersten planmäßigen Halt des Sonderzugs auf deutschem Boden bevölkerten 25 000 Menschen den Bahnsteig von Singen. In München strömten rund eine Million Münchener zusammen, als die Spieler in elf offenen Mercedes-Wagen zum offiziellen Empfang in den Löwenbräu-Keller gebracht wurden.*

HERBERGER
KÜRZTE PRÄMIE

> Er war Feinmechaniker bei Nähmaschinen Pfaff. Toni Turek arbeitete als Sportlehrer in einem Gefängnis. Einige, wie die Walter-Brüder, Karl Mai oder Max Morlock, waren Selbständige, als Pächter von Wäschereien, Tankstellen, Schreibwarengeschäften und Lottoannahmestellen. Die WM-Teilnahme bedeutete für sie erst einmal Verdienstausfall. Einige mußten unbezahlten Urlaub nehmen, worüber 10 Mark Tagegeld nicht hinweghalfen. Keiner von ihnen hatte Werbeverträge. Daß ihre Porträts als Abziehbilder in Zigarettenalben klebten, war das höchste der Gefühle. Nur über Fritz Walter war schon eine Biographie erschienen, im Jahr 1953. International war diese Mannschaft mit im Schnitt 6,7 Länderspielen unbekannt. Kein Wunder: Es war ihr erstes Turnier nach Kriegsende 1945 und der Europapokal noch nicht erfunden.

Überregionales Ansehen genossen nur zwei Spieler: Kapitän Fritz Walter, der als einziger schon vor dem Krieg Länderspiele bestritten hatte, und mit Abstrichen Jupp Posipal, der 1953 einmal in der Weltauswahl spielen durfte. Selbst in Deutschland waren die meisten Spieler nur in der eigenen Region bekannt.

Es gab in den meisten Haushalten keinen Fernseher und noch keine Bundesliga. So sahen viele Menschen, die in den Tagen nach dem WM-Triumph an den Bahnsteigen, in den Innenstädten und Festsälen zusammengeströmt waren, ihre Weltmeister zum ersten Mal. Auch diese Tatsache trug zum Mythos der Berner Elf bei. Je weniger man wußte, desto stärker bedurfte es der Phantasie. Einer aber wußte alles. Bundestrainer Sepp Herberger, der Chef. Er war der Architekt des Berner Wunders und für die noch Befehl und Gehorsam gewohnten Spieler eine Vaterfigur. Die in ihrer Fürsorge sogar so weit ging, die vom DFB-Präsidium spontan ausgelobte Titelprämie von 5000 Mark pro Kopf auf 1000 Mark zu reduzieren, plus 200 Mark pro Einsatz. Es galt, am Boden zu bleiben. >

2. Spiel Vorrunde

UNGARN – DEUTSCHLAND 8:3

20. Juni 1954, 16.50 Uhr Ortszeit, St.-Jakob-Stadion, Basel

Schiedsrichter: *Ling (England).*
Tore: *1:0 Kocsis (3.), 2:0 Puskás (17.), 3:0 Kocsis (21.), 3:1 Pfaff (25.), 4:1 Hidegkuti (50.), 5:1 Hidegkuti (55.), 6:1 Kocsis (68.), 7:1 J. Tóth (75.), 7:2 Rahn (77.), 8:2 Kocsis (78.), 8:3 Herrmann (84.).*
Besonderes Vorkommnis: *Puskás verletzt ausgeschieden (61.).*
Zuschauer: *55 531.*

5 Herbert Erhardt

Die WM in der Schweiz kam für den Verteidiger zu früh, er wurde nicht eingesetzt. Der Linksfuß hatte die ungünstigste Ausgangsposition, kam weder an Werner Kohlmeyer noch am linken Mittelläufer Karl Mai vorbei. Allerdings überlegte Herberger kurz, den Mann von der Spielvereinigung Fürth im Finale statt Kohlmeyer einzusetzen. Einen kleinen Anteil am Erfolg hatte »Ertl« dennoch: Im wichtigen Qualifikationsspiel gegen das Saarland debütierte er 1953 in der Nationalmannschaft. Herberger hielt große Stücke auf den Fürther, dem er später zu 50 Länderspielen verhalf, darunter zehn bei den nächsten beiden Weltmeisterschaften.

6 Horst Eckel

Der mit 22 Jahren jüngste Spieler in der Weltmeister-Elf verdankte sein Glück wesentlich der Fürsprache Fritz Walters, seines Förderers und Freundes. Eckel war zwar nicht annähernd so talentiert, galt aber als sehr unbequemer Gegenspieler, dem niemand davonlief. Mit nur 65 Kilogramm war er das Leichtgewicht im Team. Man nannte ihn »Windhund«. Als rechter Läufer bestritt Eckel alle sechs Turnierspiele. Im Finale erlitt der Gegenspieler von Stürmerstar Hidegkuti eine Rißwunde am Oberschenkel, hielt aber durch. 1958 gehörte Eckel zu den vier verbliebenen Berner Helden, die Herberger in seinen WM-Kader für Schweden berief.

LÜCKENBÜSSER *Beim Vorrundenspiel gegen Ungarn mußte Heinrich Kwiatkowski ins deutsche Tor. Er kassierte acht Gegentore. Nach sechs weiteren in seinem zweiten WM-Spiel, 1958 gegen Frankreich, beendete er seine Nationalmannschafts-Karriere frustriert*

7 *Jupp Posipal*

Der Sohn einer Ungarin und eines Rumänen erhielt erst 1951, kurz nach seinem Länderspiel-Debüt, die deutsche Staatsbürgerschaft – ein kurioser Formfehler. Der HSV-Verteidiger und Fritz Walter galten als einzige Weltklassespieler im DFB-Kader. 1953 lief Posipal sogar in der Weltauswahl auf, wofür er umgerechnet 12 000 Mark erhielt. Bei der WM bereitete er Sorgen: Posipal verzichtete nach der Vorrunde auf seinen Einsatz gegen Jugoslawien. Er war angeschlagen, in einer Formkrise und fühlte sich auf der Stopper-Position unwohl. So setzte ihn Herberger auf den Posten des rechten Verteidigers, auf dem er auch Weltmeister wurde.

8 *Karl Mai*

Wenn sich seine Frau Else nicht um die Toto-Lotto-Annahmestelle gekümmert hätte, wäre »Charly« Mai wohl nie Weltmeister geworden. So hat er es selbst erzählt. Mit Fußball war damals kein Geld zu verdienen, »wir waren noch zu 80 Prozent Idealisten«. Herberger gefiel die Einstellung des linken Läufers aus Fürth, der vor der WM kein Stammspieler war. Er sah sogar darüber hinweg, daß Mai auf dem Zimmer mit Posipal mal eine Zigarette rauchte. Im Finale schaltete Mai den WM-Torschützenkönig Sandor Kocsis aus. Um es mit Mai zu sagen, der Herberger in der Kabine fragte: »Na, Chef, hab' ich den Kocsis g'schnupft?«

NUR HELDEN VON BERN BESCHENKT

Geschenk für jeden Spieler: ein Fernseher der Firma Graetz. Hans Schäfer posiert

Nach dem Finale überreichte Fifa-Ehrenpräsident Jules Rimet Fritz Walter neben dem Pokal eine Kiste mit zwölf Medaillen. Elf für die Spieler, eine für den Trainer. Doch das entsprach nicht dem Geist von Spiez. Alle sollten sich als Weltmeister fühlen. Herberger gab seine Medaille an »meinen wertvollsten Ersatzmann« Berni Klodt weiter, Fritz Walter ließ nach der Rückkehr noch zehn Exemplare anfertigen. Beim Empfang der fünf Kaiserslauterer in ihrer Heimatstadt schloß Walter seine Rede mit den Worten: »Nicht fünf, nicht einmal elf, sondern alle 22 haben gemeinsam mit Bundestrainer Herberger die Weltmeisterschaft errungen.« Das Bemühen adelte die Protagonisten des Erfolgs, ***aber in der öffentlichen Wahrnehmung spielten die Reservisten schon bald keine Rolle mehr****. Das Silberne Lorbeerblatt verlieh Bundespräsident Theodor Heuss am 18. Juli 1954 noch dem ganzen Kader, und alle bekamen einen Reisekoffer von Innenminister Gerhard Schröder und ein Fernsehgerät. Die größten Unterschiede machten Gönner, die sich eben mit den »echten Weltmeistern« schmücken wollten. So reiste am 29. Juli 1954 nur die Berner Elf mit Herberger nach Dingolfing, um sich zwölf Goggo-Motorroller abzuholen. Diese Tendenz verfestigte sich: Zu Prominentenspielen wurde in den sechziger Jahren nur noch die Elf von Bern geladen.*

SPRECHCHÖRE GEGEN HERBERGER

> Sepp Herberger sorgte für eine klare Hierarchie. Von den 22 Männern, die am 11. Juni in Karlsruhe in den Zug nach Basel stiegen, wußten neun, daß sie die meisten Spiele von der Tribüne aus verfolgen würden. Auswechslungen waren verboten. Aufgebäumt hat sich keiner von ihnen. »Herberger war ein großartiger Psychologe, der es mit Genialität verstand, 22 Spieler unter einen Hut zu bringen«, lobte Außenläufer Karl Mai. Der Kern der Stammelf sprach Pfälzisch, was dem Dialekt des Mannheimers Herberger ähnelte. Die Blockbildung aus Spielern des 1. FC Kaiserslautern gilt als ein Schlüssel des Erfolgs. Unumstritten aus diesem Quintett war aber lediglich Fritz Walter, doch dessen Naturell sträubte sich gegen die zugewiesene Rolle des Anführers. Sepp Herberger aber stärkte die Position des Kapitäns und sagte den jüngeren Spielern oft: »Schauen Sie zuerst, was der Fritz macht.« Aber ob es richtig war, ihm einen Horst Eckel, Werner Liebrich und Werner Kohlmeyer zur Seite zu stellen und ihm mit Bruder Ottmar im Sturm sogar Familienanschluß zu sichern – darüber stritten viele leidenschaftlich.
Erst recht nach dem 23. Mai 1954, als Hannover 96 in Hamburg den FCK im Endspiel um die Deutsche Meisterschaft nicht nur entthronte, sondern deklassierte. Nach dem letzten Tor, dem 5:1, nutzte das Publikum die Gelegenheit für eine Art Plebiszit. Immer lauter rief es spöttisch-provokativ: »Herberger, Herberger!« In dem Wissen, daß der Bundestrainer auf der Tribüne saß. Der hörte sich das eine Weile an, dann stand er auf und ließ die sofort einsetzenden Pfiffe mannhaft über sich ergehen.
Sein Aufgebot, das er bereits zu einem ersten Lehrgang in München-Grünwald geladen hatte und am 26. Mai 1954 zusammenzog, blieb unverändert.
Doch das Debakel von Hamburg wog schwer im Reisegepäck der Lauterer. Herberger wußte Rat. Zu dem sensiblen Fritz Walter legte er den leutseligen Essener Helmut Rahn aufs Hotelzimmer. >

Entscheidungsspiel um Platz 2 in der Vorrunde
DEUTSCHLAND – TÜRKEI 7:2
23. Juni 1954, 18 Uhr Ortszeit, Hardturmstadion, Zürich

***Schiedsrichter:** Vincentini (Frankreich). **Tore:** 1:0 O. Walter (5.), 2:0 Schäfer (12.), 2:1 Mustafa (21.), 3:1 Morlock (30.), 4:1 Morlock (60.), 5:1 F. Walter (62.), 6:1 Morlock (77.), 7:1 Schäfer (79.), 7:2 Lefter (84.). **Besonderes Vorkommnis:** Cetin verletzt ausgeschieden (50.). **Zuschauer:** 16 484.*

9 Paul Mebus

Der rechte Läufer aus Köln, mit 34 Jahren ältester Feldspieler im Kader, kam an Eckel nicht vorbei. Seine WM-Teilnahme verdankte er auch der Tatsache, daß der Solinger Gerhard Harpers im Trainingslager in Grünwald ausgerissen war, um ein Bier zu trinken. Die harte Vorgehensweise von Herberger erfuhr Mebus am eigenen Leib bei der WM, wo er nur einmal spielte: beim 3:8 gegen Ungarn. Weil er danach unter der Dusche fröhlich gesungen hatte und später seinen Frust im Alkohol ertränkt haben soll, blieb er fortan außen vor. Mebus fühlte sich dennoch als Weltmeister und hielt bei der Ehrung des 1. FC Köln eine kleine Rede.

10 Werner Liebrich

Der Kaiserslauterer hatte erst drei Länderspiele bestritten, als die WM begann. Die Krise von Jupp Posipal eröffnete Liebrich, den sie in der Heimat wegen seiner Haarfarbe »de Rot« (der Rote) riefen, die Chance zum ewigen Ruhm. Er bestritt vier Partien, fehlte nur in beiden Türkei-Spielen. Seine Mitspieler nannten ihn »der kleine Fahrer«, weil er so resolut und rustikal spielte wie sein älterer Bruder Ernst. Der war beim FCK »der große Fahrer«. In der Schweiz stand er zunächst am Pranger, weil er Ungarns Puskás beim 3:8 verletzt hatte. Liebrich, 1965 für drei Monate Bundesligatrainer des FCK, wurde zum besten Stopper der WM gewählt.

GROSSER TAG *Im Wiederholungsspiel gegen die Türkei erzielt Max Morlock drei Tore. Deutschland gewinnt 7:2 Rechts: Verteidiger Dirimlili Basri*

11 Karl-Heinz Metzner

Der Mittelfeldspieler von Hessen Kassel ist einer der unbekanntesten Weltmeister, da er nicht zum Einsatz kam und nach dem Turnier von Herberger nicht mehr berufen wurde. So blieb es bei zwei Länderspielen für Metzner, den sie wegen seiner spektakulären Spielweise »Gala« riefen. Der Bundestrainer hatte Metzner schon 1941 entdeckt und zu einem Lehrgang eingeladen, der Krieg machte eine vielversprechende Karriere kaputt. Metzner kam an die Front und erlitt eine schwere Handverletzung. Die Füße aber blieben gesund, und mit ihnen zauberte er so sehr, daß ihn Herberger als Ersatz für Karl Mai nominierte.

12 Helmut Rahn

Es mag sein, daß Rahn nicht zu den zehn besten Fußballern Deutschlands gehört, aber gewiß zu den zehn bekanntesten. Sein Tor zum 3:2 im Finale hat ihn unsterblich gemacht, die anderen neun WM-Treffer (sechs davon 1958) verblassen dagegen. Der Essener, erst 24 Jahre alt, wurde »der Boss« genannt – angeblich weil er angab, daß er eben im Angriff der Boss sei. Rahn zeichnete eine ausgefeilte Schußtechnik aus, die ihm zu Toren aus unmöglichsten Winkeln verhalf. Mit beiden Füßen. Auf rechtsaußen war Rahn zweite Wahl hinter Klodt, kam aber nach Fürsprache von Fritz Walter gegen Jugoslawien ins Team und nutzte die Chance.

BIER AUS MILCHGLÄSERN

> Rahn nannten sie wegen seines forschen Auftretens nur »den Boss«. Daß dem Ersatz-Rechtsaußen noch eine wichtigere Rolle zukommen sollte, als der Muntermacher von Fritz Walter zu sein, ahnte niemand.
Auch die weitere Zimmerbelegung folgte mit Bedacht. Herberger legte nach Möglichkeit immer zwei Spieler eines Mannschaftsteils zusammen, so »daß sie sich bis in die letzten Träume hinein noch fachlich unterhalten können«, wie Fritz Walter später süffisant berichtete.
Der Chef regierte mit sanfter Strenge. In Zimmer 313 im Hotel Belvédère in Spiez am Thunersee, 35 Kilometer vom Berner Wankdorf-Stadion entfernt, schien er alles mitzubekommen, was auf der Etage vor sich ging. Als sich Ottmar Walter und Werner Liebrich eines Abends zu später Stunde im Zimmer noch eine Flasche Bier gönnen wollten, schaute Herberger herein, ehe sie einen Schluck genommen hatten. Er wünschte nur freundlich: »Laßt's euch schmecken, Männer.«
»Das kann doch nicht wahr sein«, seufzte Ottmar Walter.
Man konnte Herberger nichts vormachen. In der Sportschule Grünwald hatten die Spieler im geheimen Einverständnis mit dem Barkeeper ihr Bier aus Milchgläsern getrunken. Herberger ließ es mit wissendem Lächeln geschehen und sagte nur: »Na, Männer, trinkt ihr wieder eure Milch?«
Spieler berichteten, sie hätten Herberger nie laut werden hören, auch habe er nie etwas verboten. Doch er war die Autorität in Person, sein Erscheinen genügte. Wenn er sagte: »So, ich geh' jetzt ins Bett«, war das ein Signal, es ihm gleichzutun.
Nur einmal, nach dem grandiosen Halbfinale gegen Österreich (6:1), provozierten sie in aufgeräumter Stimmung seinen Unwillen. Sepp Herberger verabschiedete sich um zehn Uhr abends, mußte aber noch zweimal in den Aufenthaltsraum kommen und nachdrücklich »Gute Nacht allen!« wünschen. >

Viertelfinale
DEUTSCHLAND – JUGOSLAWIEN 2:0
27. Juni 1954, 17 Uhr Ortszeit, Stade les Charmilles, Genf

***Schiedsrichter:** Zsolt (Ungarn).*
***Tore:** 1:0 Horvat (10., Eigentor), 2:0 Rahn (86.).*
***Besonderes Vorkommnis:** Vukas verletzt ausgeschieden (50.).*
***Zuschauer:** 16 190.*

13 Max Morlock

Nur der Gewinn der WM bewahrte ihn vor einem handfesten Ehekrach. Nürnbergs Fußball-Idol hatte bereits eine Italien-Reise gebucht, die er mit seiner Frau Inge am Tag nach dem Viertelfinale antreten wollte. Sie fiel ersatzlos flach, und den nächsten Urlaub gab es erst im Juli 1964, als sich die Kameraden zur 10-Jahres-Feier trafen. Daß es nichts wurde mit den Ferien, lag wesentlich an ihm selbst: Nicht Rahn oder einer der Walter-Brüder, sondern der kopfballstarke Morlock erzielte die meisten deutschen Tore (6). Sein wichtigstes ist das 1:2 im Finale. Bekannt war Morlock für seinen Spruch »Heute machen wir einen schönen Wirbel«.

14 Bernhard Klodt

Der Rivale von Helmut Rahn galt als Vorzeige-Reservist. Herberger gab dem kleinen Bruder des Ex-Nationaltorwarts Hans Klodt aus Anerkennung für dessen Teamfähigkeit seine Siegermedaille. Nach dem Finale sprang der Schalker Rechtsaußen, wie angekündigt, in voller Montur in den Thunersee. Er konnte sich mit den anderen freuen, obwohl er nur zwei Vorrundenspiele bestreiten durfte. Da er in der Qualifikation nicht eingesetzt wurde, hatte er ohnehin keine hohen Erwartungen. Die aber stiegen, als Klodt im Auftaktspiel gegen die Türken das 2:1 erzielte. Bei der WM 1958 war er im entscheidenden Moment wieder nur Reservist.

SECHS MILLIONEN SAHEN KINO-WUNDER

Das offizielle Filmplakat von Sönke Wortmanns »Das Wunder von Bern«

*Wie groß die Nachfrage nach den Fußball-Heldentaten ist, wies Sönke Wortmann 2003 nach: Mit seinem Film »Das Wunder von Bern« traf der Regisseur den Publikumsgeschmack zielgenau. **Sechs Millionen Deutsche erlebten den Höhepunkt der Nachkriegszeit im Kino.** Wortmann hatte eine gefühlvolle Mischung aus Spielfilm und Dokudrama auf die Leinwand gezaubert. Die Geschichte des kleinen Fußball-Versagers Mattes, der unter den psychischen Aussetzern seines aus Gefangenschaft heimgekehrten Vaters leidet, rührte an. Ins Kino geströmt aber war das Publikum wegen des parallel verlaufenden Handlungsstranges um Mattes' großen Ruhrpott-Kumpel Helmut Rahn, der vom Ersatzmann zum Star aufsteigt. Wiedererkennung garantiert: Die Spielszenen des Endspiels hat Wortmann penibel vor computeranimiertem Hintergrund nachspielen lassen. In den Rollen der Bern-Helden agieren Fußballer mit Ober- bis Regionalliga-Format. Die legendären Herberger-Sprüche werden, erzählerisch gekonnt, einer Putzfrau in den Mund gelegt: »Der Ball«, souffliert sie dem Bundestrainer auf dem Hotelflur in Spiez ins Ohr, »ist rund.« Rahn erlebte die Hommage nicht mehr: Zwei Tage vor der ersten Pressevorführung, am 13. September 2003, verstarb er im Alter von 73 Jahren.*

BOOTSAUSFLUG *Toni Turek, Hans Bauer, Richard Herrmann und Ulrich Biesinger (v. l.) brechen zu einer Rudertour auf den Thunersee auf. Freizeitvergnügen im Jahr 1954*

15 *Ottmar Walter*

Nach seinem Debüt gab ihm Sepp Herberger die Hand und sagte nur: »Danke, Ottmar!« Der jüngere der Walter-Brüder hatte den Chef nicht enttäuscht bei der Nachkriegs-Premiere der Nationalelf im November 1950. Seitdem war der Mittelstürmer des FCK dabei, kam auf 21 Länderspiele und erzielte zehn Treffer, vier davon in fünf Einsätzen bei der WM. Die Familienbande garantierten ihm einen Stammplatz. Es machte dem gelernten Automechaniker wenig aus, daß er im Schatten seines begnadeten Bruders stand. Zumal das nicht in jeder Hinsicht galt: Im Team riefen sie »Ottes« auch »Siegesmund«, weil er angeblich der Schönste war.

16 *Fritz Walter*

Er war als Kapitän die rechte Hand des Bundestrainers. Heute würde man ihn einen Superstar nennen, damals war Walter nur ein großer Könner ohne jegliche Allüren. Die Mitspieler verehrten ihn geradezu. Von seiner Laune und Form war der Erfolg abhängig. Ein Antreiber war er nicht, weil viel zu sensibel und bescheiden. Er ging mit Leistung voran und erntete euphorische Kritiken. Schon vor der WM wollte ihn Atlético Madrid für 200 000 Mark Handgeld verpflichten. Er sagte ab. Als Halblinker erzielte er drei Tore, darunter zwei Elfmeter gegen Österreich. Zwei Tage nach dem Endspiel wurde er zum ersten Ehrenspielführer des DFB ernannt.

DENKMÄLER FÜR EINIGE SPIELER

Das Fritz-Walter-Stadion am Betzenberg in Kaiserslautern

Das Stadion trägt seinen Namen, am Eingang steht eine Büste von Fritz Walter, und es gibt auch eine Straße in seiner Heimatstadt, die an den Kapitän der Elf erinnert. Das Marathon-Tor im Fritz-Walter-Stadion ist nach seinem Bruder Ottmar benannt. Ein Denkmal für die Walter-Brüder, Liebrich, Kohlmeyer und Eckel ist in Planung.
Kaiserslautern hat seine Weltmeister nicht vergessen. Und die anderen Städte? In Essen steht seit Mai 2004 eine 176 Zentimeter hohe Bronzestatue von Helmut Rahn, also in Originalgröße. Sie wurde von der BILD am SONNTAG gestiftet. Nürnberg ehrte den anderen Final-Torschützen, Max Morlock, schon im Mai 1995. Der Platz vor dem Frankenstadion ist nach ihm benannt, zudem eine Straße in Neufahrn/Freising.
Die Straße, die an Toni Turek erinnern soll, wurde in Düsseldorf 2004 zwar benannt, aber nie gebaut und das Schild wieder eingelagert. Fürth ehrte Karl Mai, indem die Stadt 2004 eine Bezirkssportanlage nach ihm umbenannte.
Und auch der Name des Bundestrainers lebt weiter: In Mannheim und Weinheim spielen sie in Sepp-Herberger-Stadien, ***in Dutzenden Gemeinden im ganzen Bundesgebiet gibt es Sepp-Herberger-Straßen.***

SCHULNOTE 4
IN PSYCHOLOGIE

> Auch als Helmut Rahn, der zunächst hinter Berni Klodt stand, mit anderen Reservisten ausbüxte und sich betrank, gab es keinen Skandal. Herberger ließ ihn einfach spüren, daß er es erfahren hatte. So provozierte er Rahn zu Höchstleistungen.
Obwohl sein Diplom (Psychologie-Note 4) etwas anderes auswies, erwies sich Herberger als wahrhaft begnadeter Psychologe – übrigens schon im Vorfeld des Turniers. In seiner gesamten Amtszeit stand er mit all seinen Spielern in regem Briefverkehr und knüpfte mit der Schreibmaschine unsichtbare Bande. Ottmar Walter etwa gratulierte er zum Erwerb seiner Tankstelle. »Ich hoffe, daß im neuen Geschäft alles gut und flott läuft. Wenn sich dann alles zur Zufriedenheit eingespielt hat, denken Sie daran, daß es gilt, zum Sommer in Höchstform zu sein.« Als er auf dem Titelbild einer Fachzeitschrift den technisch nicht begnadeten Horst Eckel in Aktion sah, schrieb er ihm spontan: »Dieses Foto zeigt Sie nämlich in Schußhaltung mit dem linken Fuß, und Ihre Haltung läßt erkennen, daß dieser Schuß auch flach werden wird. Das ist eine freudige Feststellung, die mir zeigt, wie fleißig Sie daran gearbeitet haben, Ihre Schwächen auszumerzen.«
Zuweilen bekamen auch die Frauen Post. Italia Walter bat er einmal, sie möge ihrem Fritz die kritischen Zeitungsberichte über ihn möglichst vorenthalten.
Die Vorbereitung auf Turnier und Gegner war perfekt. Vor dem Finale schickte Herberger an jedem Tag Kundschafter ins ungarische Hotel. »Er wußte, was wir aßen, wann wir tafelten, wann und wie wir trainierten, wann wir zu Bett gingen«, erzählte Mittelläufer Gyula Lóránt einmal.
Das Lagerleben der Deutschen erscheint heute eintönig. Frühstück, Training, Mittagessen, Mittagsruhe, Training, Freizeit, Massage, Nachtruhe – so vergingen die Tage am Thunersee. Nicht einmal ein Fernsehgerät gab es im Hotel. Von der WM bekam die Mannschaft fast nichts mit. >

Halbfinale
DEUTSCHLAND – ÖSTERREICH 6:1
30. Juni 1954, 18 Uhr Ortszeit, St.-Jakob-Stadion, Basel

Schiedsrichter: *Orlandini (Italien).* ***Tore:*** *1:0 Schäfer (31.), 2:0 Morlock (47.), 2:1 Probst (51.), 3:1 F. Walter (55., Foulelfmeter), 4:1 O. Walter (61.), 5:1 F. Walter (65., Foulelfmeter), 6:1 O. Walter (89.).* ***Zuschauer:*** *57 418.*

17 Richard Herrmann

Beim FSV Frankfurt haben sie bis heute keinen größeren Spieler hervorgebracht als Richard Herrmann, der aus Kattowitz stammte und der 1947 eines Tages auf dem Sportplatz am Bornheimer Hang stand. Als Kriegsgefangenen hatte es ihn nach England und Amerika verschlagen. Mit 24 lehnte der Linksaußen ein Angebot des AC Turin, der ihm 60 000 Mark bot, ab. So spielte er weiter vor den Augen von Herberger, der ihn vor der WM siebenmal einsetzte. Als Vertreter von Hans Schäfer erhielt Herrmann nur beim 3:8 gegen Ungarn eine Chance und schoß prompt ein Tor. Bereits mit 39 starb er an Leberzirrhose als erster des Kaders.

18 Ulrich Biesinger

Ohne überhaupt ein A-Länderspiel bestritten zu haben, empfing Ulrich Biesinger am 18. Juli 1954 von Bundespräsident Theodor Heuss den Silberlorbeer. War auch er ein Weltmeister? »Für mich war es schon eine ungewöhnliche Ehre, überhaupt dabeigewesen sein zu dürfen«, sagte der Mittelstürmer vom BC Augsburg. Erst zwei Monate nach dem Wunder von Bern durfte Biesinger, den Herberger lediglich in zwei B-Länderspielen getestet hatte, erstmals für die A-Mannschaft auflaufen. Am Ende seiner Karriere standen immerhin sieben Einsätze und zwei Tore. In Spiez hinterließ er dennoch einen guten Eindruck – als Saxophon-Spieler.

DAS TOR ZUM SIEG *In der 84. Minute läuft Helmut Rahn (Foto rechts, am Strafraum) mit dem Ball am Fuß auf das Tor der Ungarn zu. Er schlägt einen Haken und schießt aus rund 14 Metern mit dem linken Fuß (Foto ganz rechts). Der Ball schlägt in der von Torwart Gyula Grosics aus gesehen rechten Ecke ein (Foto oben). 3:2 für Deutschland*

19 Alfred Pfaff

Grabowski oder Pfaff? Die Glaubensfrage, wer der beste Fußballer in der Geschichte von Eintracht Frankfurt gewesen ist, bleibt ungeklärt. Die Älteren werden für Pfaff votieren, obwohl er nicht im WM-Finale spielte. Denn er hatte den entscheidenden Nachteil, mit einem Jahrhundert-Genie konkurrieren zu müssen. An Fritz Walter kam der Spielmacher, der im Hauptberuf Gastronom war, nicht vorbei. Pfaff ertrug sein Los tapfer, schoß im einzigen Einsatz gegen Ungarn (3:8) ein Tor und machte sich als Spaßvogel beliebt. Weil Fritz Walter bis 1958 weitermachte, kam Alfred Pfaff in seinem Schatten nur zu sieben Länderspielen.

20 Hans Schäfer

Deutschland hatte wahrlich keinen besseren Linksaußen als den 26jährigen Kölner. In fünf Spielen erzielte Schäfer vier Tore, darunter das erste überhaupt zum 1:1 gegen die Türkei. Im Finale bereitete er Rahns erstes Tor (»Ich rempelte Torwart Grosics bei der Ecke ein wenig«) und sein zweites vor. Durchsetzungsvermögen zeichnete Schäfer immer aus. Herberger nominierte den eigensinnigen Mann, den sie in Köln alsbald »de Knoll« (Dickkopf) tauften, noch für die WM 1958 und 1962. 1963/64 war er immer noch Kölns Kapitän und schrieb noch einmal Geschichte, als er mit dem FC die erste Bundesliga-Meisterschaft gewann.

LEGENDÄRER BEFEHL: »ADI, STOLL AUF!«

Der Meister des Schuhwerks: Adolf Dassler dreht seine berühmten Stollen ein

*Die deutsche Mannschaft lieferte bei der WM 1954 nicht nur eine sportliche Sensation, sondern auch eine technische. Erstmals überhaupt trugen Fußballer Schuhe mit Schraubstollen. Herkömmlich wurden Stollen in die Sohle genagelt und dann eben abgelaufen. Die Schraubstollen aber erlaubten Flexibilität, und als eine Stunde vor dem Finale der große Regen kam, erhielt der Zeugwart Adi Dassler den legendären Herberger-Befehl: »Adi, stoll auf!« **Also die langen Stollen rein, die kurzen raus.** Kurz vor dem Anpfiff war er damit fertig, nur Fritz Walter blieb bei den kurzen Stollen. Schon nach wenigen Minuten griff Dassler wieder ein, denn bei Max Morlock saßen einige Stollen locker. Kaum festgedreht, erzielte Morlock das 1:2. Ungarns Torwart Gyula Grosics führte das Ergebnis auch auf diese Wunderwaffe zurück: »Das wirkte sich in der zweiten Halbzeit immer deutlicher aus, **unsere Spieler rutschten aus, die Deutschen standen stabil,** da sie längere Stollen hatten.« Der Triumph von Bern war auch für den 53jährigen Selfmade-Mann der Durchbruch. Den seit 1948 existierenden Firmennamen »adidas« und die Schuhe mit den drei Streifen als Markenzeichen kannte fortan die ganze Welt. Mit ihnen gewann Deutschland alle drei WM-Titel.*

RESERVIST

EIN MAULWURF

> Die Spielerfrauen durften erst vor dem Endspiel ins Hotel, aber nur auf ein kurzes Gespräch. Journalisten kamen nur zum Training. In den drei Wochen von Spiez gab es nur einen kritischen Punkt: die provozierte 3:8-Niederlage gegen die Ungarn. Herberger schickte eine B-Elf auf den Platz, er spielte Versteck mit dem Gegner.
Das begriff in der Heimat aber nicht jeder. Herberger erhielt körbeweise böse Zuschriften, bis hin zu der Empfehlung, sich selbst aufzuknüpfen. Er ging darüber hinweg. Mehr kümmerte es ihn, daß es einen Maulwurf gab, denn die Aufstellung der mit Reservisten gespickten Elf stand schon am Spieltag in der Zeitung.
Das enttäuschte den Bundestrainer. Er hatte einen Verdacht und sah bei der Spielersitzung einem Reservisten durchdringend in die Augen, erfuhr aber nie, wer der Verräter gewesen war.

Nach dem zweiten, noch überzeugenderen Sieg gegen die Türken, die nach 1:4 nun 2:7 untergingen, beruhigte sich alles wieder. Im Viertelfinale gegen Jugoslawien stand Deutschland mehrfach vor dem WM-Aus, aber Toni Turek hielt alles. Ein Eigentor und ein später Sonntagsschuß von Helmut Rahn sicherten den Halbfinaleinzug. Wie in allen Spielen gab die bessere Kondition den Ausschlag. »Wir waren die konditionsstärkste Mannschaft«, behauptet Horst Eckel.
Aber erst beim 6:1 gegen Österreich fand sich die Elf. Jetzt endlich hatte Herberger den richtigen Platz für Jupp Posipal gefunden: rechter Verteidiger. Werner Liebrich rückte auf die zentrale Abwehrposition des Mittelläufers, und der Hamburger Fritz Laband wurde nach drei Einsätzen aus der Elf genommen.
Vor dem Anpfiff des Finales erfüllte Rahn ein letztes Mal seine Aufgabe, als er Fritz Walter zurief: »Friedrich, wenn wir die Seitenwahl gewinnen, spielen wir mit der Sonne im Rücken! Alles klar?« Es regnete in Strömen. Doch über Deutschland lachte 90 Spielminuten später wirklich die Sonne.

Finale
DEUTSCHLAND – UNGARN 3:2
4. Juli 1954, 16.53 Uhr Ortszeit, Wankdorfstadion, Bern

***Schiedsrichter:** Ling (England). **Tore:** 0:1 Puskás (6.), 0:2 Czibor (8.), 1:2 Morlock (10.), 2:2 Rahn (18.), 3:2 Rahn (84.). **Zuschauer:** 62 471.*

21 Heinz Kubsch

Zu den kuriosesten Geschichten aus deutschen WM-Quartieren gehört die, die sich in den ersten Tagen des Turniers 1954 am Anlegesteg des Hotels Belvédère ereignete. Kubsch saß im Ruderboot und wollte Heini Kwiatkowski, den anderen Ersatztorwart, einladen. Er legte aber zu früh ab, und der von der Kaimauer abgerutschte Kamerad fiel ins Wasser. Das Boot geriet ins Wanken, Kubsch schlug mit der Schulter an die Betontreppe, was ihn einen WM-Einsatz kostete. Dabei war er der Mann hinter Turek und sollte zumindest in der Vorrunde gegen Ungarn spielen. Mit dem FK Pirmasens wurde Kubsch dreimal Südwestmeister.

22 Heinrich Kwiatkowski

Ein unglücklicheres Debüt gab noch kein deutscher Nationaltorwart. Im Vorrundenspiel gegen Ungarn stand Kwiatkowski nahezu schutzlos den Angriffen des WM-Favoriten gegenüber. Dabei hatte Herberger ihm noch Mut gemacht: »Ich sehe, Heini, daß Sie gut in Form sind. Trauen Sie sich das zu gegen Ungarn?« Sollte er »Nein« sagen? Nach dem 3:8 »war ich der große Buhmann«, erinnerte sich »Kwiat« noch Jahrzehnte später. Alle Welt bringt ihn nur mit diesem Spiel in Verbindung – und mit dem 3:6 bei der WM 1958 gegen Frankreich. Nach dem Spiel um Platz drei bat er Herberger: »Stellen Sie mich bitte nie mehr auf.«

DEUTSCHER WM-KADER 1954

Bundestrainer Sepp Herberger setzte vier Spieler gar nicht ein: Hans Kubsch, Herbert Ehrhardt, Karl-Heinz Metzner und Ulrich Biesinger

NR.	NAME	GEBOREN	Einsatz gegen TÜRKEI	UNGARN	TÜRKEI	JUGOSLAWIEN	ÖSTERREICH	UNGARN	VEREIN
TOR									
21	Hans Kubsch	20.07.1930	Tribüne	Tribüne	Tribüne	Tribüne	Tribüne	Tribüne	FK Pirmasens
22	Heinrich Kwiatkowski	16.07.1926	Tribüne	90 Min.	Tribüne	Tribüne	Tribüne	Tribüne	Borussia Dortmund
1	Toni Turek	18.01.1919	90 Min.	Tribüne	90 Min.	90 Min.	90 Min.	90 Min.	Fortuna Düsseldorf
ABWEHR									
4	Hans Bauer	28.07.1927	Tribüne	90 Min.	90 Min.	Tribüne	Tribüne	Tribüne	Bayern München
5	Herbert Erhardt	06.07.1930	Tribüne	Tribüne	Tribüne	Tribüne	Tribüne	Tribüne	SpVgg. Fürth
3	Werner Kohlmeyer	19.04.1924	90 Min.	90 Min.	Tribüne	90 Min.	90 Min.	90 Min.	1. FC Kaiserslautern
2	Fritz Laband	01.11.1925	90 Min.	Tribüne	90 Min.	90 Min.	Tribüne	Tribüne	Hamburger SV
10	Werner Liebrich	18.01.1927	Tribüne	90 Min.	Tribüne	90 Min.	90 Min.	90 Min.	1. FC Kaiserslautern
7	Jupp Posipal	20.07.1927	90 Min.	90 Min.	90 Min.	Tribüne	90 Min.	90 Min.	Hamburger SV
MITTELFELD									
6	Horst Eckel	08.02.1932	90 Min.	90 Min.	90 Min.	90 Min.	90 Min.	90 Min.	1. FC Kaiserslautern
8	Karl Mai	27.07.1928	90 Min.	Tribüne	90 Min.	90 Min.	90 Min.	90 Min.	SpVgg. Fürth
9	Paul Mebus	09.06.1920	Tribüne	90 Min.	Tribüne	Tribüne	Tribüne	Tribüne	1. FC Köln
11	Karl-Heinz Metzner	09.01.1923	Tribüne	Tribüne	Tribüne	Tribüne	Tribüne	Tribüne	Hessen Kassel
13	Max Morlock	11.05.1925	90 Min./1 Tor	Tribüne	90 Min./3 Tore	90 Min.	90 Min./1 Tor	90 Min./1 Tor	1. FC Nürnberg
16	Fritz Walter	31.10.1920	90 Min.	90 Min.	90 Min./1 Tor	90 Min.	90 Min./2 Tore	90 Min.	1. FC Kaiserslautern
ANGRIFF									
18	Ulrich Biesinger	06.08.1933	Tribüne	Tribüne	Tribüne	Tribüne	Tribüne	Tribüne	BC Augsburg
17	Richard Herrmann	20.01.1923	Tribüne	90 Min./1 Tor	Tribüne	Tribüne	Tribüne	Tribüne	FSV Frankfurt
14	Bernhard Klodt	26.10.1926	90 Min./1 Tor	Tribüne	90 Min.	Tribüne	Tribüne	Tribüne	FC Schalke 04
19	Alfred Pfaff	16.07.1926	Tribüne	90 Min./1 Tor	Tribüne	Tribüne	Tribüne	Tribüne	Eintracht Frankfurt
12	Helmut Rahn	16.08.1929	Tribüne	90 Min./1 Tor	Tribüne	90 Min./1 Tor	90 Min.	90 Min./2 Tore	Rot-Weiß Essen
20	Hans Schäfer	19.10.1927	90 Min./1 Tor	Tribüne	90 Min./2 Tore	90 Min.	90 Min./1 Tor	90 Min.	1. FC Köln
15	Ottmar Walter	06.03.1924	90 Min./1 Tor	Tribüne	90 Min./1 Tor	90 Min.	90 Min./2 Tore	90 Min.	1. FC Kaiserslautern

Assistent Albert Sing

Den Geist von Spiez hätte es ohne Albert Sing nie gegeben. Im Auftrag von Herberger ging der neunmalige Nationalspieler im Frühjahr 1954 auf Quartiersuche. Als Trainer von Young Boys Bern kannte Sing den Hotelier des Hauses Belvédère und überredete ihn, die Deutschen aufzunehmen. Das kostete diesen Überwindung, denn das vornehme Hotel hatte holländische Stammgäste, und so kurz nach dem Krieg befürchtete er Komplikationen. Sing fungierte während der WM, obwohl nicht beim DFB angestellt, als Kundschafter und wurde von Herberger mehrmals zur Spionage ins Hotel der Ungarn geschickt.

Masseur Erich Deuser

1951 holte Herberger den Masseur von Fortuna Düsseldorf zur Nationalmannschaft. Ihr hielt er bis einschließlich der WM 1982 die Treue. 44 Weltmeistern massierte er die Beine. In Spiez kam Deuser auf rund 400 Massagen. Seine größte Tat: die erfolgreiche Behandlung von Max Morlock nach dem Jugoslawien-Spiel. Kaum im Hotel zurück, begann Deuser mit der Behandlung des geschwollenen Knöchels, nachts um 1.30 Uhr. Seine Geheimwaffe: ein Unterwasser-Massagegerät einer Freiburger Firma. Weil das ziemliche Geräusche machte, beschwerten sich einige Hotelgäste. Denn Deuser kannte weder Feierabend noch Nachtruhe.

DER CHEF *Sepp Herberger war von 1936 bis 1964 verantwortlich für die Nationalmannschaft, bis Frühjahr 1938 gemeinsam mit Otto Nerz. Seine Bilanz: 167 Spiele, 94 Siege, 27 Unentschieden, 46 Niederlagen. Das Foto zeigt Herberger am 6. Juli 1954 beim Empfang der Weltmeister in München. Herberger starb am 28. April 1977, einen Monat nach seinem 80. Geburtstag*

SEINE FAMILIE WAR DAS NATIONALTEAM

Sepp Herberger Der Bundestrainer war wie ein Vater zu den Spielern, sagt Jupp Posipal. Er gestattete ihnen auch kleine Fehltritte – für den großen Erfolg. Sein Leben für den Fußball füllt 361 dicke Aktenordner

Statistisch gesehen war er der schlechteste Trainer nach Erich Ribbeck. Sepp Herberger gewann nur 94 seiner 167 Länderspiele (56,28 Prozent Siege). In der öffentlichen Wahrnehmung aber war er der größte Bundestrainer, den Deutschland jemals hatte. Nie saß ein größerer Stratege auf der Bank, und das über 28 lange Jahre von 1936 an. Dettmar Cramer, sein Assistent, sagte einmal: »In einer anderen Zeit wäre er ein Feldherr geworden.«

Kurz nachdem Sepp Herberger 1964 als Bundestrainer abgetreten war, wurde sein Leben verfilmt. Und zu seinem 80. Geburtstag am 28. März 1977 brachte die Deutsche Post zum dritten Mal eine Sonderbriefmarke für eine Person der Gegenwart heraus. Die beiden anderen Geehrten: die großen Bundeskanzler Konrad Adenauer und Willy Brandt. Wer war dieser Mann? Eine der vielen Biographien gibt vielleicht die Antwort darauf – mit einem Herberger-Zitat, das auf dem Titel steht: »Ich war ein Besessener – einer, der nach letzter Erkenntnis aus war.«

Sein Leben für den Fußball füllt 361 Leitz-Ordner, die im DFB-Archiv in Frankfurt/Main die Regale füllen. Sepp Herberger hielt alles fest: Überlegungen, Briefe, Gesprächsnotizen, Aufstellungen. »Ein Länderspiel«, sagte er einmal, »sind drei Leitz-Ordner.« Er sagte auch: »Wenn ich mit meiner Mannschaft acht Tage vorher in einem Trainingslager bin, dann habe ich, bevor sie aufs Spielfeld läuft, schon acht Länderspiele hinter mir. Ich pflege Länderspiele in meiner Phantasie in allen Varianten durchzuspielen.«

» Ich war ein Besessener – einer, der nach letzter Erkenntnis aus war

Der Trainer aus Mannheim sprach die Sprache des einfachen Mannes, dennoch war er eloquent und mit einer bewundernswerten Schlagfertigkeit gesegnet. Er war ein Fußball-Lehrer im wahrsten Sinne des Wortes. Ein Pädagoge mit unerhörtem Sachverstand und flinken Beinen. In der Grundschule im Mannheimer Arbeiterviertel Waldhof war er stets Klassenbester. Als Stürmer des SV Waldhof avancierte er zum dreimaligen Nationalspieler. Bei seiner Premiere am 18. September 1921 in Helsinki gegen Finnland gelangen ihm beim 3:3 gleich zwei Tore. 1921 heiratete Sepp Herberger seine Ev, die er natürlich auf dem Sportplatz kennengelernt hatte. Die Hochzeit mußte wegen des Spielplans seiner Waldhöfer übrigens zweimal verschoben werden. Die Ehe blieb kinderlos, seine Familie war die Nationalmannschaft. Selbst während des Zweiten Weltkrieges setzte Herberger vor Länderspielen drei- bis vierwöchige Lehrgänge an. Dabei stand die Absicht, Leben zu retten, im Vordergrund. Viele seiner Spieler kämpften an der Front. Als Deutschland 1954 wieder an Weltmeisterschaften teilnehmen durfte, schlug Herbergers größte Stunde. Er suchte sich seine Mannschaft aus den vier Oberligen zusammen, reiste von Spiel zu Spiel und Spieler zu Spieler in seinem Opel Olympia. War er daheim, hing er am Telefon. Eine Leitung war immer offen, es gab vier Apparate im Hause des Bundestrainers.

Im Mai 1954 zog Sepp Herberger die Spieler erstmals zusammen und bewies sein psychologisches Talent einmal mehr. Mit dem Fußball spielten sie keinmal. Im Schwarzwald sollten sie einfach nur entspannen und sich besser kennenlernen – bei Minigolf und Wanderungen.

In München-Grünwald brachte er seine Auswahl konditionell auf die Höhe und reduzierte den Kader von 30 auf 22 Spieler. Herberger mußte Härte zeigen. Selbst ein Sex-Abenteuer eines Spielers mit einem Zimmermädchen duldete »der Chef«. Herberger, dem angeblich nichts entging, hatte schon bemerkt, wer da mit der jungen Dame liebäugelte. Da er aber auch diesen Spieler gegen Jugoslawien einsetzen wollte und das Gefühl hatte, daß den Kandidaten die wochenlange sexuelle Enthaltsamkeit sportlich hemme, ließ er es geschehen. Gemeinsam mit Masseur Erich Deuser legte er sich auf die Lauer. »Als wir ihn schon nach einer Stunde wieder herunterkommen sahen, beschwingten Schrittes und vergnügt leise vor sich hin pfeifend, da wußte ich: Den kannst du morgen unbesorgt einsetzen!« plauderte Herberger viele Jahre später aus. Den Namen des Spielers aber nie.

Nur einmal wurde Herberger während der WM laut: in der Halbzeit des Endspiels. Werner Liebrich schimpfte mit den Stürmern, Jupp Posipal mit Helmut Rahn, Toni Turek mit Werner Kohlmeyer. Sepp Herberger brachte sie zum Schweigen: »Jetzt ist aber Ruhe, wir können hier Weltmeister werden, und ihr kriegt euch in die Haare. Jetzt rede ich. Kämpft. Einer für alle, alle für einen. Das war und ist unser Motto. So, und nun raus auf den Platz, ihr wißt, worum es geht!« heißt es in der Biographie von Jürgen Leinemann. Die Spieler folgten ihm aufs Wort. Wie so oft.

» Ich pflege Länderspiele in meiner Phantasie in allen Varianten durchzuspielen

Doch während der WM war der »sanfte Tyrann« (Spiegel) weniger rigoros. Als der Frankfurter Stürmer Pfaff scheinbar unbeobachtet eine Büchse Henninger Pils öffnete, fragte Herberger tadelnd: »Ei Alfred, was issen des?« Der antwortete schlagfertig: »Heimatklänge.« Beide lachten. »Er war wie ein Vater zu uns«, sagte Jupp Posipal einmal.

»JUBEL DER GRÖSSTE LOHN FÜR UNS«

Interview mit Ottmar Walter Der älteste noch lebende Spieler aus der Weltmeister-Elf redet 52 Jahre nach dem Triumph von Bern über das wahre Glücksgefühl – Geld spielte keine Rolle

Herr Walter, mit welchem Ziel ist Deutschland 1954 zur WM gefahren?

Ottmar Walter: Als wir damals in Karlsruhe in den Zug gestiegen sind, haben wir uns gesagt: »Wir geben unser Bestes.« Auch für unseren Chef, Sepp Herberger. Von mehr konnten wir zu dieser Zeit nicht ausgehen. Als wir dann als Weltmeister zurückkamen, habe ich jedem, der mich gefragt hat, gesagt: »Jetzt weiß die ganze Welt wieder, wo Deutschland liegt.« Und so war es ja auch tatsächlich.

Ottmar Walter (r.) im Halbfinale gegen Österreich. Er erzielte das 4:1 und 6:1. Links: Gegenspieler Ernst Happel, der spätere HSV-Trainer

Was war das Schlüsselerlebnis in der Schweiz?

Das Halbfinale gegen Österreich. Da bin ich ganz ehrlich: Daran hat ja keiner glauben können, daß wir die so vorführen. 6:1. Herberger hat uns danach fürs Endspiel ermutigt: »Männer, überlegt euch mal genau, was das bedeutet, wenn man gegen Österreich 6:1 gewinnt.« Die wurden ja auch für das Finale gehandelt.

Das Endspiel gegen Ungarn im Berner Wankdorfstadion – können Sie sich noch richtig gut daran erinnern?

Ich denke ewig daran, wie wir nach der Halbzeit zum Anstoß gegangen sind. Wir hatten schon ein 0:2 aufgeholt, und nun stand es 2:2. Max Morlock kam zu mir und zu meinem Bruder Fritz und meinte: »Jetzt lassen wir es drauf ankommen, und nach der zweiten Halbzeit rechnen wir ab.« Das hat uns beiden noch mal Mut gemacht.

Die Ungarn waren hoher Favorit, seit vier Jahren ungeschlagen.

Sicher. Aber die hatten auf einmal das Gefühl, verlieren zu können. Ich kann ja kein Ungarisch, aber nach der ersten Viertelstunde der zweiten Halbzeit haben die sich gegenseitig angemault, beschimpft. Irgendwie war da der Wurm drin. >

EIN HELD VON BERN *Ottmar Walter ist der älteste noch lebende Spieler aus der Endspiel-Mannschaft von 1954. Am 6. März 2006 wurde er 82 Jahre alt. Walter lebt in Kaiserslautern. Zu Horst Eckel pflegt er noch regelmäßig Kontakt, der zum Kölner Hans Schäfer ist sporadisch*

EDEL-RESERVISTEN *Torwart Heinz Kubsch, Stürmer Ulrich Biesinger und Läufer Karl-Heinz Metzner (v. l.) auf dem kleinen Anstieg vom Thunersee zum Hotel. Sie kamen nicht zum Einsatz, trugen ihre Rolle aber mit Fassung*

» *Es gab keinen Neid auf die, die gespielt haben. Das haben wir auch gesehen, als wir Weltmeister waren. Die elf Reservisten haben genauso gefeiert wie die elf, die spielen durften* «

Ottmar Walter über die Kameradschaft in der Mannschaft

> ***Herberger hat in der Halbzeitansprache die bessere Kondition Ihrer Mannschaft betont ...***
So war es ja auch. Wir haben nicht nachgelassen, im Gegenteil – wir haben uns gesteigert.

Hätten Sie auch eine Verlängerung durchgehalten?
Oh, ja. Und ich kann mir nicht vorstellen, daß die Ungarn auf Grund des Spielverlaufs die gleiche Kraft in der Verlängerung aufgebracht hätten wie wir. Dabei sind wir ja von der ersten Minute an marschiert.

Wie war es danach in der Kabine?
Ich weiß nur eines noch ganz genau. Herberger sagte: »Männer, danke«, er ging von einem zum anderen und gab jedem die Hand.

Für den Bundestrainer gab es einen besonders kritischen Punkt bei dieser WM. Sie kennen ja die Reaktionen in der Heimat nach dem 3:8 gegen Ungarn in der Vorrunde, als viele Stammspieler gefehlt haben – auch Sie.
Viele haben gesagt, das sei Taktik von Herberger gewesen, doch davon war nie eine Rede. Wir haben uns darauf eingeschworen, für ihn zu kämpfen.

Obwohl Herberger die Mannschaft mit großer Strenge führte?
Ja, er war wie ein Vater für uns. Und ein Fuchs, das muß man ganz ehrlich sagen. Er hat immer gewußt, was wir so getrieben haben. Einmal kam er zu uns, da haben wir gerade Tischtennis gespielt, und brachte ganz nebenbei Dinge ans Tageslicht, die konnte er eigentlich gar nicht wissen. Nichts Schlimmes, aber da fragten wir uns schon, wo er das wieder her hatte. Als Werner Liebrich und ich auf dem Balkon mal ein Fläschchen Bier öffneten, steckte er sofort den Kopf zur Tür rein und sagte: »Männer, laßt's euch gut schmecke.« Er hatte eben einen langen Arm.

Wie waren seine Ansprachen? Lange Monologe, denen alle ergriffen zuhörten?
Nein, das nicht. Wenn einer in der Sitzung abends was sagen wollte, hat er ihm freien Lauf gelassen, und manchen hat er auch um seine Meinung gefragt. Etwa so: »Ottes, was meinen Sie dazu?« Er hat vor fast jedem Spiel zu mir gesagt: »Ottes, Sie wissen ja, was Sie da vorn tun müssen?« Das heißt: Ich mußte marschieren.

Nach der WM entstand das nicht ganz zutreffende Klischee von den elf Freunden. Gab es denn echte Freundschaften?
Was heißt Freundschaften? Wir waren 22 Mann und eine tolle Truppe. Das hat den Ausschlag für den Erfolg gegeben. Für mich war es vor allen Dingen erstaunlich, daß alles so reibungslos ging. Ich habe bei keinem Neid festgestellt, wenn er nicht aufgestellt wurde.

Weil Spieler wie Metzner oder Biesinger wußten, daß sie nicht zum Einsatz kommen würden?
Ja, aber ich wiederhole mich und sage es jedem: Es gab keinen Neid auf die, die gespielt haben. Das haben wir auch gesehen, als wir Weltmeister waren. Die elf Reservisten haben genauso gefeiert wie die elf, die spielen durften.

Mochten Sie es, wenn Sepp Herberger Sie auf der Busfahrt zu den Spielen singen ließ?
Klar, das kam aber auch manchmal von uns. Abends nach dem Essen wurde manches Liedchen geschmettert, zumeist »Hoch auf dem Gelben Wagen« und weitere schöne Volkslieder.

Sie waren einer von fünf Kaiserslauterer Spielern in der Weltmeister-Elf. Und der ältere Bruder Fritz war noch der Kapitän. Da fühlt man sich gut aufgehoben, oder? >

Alfred Pfaff, Fritz Laband, Richard Herrmann und Horst Eckel (v. l.), der sein Spieltrikot trägt, beim leichten Lauftraining in Spiez

In der Trainingspause sitzt Sepp Herberger auf dem Ball, die Spieler hocken im Gras. Links, halb verdeckt hinter dem Bundestrainer: Fritz Walter

DER DEUTSCHE DRITTE STOCK

Das Hotel Belvédère in Spiez am Thunersee. Die Rasenflächen führen fast bis ans Wasser

Die Zimmerverteilung war ein Geheimnis des Erfolges. Sepp Herberger legte großen Wert darauf, daß die Spieler in den jeweiligen Zimmergemeinschaften voneinander profitierten. So erhoffte sich der Bundestrainer, daß der sensible Fritz Walter von dem forschen, frechen Essener Helmut Rahn aufgeheitert und mitgerissen wird. Ein Geniestreich. Fritz Walter wiederum setzte sich bei Herberger für Rahn ein und redete ihn in die Mannschaft. So waren die Räume im dritten Stock des Hotels Belvédère in Spiez am Thunersee belegt:

Zimmer
301 Schäfer/Eckel
302 unbelegt
303 Rahn/Walter, Fritz
304 Posipal/Mai
305 Klodt/Morlock
306 Liebrich/Walter, Ottmar
307 Pfaff/Herrmann
308 Biesinger/Metzner
309 Kwiatkowski/Kubsch
310 Bauer/Erhardt
311 Turek/Mebus
312 Kohlmeyer/Laband
313 Herberger

DOPING-GERÜCHTE UM DIE HELDEN

An Gelbsucht erkrankt (v. l.): Fritz Walter, Werner Liebrich und Ottmar Walter am 17. November 1954 im Krankenhaus Bad Mergentheim

*Im März 2004 kam ein ungeheuerlicher Verdacht auf. **»Die Helden von Bern alle gedopt?«** fragte die BILD-Zeitung besorgt nach der Ausstrahlung einer ZDF-Dokumentation. Schon wenige Monate nach dem Finale gab es dieses Gerücht, weil acht Mann aus dem Weltmeister-Team mit Gelbsucht zur Kur mußten. Als 1962 Richard Herrmann an Leberzirrhose starb, wurden erneut Zusammenhänge hergestellt. Nun gab es neue Behauptungen. Der Hausmeister des Wankdorf-Stadions wurde aufgetan und teilte glaubhaft mit, er habe in Bern abgesägte Ampullen in der Kabine »Nummer 1« gefunden.*

Was hatte Mannschaftsarzt Dr. Franz Loogen den Helden von Bern gegeben?

Er beteuerte damals, nur Vitamin C gespritzt zu haben und erklärte sich die Gelbsucht mit einer verunreinigten Spritze. Und bei den Ampullen habe es sich um flüssigen Traubenzucker gehandelt, der auch im Speisesaal ausgelegt worden war. Die Vorwürfe hatten schon damals einen Haken: Mit Fritz Herkenrath erkrankte auch ein Nationalspieler an Gelbsucht, der bei der WM gefehlt hatte. Horst Eckel erbost: »Alles Unsinn. Die schütten Dreck über uns aus. Das Thema Doping gab es damals gar nicht.«

> Auf jeden Fall. Was der Fritz für uns bedeutet hat, war ja einmalig. Er hat nicht so viele Worte gemacht und Sachen auf seine kameradschaftliche Art rübergebracht, so daß sie jedem verständlich waren. Gebrüllt hat er nie, weder beim FCK noch in der Nationalmannschaft. Da war ich schon lauter, besonders wenn der Boss *(Helmut Rahn; d. Red.)* nicht abgespielt und immer noch einen ausgespielt hat, während ich freistand.

Sie hatten ein sehr intensives Verhältnis zu Ihrem 2002 verstorbenen Bruder. Er hat oft auf Sie gehört. Sogar vor dem ersten Elfmeter gegen Österreich, als Sie ihm zuriefen, er solle den Ball in die linke Ecke schießen.

Er hat mich, obwohl ich drei Jahre jünger bin, in rund 90 Prozent aller Fälle um Rat gefragt – gerade in privaten Dingen. Dann rief er an oder kam vorbei, danach erst hat er eine Entscheidung getroffen. Darauf bin ich sehr stolz. Sein Tod war ein schwerer Schlag für mich, er wollte doch unbedingt die WM-Spiele in Kaiserslautern erleben.

Seine Villa in Alsenborn ist jetzt ein Fritz-Walter-Museum. Was halten Sie davon?

Ich war nie da. Mit seinem Tod war das für mich erledigt, ich könnte da nicht hin. Es geht mir auch gegen den Strich, denn ich weiß, wie der Fritz eingestellt war.

Welche Streiche von Spielern können Sie nach über 50 Jahren ausplaudern?

Sicher hat Boss Rahn den ganzen Tag Blödsinn im Kopf gehabt und Alfred Pfaff manchen Spruch rausgehauen. Aber Sie können es mir glauben: Wir waren brave Jungs. Selbst wenn wir mal Freizeit hatten und in den Ort *(Spiez; d. Red.)* gegangen sind, es hat sich keiner was geleistet.

Starallüren hat keiner damals gepflegt: Hat das auch daran gelegen, daß Geld eine geringere Rolle für Fußballer spielte als heute?

Oh, ja. Wenn man überlegt, welche finanziellen Vorstellungen es heute gibt für einen Einzug ins Endspiel, muß man wohl sagen, daß wir eine große Leistung vollbracht haben. Wir bekamen vom DFB eine Sonderprämie von 1000 Mark und haben uns gefreut darüber. Normalerweise stand sie uns ja gar nicht zu.

Weil Sie keine Prämie ausgehandelt hatten!

Es hat auch keiner nach Geld gefragt. Als bei unserer Ankunft in München so viele Menschen zusammengelaufen sind und uns mit ihrem Jubel zu verstehen gaben, was wir geleistet hatten, war das der größte Lohn. Und im Nachhinein muß ich sagen, daß uns das mit Recht zugestanden hat, wenn man sieht, was in der Zwischenzeit im Fußball geschehen ist. Wir haben etwas ganz Besonderes vollbracht.

Wie war der Empfang in Ihrer Heimatstadt?

Die Leute waren alle auf den Beinen, auch aus der ganzen Gegend. Damit hätten wir fünf nicht wirklich gerechnet, und ein bißchen stolz waren wir schon. Beim Endspiel stand in der Gaststätte meines Vaters ein Fernseher, und der Raum war so gerappelt voll, wurde mir erzählt, daß keiner einen Schritt machen konnte, ohne dem Nebenmann auf die Füße zu treten.

In dieser Zeit, neun Jahre nach dem Zweiten Weltkrieg, war es heikel, Patriotismus auszuleben und sich zu Deutschland zu bekennen. Sahen Sie sich in einer Botschafterrolle damals?

Das kann man wohl sagen. Wir haben mit unserem Erfolg geworben – in dem Bewußtsein, daß es eine Kehrseite gab.

Schon nach dem Viertelfinale gegen Jugoslawien werden Werner Kohlmeyer, Ottmar Walter und Hans Schäfer (v. l.) von Fans vom Platz getragen

Vater Ludwig Walter (l.) und Bruder Ottmar bringen Fritz (r.) im Juli 1940 vor dessen erstem Länderspiel (in Frankfurt gegen Rumänien) zum Bus

TRAUTE RUNDE *Die Kaiserslauterer Ottmar Walter, Horst Eckel, Fritz Walter und Werner Kohlmeyer (v. l.) an der Kaffeetafel. Ottmars Frau Anneliese serviert. Die Spieler waren Freunde, die Brüder ein Herz und eine Seele*

» *Er hat mich, obwohl ich drei Jahre jünger bin, in rund 90 Prozent aller Fälle um Rat gefragt – gerade in privaten Dingen. Sein Tod war ein schwerer Schlag für mich* «

OTTMAR WALTER ÜBER DAS VERHÄLTNIS ZU SEINEM BRUDER FRITZ

DIE WELTMEISTER 1974

Hinten von links: Berti Vogts, Heinz Flohe, Jürgen Grabowski, Rainer Bonhof, Bernd Cullmann, Co-Trainer Herbert Widmayer, Hans-Georg Schwarzenbeck, Co-Trainer Jupp Derwall, Gerd Müller, Norbert Nigbur, Wolfgang Kleff, Dieter Herzog, Paul Breitner, Günter Netzer, Josef Heynckes. Vorn: Bernd Hölzenbein, Hans-Josef Kapellmann, Uli Hoeneß, Franz Beckenbauer, Bundestrainer Helmut Schön, Wolfgang Overath, Horst-Dieter Höttges, Herbert Wimmer, Helmut Kremers, Sepp Maier. Das Foto wurde am 10. Juni 1974 im Trainingslager in Malente aufgenommen. Als Gastgeber war die Mannschaft automatisch qualifiziert

13. Juni – 7. Juli

DEUTSCHLAND 1974

Teilnehmer (16): Argentinien, Australien, Brasilien, Bulgarien, Chile, Deutschland, DDR, Haiti, Holland, Italien, Jugoslawien, Polen, Schottland, Schweden, Uruguay, Zaire

Weltmeister: Deutschland
Torschützenkönig: Grzegorz Lato (Polen), 7 Tore

Müller schießt zwei Siegtore

Spieler drohen mit Abreise, weil DFB nur 30 000 Mark pro Kopf für WM-Titel zahlen will ++ Rebellen diskutieren im Doppelzimmer von Müller und Beckenbauer ++ Einigung um 1.30 Uhr nachts ++ Zweite Krise nach dem 0:1 gegen die DDR ++ Beckenbauer krempelt die Mannschaft um, während Bundestrainer Helmut Schön schon schläft ++ Netzer und Hoeneß fliegen raus ++ 2:0 gegen Jugoslawien im ersten Spiel der Finalrunde bringt Aufschwung ++ Müller schießt Deutschland mit dem 1:0 gegen Polen ins Finale und mit dem 2:1 gegen Holland zum zweiten WM-Titel in der Geschichte des DFB ++

BOMBER DER NATION *Gerd Müller auf dem Höhepunkt seiner Karriere. Er ist Weltmeister, er hat das Siegtor zum 2:1 im Finale gegen Holland geschossen. Bundestrainer Helmut Schön (l.) herzt den erfolgreichsten Stürmer, der je in Deutschland spielte*

LANGE ZEIT GING ES NUR UMS GELD

Die Mannschaft stand vor der WM im Abseits – wegen der Prämien. Franz Beckenbauer rettete die verfahrene Situation und nach dem Spiel gegen die DDR noch ein zweites Mal

Helmut Schön hatte genug gehört. »Mit diesem Sauhaufen möchte ich nichts mehr zu tun haben!« rief der Bundestrainer erregt in den späten Abendstunden des 4. Juni 1974 durch die Flure der Sportschule Malente. Dann ließ er sich eine Zugverbindung heraussuchen. Über Hamburg und Frankfurt nach Wiesbaden. Paul Breitner packte sogar schon die Koffer, ein Taxi stand abfahrbereit vor dem WM-Quartier.

Das Unternehmen Weltmeisterschaft stand zehn Tage vor dem Auftaktspiel gegen Chile am Scheidepunkt. Es ging nur noch um Geld und nicht mehr um Fußball.

Schon über den zweiten Tag hatte sich der spannendste Kampf der deutschen Nationalmannschaft während der WM im eigenen Land erstreckt – der gegen den eigenen Verband und damit auch gegen Bundestrainer Schön.

Der feinnervige Sachse wollte nicht glauben, was ihm sein Assistent Jupp Derwall als stiller Beobachter in regelmäßigen Abständen zutrug aus der Spielersitzung. Maßlos seien die Forderungen, respektlos der Ton, und der 22jährige Rebell Paul Breitner immer vorneweg. Aber es bewegte sich nichts.

Im Streit um die Prämien hatten beide Seiten auf stur gestellt. Lediglich 30 000 Mark pro Spieler, wie schon 1970, wollte der DFB für den Weltmeistertitel zahlen. Als sei die Zeit stehengeblieben.

Die Spieler argumentierten, daß der Verband bei einer WM in Deutschland riesige Gewinne machen müsse. Außerdem hatten sie gelesen, daß die Italiener das Vierfache bekommen sollten. Nun saßen sie im Doppelzimmer von Franz Beckenbauer und Gerd Müller und debattierten seit halb zehn Uhr abends wild.

Die offizielle Forderung betrug 75 000 Mark pro Spieler, obwohl einige 100 000, andere 120 000 für angebracht hielten. Ansonsten, sagten einige, wollten sie abreisen und sich lieber um ihre privaten Geschäfte kümmern, was lukrativer wäre. Kapitän Beckenbauer, Wolfgang Overath, Günter Netzer und Horst-Dieter Höttges wurden zu Unterhändlern bestimmt und feilschten mit Delegationsleiter Hans Deckert. Der sprach von »Erpressung«, die »schändlich für deutsche Sportsmänner« sei. ›

LÄCHERLICHE DROHUNG DES DFB

10. WM-ENDRUNDE

Gruppe 1

14.6. Berlin	Deutschland – Chile	1:0
14.6. Hamburg	DDR – Australien	2:0
18.6. Hamburg	Deutschl. – Australien	3:0
18.6. Berlin	Chile – DDR	1:1
22.6. Berlin	Australien – Chile	0:0
22.6. Hamburg	DDR – Deutschland	1:0

Gruppe 2

13.6. Frankfurt	Brasilien – Jugoslawien	0:0
14.6. Dortmund	Schottland – Zaire	2:0
18.6. Gelsenkirchen	Jugoslawien – Zaire	9:0
18.6. Frankfurt	Schottland – Brasilien	0:0
22.6. Frankfurt	Schottland – Jugosl.	1:1
22.6. Gelsenkirchen	Brasilien – Zaire	3:0

Gruppe 3

15.6. Hannover	Holland – Uruguay	2:0
15.6. Düsseldorf	Schweden – Bulgarien	0:0
19.6. Hannover	Bulgarien – Uruguay	1:1
19.6. Dortmund	Holland – Schweden	0:0
23.6. Dortmund	Holland – Bulgarien	4:1
23.6. Düsseldorf	Schweden – Uruguay	3:0

Gruppe 4

15.6. München	Italien – Haiti	3:1
15.6. Stuttgart	Polen – Argentinien	3:2
19.6. Stuttgart	Argentinien – Italien	1:1
19.6. München	Polen – Haiti	7:0
23.6. München	Argentinien – Haiti	4:1
23.6. Stuttgart	Polen – Italien	2:1

Finalrunde, Gruppe A

26.6. Gelsenkirchen	Holland – Argentinien	4:0
26.6. Hannover	Brasilien – DDR	1:0
30.6. Hannover	Brasilien – Argentinien	2:1
30.6. Gelsenkirchen	Holland – DDR	2:0
3.7. Gelsenkirchen	Argentinien – DDR	1:1
3.7. Dortmund	Holland – Brasilien	2:0

Finalrunde, Gruppe B

26.6. Düsseldorf	Deutschland – Jugosl.	2:0
26.6. Stuttgart	Polen – Schweden	1:0
30.6. Frankfurt	Polen – Jugoslawien	2:1
30.6. Düsseldorf	Deutschl. – Schweden	4:2
3.7. Frankfurt	Deutschland – Polen	1:0
3.7. Düsseldorf	Schweden – Jugoslaw.	2:1

Spiel um Platz 3

6.7. München	Polen – Brasilien	1:0

Finale

7.7. München	Deutschland – Holland	2:1

> Trotzdem erhöhte er das Angebot schließlich auf 50 000 Mark pro Kopf. »Einhellige Meinung: Angebot zu niedrig. Selbst auf Gefahr von Konsequenzen höhere Forderungen durchsetzen«, notierte Beckenbauer in seinem später veröffentlichten WM-Tagebuch. Die Konsequenzen, die der DFB für den Fall der Ablehnung androhte, waren gleichwohl lächerlich. Man wolle dann 22 andere Spieler nominieren und aus dem Urlaub zurückholen. Darüber hätten sie gelacht, erinnert sich Bernd Hölzenbein: »Helmut Schön sagte: Die spucken euch in den Zügen an, wenn ihr streikt.« Doch die Funktionäre wußten wohl selbst, daß ihr Starrsinn nur eines bewirkt hätte: das Aus in der Vorrunde. Schließlich schlug Beckenbauer 60 000 Mark vor, was Unterhändler Deckert nicht ohne Präsident Hermann Neuberger entscheiden wollte. So telefonierte der Kapitän mit Neuberger kurz vor Mitternacht, der DFB-Chef gab zähneknirschend seine Zustimmung und versprach sogar einen Aufschlag im Falle eines rentablen Kartenverkaufs. Die Hälfte der Spieler war noch immer unzufrieden, die Abstimmung über das DFB-Angebot endete 11:11. Erst als Franz Beckenbauer allen verdeutlichte, »daß dies das letzte Wort des DFB« sei, war der Aufstand zu Ende. >

1. Spiel Vorrunde

DEUTSCHLAND – CHILE 1:0

14. Juni 1974, 16 Uhr Ortszeit, Olympiastadion, Berlin

Schiedsrichter: *Babacan (Türkei).* ***Tor:*** *1:0 Breitner (16.).* ***Einwechslungen:*** *Hölzenbein für Overath (76.) – Véliz für Valdez (79.), Lara für Rodriguez (84.).* ***Rote Karte:*** *Caszely wegen Foulspiels (68.).* ***Gelbe Karten:*** *García, Caszely, Reynoso.* ***Zuschauer:*** *83 168.*

2. Spiel Vorrunde

DEUTSCHLAND – AUSTRALIEN 3:0

18. Juni 1974, 16 Uhr Ortszeit, Volksparkstadion, Hamburg

Schiedsrichter: *Kamel (Ägypten).* ***Tore:*** *1:0 Overath (12.), 2:0 Cullmann (34.), 3:0 Müller (53.).* ***Einwechslungen:*** *Hölzenbein für Heynckes (46.), Wimmer für Cullmann (68.) – Abonyi für Campbell (46.), Ollerton für Buljevic (60.).* ***Gelbe Karte:*** *Mackay.* ***Zuschauer:*** *52 000.*

1 Sepp Maier

Für »die Katze von Anzing« war das Turnier der letzte Schritt in die Weltklasse. Bis zum Halbfinalspiel gegen Polen hatten noch leichte Vorbehalte bestanden, den Spaßvogel und Karl-Valentin-Imitator auf eine Stufe mit dem Russen Lew Jaschin, Italiens Dino Zoff und Englands Gordon Banks zu stellen. Mit Blitzreflexen gewann der überragende Maier der deutschen Mannschaft das Regenspiel gegen Polen fast allein, im Finale entnervte er Holland vor allem durch seine Strafraumbeherrschung. Maiers Philosophie war einfach: den Ball immer fangen statt fausten. Und zwar so konsequent, daß seinen Trainern zuweilen angst und bange wurde.

2 Berti Vogts

Wer es mit ihm zu tun bekam, hatte kein leichtes Leben. Hollands Superstar Johan Cruyff ging die Manndeckung durch den »Terrier« dermaßen auf die Nerven, daß er sich frühzeitig auf Proteste bei Final-Schiedsrichter Taylor verlegte. Beinahe hätte der verbissene Außenverteidiger sogar Sparwassers 1:0 für die DDR noch mit einer seiner gefürchteten Grätschen verhindert. Niemals aufgeben war die Devise von Vogts, und sprichwörtlich wurde sein Stoßseufzer nach dem Endspiel: »Ich kann den Ball keine dreimal hochhalten, aber ich bin Weltmeister.« Für die Rolle als Kapitän und Führungsspieler, das zeigte 1978, reichte es nicht.

ABSTIEG *Gegen Chile (Foto) spielt Bernd Cullmann 90 Minuten, gegen Australien 68 Minuten, gegen die DDR noch einmal über die volle Distanz. Dann wird der kopfballstarke Mittelfeldspieler aus der Mannschaft geworfen, darf bei dieser WM nicht mehr auf den Platz. Rechts: der Chilene Elias Ricardo Figueroa*

3 *Paul Breitner*

Eiskalt verwandelte der linke Außenverteidiger den Elfmeter im Endspiel gegen Holland. Am nächsten Tag, sagte Breitner später, sei ihm beim Anblick der Bilder nachträglich der Angstschweiß ausgebrochen. Äußerlich wirkte der 22jährige wie ein Zugeständnis des DFB an den Zeitgeist: Afrolook, Bart, beim Siegesbankett kam noch die passende Havanna-Zigarre dazu. Damals pflegte Breitner ein Protest-Image, deutete aber im Poker um die WM-Prämie mit seiner Abreise-Drohung bereits an, daß er viel zu clever war für linke Ideologien. Vor dem Finale waren ihm sehenswerte Weitschuß-Tore gegen Chile und Jugoslawien gelungen.

4 *Hans-Georg Schwarzenbeck*

Katsche Schwarzenbeck und Kaiser Franz – größere sich anziehende Gegensätze sind nicht denkbar. Die Verbindung von Beckenbauers Eleganz und Schwarzenbecks simpler Robustheit funktionierte bei der WM ähnlich harmonisch wie beim FC Bayern. Spöttische Kommentare zu seinen technischen Defiziten pflegten abzuperlen am Vorstopper, der Gegner schon mit seiner Physiognomie einschüchtern konnte. Im Finale ließ der Ur-Bayer Hollands Dribbler Rensenbrink keinen Stich. Jahre später erlangte der Schreibwarenladen-Besitzer noch Filmruhm: als Postbote in der deutschen Filmkomödie »Wehe, wenn Schwarzenbeck kommt«.

HÜHNERFRIKASSEE VOR DEM DDR-SPIEL

Vor dem einzigen deutsch-deutschen Länderspiel servierte DFB-Koch Hans-Georg Damker der Mannschaft Hühnerfrikassee klassisch. Das Rezept zum Nachkochen (für zwei Personen):

4 Hähnchenkeulen à 250 g, Salz, 2 Zwiebeln, gewürfelt, 1 Bund Suppengrün, geputzt, 1 Lorbeerblatt, 10 schwarze Pfefferkörner, 500 g weißer Spargel, 200 g helle Champignons, 60 g Butter, 40 g Mehl, 150 g Crème fraîche, 200 g Erbsen (tiefgekühlt), 1 Zitrone.

Keulen in 1,5 Liter leicht gesalzenem Wasser zum Kochen bringen. Entstehenden Schaum abschöpfen, Zwiebeln, Suppengrün, Lorbeerblatt und Pfefferkörner dazugeben. Bei mittlerer Hitze 30 Minuten kochen. Spargelstangen schälen, Enden entfernen, in 4 Zentimeter lange Stücke schneiden. Champignons putzen. 20 Gramm Butter in einem Topf erhitzen, Spargelstücke und Champignons nacheinander in der Butter bei mittlerer Hitze einige Minuten anschwitzen. Gemüse herausnehmen, restliche Butter im Topf aufschäumen lassen. Mehl dazugeben und mit einem Holzlöffel rührend eine Minute anschwitzen. 750 ml Fond aus dem Suppentopf nehmen und durch ein Sieb nach und nach auf die Mehlschwitze geben, glattrühren und aufkochen. Sauce 10 Minuten sanft kochen. Spargel, Champignons und Crème fraîche dazugeben und weitere 5 Minuten köcheln lassen. Hühnerfleisch vom Knochen lösen, Haut beseitigen, Fleisch kleinschneiden. Zusammen mit den Erbsen zur Sauce geben und das Frikassee 5 Minuten erhitzen. Mit Salz und Pfeffer würzen und mit etwas Zitronensaft abschmecken. Mit Reis servieren. Übrigens: Drei Spieler konnten vor Aufregung nichts essen – einer war Gerd Müller.

EIN HAUFEN JUNG-UNTERNEHMER

> Hölzenbein: »Netzer hat am Schluß für die Entscheidung gesorgt, weil er nach anfänglichem Zögern auch dafür gestimmt hat, das Angebot anzunehmen. Ich gehörte zu denen, die weiter pokern wollten. Denn für uns Ersatzspieler war es die einzige Motivation, wenigstens ordentliche Prämien zu bekommen, wenn wir uns schon fünf Wochen auf die Bank hocken sollten.« Das Ergebnis, mit dem die Profis am 5. Juni um 1.30 Uhr in die Betten gingen: 15 000 Mark Startprämie und 60 000 Mark für den Titel. Ausrüster Adidas legte später noch 10 000 Mark drauf. Sieger gab es keine, und ein Mann wie Helmut Schön verlor seinen Glauben. Es war ein unerhörter, einmaliger Vorgang. Sein Vorgänger Sepp Herberger hatte 1954 eigenmächtig die Prämie reduziert, um für die nötige Bodenhaftung der Helden zu sorgen. Auch bei den späteren Turnieren war Geld kein Reizthema. Schön aber hatte es 1974 mit Jung-Unternehmern zu tun, die nicht nur für Deutschland, sondern auch für ihren Geldbeutel spielten.

Stars wie Beckenbauer oder Gerd Müller hatten über ein halbes Dutzend Werbeverträge – und sei es einer für Schnupftabak, wie ihn Sepp Maier besaß. »Wir hatten in Malente keine Ruhe. Die Werbebosse großer Firmen klopften an, wollten die Spieler für Reklame gewinnen. Wir kamen finanziell alle gut dabei weg, aber Ruhe hatten wir keine«, kommentierte Beckenbauer das Treiben später.

Dabei waren viele schon gemachte Leute: Torwart Maier besaß ein Sechs-Zimmer-Haus mit Schwimmhalle, Beckenbauer lebte in einer Villa mit Pool, Müller in einem Fünf-Zimmer-Bungalow, sechs weitere Spieler hatten Eigenheime. Günter Netzer, der einzige Legionär im Kader, lebte bei Real Madrid wie ein König, auch sein Domizil hatte sechs Zimmer. In Mönchengladbach hatte der erste Popstar der Bundesliga 1971 sogar eine Diskothek gekauft. An Statussymbolen mangelte es nicht. Sieben Spieler fuhren Autos der Marke Mercedes. >

3. Spiel Vorrunde
DDR – BR DEUTSCHLAND 1:0
22. Juni 1974, 19.30 Uhr Ortszeit, Volksparkstadion, Hamburg

Schiedsrichter: *Barreto Ruiz (Uruguay).* ***Tor:*** *1:0 Sparwasser (77.).* ***Einwechslungen:*** *Hamann für Irmscher (65.) – Höttges für Schwarzenbeck (69.), Netzer für Overath (70.).* ***Gelbe Karten:*** *Croy, Kreische, Sparwasser.* ***Zuschauer:*** *58 900.*

5 Franz Beckenbauer

Der Kapitän und Weltklasse-Libero auf dem Weg zur Kaiser-Krönung: Längst war sein Ego so weit angewachsen, daß er die Führung übernehmen konnte, als nichts mehr lief. Er weckte die satten Stars nach der Pleite gegen die DDR, er gab Trainer Schön die Richtung bei Aufstellung und Taktik vor. Damit und dank seiner fußballerischen Klasse war Deutschland auf dem weiteren Weg zum Titel nicht mehr zu stoppen. Libero Beckenbauer, der filigrane Außenrist-Artist, hatte im richtigen Moment seine Malocher-Seite hervorgekehrt. Im Finale kämpfte er und feuerte seine Mitspieler an, während Superstar-Konkurrent Johan Cruyff haderte.

6 Horst-Dieter Höttges

Einmal ist der »Eisenfuß« bei seiner dritten WM eingewechselt worden – sein Pech, daß es das DDR-Spiel war. Für die Nachwelt erhalten bleibt die Szene, in der der Bremer dem Siegtorschützen Jürgen Sparwasser hinterherstolpert. Historische Tore pflegen mit erbarmungsloser Hartnäckigkeit über die Fernsehschirme zu flimmern. Vergessen wird darüber manchmal die beeindruckende Laufbahn des Abwehrspielers: Er war Vizeweltmeister 1966, WM-Dritter 1970 und Europameister 1972. Daß es 1974 für ihn bei 21 Spielminuten blieb, ficht den Manndecker nicht an: »Wir sind als Mannschaft Weltmeister geworden.«

AUSFLUG MIT KINDERGARTEN-CHARAKTER *Günter Netzer, Paul Breitner und Uli Hoeneß (v. l.) lassen die Fahrt in einer Legobahn im Freizeitpark Sierksdorf an der Ostsee nur widerwillig über sich ergehen. Das ist nicht ihre Welt*

7 Herbert Wimmer

Seinen großen Tag hatte der stille Mittelfeldspieler schon zwei Jahre vor der Weltmeisterschaft ausgekostet. Herbert »Hacki« Wimmer hatte beim 3:0-Sieg der Deutschen im Europameisterschafts-Finale gegen die UdSSR nicht nur aktiv mitgewirkt. Dem Dauerrenner, der seinem Mittelfeld-Herrn-und-Meister Günter Netzer Laufwege abzunehmen hatte und die Drecksarbeit verrichten mußte, war sogar ein Tor gelungen. Für Wimmer war die Metapher vom »Wasserträger« in den Fußballjargon aufgenommen worden. Ohne Netzer bestand kaum Bedarf für seine Qualitäten: Der Gladbacher kam auf zwei Einsätze und 92 Minuten Spielzeit.

8 Bernd Cullmann

Alle drei Vorrundenspiele bestritt der Kölner Verteidiger, köpfte gegen Australien sogar ein Tor und schaute dann nur noch zu, wie Deutschland Weltmeister wurde. Cullmann gehört eindeutig zu den Opfern von Beckenbauers und Schöns Umbau-Aktion. Vor der WM galt der Kopfballspezialist noch als kommender Mann im deutschen Mittelfeld. Seine Ausmusterung nahm der stille Kölner ohne Murren hin, hoffte bis zum Endspiel auf Einwechslungen. Daß Helmut Schön ihn selbst im Finale unter holländischem Dauerdruck nicht brachte, enttäuschte ihn tief, hielt ihn aber nicht davon ab, bis 1980 für Deutschland weiterzuspielen.

SO SCHLIEFEN SIE IN MALENTE ZUSAMMEN

Zimmerpartner: Gerd Müller (l.) und Franz Beckenbauer. Hier testen sie ihre neuen Fußballschuhe von Adidas

Die Zimmerverteilung in der Sportschule Malente war wegen der Gefahr terroristischer Attentate lange Zeit ein streng gehütetes Geheimnis. Den Spielern war verboten, ihre Zimmernachbarn der Öffentlichkeit preiszugeben. Nun ist das Geheimnis gelüftet. In diesen Gemeinschaften schlummerten die Stars dem WM-Titel entgegen:
Beckenbauer/Müller
Breitner/Hoeneß
Maier/Nigbur
Heynckes/Netzer
Grabowski/Herzog
Hölzenbein/Kremers
Overath/Flohe
Vogts/Wimmer
Kleff/Bonhof
Schwarzenbeck/Höttges
Kapellmann/Cullmann

KEINER SANG NATIONALHYMNE

› Die biederen Gladbacher Berti Vogts und Rainer Bonhof sowie der gerade 22jährige Bayern-Spieler Uli Hoeneß kutschierten einen Porsche Carrera. Hoeneß und Breitner brachten gemeinsam mit ihrem Vereinstrainer Udo Lattek ein WM-Buch heraus, obwohl sie die jüngsten Stammspieler waren. Andauernd sah man sie am Telefon ihre Berichte in die Redaktion durchgeben.

Kein Wunder: Die Prämie für das Trio betrug 200 000 Mark. Die BILD-Zeitung fragte Franz Beckenbauer besorgt, ob Schön Leuten wie Uli Hoeneß überhaupt noch gewachsen sei. Der antwortete: »Er ist ihnen gewachsen, haut ihnen auch mal eins auf den Zylinder. Aber er kann sie oft nicht verstehen. Die Jugend hat sich sehr geändert.«

Die Erben von Uwe Seeler und Fritz Walter, so schien es, verrieten die deutschen Tugenden, und Patrioten waren sie schon gar nicht. Bei der Nationalhymne vor Länderspielen wurde nicht gesungen, und niemand regte sich darüber auf. Paul Breitner empfahl sogar, die Hymne abzuschaffen: Sie störe seine Konzentration.

Aber auch die jungen Weltveränderer Breitner und Hoeneß, die neben dem Fußball studierten, stießen an Grenzen. Grenzen, die ihnen die erzkonservativen Moralisten des DFB setzten. Dazu gehörte es, 22 junge Männer für fünf Wochen WM einzukasernieren, ohne Besuchserlaubnis und mit einer Telefonzelle für alle.

Die 1952 erbaute Sportschule Malente atmete den Geist ihrer Gründerzeit, die Stars von 1974 drohten darin zu ersticken. Kein Wunder, daß es etliche geglückte Ausbruchsversuche gab, von denen längst nicht alle bekannt geworden sind, wie Sepp Maier Jahrzehnte später noch verriet. Einer schon: Maiers Spritztour mit Hoeneß zum Hotel ihrer Frauen nach Hamburg. Die Extratour gehört zum Anekdotenschatz. Voller Lausbubenstolz erzählte Maier, wie die Bremsen ausfielen und er bei der Rückfahrt die Handbremse zur Hilfe nehmen mußte. ›

1. Spiel Finalrunde
DEUTSCHLAND – JUGOSLAWIEN 2:0
26. Juni 1974, 16 Uhr Ortszeit, Rheinstadion, Düsseldorf

Schiedsrichter: Marquès (Brasilien). **Tore:** 1:0 Breitner (38.), 2:0 Müller (80.). **Einwechslungen:** Hoeneß für Wimmer (70.), Flohe für Hölzenbein (79.) – Jerkovic für Oblak (84.), Petkovic für Dzajic (84.). **Gelbe Karten:** Vogts, Overath, Buljan, Hadziabdic. **Zuschauer:** 67 385.

9 Jürgen Grabowski

Helmut Schön war schwer enttäuscht von Jürgen Grabowski. Der Frankfurter Rechtsaußen hatte beim 0:1 gegen die DDR keinen Stich gemacht gegen Verteidiger Wätzlich, wirkte nicht fit und verstolperte eine der wenigen Torchancen. Der Sachse Schön nahm es persönlich: Wer gegen die Ostdeutschen nicht Vollgas gab, beging Verrat – an ihm. Tempodribbler Grabowski, bei der WM 1970 als wirkungsvollster Einwechselspieler aller Zeiten gefeiert, wurde nur kurz ausgemustert: Comeback gegen Schweden mit einem Tor, fortan war er gesetzt. Nach dem Finale trat er zurück und widerstand allen Bemühungen Schöns, ihn zurückzuholen.

10 Günter Netzer

Mit Trainingsrückstand war der Mittelfeldstar von Real Madrid angereist. Er schob Sonderschichten, um fit zu werden. Und das Publikum sehnte sich nach dem Spielmacher des EM-Teams von 1972. Gegen die DDR verlangten die Fußballfans den blonden Erlöser schließlich lautstark, weil die elf auf dem Platz nicht weiter wußten. Schön erhörte die Massen. Netzer kam für Overath, spielte 21 Minuten lang genauso schlecht, ging als 0:1-Verlierer. Er kam bei der WM nicht wieder auf den Platz. Nach dem Finale wollen ihn Augenzeugen weinen gesehen haben. Als Weltmeister angesprochen zu werden, verbittet sich Netzer bis heute.

GENERATIONEN-KONFLIKT *Bundestrainer Helmut Schön (r.) und Paul Breitner stehen in Malente für die beiden Fronten im deutschen Team: hier der feinfühlige Sachse, der die Jugend nicht mehr versteht, da der Rebell mit kommunistischem Gedankengut. Nach der letzten Prämien-Pokerrunde schließen sie Frieden*

11 *Jupp Heynckes*

Sein Lächeln im deutschen Jubel nach dem Finalsieg über Holland wirkte süßsauer: Jupp Heynckes hatte das Spiel auf der Bank erlebt. »Ich war persönlich enttäuscht und konnte das auch nicht verbergen.« Im Vorrundenspiel gegen Australien hatte sich Heynckes Bänder im Knie gedehnt und den Stammplatz an Hölzenbein verloren. Verbissen kämpfte der Torjäger, unterstützt von Masseur Deuser, um seine Rückkehr. Mit Hölzenbein vereinbarte er vor dem Endspiel: Derjenige, der zum Einsatz kommt, läßt sich kurz vor Schluß für den anderen auswechseln. »Im Eifer des Gefechts«, so Heynckes, »hat Bernd das wohl vergessen.«

12 *Wolfgang Overath*

Letztes Testspiel vor der WM in Malente gegen eine Amateurauswahl: Der Bundestrainer hat mit Netzer und Wimmer zunächst das EM-Mittelfeld aufgestellt. Wolfgang Overath verzog sich hinter eine Hecke, schaute nicht hin. Hinterher sagte ihm Schön den erlösenden Satz: »Du spielst gegen Chile.« Befreit vom Schatten des Konkurrenten Günter Netzer, des »Langen«, spielte der 30jährige ein großes Turnier. Der Mann vom 1. FC Köln rannte, rackerte und fluchte wie eh und je. Und zwei bildschöne Tore gegen Australien und Schweden erzielte er mit seinem dynamischen linken Fuß auch noch.

NEBENGESCHÄFTE DER SPIELER

Geschäftstüchtig: Uli Hoeneß fuhr schon als 22jähriger einen Porsche

Weltmeisterschaft gleich Geldmeisterschaft. Dieser Slogan traf 1974 erstmals uneingeschränkt zu. ***Die Werbung in Deutschland entdeckte vor dem Großereignis den Fußball und seine Stars.*** *Eine kleine Auswahl: Der ganze Kader warb für den Mineralölkonzern Esso und Franz Beckenbauer, natürlich auch Werbe-Kaiser, zusätzlich für den Konkurrenten Aral. Vom Kapitän und Günter Netzer kam kurz vor der WM sogar ein Puzzle in den Handel. Netzer pries zudem gemeinsam mit Berti Vogts den Traubenzucker Dextro-Energen an, Uli Hoeneß englische Drops. Der Werbespruch dazu: »Uli Hoeneß tankt Englisch.«*

BAYERN-BLOCK DOMINANT

› Unter all diesen Störfaktoren litt die Stimmung bei dieser WM. Am Morgen nach der letzten Prämien-Pokerrunde sah man Schön und Breitner am Rande des Trainingsplatzes Frieden schließen, eine Stunde lang. Endlich konnte Fußball gespielt werden.

Schön brauchte Breitner. Der spielte bei Meister und Europapokalsieger Bayern München – wie sechs andere Profis im deutschen Kader. Der Bundestrainer setzte auf Blockbildung und auf die Achse Maier-Beckenbauer-Müller, auf Vorstopper Schwarzenbeck, auf Mittelfeldflitzer Hoeneß und eben auf den linken Offensiv-Verteidiger Breitner. Nur der siebte Münchner, Jupp Kapellmann, spielte als Dauerreservist eine Nebenrolle. Eine größere und dominantere Fraktion innerhalb eines deutschen WM-Kaders gab es nie. Vize-Meister Borussia Mönchengladbach stellte einen zweiten Block, doch von den fünf Spielern war nur Berti Vogts gesetzt.

Die spannendste Frage war seit vier Jahren dieselbe: Overath oder Netzer? Schön entschied sich für den Kölner als Spielmacher, auch weil Netzer angeschlagen angereist war. Aber wie so oft bei Turnieren fand sich die ideale Mannschaft erst am Ende. Die Elf, die im Finale auflief, spielte erstmals im letzten Finalrundenspiel gegen Polen zusammen.

Der dominante Bayern-Block geriet in die Kritik und ins Bröckeln nach dem 0:1 gegen die DDR, als die Mannschaft zum dritten Mal in Folge mit Pfiffen in die Kabinen begleitet worden war. Schon die Siege gegen Chile (1:0) und Australien (3:0) hatten das anspruchsvolle Publikum, das vom amtierenden Europameister glanzvolle Siege erwartete, nicht befriedigt.

Und nun die Niederlage gegen das andere Deutschland. Wieder gab es in Malente eine denkwürdige Nacht. Franz Beckenbauer hatte schon auf der Rückfahrt vom Volksparkstadion das Kommando übernommen. Uli Hoeneß fauchte er an: »Dir tut im nächsten Spiel gegen Jugoslawien der Aufenthalt auf der Ersatzbank gut.« ›

2. Spiel Finalrunde

DEUTSCHLAND – SCHWEDEN 4:2

30. Juni 1974, 19.30 Uhr Ortszeit, Rheinstadion, Düsseldorf

Schiedsrichter: *Kasakow (Sowjetunion).* ***Tore:*** *0:1 Edström (26.), 1:1 Overath (51.), 2:1 Bonhof (52.), 2:2 Sandberg (53.), 3:2 Grabowski (78.), 4:2 Hoeneß (89., Foulelfmeter).* ***Einwechslungen:*** *Grabowski für Herzog (65.), Flohe für Hölzenbein (83.) – Ejderstedt für B. Larsson (34.).* ***Gelbe Karte:*** *Grahn.* ***Zuschauer:*** *67 861.*

13 Gerd Müller

Ladehemmung hatte der »Bomber der Nation« nicht, aber das Toreschießen wurde ihm nicht mehr so leicht gemacht wie bei der WM 1970 in Mexiko. Dort waren dem Münchner zehn Tore gelungen. Als Rekordtorjäger genoß Müller die ungeteilte Aufmerksamkeit gesamter Abwehrreihen. Viermal traf er trotzdem. Sein letztes Tor im Nationaldress, den 2:1-Siegtreffer in der 44. Minute gegen Holland, bezeichnet er als »mein wichtigstes«. Es war, wie alle typischen Müller-Tore, auf den ersten Blick von entwaffnender Schlichtheit: kurzes Wegstehlen vom Gegenspieler Ruud Krol, Ballverarbeitung, Drehung, Flachschuß.

14 Uli Hoeneß

Hoeneß soll Beckenbauer seine zwischenzeitliche Ausbootung nach dem 0:1 gegen die DDR nie ganz verziehen haben. Er kam zurück, traf gegen Schweden, fand während der WM aber nie zur Superform der Vorjahre. Gegen Polen verschoß er einen Strafstoß – ein Vorgriff auf den fatalen Elfmeter-Fehlschuß 1976 im EM-Finale gegen die CSSR. Vor dem Endspiel verschwieg Hoeneß dem Bundestrainer, mit 39 Grad Fieber darniedergelegen zu haben: »Ich habe die ganze Nacht durchgeschwitzt, konnte mich kaum auf den Beinen halten.« Gleich zu Spielbeginn beging er das Foul an Cruyff, das zu Neeskens' Elfmeter und dem 0:1 führte.

SCHRITTMACHER *Der Düsseldorfer Linksaußen Dieter Herzog wird zwei Spiele den etablierten Stars vorgezogen, dann hat er seine Rolle erfüllt. Gegen Jugoslawien spielt er 90 Minuten, gegen Schweden (Foto) noch 65 Minuten. Diesen Zweikampf verliert er gegen Jan Olsson*

15 *Heinz Flohe*

Drei Einsätze hatte Flohe, nur einen über 90 Minuten. Dabei handelte es sich dummerweise um die 0:1-Niederlage gegen die DDR, bei der der begnadete Mittelfeld-Dribbler auf Linksaußen unterging. Danach hatte der schüchterne »Flocke« nur noch zwei Kurzeinsätze: elf Minuten gegen Jugoslawien, sieben gegen Schweden. Das Schicksal meinte es nicht gut mit »Deutschlands bestem Fußballer« (Beckenbauer). Die WM 1978, bei der er endlich seine Chance auf der bis dahin von Overath und Netzer besetzten Spielmacherposition bekommen sollte, mißriet gründlich. 1979 beendete ein brutales Foul des Duisburgers Steiner seine Karriere.

16 *Rainer Bonhof*

Mit ihm wurde alles besser. In der Zwischenrunde bekam der in Holland geborene Mittelfeldspieler seine Chance, er gab seinen Stammplatz auf der rechten Seite bis zum Finale nicht mehr ab. Gefürchtet war Bonhof zunächst bei den Mannschaftskameraden: Der mit 22 Jahren Jüngste im Kader pflegte im Training genauso zur Sache zu gehen wie im Spiel. Seine Schußhärte (»Entweder fällt dabei ein Tor oder ein Mann aus der Mauer«) war berüchtigt. Sein Solo im Finale und die Vorlage auf Gerd Müller sollten zum Höhepunkt seiner Laufbahn werden. Etwas vergleichbar Bedeutendes ist Rainer Bonhof nie wieder gelungen.

SCHÖN LAG SCHON IM BETT

> In der Küche der Sportschule ging es weiter. Die Wortführer um Beckenbauer, Maier, Vogts und Müller sagten sich bei Bier und Wein lautstark die Meinung. Beckenbauer maßregelte Hoeneß ein weiteres Mal: »Wenn Fußball nicht mehr die Hauptsache für dich ist, sondern Geld, dann bringst du sehr bald schlechte Leistungen.« Helmut Schön lag zu dieser Zeit schon im Bett, nachdem er eine kurze Moralpredigt gehalten hatte, bei der laut Maier »keiner so richtig hingehört hat«. Beckenbauer erinnert sich: »Ich putzte jeden runter, der mir vor die Augen kam. Ich tat eben das, was der Bundestrainer wohl auch gemacht hätte, wozu er aber viel zu vornehm gewesen ist.«
Helmut Schön war mit allem einverstanden. Nur die Abwehrkette blieb bestehen, Mittelfeld und Sturm wurden umgebaut. Für die Kölner Bernd Cullmann und Heinz Flohe war die WM an diesem Abend praktisch zu Ende, die Stars Jürgen Grabowski und Uli Hoeneß erhielten heilsame Dämpfer. Beckenbauer, der am nächsten Tag bei der Pressekonferenz neben Schön saß, hatte dafür gesorgt, daß sie gegen Jugoslawien nicht mehr in der Elf standen. Auch wenn er das gegenüber Grabowski bestritt.
Tatsache ist, daß die neue Elf in Beckenbauers Sinne war. Wobei der Libero nicht meinte, daß ein Dieter Herzog besser sei als Hoeneß. Doch galt es, dem Bayern-Kameraden, der ihm zuwenig nach hinten arbeitete, eine Lektion zu erteilen. Die Journalisten ahnten jedenfalls die neuen Machtverhältnisse. Am Abend vor dem Spiel gegen Jugoslawien in Düsseldorf stieg im Ruhrgebiet sogar ein Zeppelin in die Lüfte, auf dem in hell leuchtenden Lettern stand: »Beckenbauer übt scharfe Kritik, Hoeneß nur Reserve.«
Der Hauskrach zeitigte einen beeindruckenden Erfolg. Fortan gab es nur noch Siege und keine Pfiffe mehr. Uli Hoeneß, gegen Jugoslawien eingewechselt, bereitete das 2:0 vor und rutschte wieder in die Mannschaft. >

3. Spiel Finalrunde

DEUTSCHLAND – POLEN 1:0

3. Juli 1974, 16.30 Uhr Ortszeit, Waldstadion, Frankfurt

Schiedsrichter: *Linemayr (Österreich).* ***Tor:*** *1:0 Müller (75.).* ***Besonderes Vorkommnis:*** *Tomaszewski hält Foulelfmeter von Hoeneß (53.).* ***Einwechslungen:*** *Cmikiewicz für Kasperczak (80.), Kmiecik für Maszczyk (80.).* ***Zuschauer:*** *61 249.*

DAS LIED DER WELTMEISTER

Im Oktober 1973 nahm die Mannschaft als erste in der DFB-Geschichte eine Schallplatte auf. Titel: Fußball ist unser Leben. Sie kostete 15,80 Mark. Das Lied wurde von Horst Nußbaum alias Jack White komponiert und produziert. Der Text:

Ha! Ho! Heja heja he! Ha! Ho!
Heja heja he! Ha! Ho!
Heja heja he! Ha! Ho!
Heja heja he!
Fußball ist unser Leben, denn
König Fußball regiert die Welt.
Wir kämpfen und geben alles,
bis dann ein Tor
nach dem andern fällt.
Ja, einer für alle, alle für einen.
Wir halten fest zusammen,
und ist der Sieg dann unser,
sind Freud' und Ehr' für uns
alle bestellt.
Ein jeder Gegner will uns
natürlich schlagen,
er kann's versuchen,
er darf es ruhig wagen,
doch sieht er denn nicht,
daß hunderttausend Freunde
zusammensteh'n.
Ja! Wir spielen immer,
sogar bei Wind und Regen.
Auch wenn die Sonne lacht
und andre sich vergnügen,
doch schön ist der Lohn,
wenn hunderttausend Freunde
zusammensteh'n.
Ja! Fußball ist unser Leben,
denn König Fußball regiert
die Welt.
Wir kämpfen und geben alles,
bis dann ein Tor nach dem
andern fällt.
Ja, einer für alle, alle für einen.
Wir halten zusammen,
und ist der Sieg dann unser,
sind Freud' und Ehr' für uns
alle bestellt.
Ha! Ho! Heja heja he! Ha! Ho! He!

17 Bernd Hölzenbein

Als Ersatzmann mitgenommen, als Weltmeister gefeiert, nach dem Finale als Schwalbenkönig in Holland verflucht: Die WM verlief für das technisch versierte Schlitzohr unerwartet. »Hätten wir gegen die DDR gewonnen, wäre vieles in meinem Leben anders gekommen«, sagte Hölzenbein später. Nach einer Klasseleistung gegen Polen führte für Helmut Schön kein Weg mehr an dem Frankfurter vorbei. Der dankte es ihm mit einem eleganten Flug im Endspiel im holländischen Strafraum. An welchem Bein Gegenspieler Jansen ihn erwischt haben soll, weiß »Holz« heute nicht mehr – der Elfmeter führte zum 1:1.

18 Dieter Herzog

Der Außenstürmer hätte sein Reservisten-Dasein kaum unterbrechen dürfen, wäre Jürgen Grabowski während der Vorrunde auch nur annähernd in Normalform aufgelaufen. Anderthalb Spiele absolvierte der pfeilschnelle Herzog in der zweiten Finalrunde, ohne einen bleibenden Eindruck zu hinterlassen. Hinterher erklärte der Düsseldorfer seine matten Vorstellungen im heimischen Rheinstadion mit mangelnder Trainer-Zuwendung: »Helmut Schön und Assistent Jupp Derwall kümmerten sich fast nur um die Stammspieler.« Immerhin wurde Herzog im Kader wegen seiner anhaltend guten Laune geschätzt.

SONDERZUG *Die deutsche Mannschaft in ihren karierten Einheits-Ausgehhemden auf der Fahrt zu einem Spiel. Franz Beckenbauer (l.) liest Zeitung, Horst-Dieter Höttges in der Reihe dahinter lauscht einem Fachgespräch zwischen Co-Trainer Jupp Derwall (r.) und Bundestrainer Helmut Schön (nicht im Bild)*

19 Jupp Kapellmann

Einmal bei der WM auf die Ersatzbank – der Traum des Reservisten blieb unerfüllt. Er verbrachte alle sieben Spiele auf der Tribüne, nutzte die Zeit zwischen den Trainingseinheiten in Malente zum Lesen. Kapellmann, 1973 für damals aberwitzige 800 000 Mark vom 1. FC Köln zum FC Bayern gewechselt, wandte seine Aufmerksamkeit dem Studium der Medizin zu, wurde Arzt. Er verweigerte bei Verletzungen beharrlich, sich fit spritzen zu lassen, und geriet darüber oft mit Trainern und Vereinsbossen aneinander. Im Gegensatz zu vielen Kollegen überstand der Mittelfeldspieler seine Karriere ohne körperliche Verschleißerscheinungen.

20 Helmut Kremers

Normalerweise gab es den Schalker Verteidiger nur im Doppelpack mit Zwillingsbruder Erwin. Aber der Linksaußen, Europameister 1972 und eine von Deutschlands größten Angriffshoffnungen, durfte nicht mit zur WM, weil er im letzten Bundesliga-Saisonspiel den Schiedsrichter dreimal als »blöde Sau« tituliert hatte. Helmut Kremers ging ebenfalls leer aus: An Paul Breitner führte auf seiner Position kein Weg vorbei. Als begrenzt erfolgreich erwies sich der Außenverteidiger später auch in weiteren Tätigkeiten – als kurzzeitiger Schalke-Chef und, zusammen mit Bruder Erwin, als Schlagersänger. Ihr Lied: »Das Mädchen meiner Träume.«

5 FLASCHEN WHISKEY FÜR RICHTIGEN TIP

Wiedersehen bei der WM-Gala im Februar 2006: Hans Apel (r.) und Hans-Jürgen Kreische

Auf dem Flug von Hamburg nach Düsseldorf lernten sich am 23. Juni der westdeutsche Finanzminister Hans Apel und DDR-Stürmer Hans-Jürgen Kreische kennen. Am Vortag hatte die DDR das Bruderduell mit 1:0 gewonnen, Apel gab sich enttäuscht von der DFB-Elf. Kreische jedoch versicherte ihm: »Die BRD wird Weltmeister!« Apel hielt das für ausgeschlossen und bot eine Wette an. Einsatz: fünf Flaschen Whiskey. Nach dem Turnier schickte Hans Apel über die Ständige Vertretung in Bonn Kreische die Flaschen nach Dresden. Kreische mußte sich dafür aber vor dem Dynamo-Vorstand erklären. »Sie riefen mich hoch und fragten: Wie stehst denn du dazu?« Der Grund: Kontakt zum imperialistischen Ausland war nicht gern gesehen in der DDR. Kreische meint, daß ihm dieses Geschenk die Olympia-Teilnahme 1976 verdarb. »Sechs Dresdner flogen nach Montreal, ich nicht. Dabei hatte ich in jener Saison 24 Tore geschossen.« 32 Jahre später im längst vereinigten Deutschland stellten Apel und Kreische die Szene für eine WM-Show der ARD nach. Am Ende stießen sie mit Wodka an, und nun fragte keiner mehr: »Wie stehst denn du dazu?«

HOENESS LERNTE AUS HAUSKRACH

> In der spielten sich ab der Zwischenrunde auch Linksaußen Bernd Hölzenbein und der defensive Mittelfeldspieler Rainer Bonhof fest. Sogar Jürgen Grabowski kam von der Tribüne zurück, nutzte seine Chance gegen Schweden (4:2) mit einem Joker-Tor. Gegen Polen stand er wieder in der Anfangsformation, sein Zimmerpartner Dieter Herzog hatte seinen Zweck als Antreiber der Stars erfüllt. Uli Hoeneß blieb, weil Herbert Wimmer nicht mehr einsatzfähig war.

Die Voraussetzungen für den Titelgewinn waren endlich geschaffen. Schön und Beckenbauer hatten eine Mannschaft gefunden, die funktionierte und die ihre Konflikte ausgefochten hatte. Die Spieler dachten nicht mehr ans Geld, das Publikum stand plötzlich hinter ihnen. Hatte es Beckenbauer und Overath in Hamburg und Berlin noch geschmäht und zu Gesten gereizt, so war es bei den Zwischenrundensiegen in Düsseldorf ein großer Rückhalt. Natürlich bedurfte es auch wieder der Tore von Müller, um Polen (1:0) und Holland (2:1) zu bezwingen. Eine Schlüsselszene des Finales ereignete sich aber schon in der 23. Minute: Hölzenbein war im Strafraum der Holländer gefoult worden – Elfmeter. Doch wer sollte schießen? Müller war festgelegt, doch er schaute weg. Hoeneß hatte gegen Polen verschossen und drängte sich nicht vor. Breitner schnappte sich den Ball. Er kümmerte sich wieder nicht um Hierarchien und schoß eiskalt ein. Diese Form der Aufmüpfigkeit verübelte ihm niemand.

Daß das Turnier endete, wie es begonnen hatte, mit einem Krach (um den Einlaß der Spielerfrauen auf dem Bankett), konnte Schön nicht mehr belasten. Er war so glücklich, daß er mehr trank, als er vertrug. In welchem Hotel er eingecheckt hatte, wußte er jedenfalls nicht mehr. Und so suchte Helmut Schön in der Nacht nach seinem größten Triumph nach einer Unterkunft. Erst nach vielen Telefonaten fand er ein Bett. Alles wurde gut – wie bei dieser WM.

Finale

DEUTSCHLAND – HOLLAND 2:1

7. Juli 1974, 16 Uhr Ortszeit, Olympiastadion, München

Schiedsrichter: Taylor (England). **Tore:** 0:1 Neeskens (2., Foulelfmeter), 1:1 Breitner (26., Foulelfmeter), 2:1 Müller (44.). **Einwechslungen:** R. van de Kerkhof für Rensenbrink (46.), de Jong für Rijsbergen (69.). **Gelbe Karten:** Vogts – van Hanegem, Neeskens, Cruyff. **Zuschauer:** 77 833.

21 Norbert Nigbur

Der Torhüter Nummer zwei im Kader mußte während des Turniers seinen enormen Ehrgeiz und seine Abneigung gegen Helmut Schön zügeln. Es gelang dem Schalker in dem Glauben, daß nach Sepp Maiers Karriereende seine Stunde schlagen würde. Als es dann soweit war, sollte der Körper aber den Dienst versagen. Nach einem Essen mit seiner Freundin kam Nigbur nicht mehr hoch: eingeklemmter Meniskus, eine langwierige Geschichte, die seine Nationalmannschafts-Laufbahn abrupt beendete. Er tröstete sich mit seinem Hobby Trabrennsport und besang später eine Schallplatte: »44 Beine«, Ruhrpott-Kult pur.

22 Wolfgang Kleff

Laune statt Leistung: Dem Torwart des Vizemeisters Borussia Mönchengladbach kam bei der WM in erster Linie eine gemütsaufhellende Rolle zu. Nicht nur auf Grund seiner Ähnlichkeit mit einem ostfriesischen Komiker lautete sein Spitzname »Otto«. Gelegenheit, seine sportliche Klasse zu demonstrieren, bekam der Boutiquenbesitzer erwartungsgemäß nicht. Zu eindeutig war Sepp Maiers Vormachtstellung. »Ich habe meine Position und die Leistung Sepp Maiers irgendwann akzeptiert«, gab Kleff später zu. Sein Torhüter-Pullover »Modell Wolfgang Kleff« war eines der meistverkauften Fußball-Trikots in den siebziger Jahren.

DEUTSCHER WM-KADER 1974

Bundestrainer Helmut Schön beorderte Ersatztorwart Wolfgang Kleff nur einmal von der Tribüne. Gegen Australien durfte der Gladbacher das Spiel von der Ersatzbank aus verfolgen

NR.	NAME	GEBOREN	Einsatz gegen CHILE	AUSTRALIEN	DDR	JUGOSLAWIEN	SCHWEDEN	POLEN	HOLLAND	VEREIN
TOR										
22	Wolfgang Kleff	16.11.1946	Tribüne	Bank	Tribüne	Tribüne	Tribüne	Tribüne	Tribüne	Borussia Mönchengladbach
1	Sepp Maier	28.02.1944	90 Min.	90 Min.	90 Min.	90 Min.	90 Min.	90 Min.	90 Min.	Bayern München
21	Norbert Nigbur	08.05.1948	Bank	Tribüne	Bank	Bank	Bank	Bank	Bank	FC Schalke 04
ABWEHR										
5	Franz Beckenbauer	11.09.1945	90 Min.	90 Min.	90 Min.	90 Min.	90 Min.	90 Min.	90 Min.	Bayern München
13	Paul Breitner	05.09.1951	90 Min./1 Tor	90 Min.	90 Min.	90 Min./1 Tor	90 Min.	90 Min.	90 Min./1 Tor	Bayern München
8	Bernd Cullmann	01.11.1949	90 Min.	68 Min./1 Tor	90 Min.	Bank	Bank	Bank	Bank	1. FC Köln
6	Horst-Dieter Höttges	10.09.1943	Bank	Bank	21 Min.	Bank	Bank	Bank	Bank	Werder Bremen
19	Jupp Kapellmann	19.12.1949	Tribüne	Tribüne	Tribüne	Tribüne	Tribüne	Tribüne	Tribüne	Bayern München
4	H.-G. Schwarzenbeck	03.04.1948	90 Min.	90 Min.	69 Min.	90 Min.	90 Min.	90 Min.	90 Min.	Bayern München
2	Berti Vogts	30.12.1946	90 Min.	90 Min.	90 Min.	90 Min.	90 Min.	90 Min.	90 Min.	Borussia Mönchengladbach
MITTELFELD										
16	Rainer Bonhof	29.03.1952	Bank	Tribüne	Bank	90 Min.	90 Min./1 Tor	90 Min.	90 Min.	Borussia Mönchengladbach
15	Heinz Flohe	28.01.1948	Tribüne	Tribüne	90 Min.	11 Min.	7 Min.	Bank	Bank	1. FC Köln
14	Uli Hoeneß	05.01.1952	90 Min.	90 Min.	90 Min.	20 Min.	90 Min./1 Tor	90 Min.	90 Min.	Bayern München
20	Helmut Kremers	24.03.1949	Tribüne	Tribüne	Tribüne	Tribüne	Tribüne	Tribüne	Tribüne	FC Schalke 04
10	Günter Netzer	14.09.1944	Tribüne	Bank	20 Min.	Tribüne	Tribüne	Tribüne	Tribüne	Real Madrid
12	Wolfgang Overath	29.09.1943	76 Min.	90 Min./1 Tor	70 Min.	90 Min.	90 Min./1 Tor	90 Min.	90 Min.	1. FC Köln
7	Herbert Wimmer	09.11.1944	Bank	22 Min.	Tribüne	70 Min.	Tribüne	Tribüne	Tribüne	Borussia Mönchengladbach
ANGRIFF										
9	Jürgen Grabowski	07.07.1944	90 Min.	90 Min.	90 Min.	Tribüne	25 Min./1 Tor	90 Min.	90 Min.	Eintracht Frankfurt
18	Dieter Herzog	15.07.1946	Tribüne	Tribüne	Tribüne	90 Min.	65 Min.	Tribüne	Tribüne	Fortuna Düsseldorf
11	Jupp Heynckes	09.05.1945	90 Min.	45 Min.	Tribüne	Tribüne	Tribüne	Bank	Bank	Borussia Mönchengladbach
17	Bernd Hölzenbein	09.03.1946	14 Min.	45 Min.	Bank	79 Min.	83 Min.	90 Min.	90 Min.	Eintracht Frankfurt
13	Gerd Müller	03.11.1945	90 Min.	90 Min./1 Tor	90 Min.	90 Min./1 Tor	90 Min.	90 Min./1 Tor	90 Min./1 Tor	Bayern München

Co-Trainer Jupp Derwall

Helmut Schöns Assistent und Kronprinz war für die Spielbeobachtung zuständig und für die Arbeit auf dem Trainingsplatz. Paul Breitner erinnerte sich noch Jahre später ungern an die Einheiten in Malente: »Ziemlich harte Konditionsarbeit ist Jupp Derwall damals mit uns gefahren. Mein Gott, was sind wir da marschiert.« Seit Mexiko 1970 ging Derwall, der 1954 zwei Länderspiele bestritten hatte, dem Bundestrainer zur Hand. Seinen Stil im Umgang mit den Nationalspielern versuchte Derwall schon als Co-Trainer rheinländisch-locker zu gestalten: »Man kann nicht immer den Daumen draufhalten, muß auch mal die Augen zudrücken.«

Delegationsleiter Hans Deckert

Der gebürtige Schweinfurter führte für den DFB die wichtigen Prämienverhandlungen mit den Spielern, war damit der wichtigste Funktionär im DFB-Troß. Hans Deckert war zuweilen Ziel des Spotts von Spielern, allen voran Paul Breitner machte sich lustig. Bundestrainer Helmut Schön nahm Deckert in Schutz, wo er nur konnte. Er schätzte den »geraden, außerordentlich tüchtigen« DFB-Mann: »Ein Franke mit sprichwörtlich rauher Schale und weichem Kern.« An Deckerts Talent, in anderen Schuldgefühle zu wecken, erinnert sich Franz Beckenbauer: »Er schaute mich an, als habe er mich bei einem Bankeinbruch ertappt.«

DER MANN MIT DER MÜTZE *Helmut Schön war von 1964 bis 1978 verantwortlich für die Nationalmannschaft. Seine Bilanz: 139 Spiele, 87 Siege, 30 Unentschieden, 22 Niederlagen. Schön wurde am 15. September 1915 geboren, er starb am 23. Februar 1996*

FEINSINNIGER MENSCH MIT MAGENSCHMERZEN

Helmut Schön Der Bundestrainer unterschied sich deutlich von den Diktatoren im Trainingsanzug, die vor ihm das Bild prägten. Der Kunst- und Musikliebhaber führte seine Spieler antiautoritär. Aber der Stress machte ihn oft krank

Mit einem unpopulären Schachzug stellte Helmut Schön die Weichen zum Titelgewinn. Eigentlich war der Bundestrainer ein Freund des technisch versierten, offensiven Fußballs. Er liebte elegante Individualisten, die dem Spiel ihren Stempel aufdrückten. Angreifer wie Johan Cruyff hatten es Schön, in jungen Jahren selbst ein spielstarker Mittelstürmer, besonders angetan. Aber der war nun mal Holländer und mußte gestoppt werden.
Also bekam Berti Vogts, der »Terrier«, den Auftrag, Cruyff im Finale an die Kette zu legen. Die Maßnahme griff. Cruyff kam nicht wie gewohnt zur Entfaltung und reagierte auf die Dauerpräsenz des Gladbachers derart genervt, daß Schiedsrichter Taylor ihm in der Halbzeitpause Gelb wegen Meckerns zeigte. Bei Licht besehen, war Schöns taktisches Meisterstück ein Griff in die Mottenkiste des Fußballs, die dem »Mann mit der Mütze« peinlich gewesen sein muß. Mit seinen Vorstellungen von modernem Fußball, wie ihn die deutsche Elf noch 1972 beim Gewinn der EM zelebriert hatte, korrespondierte das jedenfalls nicht.
Geschockt von der 0:1-Niederlage gegen die DDR, hatte der sensible Sachse aber über seinen Schatten springen müssen. War der Gang zur Pressekonferenz noch besonders schwer (»Ein stummes Zähneknirschen wäre mir leichter gefallen als der Versuch, das enttäuschende Resümee in aller Öffentlichkeit in wohlgesetzte Worte zu kleiden«), hatte er sich am nächsten Vormittag gefangen. Aufgebracht beschimpfte er in der Mannschaftssitzung seine satten Stars: »Bei den Prämien habt ihr gezeigt, wie stark ihr gemeinsam sein könnt! Aber wenn es gegen die DDR geht, seid ihr weg vom Fenster.« Einmal in Rage geredet, riet er den Versagern, sich am Busen ihrer Lieblingsreporter auszuweinen. »Das könnt ihr wenigstens noch: Interviews geben!«
Schön wußte, daß er in dieser Phase Stärke zeigen mußte, denn sein Trainerstuhl wackelte. Hermann Neuberger soll, enthüllte das Magazin Spiegel später, ernsthaft erwogen haben, ihn mitten im Turnier durch seinen Stellvertreter Jupp Derwall zu ersetzen. Die Autorität des antiautoritären Übungsleiters bröckelte.
Der feinsinnige Kunst- und Musikliebhaber unterschied sich deutlich von den Diktatoren im Trainingsanzug, die bis in die siebziger Jahre das Bild der Fußballlehrerzunft prägten. Seit seiner Jugend war Schön als ängstlicher Zauderer verschrien. »E dirregder Lewe is er nich«, sagten seine Freunde in der sächsischen Heimat über den gebürtigen Dresdner. Ein Löwe sei er nicht. Oft litt Schön in wichtigen Spielen, von Magenkrämpfen gebeutelt, leise auf der Trainerbank. »Wenn ich ihm in England die Milch auf sein Zimmer brachte, lag er dort aufgebahrt wie Lenin im Mausoleum«, erzählte sein damaliger Co-Trainer Dettmar Cramer über die WM 1966. Nach der Niederlage gegen die DDR aß Schön Schleimbrei.
Obwohl sich das Personalkarussell auf Beckenbauers Empfehlung gedreht hatte, schrieb er später in seiner Autobiographie »Fußball«: »Ich habe die Mannschaft umgekrempelt.«
Nach der starken kämpferischen Leistung beim 2:0 gegen Jugoslawien gab Schön zu, ihm sei eine »Zentnerlast vom Herzen« gefallen. Der Bundestrainer präsentierte sich gut gelaunt auf der Pressekonferenz und lobte drei Spieler besonders: Vogts, Bonhof und seinen Kapitän, der fortan beim Gespräch mit Journalisten neben ihm saß. »Franz Beckenbauer ist auch dieser Meinung«, lautete in diesen Tagen ein Lieblingssatz von Schön.
Schön analysierte ruhig und sachlich, Beckenbauer gab den Poltergeist, sprach die unangenehmen Dinge aus. Mitunter wurde Beckenbauer so deutlich, daß Schön entsetzt die Augen verdrehte. Es war eine fruchtbare Arbeitsteilung. Nach einer Pressekonferenz in Kaiserau reichte Schön Beckenbauer die Hand und sagte: »Hast du gut gemacht!« Der bedankte sich mit Sätzen wie dem folgenden: »Schön ist der ideale Bundestrainer, weil er nicht so autoritär bestimmt wie andere.«
In den aufregenden Tagen vor dem Endspiel flatterte sein Herz wieder ein wenig. Doch Mannschaftsarzt Professor Hess beruhigte den Gestressten und riet: »Leg dich nachmittags etwas hin.« Nach dem 2:1-Sieg war Schön wieder die Ruhe selbst. »So«, dachte er ganz unspektakulär, »jetzt bin ich also Weltmeister.« In keiner Sekunde habe er gedacht: »Jetzt hast du ausgesorgt.« Ein Seitenhieb gegen den geschäftstüchtigen Münchner Uli Hoeneß, von dem das Zitat stammt.
Nach dem Triumph von München wollte Helmut Schön aufhören. Erster (1974), Zweiter (1966) und Dritter (1970) bei einer WM – nur der Italiener Vittorio Pozzo war besser mit zwei Titeln (1934 und 1938). Nach Intervention von Hermann Neuberger und Ehefrau Annelies (»Und wovon sollen wir eigentlich leben?«) ruderte der Amtsmüde zurück. Erst vier Jahre später sang Udo Jürgens: »Der Mann mit der Mütze geht nach Haus, die lange Zeit des Langen, sie ist aus, und unsere Achtung nimmt er mit und unseren Applaus.«

» Ein stummes Zähneknirschen wäre mir leichter gefallen

» Schön ist der ideale Bundestrainer, weil er nicht so autoritär bestimmt wie andere

»LEBEN WIE IN EINEM GEFÄNGNIS«

Interview mit Bernd Hölzenbein Der Linksaußen über die Zeit im Trainingslager, die Tischtennis-Duelle mit Gerd Müller, den Streit mit Jupp Heynckes und seinen Elfmeterfall im Finale

Herr Hölzenbein, die WM 1974 steckt voller Legenden und Anekdoten.

Bernd Hölzenbein: Ja, ich weiß. Es gibt die unterschiedlichsten Geschichten, was da so alles passiert ist. Zum Beispiel Affären von Spielern. Viele davon standen ja auch in den Medien. Aber die habe ich gar nicht so mitbekommen.

Sie haben bestimmt nur an Fußball gedacht?

Ich habe mich auf meine Spiele vorbereitet, deshalb weiß ich nichts. Ob die Jungs nach St. Pauli abgehauen sind, oder was sonst immer so erzählt wird, weiß ich auch nicht. Mir ist nur unauslöschlich in Erinnerung, daß wir in Malente ständig von Polizei und GSG-9-Beamten bewacht waren wegen der Sicherheitsproblematik nach dem Olympia-Attentat 1972 in München.

Haben Sie überhaupt etwas von der besonderen Atmosphäre bei einer Weltmeisterschaft mitbekommen?

Nein, eigentlich gar nichts. Wir haben zwar die Zeitungen gelesen, aber die wurden immer erst überprüft. Es wurde geschaut, ob wir das auch alles lesen dürfen. Damals gab es tatsächlich noch Zensur.

Wirklich?

Ja, du warst im Grunde wie in einem Gefängnis.

Was haben Sie denn die ganze Zeit gemacht? Gewürfelt, gezockt?

Wir haben Tischtennis gespielt bis zum Abwinken, jeden Abend. Ich habe das Turnier gewonnen, sehr zum Ärger von Gerd Müller. Der war jahrelang der ungeschlagene Tischtennisheld. Und dann kam ich praktisch als Neuer dazu und habe den Gerd zum Schneider gemacht. Ich glaube, das hat ihn echt getroffen. Als er dann noch erfuhr, daß ich bei meinem Heimatklub TuS Dehrn auch Tischtennis gespielt habe, wollte er mich ausschließen, weil ich ein Profi sei.

Das Stammquartier der deutschen Elf war die Sportschule in Malente …

Oje, darüber darf man eigentlich gar nicht reden. Wir hatten ja nicht einmal eine Toilette auf dem Doppelzimmer, die war mit den Duschräumen auf dem Gang. Es war wie in einer Jugendherberge.

Es kam zu Spannungen.

Richtig, und davon hatten wir genug. Wenn ich nur an den Streit um die WM-Prämien denke, wo einige Spieler abreisen wollten. Die ganze Nacht haben wir diskutiert.

Eine weitere hitzige Nachtsitzung gab es nach dem 0:1 gegen die DDR. Wer hat denn nun letztlich die Mannschaft umgekrempelt. Beckenbauer oder Schön?

Die Diskussionen, daß Beckenbauer das System verändert hat, gehen zu weit. Er hat sicher gesagt, welche Spieler raus müssen, weil sie zuwenig kämpfen. Und er hat sicher auch dafür gesorgt, daß Hoeneß erst mal aus der Mannschaft flog. Er hat auch vorgeschlagen, wer ins Team kommen muß – unter anderem ich. Weil er wußte, daß ich nach hinten viel arbeite und damit Breitner bei seinen Vorstößen den Rücken freihalte. >

Gruppenbild mit Pokal nach dem Finale: Bernd Hölzenbein (untere Reihe, Mitte) eingerahmt von Franz Beckenbauer und Berti Vogts (2.v.r.)

WM-BOTSCHAFTER *Bernd Hölzenbein feierte am 9. März 2006 seinen 60. Geburtstag. Sein größter Tag als Fußballer liegt mittlerweile 32 Jahre zurück: der 7. Juli 1974. Der Tag, an dem er Weltmeister wurde. Er ist WM-Botschafter von Frankfurt für das Turnier 2006*

KAMPF UM JEDEN METER BODEN *Bernd Hölzenbein (r.) im Duell mit dem Polen Antoni Szymanowski auf dem regendurchtränkten Platz des Frankfurter Waldstadions. Für Eintracht-Profi Hölzenbein ein Heimspiel*

> ***Trotzdem: Welche Rolle hat Helmut Schön dabei gespielt?***

Er wurde nicht entmachtet, auch wenn es nach außen so dargestellt wurde. Er hatte halt plötzlich einen Partner – das war der Franz. Er hat zusammen mit Schön den Umbruch vollzogen. Ich denke, der Trainer hatte die gleichen Gedankengänge wie der Franz, denn ohne seinen Willen wäre das nicht passiert. Schön alleine hätte es vielleicht etwas schwerer gehabt. Wenn er selber die Entscheidung getroffen hätte, vier Mann aus der Elf zu nehmen, wäre es zu einem Aufschrei gekommen. Für uns Spieler war Schön ein toller Typ, ein absolut anerkannter Fachmann. Wir haben ihn sehr respektiert.

Sie waren im Spiel gegen die DDR nicht dabei ...

... und das war mein Glück. Ich habe von der Niederlage und der schlechten Leistung profitiert, so kam ich im nächsten Spiel gegen Jugoslawien in die Mannschaft. Ab da haben wir nur noch gewonnen, so daß es keinen Grund mehr gab, mich wieder rauszunehmen. Aber ich war auch gut auf den Tag X vorbereitet. Ich habe mich wirklich in jedes Training reingehauen, habe Gas gegeben ohne Ende und immer versucht, so viele Tore wie möglich zu machen. Ich wollte mich als Alternative aufdrängen.

Was war das eigentlich für eine Geschichte mit den 15 000 Autogrammbällen?

Die Idee dazu hatte, glaube ich, Sepp Maier oder Uli Hoeneß. Wahrscheinlich eher der Uli, denn der hatte schon immer das Geschäft im Sinn. Wir saßen in einer großen Turnhalle, die wir extra angemietet haben, und mußten 15 000 Bälle unterschreiben, die alle schon im Vorfeld verkauft worden waren. Für uns gab es 15 000 Mark als Prämie, das war richtig gutes Geld. Aber nach dem 0:1 gegen die DDR durften wir nicht mehr weiterschreiben. Der

» *Der Boden kam meinem Stil, viel zu laufen und zu kämpfen, entgegen. Ich habe ja auch das Tor vorbereitet, vorher einen Elfer rausgeholt, den der Hoeneß aber verschoß.* «

Bernd Hölzenbein über das Spiel gegen Polen

DFB hat einen Riegel vorgeschoben. Weil wir bis dahin gerade mal 3000 Bälle unterschrieben hatten, wurden die restlichen Bälle nach der WM auseinandergeschnitten, jeder bekam einen Riesenstapel Flicken nach Hause geschickt und hat sie brav unterschieben. Dann wurden sie wieder zusammengenäht und an Tankstellen verkauft.

Welche Zusatzgeschäfte gab es denn noch?

Es kam einmal ein Fotograf, Herzog hieß er, der hat wunderschöne Farbporträts von allen Spielern und Trainern gemacht. Toll auf Holzrahmen gezogen, wirklich nobel. Wir haben jeder einen Scheck über 4000 Mark bekommen, verbunden mit der Aufforderung, ihn bloß nicht vor dem Finale einzulösen.

Wieso?

Warten Sie, das erzähle ich gleich. Jedenfalls hat irgendeiner seinen Scheck eingelöst und festgestellt, daß er nicht gedeckt war. Damit waren alle Schecks geplatzt. Der Fotograf hatte damit spekuliert, daß wir Weltmeister werden, dann hätte er die Fotos teuer verkaufen und uns leicht das Geld zahlen können. Leider kam das Geschäft nie zustande, weil einer zu voreilig war. Ich habe mir später Bilder von Herzog geholt, als Ersatz. Und die habe ich mir dann von allen nachträglich peu à peu unterschreiben lassen. Jetzt fehlt nur noch Overath, aber den kriege ich auch noch.

Kommen wir zur berühmten Wasserschlacht gegen Polen.

Für mich war das Spiel etwas ganz Besonderes. In Frankfurt war ich zu Hause, hier hatte ich mein Selbstbewußtsein, hier hatte ich gute Spiele gemacht. Für das Spiel hat mir das noch mal einen Schub gegeben.

Wie groß war die Angst, daß das Spiel ausfallen könnte?

Riesengroß. Ich habe gedacht: Um Gottes Willen, wenn das jetzt verschoben wird, wer weiß, was dann passiert? Aber ehrlich, es waren unzumutbare Verhältnisse, auch wenn ich gut zurechtgekommen bin. Der Boden kam meinem Stil, viel zu laufen und zu kämpfen, entgegen. Ich habe ja auch das Tor vorbereitet, vorher einen Elfer rausgeholt, den der Hoeneß aber verschoß.

Hätten Sie nicht am liebsten den Männern, die den Rasen mit ihren Walzen vom Wasser befreiten, geholfen?

Das haben wir alles gar nicht mitbekommen, wir waren in der Kabine und mußten uns dort aufwärmen. In der Dusche haben wir Fußball-Tennis gespielt, immer wieder den Ball gegen die Wand. Wir sind in den Gängen hin und her gelaufen, wir waren nervös, weil wir nicht wußten: Findet das Spiel nun statt oder nicht?

Dann das Finale. Wie läuft so ein Tag ab? Konnten Sie in der Nacht vorher schlafen?

Ja, tief und fest, ich konnte vor Spielen immer schlafen. Aber diesen Endspieltag kriege ich nicht mehr zusammen. Ich habe mich so extrem auf dieses Spiel konzentriert, daß ich alles andere ausgeblendet habe und mich danach auch nicht mehr erinnern konnte. Ich bedauere das, wie auch die Tatsache, daß ich den Erfolg nie richtig genossen habe. Dieses Gefühl, Weltmeister zu sein, das kam erst Jahre später.

Aber die Jubelfeiern, die Fahrt im Cabrio durch Frankfurt, die vielen Ehrungen?

Ich habe das alles wie in Trance erlebt. Meine ganzen Erinnerungen an diesen Tag habe ich aus dem Fernsehen. Ich weiß das, was ich später gesehen habe. Nur daß ich beim Jubeln etwas zurückhaltend war, daran kann ich mich erinnern. Ich bin auch fast nirgendwo auf Bildern zu sehen. Auf die Tribüne zur Siegerehrung bin ich als einer der letzten hoch, ich kam erst nach Helmut Schön. Deshalb gibt es fast keine Szenen von mir und dem Pokal. >

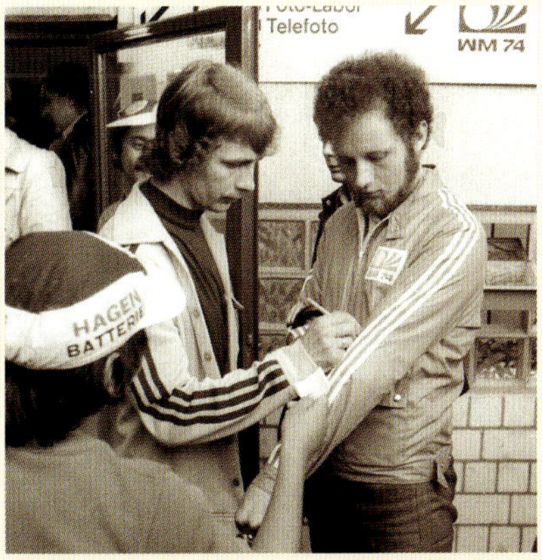

Begehrtes Autogramm: Bernd Hölzenbein unterschreibt auf der Trainingsjacke eines WM-Helfers. An der Wand: das Logo der Weltmeisterschaft

Empfang der Weltmeister in Frankfurt: Bernd Hölzenbein (l.) und Jürgen Grabowski (r.) auf dem Rhein-Main-Flughafen

MÜLLER IM FINALE GEGEN NIGBUR

Schon bei der WM 1970 ein Könner an der Tischtennisplatte: Gerd Müller

Nach dem Training in Malente trafen sich die Spieler fast immer zum Tischtennis im Dachgeschoß der Sportschule. Dort waren zwei Platten aufgestellt. Gleich nach der Ankunft am 29. Mai 1974 wurde ein Turnier organisiert, an dem auch Bundestrainer Schön und Busfahrer Walter Kohr teilnahmen. Uli Hoeneß war Chronist des Turniers, er hielt alle Ergebnisse fest. Franz Beckenbauer widmete dem Turnier sogar einen Eintrag in seinem WM-Tagebuch. Da stand unter dem 8. Juni zu lesen: »Tischtennis gespielt, vier Sätze, alle gewonnen, dreimal Schneider, einmal 21:19.« Den Gegner verschwieg er aus Höflichkeit.
Gerd Müller kann es nicht gewesen sein, denn der kam ins Endspiel gegen Ersatztorwart Norbert Nigbur. Auf dem Weg dahin hatte Müller Rainer Bonhof (2:1 nach Sätzen), Günter Netzer (2:1), Herbert Wimmer (2:0) und Kohr (2:1) ausgeschaltet. Souverän besiegte er im Finale Nigbur mit 21:14 und 21:19. Müller: ***»Tischtennis hat viel zur Abwechslung beigetragen.«***
Übrigens: Bernd Hölzenbein durfte nicht teilnehmen, er spielte zu gut.

BECKENBAUER TRUG PISTOLE BEI SICH

Alltag in Malente: Die Polizei sichert das Trainingsgelände, Paul Breitner lümmelt sich auf dem Rasen

Die Nationalmannschaft wurde während der WM strengstens bewacht. Zwei Jahre nach dem Attentat bei den Olympischen Spielen in München und angesichts der ständig wachsenden Bedrohung durch die Baader-Meinhof-Gruppe befürchteten Polizei und Bundesinnenministerium erneut einen terroristischen Angriff. Die Sicherheitsmaßnahmen, zuständig waren die Schutzpolizei Eutin und das SK Lübeck, erhielten sogar einen Decknamen: »Operation Freischütz«. Polizisten mit Hunden und Sprechfunkgeräten und mit Maschinenpistolen bewaffnete GSG-9-Beamte prägten das Bild, durch das stählerne Eingangstor in Malente kam kein Unbefugter. Einzige Ausnahme: Am Tag der offenen Tür strömten 5000 Fans auf das Gelände. Auch Franz Beckenbauer war bewaffnet. Aus Angst vor einer Entführung trug der Kapitän eine kleine Pistole bei sich.

› *Die Holländer waren sehr selbstbewußt, fast schon arrogant. Wurde vor dem Spiel in den Katakomben gestichelt?*

Helmut Schön hat uns da sehr gut drauf vorbereitet. Er hat gesagt, daß uns die Holländer sehr arrogant gegenübertreten würden. Nicht dem Franz, den haben sie respektiert, aber allen anderen. Schön hat uns gesagt: »Jungs, wenn ihr ihnen gegenübersteht, dann schaut eurem Gegenspieler in die Augen, ganz tief. Demonstriert Selbstvertrauen und Stärke.« Ich habe meine ganze Kraft zusammengenommen und habe meinem Holländer – das war, glaube ich, Wim Suurbier – ganz, ganz böse und tief in die Augen geschaut, um ja keine Schwäche zu zeigen. Wir wußten schon, daß die Jungs sehr, sehr gut Fußball spielen konnten.

Was haben Sie nach der frühen Führung der Holländer gedacht?

Eigentlich gar nichts. Ich war gar nicht so niedergeschlagen, denn du hast ja noch das ganze Spiel vor dir. Dann haben die Holländer versucht, uns vorzuführen, haben Jojo gespielt und nicht damit gerechnet, daß etwas schiefgehen kann. Vor zwei Jahren habe ich das im Goethe-Institut in Holland auch gesagt: »Ihr habt selber verloren, weil ihr zu arrogant gewesen seid. Wenn ihr weitergespielt hättet, bei eurer Klasse, hätten wir keine Chance gehabt.« Aber das ist ja alles schon tausendmal erzählt worden.

Wie auch das Thema »Elfmeter oder Schwalbe?«. Das können Sie vermutlich nicht mehr hören?

Doch! Es begleitet mein Leben und wird es tun bis ins Grab. Aber es ist in der Zwischenzeit so, daß es fast ein Vorteil ist, weil jeder meinen Namen mit diesem Elfer verbindet.

War es einer – oder keiner?

Ganz klar, es war einer, da kann man sich diese Szene immer und immer wieder anschauen, in Super-Super-Super-Zeitlupe. Oder zeigt diese Szene im Urwald oder Schiedsrichtern, die sie noch nie gesehen haben. Ich sage Ihnen: Alle pfeifen Elfmeter – es geht gar nicht anders.

Auch der Elfmeter 1990 an Rudi Völler ist umstritten.

Ich erzähle Ihnen mal etwas: Auf einer Veranstaltung hat mich der Moderator gefragt: »Was fällt Ihnen spontan bei einer Schwalbe ein?« Ich habe geantwortet: »Die Schwalbe von Rudi 1990.« Die Leute haben gelacht. Wenn man mit Rudi spricht, dann sagt er: »Ja, aber das war ja ganz anders, wir waren sowieso überlegen und die bessere Mannschaft.«

Die Diskussion um Ihren Elfmeter wird nie enden.

Letztlich ist es nur so gekommen, weil ein Journalist Monate später geschrieben hat: »Hölzenbein gibt zu ...« Aber direkt nach der WM wird man in viele Zeitungen schauen können, und es wird kaum über den Elfer diskutiert. Auch in Holland hat sich keiner aufgeregt, selbst die Spieler haben nicht protestiert. Noch einmal: Ich sehe das in der Zwischenzeit gelassen, es macht mir nichts mehr aus, es gehört einfach zu mir. Mein großer Fehler war, daß ich gegen den Artikel per Einstweiliger Verfügung auf Widerruf geklagt habe. Erst danach war das Thema hochbrisant. Plötzlich haben sich alle draufgestürzt, auch in Holland.

Jupp Heynckes war nach dem Finale nicht gut auf Sie zu sprechen. Warum?

Wir hatten schon Wochen vorher ausgemacht, daß derjenige, der von uns beiden in einem möglichen Finale spielt, zehn Minuten vor Schluß rausgeht, um dem anderen auch seinen Einsatz zu gönnen. Ich habe mit ihm nie darüber geredet. Auch nicht, als er hier Trainer war. Aber ich weiß: Er ist heute noch sauer, weil ich nicht raus bin. Aber das konnte ich gar nicht, es gab nicht eine Sekunde zum Verschnaufen. Es war so ein Druck, es ging rauf und runter, ich bin gar nicht auf die Idee gekommen, mich

Ohne Schienbeinschützer mit heruntergelassenen Stutzen: Bernd Hölzenbein im Finale gegen den Holländer Wim Suurbier (l.)

Immer noch eine strittige Szene: Hölzenbeins Sturz im Strafraum der Holländer. Jansen (Nummer 6) hat ihn gefoult

ERKLÄRUNGS-VERSUCH *Helmut Schön (l.) spricht mit den Ersatzspielern Norbert Nigbur und Jupp Heynckes. Der Torwart hört weg, Heynckes schaut Schön in die Augen. Er hofft vergebens auf seinen finalen Einsatz*

»Es ging rauf und runter, ich bin gar nicht auf die Idee gekommen, mich auswechseln zu lassen. Nicht, weil ich es Jupp nicht gegönnt hätte, aber das Spiel war so eng.«

BERND HÖLZENBEIN ÜBER DIE GEPLATZTE ABSPRACHE MIT JUPP HEYNCKES

auswechseln zu lassen. Nicht, weil ich es Jupp nicht gegönnt hätte, aber das Spiel war so eng. Er hätte auch nicht anders gehandelt.

Nach dem WM-Endspiel wurde den Spielerfrauen der Zutritt zum Festbankett verwehrt. Wirklich ein Eklat?

Das wird in den Geschichtsbüchern völlig falsch dargestellt. Jeder Spieler wußte spätestens am Donnerstag vor dem Finale, daß das Festbankett ohne Frauen stattfindet.

Warum eigentlich?

Das war damals so üblich, unsere Frauen waren oft auf diesen Banketten nicht dabei. Nach dem Spiel sind alle Spielerfrauen auch gleich wieder heimgefahren, bis auf die der Bayern-Spieler. Im Laufe des Abends kamen sie im Hilton-Hotel vorbei, das haben die Holländer gesehen und gesagt: »Jetzt holen wir unsere Frauen auch.« So hat sich das aufgeschaukelt, es wurde diskutiert, dann mußten alle raus. Susanne Hoeneß wurde von einem Funktionär mehr oder weniger rausgejagt.

Wenn Sie die Möglichkeit hätten: Würden Sie heute etwas anders machen als damals?

Nein, warum auch? Das Turnier hätte für mich nicht besser laufen können. Das war wie ein Roman, den ich selbst geschrieben habe oder wie ein Wunschtraum. Wenn man so daliegt und sich vorstellt, was kann jetzt alles passieren, damit es gut für dich läuft? Ich bin gerade so noch auf den WM-Zug aufgesprungen, weil ich in den letzten Wochen vor der WM sehr stark gespielt habe. Aber auch, weil Erwin Kremers in der Bundesliga vom Platz geflogen ist. In der Nationalelf war ich ganz hinten, bekam immer nur ein paar Minuten Einsatz. Das Glück gegen die DDR nicht dabeizusein, dann die Chance, gegen Jugoslawien von Anfang an zu spielen, sie genutzt zu haben, das Finale – unfaßbar.

DIE WELTMEISTER 1990

Hintere Reihe von links: Klaus Augenthaler, Guido Buchwald, Paul Steiner, Andreas Möller, Jürgen Klinsmann, Hans Pflügler, Thomas Berthold. Mittlere Reihe: Co-Trainer Berti Vogts, Co-Trainer Holger Osieck, Jürgen Kohler, Uwe Bein, Rudi Völler, Andreas Köpke, Karl-Heinz Riedle, Günter Hermann, Lothar Matthäus, Teamchef Franz Beckenbauer, Torwarttrainer Sepp Maier. Vorne: Pierre Littbarski, Thomas Häßler, Frank Mill, Raimond Aumann, Bodo Illgner, Stefan Reuter, Olaf Thon, Andreas Brehme. Aufgenommen wurde das Bild am 20. Mai 1990 in der Sportschule Malente. In der Europa-Qualifikationsgruppe 4 hatte sich Deutschland mit drei Siegen und drei Unentschieden als Zweiter hinter Holland für die WM qualifiziert

ITALIEN

1990

Teilnehmer (24): Ägypten, Argentinien, Belgien, Brasilien, Costa Rica, Deutschland, England, Holland, Irland, Italien, Jugoslawien, Kamerun, Kolumbien, Österreich, Rumänien, Schottland, Schweden, Spanien, Südkorea, Sowjetunion, Tschechoslowakei, Uruguay, USA, Vereinigte Arabische Emirate

Weltmeister: Deutschland
Torschützenkönig: Salvatore Schillaci (Italien), 6 Tore

Problem nur im Mittelfeld

Franz Beckenbauer trotz mühsamer Qualifikation optimistisch: »Unser Ziel ist der Titel« ++ Prämienfrage lange geklärt: 125 000 Mark für Titel schon vor erstem Spiel sicher ++ Hierarchie stimmt: Matthäus, Brehme, Völler, Littbarski und Augenthaler geben Ton an ++ Ersatzspieler wissen um ihre Rolle und erheben keine Ansprüche ++ Problem nur im Mittelfeld: Vier Mann kämpfen um zwei offene Positionen. Bein und Thon bleiben auf der Strecke ++ Begegnungen in Mailand werden zu Heimspielen. Italiener sympathisieren mit deutschem Team ++ Beckenbauer nur nach Spiel gegen Tschechoslowakei unzufrieden ++ Brehme schießt Deutschland zum Titel ++

DIE LETZTEN DEUTSCHEN SIEGERTYPEN

Volksnahe Spieler, fünf Italien-Profis und ein geläuterter Teamchef Franz Beckenbauer prägten das Weltmeisterteam

GEGNER IM RÜCKEN *Mißmutig stehen die Argentinier nach dem Finale im Schatten der Sieger (v. l.) Pierre Littbarski, Jürgen Klinsmann (verdeckt), Andreas Brehme, Rudi Völler, Jürgen Kohler, Thomas Häßler, Guido Buchwald, Bodo Illgner, Stefan Reuter, Olaf Thon und Klaus Augenthaler*

Kein Anzug blieb trocken. Wer immer sich das Privileg erworben hatte, zum neuen Weltmeister in die Kabine vorzudringen, wurde mit einer Sektdusche begrüßt.

Sogar Bundeskanzler Helmut Kohl, der mit DFB-Schatzmeister Egidius Braun im Schlepptau an jenem späten Abend des 8. Juli 1990 in den Katakomben des Stadio Olimpico von Rom die deutschen Spieler beglückwünschte, blieb nicht verschont. Wie ausgelassene Kinder tollten die Helden. Pierre Littbarski duschte in voller Montur, leere Flaschen flogen durch den Raum, sie tanzten – und sie nutzten die Gelegenheit, dem hohen Besuch ihre Forderungen anzudienen. Mit gesungenen Einzeilern wie »Helmut, senk den Steuersatz!« und »Egidius, rück die Kohle raus!«.

Aber darüber regte sich niemand auf in der bisher letzten Weltmeister-Nacht, die Deutschland erlebte. Längst hatten sich die Bundesbürger damit arrangiert, daß Fußball Geschäft ist und die Bundesliga Jahr für Jahr ihre Millionäre produzierte. Sozialneid spielte keine Rolle in diesen Tagen. Im Gegenteil: Eine ganze Nation war stolz auf diese Mannschaft, die vielleicht populärste nach der Elf von Bern. Weil in ihr so viele volksnahe Typen standen, denen die Millionen nicht den Kopf verdreht hatten. >

14. WM-ENDRUNDE

Gruppe A

9.6.	Rom	Italien – Österreich	1:0
10.6.	Florenz	Tschechoslowakei – USA	5:1
14.6.	Rom	Italien – USA	1:0
15.6.	Florenz	Tschechoslow. – Österreich	1:0
19.6.	Florenz	Österreich – USA	2:1
19.6.	Rom	Italien – Tschechoslowakei	2:0

Gruppe B

8.6.	Mailand	Kamerun – Argentinien	1:0
9.6.	Bari	Rumänien – Sowjetunion	2:0
13.6.	Neapel	Argentinien – Sowjetunion	2:0
14.6.	Bari	Kamerun – Rumänien	2:1
18.6.	Bari	Sowjetunion – Kamerun	4:0
18.6.	Neapel	Argentinien – Rumänien	1:1

Gruppe C

10.6.	Turin	Brasilien – Schweden	2:1
11.6.	Genua	Costa Rica – Schottland	1:0
16.6.	Turin	Brasilien – Costa Rica	1:0
16.6.	Genua	Schottland – Schweden	2:1
20.6.	Turin	Brasilien – Schottland	1:0
20.6.	Genua	Costa Rica – Schweden	2:1

Gruppe D

9.6.	Bologna	Kolumbien – V. Arab. Emirate	2:0
10.6.	Mailand	Deutschland – Jugoslawien	4:1
14.6.	Bologna	Jugoslawien – Kolumbien	1:0
15.6.	Mailand	Deutschland – V. Arab. Emir.	5:1
19.6.	Mailand	Deutschland – Kolumbien	1:1
19.6.	Bologna	Jugoslawien – V. Arab. Emir.	4:1

Gruppe E

12.6.	Verona	Belgien – Südkorea	2:0
13.6.	Udine	Uruguay – Spanien	0:0
17.6.	Udine	Spanien – Südkorea	3:1
17.6.	Verona	Belgien – Uruguay	3:1
21.6.	Udine	Uruguay – Südkorea	2:1
21.6.	Verona	Spanien – Belgien	2:1

Gruppe F

11.6.	Cagliari	England – Irland	1:1
12.6.	Palermo	Holland – Ägypten	1:1
16.6.	Cagliari	England – Holland	0:0
17.6.	Palermo	Irland – Ägypten	0:0
21.6.	Cagliari	England – Ägypten	1:0
21.6.	Palermo	Irland – Holland	1:1

Achtelfinale

23.6.	Neapel	Kamerun – Kolumbien	2:1 n.V.
23.6.	Bari	Tschechoslow. – Costa Rica	4:1
24.6.	Turin	Argentinien – Brasilien	1:0
24.6.	Mailand	Deutschland – Holland	2:1
25.6.	Genua	Irland – Rumänien	5:4 n. E.
25.6.	Rom	Italien – Uruguay	2:0
26.6.	Verona	Jugoslawien – Spanien	2:1 n.V.
26.6.	Bologna	England – Belgien	1:0 n. V.

Viertelfinale

30.6.	Florenz	Argentinien – Jugoslaw.	3:2 n. E.
30.6.	Rom	Italien – Irland	1:0
1.7.	Mailand	Deutschland – Tschechoslow.	1:0
1.7.	Neapel	England – Kamerun	3:2 n. V.

Halbfinale

3.7.	Neapel	Argentinien – Italien	5:4 n. E.
4.7.	Turin	Deutschland – England	5:4 n. E.

Spiel um Platz 3

7.7.	Bari	Italien – England	2:1

Finale

8.7.	Rom	Deutschland – Argentinien	1:0

1990 – DAS JAHR DER DEUTSCHEN

> Rudi Völler, Andreas Brehme, Jürgen Kohler oder Guido Buchwald hatten sich Bodenhaftung bewahrt, die kleinen Supertechniker Pierre Littbarski oder Thomas Häßler waren Publikumslieblinge. Und vor dem stärksten Lothar Matthäus, den es je gab, zog alle Welt den Hut.

Hinzu kam, daß die Mannschaft von Franz Beckenbauer in diesen Tagen so viele Anhänger wie nie hatte. Am 9. November 1989 war die Mauer in Berlin gefallen, jetzt durften auch die 16 Millionen Menschen in der DDR ihre Freude über den WM-Sieg der Bundesrepublik offen zeigen. Tausende Fans aus Leipzig, Dresden und Rostock feierten in Italien mit.

Es war das Jahr der Deutschen, und alle Welt freute sich mit. Kennzeichnend für die Weltmeister von 1990 war das italienische Element. Fünf Spieler verdienten im Gastgeberland der WM ihr Geld: Lothar Matthäus, Andreas Brehme und Jürgen Klinsmann spielten bei Inter Mailand, Rudi Völler und Thomas Berthold bei AS Rom. Sie waren ebenso beliebt wie erfolgreich. Brehme wurde bereits in seiner ersten Saison 1988/89 zum besten Ausländer der Liga gewählt. Die Roma-Fans wählten Völler zum besten Spieler der Saison 1989/90, Inter wurde mit den Deutschen 1989 Meister und 1990 Supercup-Sieger. >

1. Spiel Vorrunde

DEUTSCHLAND – JUGOSLAWIEN 4:1

10. Juni 1990, 21 Uhr Ortszeit, Stadio Giuseppe Meazza, Mailand

Schiedsrichter: *Mikkelsen (Dänemark).* ***Tore:*** *1:0 Matthäus (28.), 2:0 Klinsmann (39.), 2:1 Jozic (55.), 3:1 Matthäus (65.), 4:1 Völler (71.).* ***Einwechslungen:*** *Möller für Häßler (74.), Littbarski für Bein (74.) – Prosinecki für Susic (56.), Brnovic für Savicevic (58.).* ***Gelbe Karte:*** *Brehme.* ***Zuschauer:*** *74 765.*

2. Spiel Vorrunde

DEUTSCHLAND – VER. ARABISCHE EMIRATE 5:1

15. Juni 1990, 21 Uhr Ortszeit, Stadio Giuseppe Meazza, Mailand

Schiedsrichter: *Spirin (Sowjetunion).* ***Tore:*** *1:0 Völler (35.), 2:0 Klinsmann (36.), 2:1 Khalid Mubarak (46.), 3:1 Matthäus (47.), 4:1 Bein (59.), 5:1 Völler (75.).* ***Einwechslungen:*** *Littbarski für Berthold (46.), Riedle für Klinsmann (72.) – Hussain für Khalid Mubarak (84.), Al-Haddad für I. Abdulrahman (87.).* ***Gelbe Karten:*** *Brehme – Mohamed, Abbas.* ***Zuschauer:*** *71 169.*

1 *Bodo Illgner*

Der 23jährige Kölner erhielt nur einmal die Gelegenheit, sein Talent zu zeigen: im Elfmeterdrama gegen England. Den Schuß von Stuart Pearce wehrte er mit dem Schienbein ab. Und Chris Waddle brachte Illgner dazu, den entscheidenden Ball in den Turiner Abendhimmel zu jagen. Beckenbauer, der mit der Entscheidung für den jungen Nachfolger von Toni Schumacher ein Risiko eingegangen war, herzte ihn besonders innig. Im Endspiel gegen Argentinien hatte es der eigenwillige Illgner gemütlicher: »Da war die gefährlichste Situation eine Kopfball-Rückgabe von Andreas Brehme.« Im gesamten Turnier mußte Illgner nur 14 Bälle parieren.

2 *Stefan Reuter*

Rechter Verteidiger, Libero, Antreiber im Mittelfeld – so vielseitig wie der Bayern-Spieler war keiner im Team. Beinahe wäre Reuter Opfer seines eigenen Ehrgeizes geworden: Teamchef Beckenbauer kam dahinter, daß ihm Reuter eine Achillessehnenreizung verschwiegen hatte, um nicht aus der Mannschaft zu fliegen. Im Teamquartier Erba ließ er sich vom heimlich eingeschmuggelten Bayern-Vereinsarzt Dr. Müller-Wohlfahrt fitspritzen. Der Stammplatz war ab dem Viertelfinale weg, aber es kam doch zum Happy End: Im Endspiel wurde Reuter für Thomas Berthold eingewechselt und durfte den Abpfiff auf dem Platz erleben.

PFLICHTSIEG *Mushin Faraj boxt eine Flanke vor Rudi Völler aus der Gefahrenzone. In der 35. Minute erzielt Völler das 1:0 gegen die Vereinigten Arabischen Emirate, am Ende heißt es 5:1 – der höchste Sieg der deutschen Mannschaft bei der WM. Teamchef Franz Beckenbauer hatte nichts anderes erwartet*

3 Andreas Brehme

Mit dem entscheidenden Tor im Endspiel sicherte er sich einen Ehrenplatz in den DFB-Annalen, wie Rahn 1954 und Müller 1974. Unvergeßlich ist, mit welcher Genauigkeit der Abwehr- und Mittelfeldspieler mit dem rechten Fuß flach in die linke Ecke schoß. Beinahe wäre Argentiniens Torwart Goycoechea herangekommen. Furchtbar waren die Sekunden, bis der Profi von Inter Mailand endlich anlaufen durfte: »Das Tor wurde immer kleiner.« Und dann noch der gutgemeinte Hinweis von Teamkamerad Völler: »Wenn du den reinmachst, sind wir Weltmeister!« Brehme kommentierte das so: »Ehrlich. Das war nun keine Neuigkeit.«

4 Jürgen Kohler

Das größte Kompliment bekam er im Finale vom Gegenspieler: Vor lauter Verzweiflung würgte ihn Stürmer Gustavo Dezotti, rammte Kohler den Ellenbogen ins Gesicht und flog vom Platz. Zuvor hatte der Bayern-Vorstopper Argentiniens einzige Spitze 87 Minuten lang zugedeckt. Durch den WM-Titel überwand »Kokser« endgültig sein zwei Jahre währendes Trauma: das Van-Basten-Tor zum 2:1 bei der EM 1988. Einen Schritt zu spät war er im Halbfinale gegen Holland gekommen und hatte verletzende Kritik einstecken müssen. Im WM-Achtelfinale zeigte Kohler dem holländischen Superstar, wieviel er aus seinem Fehler gelernt hatte.

KOHLS WÜNSCHE VOR DER WM

Fußball-Fan mit Nähe zur Mannschaft: Bundeskanzler Helmut Kohl

Bundeskanzler Helmut Kohl sandte vor der WM an Egidius Braun, den Delegationsleiter der Nationalmannschaft, folgendes Telegramm: »Lieber Herr Braun, nur noch wenige Stunden trennen uns vom mit Spannung erwarteten Anpfiff zum ersten Spiel der deutschen Fußballnationalmannschaft bei der Weltmeisterschaft 1990 in Italien. Bitte übermitteln Sie den 22 Spielern, dem Teamchef Franz Beckenbauer und allen, die den Aktiven mit Rat und Tat zur Seite stehen, meine herzlichen Grüße. Mit der großen Fußballgemeinde freue ich mich auf eine deutsche Mannschaft, die sicher durch ihr überzeugendes Spiel, ihren Teamgeist und ihr Auftreten auf dem grünen Rasen das gute Ansehen unseres Fußballsports in der Welt bestätigt. Ich wünsche allen viel Erfolg und das notwendige Glück, aber auch faire Begegnungen, damit Verletzungen ausbleiben und das Verstehen zwischen den am Weltturnier teilnehmenden Mannschaften wächst. Mit freundlichen Grüßen und besten Wünschen für Ihre verantwortungsvolle Aufgabe Ihr Helmut Kohl Bundeskanzler«

»UND UNSER ZIEL IST DER TITEL«

> »Du hast gar kein Geld gebraucht, wenn du da ausgegangen bist. Wenn du da in ein Lokal kamst, haben sich alle noch bedankt, daß du da warst«, erzählte Andreas Brehme. Und Jürgen Klinsmann sagte: »In Deutschland habe ich sehr gerne Fußball gespielt, in Italien genieße ich es.« Die Präsenz der fünf Profis trug wesentlich dazu bei, daß die deutsche Mannschaft praktisch sieben Heimspiele hatte. Klinsmann hatte das vorausgesehen. Nach den Vorteilen einer WM in Italien befragt, antwortete er: »Zum einen kennen wir hier jedes Stadion in Italien, und die Leute kennen uns. In Mailand, wenn wir nicht gerade gegen Italien spielen, stehen die Tifosi voll hinter uns. Das garantieren schon die positiven Eindrücke, die ich, Matthäus und Brehme hier hinterlassen haben.« Teamchef Franz Beckenbauer beschwor unterdessen die sportlichen Vorteile dieser Konstellation: Die Inter- und Roma-Spieler hätten in Italien »ein höheres Niveau und professionelleres Verhalten, spielerische Fortschritte und Ernsthaftigkeit erreicht. Italien ist der Bundesliga in allen Belangen überlegen.«
Das waren die einzig demütigen Worte im Vorfeld dieser WM. Als Beckenbauer die Spieler am 14. Mai in Malente erstmals zusammenrief, begrüßte er sie mit diesem Spruch: »Daß eins klar ist – ihr kommt unter die ersten vier. Und unser Ziel ist der Titel.«
Dabei hatte die deutsche Mannschaft in der WM-Qualifikationsgruppe 4 nur Platz zwei hinter Holland belegt und sich mit einem mühsamen 2:1 über Wales am letzten Spieltag zur Endrunde gezittert. »Mit Mühe über den Brenner gekrochen«, befand die Süddeutsche Zeitung. Auch bei den Wettbüros und in Umfragen lag die Auswahl Beckenbauers meist nur auf Platz drei oder vier der Favoriten.
Doch im Vergleich zur WM 1986 in Mexiko war alles besser: die Qualität der Spieler, das Selbstbewußtsein, das interne Klima, die Unterbringung – und der Chef. >

3. Spiel Vorrunde

KOLUMBIEN – DEUTSCHLAND 1:1

19. Juni 1990, 17 Uhr Ortszeit, Stadio Giuseppe Meazza, Mailand

Schiedsrichter: *Snoddy (Nordirland).* ***Tore:*** *0:1 Littbarski (89.), 1:1 Rincon (90. + 2.).* ***Einwechslungen:*** *Littbarski für Bein (46.), Thon für Häßler (87.).* ***Gelbe Karten:*** *Herrera, Gabriel Gómez – Berthold.* ***Zuschauer:*** *72 510.*

5 Klaus Augenthaler

Als alle ausgelassen feierten, hockte ausgerechnet der Weißbier-Liebhaber bei der Dopingkontrolle. Kein Alkohol, keine Zigarette – für Klaus Augenthaler die schlimmste Strafe. Die anderen deutschen Spieler badeten nach dem Triumph in Champagner, der Libero wartete auf ein erlösendes Rinnsal. Es kam nach geschlagenen vier Stunden. »Auge« hat auch das verschmerzt. Die WM 1990 war sein Triumph über die Kritiker, die den Niederbayern für zu langsam hielten: Der 32jährige hätte sich eines nahezu fehlerlosen Turniers rühmen dürfen, wenn Eigenlob je seine Sache gewesen wäre. Auf jeden Fall war er fortan sein Treter-Image los.

6 Guido Buchwald

Kein Spieler machte während der WM eine so überraschende Entwicklung wie der Schwabe. Unverständnis war Teamchef Beckenbauer bei der Nominierung des zuverlässigen, aber als technisch limitiert geltenden Stuttgarters entgegengeschlagen. Buchwald warf seine Fähigkeiten aber dermaßen gekonnt in die Waagschale, daß er sich vor dem Endspiel mit Selbstvertrauen für die schwierigste Mission vollgesogen hatte: Maradona ausschalten. »Du kümmerst dich nur um die Nummer 10«, lautete des Teamchefs knappe Anweisung. Buchwald gelang die Beschattung perfekt. Seinen Spitznamen »Diego« hatte er sich redlich verdient.

TRAGENDE ROLLE *Tribüne, Bank, Tribüne, Tribüne, Bank, Tribüne, Tribüne – so liest sich der Einsatzplan von Frank Mill bei den sieben Spielen. Er erträgt es mit Gleichmut. Eine tragende Rolle spielt Mill nur am freien Nachmittag mit seinem Kind am Swimmingpool*

7 Pierre Littbarski

Das WM-Finale war sein drittes nach 1982 und 1986. Trotzdem reichte es für den kleinen Kölner, im Duett mit Häßler für die gute Laune im Quartier zuständig, nie zum Stammplatz. Nach dem schwachen Viertelfinale gegen die Tschechoslowakei war Littbarski Sündenbock Nummer eins und fand sich gegen England auf der Tribüne wieder. Im Endspiel durfte der Supertechniker dann wieder ran. Des Teamchefs Personalpolitik bot Anlaß für eine Kostprobe seines Humors, Littbarski klebte sich zum Pressetermin einen Zettel aufs Hemd: »Ich weigere mich heute, Auskunft über die Aufstellung zu geben. Informationen beim Pressechef des DFB.«

8 Thomas Häßler

Erst viel später hat Thomas Häßler den Hauptgrund erfahren, warum er auf fünf Einsätze bei der WM 1990 kam und im Finale durchspielen durfte: Beckenbauer hatte ihm sein entscheidendes Tor in der Qualifikation gegen Wales nicht vergessen. Oft ist der nur 1,66 Meter große Mittelfeldspieler des 1. FC Köln als letzter deutscher Straßenfußballer bezeichnet worden. Fußball war schon früh Thomas Häßlers Leben, die Schule hatte er ohne Abschluß verlassen und eine Lehre abgebrochen. Genauso wichtig für die Mannschaft wie seine herausragende Ballgeschicklichkeit war »Ickes« Berliner Humor.

250 000 MARK FÜR DIE WELTMEISTER

286 000 Mark Prämie ohne einen Einsatz in Qualifikation und WM: Günter Hermann

Jeder der 22 WM-Spieler erhielt vom DFB nach dem Turnier 250 000 Mark Prämie: je 125 000 für Werbeeinnahmen und den Titel. Weitere 36 000 Mark kassierten die Spieler, die bei allen sechs WM-Qualifikationsspielen zum Kader gehörten. Für jedes Spiel wurden 6000 Mark bezahlt. Die genaue Aufstellung:

Andreas Brehme	36 000
Guido Buchwald	36 000
Thomas Häßler	36 000
Bodo Illgner	36 000
Rudi Völler	36 000
Holger Fach	36 000
Pierre Littbarski	36 000
Günter Hermann	36 000
Jürgen Klinsmann	30 000
Stefan Reuter	30 000
Thomas Berthold	30 000
Jürgen Kohler	30 000
Karlheinz Riedle	30 000
Olaf Thon	30 000
Lothar Matthäus	24 000
Andreas Möller	24 000
Frank Mill	24 000
Wolfgang Rolff	24 000
Raimond Aumann	24 000
Klaus Augenthaler	18 000
Uwe Bein	12 000
Alois Reinhardt	12 000
Andy Köpke	12 000
Hans Dorfner	6000
Dieter Eckstein	6000
Armin Görtz	6000
Matthias Herget	6000
Eike Immel	6000
Hans Pflügler	6000
Gunnar Sauer	6000
Michael Schulz	6000
Wolfram Wuttke	6000

PRÄMIENFRAGE FRÜH GEKLÄRT

> Obwohl es derselbe war wie vier Jahre zuvor. Während Beckenbauer 1986 aber Lehrgeld zahlen mußte, war er 1990 zu einem Weltmann gereift. Jürgen Kohler schreibt in seiner Autobiographie: »Es war die beste Stimmung, die ich mit der Nationalmannschaft je erlebt habe. Der Franz hatte uns gewähren lassen und ist nicht wie ein Schießhund hinter uns hergerannt, um uns zu kontrollieren. Es war ihm egal, ob einer fünf Minuten früher oder später ins Bett ging oder mal ein, zwei Bierchen trank. Er hatte die nötige Lässigkeit, über den Dingen zu stehen.« Als das Team am 8. Juni im Castello di Casiglio in Erba eintraf, dem WM-Quartier, standen die Rahmenbedingungen für eine nahezu perfekte WM. Die Prämienfrage war geklärt, 125 000 Mark pro Kopf waren für den Titel ausgelobt. Die meisten Frauen waren in einem benachbarten Hotel einquartiert, durften jeden Tag zu Besuch kommen. Die Italien-Legionäre ließ Beckenbauer zuweilen im eigenen Bett schlafen, und so lud Klinsmann Guido Buchwald in sein Haus am Comer See ein. Brehme und Matthäus zeigten den Kollegen ihre Lieblingsrestaurants in ihrem Wohnort Carimate, 24 Kilometer von Erba entfernt. Die Hierarchie der Mannschaft war klar, Beckenbauer gab offen zu: »Man kann nicht einfach die besten 22 Spieler in ein WM-Team packen. Auf den Plätzen 16 bis 22 braucht man Typen, die nicht ständig aufmucken. Denn spielen werden sie wahrscheinlich eh nicht.« Andreas Köpke, Paul Steiner, Günter Hermann und Hansi Pflügler fuhren ohne Ansprüche mit nach Italien.

Die Stamm-Formation stand lange fest: Illgner im Tor, um Libero Augenthaler gruppierten sich Berthold, Kohler und Brehme. Matthäus und Buchwald spielten im defensiven Mittelfeld, Klinsmann und Völler bildeten den Sturm. Nur im offensiven Mittelfeld kämpften vier Kandidaten um zwei Positionen: Thomas Häßler, Pierre Littbarski, Olaf Thon und Uwe Bein. >

Achtelfinale

DEUTSCHLAND – HOLLAND 2:1

24. Juni 1990, 21 Uhr Ortszeit, Stadio Giuseppe Meazza, Mailand

Schiedsrichter: Loustau (Argentinien). **Tore:** 1:0 Klinsmann (51.), 2:0 Brehme (82.), 2:1 R. Koeman (89., Foulelfmeter). **Einwechslungen:** Riedle für Klinsmann (79.) – Kieft für van Aerle (68.), Gillhaus für Witschge (79.). **Rote Karten:** Völler und Rijkaard nach Rangelei (22.). **Gelbe Karten:** Matthäus – Wouters, van Basten. **Zuschauer:** 74 559.

9 Rudi Völler

Rudi Völler 1990 – da denkt man unwillkürlich an die Spuckattacke des Holländers Frank Rijkaard im Achtelfinale und den ungerechtfertigten Platzverweis. Volksheld Völler – BILD hatte gerade den Spitznamen »Tante Käthe« kreiert – nahm Beleidigung und Ungerechtigkeit wie ein Mann. Heute weiß er: Rijkaard hatte damals »ein paar private Probleme«. Drei Tore gelangen Völler auf dem Weg ins Finale. Und gegen Argentinien holte er den entscheidenden Elfmeter heraus. Beim Fall, so räumte Teamchef Beckenbauer später augenzwinkernd ein, »hat Rudi wohl ein bißchen mitgeholfen …«

10 Lothar Matthäus

So ungeschickt sich der Mittelfeldstar von Inter Mailand in seiner Außendarstellung zuweilen auch gegeben hat: Die Wahrheit des Lothar Matthäus lag auf dem Platz. Und nie hat er sich dort besser präsentiert als bei dieser WM. Sinnbildlich für die deutsche Mischung aus unwiderstehlicher Kraft und funktionaler Eleganz war sein Tor zum 3:1 im Vorrundenspiel gegen Jugoslawien: Auf seinem Sprint-Dribbling über den halben Platz mußte er genau einen Gegner umspielen, aber der Lauf und der scharfe Flachschuß ins linke Toreck zeugten vom Selbstbewußtsein eines Titelfavoriten. Matthäus war der Leitwolf der Mannschaft.

HILFESTELLUNG *Sichtlich Spaß bringt Guido Buchwald sein Abgang vom Trainingsplatz, im Griff von Andreas Möller und Andreas Brehme (r.). Physiotherapeut Adolf Katzenmeier amüsiert das Schauspiel. Links: Rudi Völler*

11 *Frank Mill*

»Kapitän der Reserve« titulierte Beckenbauer den schlitzohrigen Dortmunder Stürmer. Mill erwies sich als idealer Reservist ohne Anspruch auf Einsätze. Seine Erfolgserlebnisse hatte sich Mill, der es auf 123 Bundesliga-Tore brachte, im Vereinstrikot geholt. Mit Treffern von teilweise beträchtlicher Frechheit. In Erinnerung geblieben aber ist ausgerechnet sein Fehlschuß 1986 gegen Bayern, als er den Pfosten des leeren Tors traf. Eine Szene, die in keiner Zusammenstellung bekannter Fußballpannen fehlt. Berühmt wurde auch die Einschätzung seines Borussia-Sturmpartners Norbert Dickel: Mill sei »mit allen Abwassern gewaschen«.

12 *Raimond Aumann*

Seinen Spitznamen »Balu« verdankte der gebürtige Augsburger seinem einstigen Bayern-Kollegen Karl-Heinz Rummenigge und seiner Leibesfülle. Sein Lieblingsgericht: Geschnetzeltes. Obwohl Aumann als Torwart Nummer zwei angesehen wurde, hatte der wuchtige Flieger bei der WM in Italien keine ernsthafte Chance auf einen Einsatz. 1994 wurde der Vorgänger von Oliver Kahn in München ausgemustert, in die Türkei transferiert und errang dort mit Besiktas Istanbul prompt den Meistertitel. Nach seiner aktiven Zeit verdingte sich Aumann, gelernter Einzelhandelskaufmann, wieder bei den Bayern – als Fanbeauftragter.

DAUM WÄHREND WM GEFEUERT

Verhandlungen mit Turin wurden ihm zum Verhängnis: Christoph Daum

Am 28. Juni 1990 ereignete sich ein einmaliger Vorgang in der deutschen WM-Historie. Im Quartier in Erba wurde die Entlassung eines Bundesliga-Trainers öffentlich: die von Christoph Daum, Trainer des 1. FC Köln. Präsident Dietmar Artzinger-Bolten verübelte dem damals 36jährigen, daß er sich »aktiv um den Transfer von Thomas Häßler nach Turin gekümmert« hat. Man hatte Daum vor der WM mit dem Ehepaar Häßler und Turiner Unterhändlern in einem Kölner Hotel entdeckt. Das Problem: Daum weilte in Italien. Deshalb reiste der vierköpfige FC-Vorstand unter dem Vorwand, seine Spieler Bodo Illgner, Pierre Littbarski und Paul Steiner besuchen zu wollen, hinterher, feuerte erst Daum und unterrichtete dann die drei. ***Daum nahm es gelassen****: »Es ist ja keiner gestorben.«* ***Franz Beckenbauer indes tobte****: »Wenn wir das vorher gewußt hätten, wären wir dazwischengegangen.« Der 1. FC Köln entschuldigte sich schriftlich beim DFB für diese Form des mißglückten Krisenmanagements.*

KOHLER TRAT VOR WUT TÜR EIN

> Im entscheidenden Qualifikationsspiel gegen Wales waren mit Hans Dorfner und Andreas Möller sogar noch zwei weitere Mittelfeldspieler aufgelaufen. Dorfner fuhr nicht mit, Möller blieb Ergänzungsspieler. Häßler schien gesetzt, geriet aber durch seinen bevorstehenden Wechsel nach Turin in eine mentale Krise. So stand zunächst der Frankfurter Bein hoch im Kurs: Er bestritt die Vorrunde komplett und verdrängte Littbarski. Olaf Thon durfte erst im Halbfinale ran. »Jetzt bin ich nicht mehr nur der Waldmeister«, sagte er erleichtert.

Etwas lebhafter rebellierte Jürgen Kohler gegen seine Zurücksetzung, aber das bekam nur Assistenztrainer Berti Vogts mit. Weil der Bayern-Vorstopper verletzt angereist war, setzte ihn Beckenbauer in der Vorrunde nicht ein. Als Kohler auch beim bedeutungslosen Spiel gegen Kolumbien auf der Tribüne saß, trat er im San-Siro-Stadion die Tür einer Duschkabine ein. Vogts beruhigte ihn. Es hatte keinen Grund gegeben, die so glanzvoll gestartete Mannschaft zu ändern. Das 4:1 gegen Jugoslawien entzückte die ganze Welt, Star des Abends war Lothar Matthäus mit zwei herrlichen Toren. Gleich nach dem Spiel verlängerte Inter den Vertrag mit ihm um drei Jahre. Die leichteren Übungen gegen die Vereinigten Arabischen Emirate (5:1) und Kolumbien (1:1) dienten zum Einspielen der Mannschaft.

Im Achtelfinale gegen Holland durfte Jürgen Kohler endlich sein WM-Debüt geben, er sollte Stürmerstar Marco van Basten ausschalten. Auch Littbarski kam in die Elf, Bein und der im Formtief steckende Häßler wichen. Das Spiel ist Legende: Deutschland triumphierte 2:1, nach dem 1:2 im EM-Halbfinale von 1988 und den beiden Unentschieden in der WM-Qualifikation (0:0, 1:1) der erste Sieg in einem Pflichtspiel gegen Holland seit dem WM-Finale 1974. Im Viertelfinale gegen die Tschechoslowakei spielte Deutschland zum fünften Mal vor 75 000 Zuschauern in Mailand. >

Viertelfinale

DEUTSCHLAND – TSCHECHOSLOWAKEI 1:0

1. Juli 1990, 17 Uhr Ortszeit, Stadio Giuseppe Meazza, Mailand

Schiedsrichter: *Kohl (Österreich).* ***Tor:*** *1:0 Matthäus (25., Foulelfmeter).* ***Einwechslungen:*** *Möller für Bein (83.) – Nemecek für Bilek (68.).* ***Rote Karte:*** *Moravcik wegen Unsportlichkeit (70.).* ***Gelbe Karten:*** *Klinsmann – Straka, Bilek, Knoflícek.* ***Zuschauer:*** *73 347.*

13 Karlheinz Riedle

Einmal durfte der Bremer Stürmer von Anfang an spielen: ausgerechnet im Viertelfinalspiel gegen die Tschechoslowakei, einem der zwei schwachen Auftritte der deutschen Mannschaft. Sein Pech. Ansonsten kam der 24jährige nur zu drei Kurzeinsätzen. Nach der WM äußerte sich Teamchef Beckenbauer bemerkenswert zurückhaltend über den kopfballstarken Torjäger, der es in seiner Laufbahn auf 16 Tore im Nationaldress bringen sollte: Von mangelnder Wettkampfpraxis und langer Anlaufzeit bei Einwechslungen schrieb er in SPORT BILD und merkte uncharmant an: »Daß er Rudi nicht ersetzen kann, ist klar.«

14 Thomas Berthold

Selbstbewußt bis zur Arroganz, lässig bis zur Fahrlässigkeit – mit diesen Eigenschaften hatte der Verteidiger beim deutschen Publikum nie einen leichten Stand. Das Riesentalent, schon mit 20 von Beckenbauer berufen und in Italien als rechter Verteidiger gesetzt, zeichnete sich bei der WM aber durch ungewohnte Zuverlässigkeit aus. Natürlich sorgte Thomas Berthold auch einmal für besondere Schlagzeilen: Seite an Seite mit Matthäus kurvte er eine halbe Stunde über den Gardasee – auf Wasserskiern. Tags darauf bat er Beckenbauer mit schmerzenden Oberschenkeln um dosiertes Training.

LETZTER EINSATZ *Im Spiel gegen die Tschechoslowakei darf Uwe Bein noch einmal 83 Minuten mitspielen, hat sogar eine große Torchance im direkten Duell mit Jan Stejskal, scheitert aber. Halbfinale und Endspiel verbringt der Frankfurter auf Tribüne und Ersatzbank*

15 Uwe Bein

Der Mann für den tödlichen Paß, von Beckenbauer sehr geschätzt. Aber für den Spielmacherposten gab es eine Anzahl Hochgeeigneter wie danach nie mehr: Häßler, Littbarski, Thon. Am Tag des Achtelfinales erklärte der Teamchef dem Frankfurter, warum er taktisch gegen Holland nicht ins Team passe. Von Zeugwart Drexler erfuhr er, daß er nicht mal auf die Ersatzbank dürfe. Bein nahm die Ausbootung hin, wie es seine Art war: still, achselzuckend. Er setzte sich mit seiner eigens angereisten Familie auf die Tribüne. Nachdem er im Viertelfinale gegen die Tschechoslowakei noch mal aufgestellt wurde, kam er nicht mehr zum Einsatz.

16 Paul Steiner

Was wäre, wenn Klaus Augenthaler verletzt ausfiele? Diese Überlegung Franz Beckenbauers führte kurz vor der WM zur Nominierung des rauhbeinigen und kompromißlosen Kölner Innenverteidigers. Der Einsatz des 33jährigen wurde nicht nötig. Daß Beckenbauer Steiner mitnahm und nicht einen technisch versierten Mann, verwunderte viele. Nachhaltig fiel Paul Steiner in seiner Laufbahn durch einen Tritt, der Nationalspieler Heinz Flohe 1979 zum Sportinvaliden machte, sowie rassistische und schwulenfeindliche Sprüche auf. Beckenbauer schätzte Steiner als zuverlässigen Reservisten.

MILLIONEN FÜR DEUTSCHE SPIELER

Nach der WM für 13 Millionen Mark Ablöse von Bremen zu Lazio Rom: Karlheinz Riedle

Im Jahr der WM waren schon fünf deutsche Nationalspieler in Italien aktiv. Rudi Völler und Thomas Berthold spielten seit 1987 in der Serie A. Für Völler zahlte AS Rom sieben Millionen Mark Ablöse an Werder Bremen. Verteidiger Berthold war preiswerter: Er kostete Hellas Verona 4,5 Millionen Mark Ablöse an Eintracht Frankfurt. Ab 1989 spielten sie gemeinsam für den AS Rom. 1988 bediente sich Inter Mailand bei Bayern München, holte neben Lothar Matthäus (7,5 Millionen) auch Andreas Brehme (2,2). Ein Jahr später komplettierte Jürgen Klinsmann das deutsche Trio bei Inter. Er kam für acht acht Millionen Mark vom VfB Stuttgart. ***Nach der WM brachen alle Dämme, deutsche Fußballer waren in:*** *Reservist Karlheinz Riedle (für 13 Millionen Mark zu Lazio Rom) und Thomas Häßler (15,5/Juventus Turin) wechselten sofort. 1991 angelte sich Juventus auch noch die Bayern-Verteidiger Jürgen Kohler (15 Millionen) und Stefan Reuter (5 Millionen Schweizer Franken). 1992 wechselte mit Andreas Möller (Frankfurt) der letzte Weltmeister ins Land des WM-Gastgebers: ablösefrei zu Juventus Turin. Die höchste Ablösesumme kostete ein Spieler, der 1990 noch nicht für Deutschland spielen durfte: Thomas Doll. Lazio Rom zahlte 1991 17 Millionen Mark an den Hamburger SV.*

»IHR SEID DIE GRÖSSTEN DEPPEN«

> Und wieder glaubten die Spieler, in Dortmund oder München zu sein. Die Spielweise der Mannschaft riß die Fans mit. Nicht aber den Teamchef nach diesen 90 Minuten. Beckenbauer tobte nach dem 1:0 durch einen Matthäus-Elfmeter, das so harmonische Verhältnis zur Mannschaft schien zu bröckeln. Er warf alle Funktionäre aus der Kabine und stauchte die glücklichen Sieger zusammen. »Ihr seid die größten Deppen, die ich kenne«, brüllte Beckenbauer und warf einen Schuh an die Wand, trat gegen die Tür, gegen einen Massagekoffer und stieß einen Eiskübel um. Klaus Augenthaler floh ins Entmüdungsbecken, um dem Zorn des Perfektionisten zu entfliehen.

Franz Beckenbauer ärgerte sich, daß es gegen eine am Ende dezimierte tschechische Mannschaft (Moravcik sah in der 70. Minute Rot) nur zu einem Zittersieg gereicht hatte. »Ich dachte, ich habe eine intelligente Mannschaft. An diesem Tag war sie nicht intelligent«, resümierte er seinen Wutausbruch.

Lothar Matthäus analysierte: »Franz hatte die Situation genau richtig erkannt, er wollte uns mit seinem Wutanfall wachrütteln. Er wollte uns den Leichtsinn austreiben und bei der Ehre packen.«

Auf der Pressekonferenz konnte der Teamchef wieder lächeln: »Wir haben bis zum Platzverweis erkennen lassen, daß wir zu den großen Favoriten dieser WM gehören.« Er war weiterhin überzeugt von diesen Spielern: »Dies ist meine fünfte Weltmeisterschaft, diese Mannschaft ist die beste, die ich bisher erlebt habe.«

Im Halbfinale von Turin wartete der alte Rivale England. Beckenbauer präsentierte eine ganz neue Aufstellung, bugsierte Bein erneut aus der Elf und Olaf Thon erstmals hinein. Völler kehrte nach seiner Sperre (Rot gegen Holland) zurück ins Team, Riedle mußte wieder raus. Und plötzlich war Häßler wieder da: Beckenbauer hatte ihn in Dauergesprächen aufgebaut. Dafür durfte Littbarski nicht einmal auf die Ersatzbank. >

Halbfinale

DEUTSCHLAND – ENGLAND 5:4 N.E.

4. Juli 1990, 20 Uhr Ortszeit, Stadio Delle Alpi, Turin

Schiedsrichter: *Wright (Brasilien).*
Tore: *1:0 Brehme (60.), 1:1 Lineker (80.).*
Elfmeterschießen: *0:1 Lineker, 1:1 Brehme, 1:2 Beardsley, 2:2 Matthäus, 2:3 Platt, 3:3 Riedle, Pearce – gehalten, 4:3 Thon, Waddle – verschießt.*
Einwechslungen: *Riedle für Völler (38.), Reuter für Häßler (67.) – Steven für Butcher (71.).*
Gelbe Karten: *Brehme – Parker, Gascoigne.*
Zuschauer: *62 628.*

17 Andreas Möller

23 Minuten reine Spielzeit in zwei Kurzeinsätzen, mehr Möller ging nicht bei der WM. Beckenbauer setzte selbst bei Auswechslungen fast immer auf andere. Und das, nachdem der Dortmunder in der Weltmeisterschafts-Qualifikation noch regelmäßig zum Einsatz gekommen war. Der schnelle Mittelfeldspieler mit dem harten Schuß war mit 22 Jahren der Jüngste im Kader und noch nicht verschrien als Heulsuse und Schwalbenkönig. Einmal schlug Möllers Puls während des Turniers höher: Als der Kaiser ihn im Teamquartier Erba zu seinem Fußballtennis-Partner bestimmte. »Das war für mich wie ein Endspiel.«

18 Jürgen Klinsmann

Vom Weltruhm zum Sündenbock: Solche Wechselbäder waren möglich bei der WM. Im Achtelfinale gegen Holland bestritt Klinsmann eines der besten Spiele seiner Karriere, beschäftigte nach Völlers Platzverweis die Holländer ganz allein, erzielte den Führungstreffer. Eine Woche später, die deutsche Mannschaft hatte gerade die CSFR mühsam mit 1:0 geschlagen, ereilte den Schwaben die Wut Beckenbauers – im Entmüdungsbecken. Pomadig habe er gekickt, fauchte ihn der Teamchef an: »Du bist der Klinsmann, nicht der Pelé.« Das wirkte: Fortan kämpfte er wieder. Italien 1990 war für den Stürmer der internationale Durchbruch.

TRAUM-SPIEL *In Bosisio Parini, nahe dem WM-Quartier in Erba, besuchen Lothar Matthäus, Delegationsleiter Egidius Braun und DFB-Ligaausschußmitglied Fritz Scherer eine Schule für behinderte Kinder. Sie zeigen eine Zeichnung eines Kindes zum Finale Italien gegen Deutschland – eine Wunschvorstellung. Zur Begegnung mit dem WM-Gastgeber kommt es nicht. Italien scheitert im Halbfinale*

19 *Hans Pflügler*

Der einzige Diplom-Ingenieur, der je das Adlertrikot überstreifte, bekam Unangenehmes zu hören: »Pflügler raus!« beschwerten sich die deutschen Fans im Giuseppe-Meazza-Stadion gegen Ende seines einzigen WM-Spiels – in der Vorrunde gegen unangenehme Kolumbianer. Für den gelbgesperrten Brehme hatte Beckenbauer den gebürtigen Freisinger auf der linken Abwehrseite aufgeboten. Pflügler überzeugte weder bei seinen Vorstößen noch bei Abwehraktionen. Der Vorzeige-Profi trat ohne Murren ins zweite Glied zurück, er war ein echter Teamspieler. Pflügler blieb nach der Karriere beim FC Bayern, ist heute Leiter »Shops/Outlets«.

20 *Olaf Thon*

Bei Beckenbauer konnte niemand vor irgend etwas sicher sein. Nicht einmal Olaf Thon vor einem Einsatz im Halbfinale. Bis dahin war der Mittelfeldmann auf nur sechs Spielminuten gekommen (»Ich war statistisch dabei«), plötzlich bekam er gegen England den Vorzug vor den leicht angeschlagenen Mittelfeld-Konkurrenten Pierre Littbarski und Uwe Bein. Und wie Fußball-Märchen manchmal so laufen, verwandelte Thon den entscheidenden Elfmeter gegen Torwart-Legende Peter Shilton – mit bemerkenswerter Lässigkeit. Im Endspiel gegen Argentinien schmorte er dann wieder bis zum Spielende auf der Ersatzbank.

PRESSESTIMMEN NACH DEM FINALE

»Bravo: Nerven behalten – Titel gewonnen. Die deutsche Elf ist verdienter Weltmeister. Daran kann es nach vier Wochen Italien gar keinen Zweifel geben.«

Neues Deutschland

»Nur Deutschland hat den Titel verdient.«

El Pais, Spanien

»Die Teutonen schossen alles über den Haufen. Von Anfang bis Ende dieser Weltmeisterschaft haben die Deutschen einen phantastischen Eindruck hinterlassen.«

France Soir, Frankreich

»Die Eroberung des WM-Titels durch eine Mannschaft, die ihn verdient, ist der einzige positive Aspekt des Endspiels.«

Gazzetta dello Sport, Italien

»Deutschland feierte, aber der Triumph, der so verdient war, wurde getrübt durch die Elfmeterentscheidung.«

Daily Mail, England

»Das einseitigste Finale in der Geschichte der WM und deshalb auch eines der unbefriedigendsten.«

Neue Kronen-Zeitung, Österreich

»Finale grandiosa! Deutschland Weltmeister!«

Deutsches Sportecho

THON RANNTE WORTLOS RAUS

> Der Kombinationsfluß litt darunter nicht, und so sahen die 45 000 Zuschauer das vielleicht beste Spiel dieser WM. 120 Minuten bekämpften sich beide Mannschaften. 1:1, Elfmeterschießen. Und damit hatte Beckenbauer ein Problem. Er fand nur vier sichere Schützen: Brehme, Matthäus, Thon und Berthold. Wer sollte der Fünfte sein? Berthold erinnert sich: »Als der Franz fragte: ›Wer schießt jetzt die Elfmeter?‹ waren auf einmal alle weg, hatten Probleme mit Schuhen oder Muskeln.« Schließlich ließ sich der Bremer Karlheinz Riedle, der für den verletzten Völler eingewechselt worden war, überreden. Beckenbauer: »Als er traf, wußte ich, jetzt kommen wir ins Finale.« Die BILD-Zeitung titelte nach dem 4:3: »Wir lieben diese Mannschaft.«

Am letzten Tag seiner Karriere als Teamchef sorgte Beckenbauer für ein Novum. Die Elf, die er für das WM-Endspiel nominierte, hatte in dieser Besetzung noch nie zusammengespielt und tat es danach auch nie wieder. Der Grund war ein sentimentaler: Er brachte es nicht übers Herz, Thomas Häßler, den entscheidenden Schützen im Qualifikationsspiel gegen Wales, auf der Bank zu lassen. Und Pierre Littbarski auch nicht. Olaf Thon rannte nach dem Urteil wortlos aus dem Raum.

Brehmes Elfmeter entschied »das langweiligste Finale der letzten 40 Jahre« (Kicker). Bodo Illgner mußte nur einen Ball halten, eine riskante Rückgabe von Brehme. So wurde der umstrittene Elfmeter, den Völler herausholte, weltweit kaum thematisiert. »Das Finale hat den Besten zum Sieg verholfen«, lobte France Soir.

Um 22.09 Uhr erhielt Lothar Matthäus als bislang letzter DFB-Kapitän den WM-Pokal. In der Nacht des Triumphes hielt Franz Beckenbauer eine kleine Ansprache. Er bedankte sich bei jedem, dann sagte er: »Egal wie alt, wie jung, wie dick, wie dünn, heute sind wir Weltmeister geworden. Das ist unsere Nacht. Ihr könnt mich von diesem Moment an alle Franz nennen.«

Finale

DEUTSCHLAND – ARGENTINIEN 1:0

8. Juli 1990, 20 Uhr Ortszeit, Stadio Olimpico, Rom

Schiedsrichter: *Codesal Méndez (Mexiko).*
Tor: *1:0 Brehme (85., Foulelfmeter).*
Einwechslungen: *Reuter für Berthold (74.) – Monzón für Ruggeri (46.), Calderón für Burruchaga (53.).*
Rote Karten: *Monzón wegen übertriebener Härte (65.), Dezotti wegen Tätlichkeit (87.).*
Gelbe Karten: *Völler – Dezotti, Troglio, Maradona.*
Zuschauer: *73 603.*

21 Günter Hermann

Kein Fußballername ist so zum Synonym des »WM-Touristen« geworden wie der des Bremers. Und doch fühlt sich Günter Hermann als Weltmeister. Nur im Training durfte er ran, bei allen sieben Spielen saß er auf der Tribüne. Als still, zuverlässig und zweikampfstark galt der damals 29jährige Mittelfeldspieler – keiner, der aufbegehrt, wenn er nicht zum Einsatz kommt. Des Kaisers idealer Reservist also. Nach seiner Nicht-Berücksichtigung im Spiel gegen Kolumbien erklärte Hermann öffentlich, daß er nach der WM seine Karriere als Nationalspieler beenden werde. Zehn Jahre spielte Hermann für Werder in der Bundesliga (acht Tore).

22 Andreas Köpke

Der kühle Norddeutsche in Nürnberger Diensten war erst spät in den WM-Kader gerutscht und dementsprechend froh, in Italien überhaupt dabeisein zu dürfen. Seine große Zeit kam erst bei der Europameisterschaft 1996 in England, als Köpke zum besten Torwart des Turniers gewählt wurde. Dazwischen, 1994 in den USA, nahm er seine Rolle als Nummer 2 im deutschen Tor (abermals hinter Rivale Bodo Illgner) nicht mehr so gelassen hin: »Das war brutal. Am liebsten hätte ich die Koffer gepackt.« Nach dem Ausscheiden im Viertelfinale dämmerte Bundestrainer Berti Vogts, daß er mit Andreas Köpke besser abgeschnitten hätte.

DEUTSCHER WM-KADER 1990

Teamchef Franz Beckenbauer hatte sechs Spieler von Bayern München dabei. Aber nur Klaus Augenthaler, Jürgen Kohler und Stefan Reuter waren Stammspieler

NR.	NAME	GEBOREN	Einsatz gegen JUGOSLAWIEN	VER. ARAB. EMIRATE	KOLUMBIEN	HOLLAND	TSCHECHO-SLOWAKEI	ENGLAND	ARGEN-TINIEN	VEREIN
TOR										
12	Raimond Aumann	12.10.1963	Bank	Tribüne	Bank	Bank	Bank	Bank	Bank	Bayern München
1	Bodo Illgner	07.04.1967	90 Min.	90 Min.	90 Min.	90 Min.	90 Min.	120	90 Min.	1. FC Köln
22	Andreas Köpke	12.03.1962	Tribüne	Bank	Tribüne	Tribüne	Tribüne	Tribüne	Tribüne	1. FC Nürnberg
ABWEHR										
5	Klaus Augenthaler	26.09.1957	90 Min.	90 Min.	90 Min.	90 Min.	90 Min.	120	90 Min.	Bayern München
14	Thomas Berthold	12.11.1964	90 Min.	45 Min.	90 Min.	90 Min.	90 Min.	120 Min.	74 Min.	AS Rom
3	Andreas Brehme	09.11.1960	90 Min.	90 Min.	Tribüne	90 Min./1 Tor	90 Min.	120 Min./1 Tor	90 Min./1 Tor	Inter Mailand
6	Guido Buchwald	24.01.1961	90 Min.	90 Min.	90 Min.	90 Min.	90 Min.	120	90 Min.	VfB Stuttgart
4	Jürgen Kohler	06.10.1965	Tribüne	Tribüne	Tribüne	90 Min.	90 Min.	120 Min.	90 Min.	Bayern München
19	Hans Pflügler	27.03.1960	Bank	Tribüne	90 Min.	Tribüne	Tribüne	Tribüne	Tribüne	Bayern München
2	Stefan Reuter	16.10.1966	90 Min.	90 Min.	90 Min.	90 Min.	Bank	53 Min.	16 Min.	Bayern München
16	Paul Steiner	23.01.1957	Tribüne	Bank	Bank	Bank	Tribüne	Bank	Tribüne	1. FC Köln
MITTELFELD										
15	Uwe Bein	26.09.1960	74 Min.	90 Min./1 Tor	45 Min.	Tribüne	83 Min.	Tribüne	Bank	Eintracht Frankfurt
21	Günter Hermann	05.12.1960	Tribüne	Tribüne	Tribüne	Tribüne	Tribüne	Tribüne	Tribüne	Werder Bremen
8	Thomas Häßler	30.05.1966	74 Min.	90 Min.	87 Min.	Tribüne	Tribüne	67 Min.	90 Min.	1. FC Köln
7	Pierre Littbarski	16.04.1960	16 Min.	45 Min.	45 Min./1 Tor	90 Min.	90 Min.	Tribüne	90 Min.	1. FC Köln
10	Lothar Matthäus	21.03.1961	90 Min./2 Tore	90 Min./1 Tor	90 Min.	90 Min.	90 Min./1 Tor	120 Min.	90 Min.	Inter Mailand
17	Andreas Möller	02.09.1967	16 Min.	Tribüne	Tribüne	Bank	7 Min.	Bank	Tribüne	Borussia Dortmund
20	Olaf Thon	01.05.1966	Tribüne	Tribüne	3 Min.	Bank	Bank	120 Min.	Bank	Bayern München
ANGRIFF										
18	Jürgen Klinsmann	30.07.1964	90 Min./1 Tor	72 Min./1 Tor	90 Min.	79 Min./1 Tor	90 Min.	120 Min.	90 Min.	Inter Mailand
11	Frank Mill	23.07.1958	Tribüne	Bank	Tribüne	Tribüne	Bank	Tribüne	Tribüne	Borussia Dortmund
13	Karlheinz Riedle	16.09.1965	Bank	18 Min.	Bank	11 Min.	90 Min.	82 Min.	Bank	Werder Bremen
9	Rudi Völler	13.04.1960	90 Min./1 Tor	90 Min./2 Tore	90 Min.	22 Min./Rote Karte	Tribüne	38 Min.	90 Min.	AS Rom

Trainer Holger Osieck

»Kaiserlein« lautete die wenig schmeichelhafte Bezeichnung Holger Osiecks in der Öffentlichkeit. Dabei war der frühere Studienrat für Englisch und Sport alles andere als Beckenbauers Hütchenaufsteller. Im Gegensatz zum Teamchef, der keinen Trainerschein besaß und sich gern um das große Ganze kümmerte, war der gebürtige Homberger ausgebildeter Fußball-Lehrer mit elf Jahren DFB-Erfahrung. Was auf dem Trainingsplatz ablief, war allein sein Werk. Der loyale 41jährige bildete mit seinem Chef ein kongeniales Gespann, folgte ihm auch zu Olympique Marseille. Als Chef in der Bundesliga (Bochum) später weniger erfolgreich.

Torwarttrainer Sepp Maier

Einen ruhigen Job hatte der einst beste Torwart der Welt in Italien. Sepp Maier, bis 1979 als »Katze von Anzing« durch die Strafräume gehechtet, kümmerte sich um die Torhüter. Deren Hierarchie war geklärt, Aumann und Köpke erhoben keine Ansprüche auf Bodo Illgners Posten. Vom »BTT« (Bundes-Torwart-Trainer) glänzend eingestellt, zeigte Illgner seine beste Leistung im Elfmeterschießen gegen England. »Wir hatten Informationen, wie sie schießen. Wir waren insgesamt sehr gut vorbereitet«, lobte er seinen Coach später. Abseits vom Fachlichen erwies sich Spaßvogel Maier für die Stimmung im Kader als unschätzbar wertvoll.

WELTMANN *Franz Beckenbauer am 20. März 2006 bei der Gala »Champagne-Preis für Lebensfreude« in Hamburg. Vor der WM besuchte der OK-Chef alle 31 Gastnationen. Dafür reiste er 120 700 Kilometer im Flugzeug, errechnete BILD. Zu Hause ist Beckenbauer in St. Johann am Wilden Kaiser (Österreich). In der Regel reist er mit einem Privatjet ab Flughafen Salzburg. Den Shuttle-Service von seinem idyllisch gelegenen Bauernhof zum Flughafen und zurück übernimmt ein Hubschrauber*

ER HOLTE DIE WM NACH DEUTSCHLAND

Franz Beckenbauer Der Kaiser erlebte 1990 seine zweite Krönung. 1974 war er als Spieler Weltmeister geworden, nun als Teamchef. Und fast auf den Tag genau zehn Jahre später brachte er auch noch das ganze Turnier in sein Heimatland – die WM 2006

Der 18. November 1989 war der Tag, an dem Franz Beckenbauer den WM-Pokal lieben lernte. Ein Samstag, nachmittags spielte die Bundesliga. Bayern München, Beckenbauers Verein, Tabellenzweiter nach dem 16. Spieltag, verlor beim Achten in Dortmund mit dem 2:2 einen Punkt. Der HSV erlebte mit dem 1:4 in Mannheim eine Blamage. Am Abend zuvor hatte St. Pauli am Millerntor Fortuna Düsseldorf 1:0 bezwungen.

Nun, einen halben Tag später und nur gut einen Kilometer vom Millerntor entfernt, sitzt Franz Beckenbauer in der Redaktion von SPORT BILD. Drei Tage nach dem 2:1 über Wales, mit dem seine Nationalmannschaft die Qualifikation zur WM perfekt gemacht hat, posiert der Teamchef für Fotoaufnahmen mit einer Nachbildung des WM-Pokals.

Fotograf Heiner Köpcke hat den Pokal organisiert. Er ist genauso groß wie das Original, 36 Zentimeter hoch, wiegt mit fünf Kilo fast genauso viel. Er ist aus Bronze, der echte Weltpokal aus Massivgold und mit Malachit-Edelsteinen besetzt.

Beckenbauer nimmt ihn in die Hand, legt ihn in den Arm, schaukelt ihn wie sein Baby. »Es wäre schön, wenn ich am 8. Juli 1990 dieses Ding in den Armen halten könnte«, sagt er mit rauher Stimme. Seine Worte klingen kalt.

Das nächste Motiv. Beckenbauer soll das Objekt der Begierde sehnsüchtig anschauen, ihn streicheln. »So genau habe ich mir den noch nie angesehen«, raunt er. Plötzlich lächelt er. »Ich will es haben, dieses Ding.« Diesmal klingen die Worte warm, energiegeladen, enthusiastisch. Beckenbauer hat sich in den Pokal verguckt. Knapp neun Monate später hat er das Original in Händen, es ist wenige Minuten nach 10 Uhr abends an diesem 8. Juli. Während seine Spieler die Ehrenrunde laufen im Olympiastadion von Rom, ein Fahnenmeer auf den Tribünen sie begleitet, Feuerwerkskörper in den Nachthimmel schießen und der Mond über der Arena steht, schreitet der Teamchef allein über den Rasen. Die Hände hat er in den Hosentaschen vergraben, um den Hals baumelt die Goldplakette, die jedes Teammitglied bekommen hat. Franz Beckenbauer genießt den Erfolg in aller Stille, er ist auf dem Gipfel. Reporter-Legende Harry Valérien schreibt von der »zweiten Krönung des Kaisers«. Udo Lattek, sein ehemaliger Trainer und 1990 SPORT BILD-Kolumnist, kommentiert: »Durch seine Persönlichkeit war nur er in der Lage, den deutschen Fußball nach der EM-Blamage 1984 in Frankreich aus der Krise zu führen. Ihm wurde sogar das Ausscheiden im Halbfinale bei der EM 1988 verziehen.« Lattek schließt mit den Worten: »Der Kaiser hat die Krone verdient.«

» Durch seine Persönlichkeit war nur er in der Lage, den Fußball aus der Krise zu führen

Franz Beckenbauer am 18. November 1989 in der Redaktion von SPORT BILD. Er hält die Nachbildung des Pokals im Arm

In diesen Minuten auf dem Spielfeld habe er »eine gewisse innere Leere, fast ein Loch« in sich gespürt, erzählt Beckenbauer später, und daß er »als Sportler und Trainer keine Ziele« mehr hätte.

Wie so viele Sätze in seinem Leben hatten auch diese keine lange Haltbarkeit. Hatte er nicht schon als Spieler immer wieder auf die Ehrentribüne geschielt und sich gesagt: »Eines Tages sitze ich auch da oben und bestimme, wo es langgeht«? Am 6. Juli 2000, fast auf den Tag zehn Jahre nach dem Sieg von Rom, holte er zum dritten Mal die WM nach Deutschland. Nach dem Titel 1974 (als Spieler), dem Titel 1990 (als Teamchef) nun das ganze Turnier. Mit 12:11 Stimmen gegen Mitbewerber Südafrika erhielt Deutschland den Zuschlag für die WM 2006.

Es war Beckenbauers persönlicher Triumph. >

IMMER DIREKTER WEG ZUM TOR

> 300 000 Kilometer war er durch die Welt gereist, hatte für Deutschland unnachgiebig und unnachahmlich geworben und damit schließlich die Mehrheit der Wahlmänner hinter sich.

Die FAZ wertete es als »größten sportpolitischen Erfolg des vereinigten Deutschlands«. Der Spiegel schrieb: »Mit Beckenbauer war ein nichtstaatstragender Ersatz-Außenminister unterwegs, der genauso unangestrengt Politik zu machen vermag, wie er Fußball spielte.«

Die BILD-Zeitung titelte am 7. Juli 2000 auf Seite 1: »Franz, wir setzen dir ein Denkmal.« Mit dem diesmal echten WM-Pokal in der Hand thront Beckenbauers Bild auf einem Marmorsockel mit der Inschrift: »Dem deutschen Fußball-Kaiser Franz Beckenbauer zu Dank und ewiger Erinnerung.«

Seit Deutschland vor sechs Jahren den Auftrag erhielt, die Fußball-WM 2006 auszurichten, hat sich das Leben des Ehrenspielführers der Nationalmannschaft um einiges verändert. Franz Beckenbauer dreht als Präsident des Organisationskomitees am größten Rad seines Lebens. Die Zahlen, die seit einigen Jahren bewegt werden, sind inzwischen neunstellig. Über 30 Milliarden Zuschauer werden im Juni und Juli an den Fernsehgeräten sitzen. Um 8 Milliarden Euro wird das Bruttoinlandsprodukt langfristig ansteigen. Vermutlich 60 000 neue Arbeitsplätze entstanden durch die Vergabe der 18. WM an Deutschland.

Und immer mittendrin: das »Unternehmen Beckenbauer« (Capital). Der OK-Boss spricht von der bisher »größten Herausforderung in meinem Leben« und von seinem schönsten Traum, der in Erfüllung gegangen sei. Beckenbauer arbeitet 100 Stunden pro Woche, von Stress will er aber nichts wissen und hören. »Stress – was ist das?« fragt er. Beckenbauer sieht die Organisation der WM als eine wunderbare Gelegenheit, der Welt des Fußballs ein jederzeit freundlicher und aufmerksamer Gastgeber zu sein.

Franz Beckenbauer und der Deutsche Fußball-Bund. Als man das große Fußball-Talent auf nationaler Ebene erkannt hatte, war er 17 Jahre alt und bereits Vater. Den feinen Herren vom Jugendausschuß genügte das, Beckenbauer die Kapitänsehre der Uefa-Jugendauswahl zu verwehren. Und als ob dies noch nicht reichte, hatte er auch auf Anordnung von oben in der Sportschule im Trainerzimmer zu nächtigen, auf daß der Moral Genüge getan wurde. Nun hängen diesem Mann alle am Rockzipfel, jedes seiner Worte wird wißbegierig aufgesogen. Franz Beckenbauer hat einen Kultstatus erreicht, daß er sagen kann, was er will.

Die Medienpräsenz ist enorm. Kommentator fürs ZDF, Premiere und BILD. Diesem Dreierschlag kann man nur schwer entkommen. Der Münchner Schauspieler Ottfried Fischer beschrieb den Zustand sehr treffend: »Beckenbauer ist wohl der einzige Mensch, der in Bayern sogar ein Direktmandat für die PDS erobern würde.«

Den Ball immer fest im Griff: Beckenbauer und Moderatorin Heidi Klum bei der WM-Gruppenauslosung am 9. Dezember 2005

Die Popularität gab Beckenbauer wohl die Gewißheit, sich an den schwersten Klotz seiner Laufbahn heranzuwagen – die WM 2006 nach Deutschland zu holen. Wo andere angesichts der zahlenmäßigen Überlegenheit der Konkurrenz aufgegeben hätten, begann Beckenbauer erst richtig um jede Stimme zu kämpfen. Hatte er nicht auch als Fußball-Profi und Teamchef bewiesen, wie man große Spiele noch in letzter Minute gewinnen kann?

» Dem deutschen Fußball-Kaiser zu Dank und ewiger Erinnerung

Und noch eine Eigenschaft half ihm bei seinem großen Ziel: der direkte Weg zum Tor. Mit Außenstürmern hatte sich der Spieler Beckenbauer nur selten aufgehalten. Sein bevorzugter Partner für Doppelpässe war der Bayern-Mittelstürmer Gerd Müller oder in der Nationalmannschaft Günter Netzer mit der alles überragenden Elf von 1972.

Wie wichtig und wertvoll der WM-Zuschlag für den deutschen Fußball war, läßt sich kaum ermessen. Deutschland verfügt inzwischen über die modernsten Fußball-Stadien der Welt, ohne Beckenbauers Erfolg undenkbar. Wie sagte er noch? »Als wir die Kampagne vor Jahren begonnen haben, standen wir bei Null Komma Null Point Null Prozent.«

Stimmt die These noch, die der Literaturwissenschaftler Hans-Ulrich Gumbrecht von der Stanford University (USA) aufgestellt hat, wonach jede große Fußball-Nation auch ihren eigenen Nationalstil pflegt? In Cicero, der Zeitschrift für politische Kultur, wagte Gumbrecht die These: »Die Italiener mauern, die Holländer stürmen, die Brasilianer zaubern – und die Deutschen gewinnen.« Zumindest Franz Beckenbauer.

DER KAISER *Franz Beckenbauer war von 1984 bis 1990 Teamchef der Nationalmannschaft. Seine Bilanz: 66 Länderspiele, 36 Siege, 17 Unentschieden, 13 Niederlagen. Das Foto zeigt Beckenbauer am 8. Juli mit Bundeskanzler Helmut Kohl. Der Teamchef ist nach dem Finale gegen Argentinien noch angespannt. Beckenbauer wurde am 11. September 1945 geboren*

»WIR WURDEN WIE ERWACHSENE BEHANDELT«

Interview mit Lothar Matthäus Der Kapitän über das gute Verhältnis von Franz Beckenbauer zur Mannschaft und die klare Rollenverteilung gegenüber den Turnieren 1986, 1994 und 1998

Herr Matthäus, Sie haben als einziger Fußballspieler der Welt an fünf Weltmeisterschaften teilgenommen. Lassen Sie uns über den Höhepunkt reden, über 1990. Über die Freiheiten, die Franz Beckenbauer den Spielern gab.

Lothar Matthäus: Der Franz wußte, daß da über die Jahre etwas gewachsen war. Im Finale standen fünf Spieler, die sich zehn Jahre vorher schon in der U 21 kennengelernt hatten. Pierre Littbarski, Andi Brehme, Rudi Völler, Guido Buchwald und ich. Eine verschworene Gemeinschaft.

Das erste Tor von Lothar Matthäus in Italien: das 1:0 gegen Jugoslawien in der 28. Minute. Er schießt bei dieser WM vier Tore

Reicht der Teamgeist allein?

Es gab Qualität in der Mannschaft, eine klare Hierarchie, dazu das ideale Auftaktspiel gegen Jugoslawien.

Was hat denn Franz Beckenbauer vorm ersten Spiel gesagt?

Wie immer: »Geht's raus und spielt's Fußball. Gewinnt's Spiel.« Er vertraute uns, behandelte uns wie Erwachsene. Zwischen dem Achtelfinale und dem Viertelfinale gab er uns sechs Tage frei. Der Franz wußte, daß er sich auf uns verlassen kann. Und da gaben die Spieler dem Trainer wirklich mal etwas zurück.

Wußte er, daß Sie sich in der Zeit nicht am nahen Comersee, sondern am Gardasee rumgetrieben haben?

Ich habe es dem Franz gebeichtet. Wenn nicht, wäre die Hölle losgewesen. Der Gardasee ist ja fast ein deutscher See. Nach dem Sieg gegen Holland feierten wir bis halb fünf. Wir wurden erkannt.

Das war schon ein dreistes Stück.

Na ja, der Comersee war 20 Minuten entfernt, der Gardasee eineinviertel Stunden. Ein Katzensprung für mich. Franz wußte alles. Und wir waren pünktlich zurück.

Als Sie mit Rudi Völler nach dessen Platzverweis gegen Holland zum Fifa-Sportgericht nach Rom reisten, haben Sie angeblich so viele Flieger versäumt, daß Sie erst in der Nacht wieder bei der Mannschaft waren ...

Der Rudi war damals heftig verliebt in seine heutige Frau. Ich wollte ihm den Nachmittag nicht nehmen, wir spielten Doppelpaß ...

Nach dem 1:0 gegen die Tschechoslowakei, nach den sechs freien Tagen, ist Beckenbauer vor Wut ausgerastet, weil der Einzug ins Halbfinale gefährdet war.

Nur kurz, aber heftig. »Wie kann man sich nur so blöd anstellen!« Und: »Habt Ihr noch alle Tassen im Schrank?« – das waren seine anständigsten Worte. Dazu kamen einige Ausbrüche, die ich in seinem Wortschatz noch nie gehört hatte.

Welche denn?

Habe ich längst vergessen. Ich bin ja heute als Trainer ähnlich jähzornig. Aber genauso wie beim Franz ist der Zorn meist schnell verraucht. Der Franz ist eben ein Perfektionist. Das Gleiche erwartete er von uns. Im Grunde, das wußte ich immer, hat er ein weiches Herz.

War Beckenbauer vor dem Finale gegen Argentinien nervös?

Niemand war nervös. Wir glaubten alle an uns, weil wir bis dahin eine souveräne WM gespielt hatten. >

REKORDMANN *Lothar Matthäus ist deutscher Rekord-Nationalspieler (150 Länderspiele) und mit 25 Einsätzen von 1982 bis 1998 WM-Rekord-Spieler. Höheren Beistand brauchte er nie*

> Beckenbauer war fast immer locker drauf. Es war auch locker gemeint, wenn er sagte: »Spielt's den blinden Klinsmann nicht an«, wenn der Jürgen wieder mal Probleme am Ball hatte. Deshalb hatte Jürgen ja auch den Spitznamen Flipper. Das kam aber nicht vom Franz, das kam von einem Spieler.

Beckenbauer hat Klinsmann trotzdem immer aufgestellt.

Weil er wußte, wie wichtig Klinsmann für uns ist. Im Achtelfinale gegen Holland hat er alle mitgerissen mit seinem Riesenkampfgeist. Deshalb war das vom Franz nie böse gemeint. Jürgen war eben nicht so wendig wie Thomas Häßler oder Pierre Littbarski. Dafür hatte er andere Stärken.

Im Halbfinale gegen England mußte Littbarski überraschend draußen bleiben.

Ja, er war müde. Der Franz sagte zu mir: »Komm mit zum Litti.« Ich sagte: »Franz, das bringst du ihm schön alleine bei.« Er wollte mich immer dabeihaben als Kapitän. Es war richtig von ihm, in dem Spiel auf Olaf Thon zu setzen, weil der gut drauf war. Und es war richtig, auch wenn das Olaf sehr mitnahm, ihn im Endspiel wieder wegzulassen.

Wie sah die Hierarchie aus?

Fünf Spieler haben den Ton angegeben: Völler, Littbarski, Brehme und ich – wir waren ganz eng miteinander –, dazu kam Klaus Augenthaler als älterer Spieler, der nicht so in unserem Kreis dabei war. Da die Hierarchie stimmte, haben sich Probleme von allein geregelt. Kein Journalist versuchte, Keile reinzutreiben. Kein Ersatzspieler muckte auf. Schon das 4:1 gegen Jugoslawien war eine klare Ansage: »Wir wollen Weltmeister werden.« Niemand konnte uns ans Bein pinkeln. Auch nicht nach einem schwächeren Spiel wie dem 1:0 gegen die Tschechen.

Nach dem Finale ging Beckenbauer gedankenverloren über den Rasen, ein legendäres Bild.

Ich bewundere den Franz, weil er immer positiv drauf ist. Ihn erreicht die Sonne auch an einem Tag, wo rings-

ARM IN ARM *Lothar Matthäus und Rudi Völler stolzieren nach dem Sieg gegen Argentinien auf dem Platz. Die beiden Italien-Profis sind Freunde und lenken die Mannschaft intern*

» Da die Hierarchie stimmte, haben sich Probleme von allein geregelt. Kein Journalist versuchte, Keile reinzutreiben. Kein Ersatzspieler muckte auf. «

Lothar Matthäus über die verschworene Gemeinschaft 1990

um nur Schatten ist. Er bleibt im größten Stress locker. Diese positive Lebensart überträgt sich auf die Mannschaft.

Zwischen Andi Brehme, dem Elfmeterschützen zum WM-Titel, und Ihnen entstand eine große Freundschaft.

Ja, das war eine. Mittlerweile hat man sich ein bißchen aus den Augen verloren, weil Andi nicht der Zuverlässigste ist. Wenn man ihn zehnmal anruft, ruft er kein einziges Mal zurück. Aber er ist ein dufter, feiner Kerl. Wir lagen sechs Wochen auf einem Zimmer. Ich freue mich bis heute, daß er gegen Argentinien zum Helden wurde.

1986 in Mexiko, gibt Beckenbauer selbst zu, habe er Fehler gemacht.

Die hat er selbst 1990 gemacht. Auch der Kaiser ist nur ein Mensch. Aber 1986 ist eben vieles nicht rund gelaufen. Das begann schon bei der Torwartdiskussion mit Toni Schumacher und Uli Stein. Es hat vorn und hinten gekracht. Und die Qualität der Spieler war nicht so hoch wie 1990. Deshalb ist die Leistung, gegen Argentinien ins Finale zu kommen, höher zu bewerten als der Gewinn der WM 1990.

Kapitän war Weltklasse-Stürmer Karl-Heinz Rummenigge.

Er war leider geschwächt, weil er mit sich selbst, bedingt durch eine Muskelverletzung, Probleme hatte. Deshalb war er als Kapitän nicht so dominant, wie es Beckenbauer 1974 oder ich 1990 sein konnten.

Sie waren 1986 in Mexiko noch nicht der Libero.

Ich war die 8 im Mittelfeld, Felix Magath vor mir die 10, hinter mir Norbert Eder, Hans-Peter Briegel oder Andi Brehme in der Rolle einer Nummer 6.

Beckenbauer hatte immer die richtige Taktik. Aber im Finale gegen Argentinien …

… da gibt er selbst zu, daß es sein Fehler war, mich gegen Diego Maradona zu stellen. Weil er zuviel Angst vor ihm hatte. Am Ende spielte ich fast Vorstopper. Eder oder Karlheinz Förster liefen vor mir rum. Das war natürlich keine taktische Meisterleistung. Aber wir machten aus einem 0:2 ein 2:2. Wenn Briegel ein bißchen aufpaßt, gewinnen wir das Spiel.

Franz Beckenbauer sagt, er hätte in Mexiko viel zu lange Sitzungen abgehalten.

Aber er hat schnell gelernt. 1990 in Italien hat er sie von 45 auf 20 Minuten verkürzt. Und das Training von zwei Stunden auf 45 Minuten.

Was wissen Sie noch über Ihre erste Weltmeisterschaft 1982?

Es durften nur 19 Mann nominiert werden, ich rutschte mit meinen 19 Jahren als letzter oder vorletzter gerade noch mit rein.

Sie waren nicht Stammspieler wie 1986, kein Kapitän wie 1990 und 1994.

Dennoch hoffte ich, öfter spielen zu dürfen. Ich war im Training sehr gut drauf, hätte fünf Spiele am Stück spielen können. Aber einige Spieler hatten so viel Macht bei Bundestrainer Jupp Derwall, daß sie ihre Vereinskollegen mit reingedrückt haben. Als damaliger Mönchengladbacher hatte ich wenig Lobby. Diese WM war die allerschlimmste.

Warum?

Es ging los mit dem Trainingslager am Schluchsee, der nach unserem Aufenthalt nur noch Schlucksee genannt wurde. Dann kam das unrühmliche 1:0 gegen Österreich.

Neben Chile Ihr einziges Spiel. War das Ballquergeschiebe mit den Österreichern abgesprochen, weil damit beide Teams weiter waren?

Es gab keine Absprachen, das kam aus dem Gefühl heraus. Wir spielen hinten, ihr spielt hinten, niemandem passiert was. Ein fader Beigeschmack bleibt immer.

Und im WM-Finale gegen Italien ging in der Halbzeit Ulli Stielike auf Karl-Heinz Rummenigge los.

Auch da hatte Rummenigge das Pech, als Kapitän durch Verletzung geschwächt zu sein. Er war mein Zimmerpartner. Ich merkte, wie ihn die Muskelprobleme auch psychisch mitnahmen. Aber im Halbfinale riß er, als er verletzt reinkam, das Spiel gegen Frankreich rum.

Sie waren innerhalb von acht Jahren zweimal Vizeweltmeister, einmal Weltmeister. Danach ging es sportlich bergab.

1994 ist es mir nicht mehr gelungen, als Kapitän die Gruppe der Italien-Legionäre hinter mich zu scharen. Dazu kam, daß ich nicht mehr das Vertrauen vom Bundestrainer, von Berti Vogts gespürt habe. Er war mißtrauisch, weil ich angeblich zuviel Kontakt zur BILD-Zeitung hatte. Er hatte Franz Beckenbauer im Kopf, mit dem mich fast eine Freundschaft verband. Es gab keine klare Hierarchie.

Dabei waren doch fast dieselben Spieler dabei.

Aber Völler und Brehme, die 1990 mit mir auf einer Ebene standen, waren durch Verletzungen geschwächt. Das brachte einiges durcheinander. Die Mannschaft von 1994 war vom Potential stärker als die von 1990. >

Auf dem Rückflug von Rom nach Frankfurt nimmt Udo Jürgens den Kapitän in den Arm. Jürgens komponierte den WM-Song »Sempre Roma«

DINGSDA MIT LITTI UND ICKE

Nicht ganz ernsthaftes Interview: Pierre Littbarski befragt Franz Beckenbauer

Besonders Pierre Littbarski, der private Fotos schoß und sie später in einem »WM-Album« auf den Markt brachte, entdeckte in Italien die Medien für sich. Mit Thomas Häßler trat er fast täglich im ARD-WM-Magazin auf. »Litti« und »Icke« imitierten Kinder und erklärten nach dem Vorbild der beliebten ARD-Sendung von Fritz Egner, »Dingsda«, mit einer erfrischenden Naivität Begriffe aus dem Fußball.
Littbarski verdingte sich mit »Kameramann« Bodo Illgner auch als Reporter des von ihnen erfundenen Deutschen Nationalmannschafts-Fernsehens (DNF). Bei einer Pressekonferenz wurden sie zur allgemeinen Belustigung ganz offiziell als neu akkreditiertes Medium vorgestellt. **In einem Interview mit Franz Beckenbauer war Reporter Littbarski, Puder und Sonnenbrille im Gesicht, schnell sprachlos.** Frage: »Wo liegt der Unterschied zwischen der Elf 1974 und der heutigen Mannschaft?« Antwort Beckenbauer: »Die 74er sind älter.«

> Mit Matthias Sammer, Mario Basler, Stefan Effenberg – aber es waren schwierige Charaktere darunter. Diese Mannschaft hat nicht zusammengepaßt. Und Vogts hat bei seiner ersten WM ähnliche Fehler gemacht wie Beckenbauer 1986.

Und Sie?

Mein größter Fehler war, daß ich nicht rechtzeitig auf den Tisch gehauen habe. Ich habe zuviel an 1990 gedacht, sah zunächst nicht die Grabenkämpfe. Ich habe unterschätzt, welch verheerende Wirkung entstand, als sich die Frauen eingemischt haben. Das Schlimmste!

Warum?

Eine Frau Illgner hat sich mit Perücke ins Spielerhotel eingeschlichen. Eine Frau Effenberg machte Politik. Berti Vogts hätte Bodo Illgner rausschmeißen müssen, weil die Frau Illgner schon ins Trainingslager nach Kanada mitfuhr. Sie hatte sich im Mannschaftsquartier eingenistet.

Und was hat Vogts gemacht?

Berti hat uns gutgemeinte Freiheiten gegeben, die Frauen wohnten in der Nähe. Aber die Frauen haben durch ihre Eifersüchteleien mehr geschadet als genützt.

Warum Eifersüchteleien?

Wenn ein Mann nur ein Essen oder eine Flasche Wein aus dem Mannschaftsquartier mitbrachte, waren andere Frauen sauer: Warum der und du nicht? Ich habe meine damalige Frau Lolita besucht. Eine andere Frau hat auch auf ihren Mann gewartet. Der sagte ihr, heute sei kein Ausgang – er wollte Karten spielen.

Es ging um das Ehepaar Häßler?

Ich nenne keine Namen. Die Frau hat jedenfalls nachts um 1 oder 2 Uhr Berti Vogts mit einem Anruf geweckt und sich beschwert, was das für eine Schweinerei ist, daß ihr Mann nicht rausdarf.

Herrliche Anekdote!

Aber die damalige Frau Strunz hat sich beschwert, weil unser Arzt, der Dr. Müller-Wohlfahrt, mal zwei Tage später kam, weil er sich nebenbei auch um seine Praxis in München kümmern mußte. Da hat sie gesagt: »Wenn der Matthäus verletzt gewesen wäre, dann wäre er eher gekommen.« Diese Eifersüchteleien waren auf einmal wichtiger als jedes Spiel.

Im Viertelfinale gegen Bulgarien war Schluß.

Durch unsere eigene Dummheit. Die Atmosphäre war schlecht. Berti Vogts, mit dem ich mich mittlerweile prächtig verstehe, ist zu viele Kurven gegangen. Er hat mich als Kapitän in nichts eingeweiht, Rudi Völler wußte vorher schon die Mannschaftsaufstellung. Mein Fehler war, daß ich es gerochen, aber nichts unternommen habe. Man hätte sich gleich zusammensetzen und die Dinge ansprechen müssen. Das Ausscheiden wäre mit einer intakten Mannschaft nicht passiert.

Sie haben viel telefoniert ...

... und Berti Vogts hat nachts meine Telefonnummern kontrolliert, ob ich die BILD-Zeitung anrufe. Ich habe nie eine Information rausgehauen, die andere nicht hatten. Da gibt es einen Ehrenkodex. BILD hat mit mir nur deshalb viel gearbeitet, weil es einfach viele Geschichen um mich herum gab. Als Spieler und als Privatperson.

Es entstand der Verdacht der Kumpanei.

Mich hat die BILD-Zeitung teilweise gepuscht. Aber nicht, weil ich ihnen Informationen gegeben habe. BILD puscht auch Franz Beckenbauer – und Boris Becker genauso. Schlimmer war, daß einige um 7 Uhr schon Golf spielten, vier Stunden in den Knochen hatten, wenn um 11 Uhr Fußballtraining war.

Daraus hat Berti Vogts Konsequenzen gezogen.

1996 hatte Berti gelernt. Er baute um Jürgen Klinsmann, Matthias Sammer, Oliver Bierhoff und Andreas Köpke eine klare Hierarchie auf und wurde Europameister.

Sie waren nicht dabei nach Ihrem Achillessehnenriß im Januar 1995. Es folgte eine zweite Operation. Und Sie wurden auf einmal nicht mehr eingeladen.

Ich war mit Bayern München in Hochgurgl beim Skifahren, als ich aus Südafrika einen Anruf bekam. Daß eine Gruppe am Tisch sitzt um Vogts und Klinsmann und noch drei, vier Spieler. Und daß sie besprechen, daß ich in Zukunft nicht mehr dabeisein soll. Mein Informant meinte, daß sie mich gerade killen.

Bekamen Sie die Information von einem Journalisten?

Nein. Klinsmann weiß wohl, von wem ich die Information habe. Vielleicht hat er deshalb diese Person im Nationalteam eliminiert. Ich werde keinen Namen sagen.

1996 vor der EM gaben Sie ein Interview in SPORT BILD, in dem Sie anmerkten, daß Klinsmann Sie aus der Mannschaft geboxt habe. Vogts erklärte daraufhin Ihre Nationalmannschafts-Karriere für beendet und hat Sie 1998 zur WM doch wieder eingeladen.

Ich hatte eine Riesensaison bei Bayern gespielt. Matthias Sammer und Olaf Thon hatten körperliche Pro-

Lothar Matthäus, der Kämpfer. Er attackiert den Kolumbianer Leonel Alvarez, foult ihn mit einer in der Luft angesetzten Beinschere

VIER SPIELER IN EINZELZIMMERN

Vorübergehende Heimat der deutschen Mannschaft: das Castello di Casiglio in Erba

Im Castello di Casiglio in Erba, dem deutschen Mannschaftsquartier, wohnten die beiden Wortführer Lothar Matthäus und Andreas Brehme in einem Doppelzimmer.

Die weitere Zimmerverteilung:

Häßler/Steiner
Berthold/Völler
Kohler/Illgner
Bein/Möller
Buchwald/Klinsmann
Köpke/Littbarski
Aumann/Reuter
Riedle/Hermann

Olaf Thon, Hansi Pflügler, Frank Mill und Klaus Augenthaler hatten Einzelzimmer.

WORTFÜHRER *Lothar Matthäus gibt den Ton an im Training am 28. August 1990. Berti Vogts (l.) ist inzwischen Bundestrainer. Unter Vogts bröckelt später die Dominanz von Matthäus*

» Mein größter Fehler war, daß ich nicht rechtzeitig auf den Tisch gehauen habe. Ich habe zuviel an 1990 gedacht, sah zunächst nicht die Grabenkämpfe «

LOTHAR MATTHÄUS ÜBER DAS DEBAKEL 1994

bleme. Laufend riefen Journalisten an, ob es doch zu einem Comeback kommt. Bis mich das so genervt hat, daß ich zum Hörer griff und Berti Vogts anrief: »Trainer, ich werde hier laufend mit Dingen konfroniert, die für mich beendet sind. Natürlich würde es mich freuen, ein fünftes Mal dabeizusein. Wie soll ich mich verhalten? Soll ich sagen, es ist endgültig Schluß? Oder gibt es einen Weg?« Vogts sagte: »Ich ruf' dich morgen an.« Er meldete sich wie besprochen: »Du bist ab heute wieder Nationalspieler.«

Dennoch rieben Sie sich beide.

Genau das, was Berti Vogts 1994 mit Völler und Brehme gemacht hat, machte er mit mir. Er ließ mich in einer schwachen Position. Olaf Thon hat er als Nummer eins gesehen. Aber mit meinem großen Namen habe ich seine Hierarchie wieder durcheinandergebracht. In Lens, im zweiten Spiel, schrie ein ganzes Stadion meinen Namen, als zur Halbzeit Jugoslawien 1:0 führte. Ich kam rein und blieb bis zum letzten Spiel drin. Aber dennoch nur das fünfte Rad am Wagen zu sein, das bringt bei Spielerpersönlichkeiten meist Unruhe.

Vogts ...

... hat der Mannschaft, wie schon 1994, auch da zuviel Freiheiten gegeben. Er hat an die Vernunft der Spieler appelliert. Aber wir wohnten an der Cote d'Azur. Saint Tropez und Monte Carlo in der Nähe.

Highlife also?

Um sechs Uhr morgens waren alle wieder im Spielerhotel. Erlaubt, legal. Aber wir fühlten uns ab und zu halb im Urlaub. Und auch die Frauen spielten wieder, wie schon in den USA, nicht die beste Rolle. Das Privatleben war ihnen teilweise wichtiger als der Fußball. Der DFB hat sich um alles gekümmert. Sie haben nichts zurückgegeben.

Fünf Weltmeisterschaften, das kann Ihnen niemand nehmen.

Stolzer als die vielen Titel macht mich, daß ich 20 Jahre auf höchstem Level gespielt habe und mit 25 WM-Spielen ganz vorn liege.

laus Allofs·Thomas Berthold·Oliver
ardt·Klaus Fischer·Karlheinz Förster
wak·Karl-Heinz Rummenigge·Karl-H
macher·Uwe Seeler·Georg Stollenwe

WM-FINALE 1966 *Rigoros geht Gordon Banks in einen Luft-Zweikampf mit Wolfgang Weber. Der Verteidiger gerät zwischen dem englischen Torwart und Stopper Jack Charlton (l.), der sich abduckt, in Bedrängnis. England gewinnt 4:2 nach Verlängerung und holt seinen einzigen WM-Titel*

Siernoff·Hans-Peter Briegel·Herbert
Manfred Kaltz·Felix Magath·Hans N
nz Schnellinger·Willi Schulz·Toni Sc
k·Horst Szymaniak··Christian Ziege

Kapitel 2

DIE DEUTSCHEN WM-TEAMS

1934 feierte Deutschland Premiere bei einer Fußball-WM. 1938 spielte eine großdeutsche Mannschaft. 1966 wurde Deutschland erstmals Vize-Weltmeister, später noch dreimal. 1974 bestritt die DDR ihr einziges WM-Turnier. 1994 und 1998 gab es schlimme Pleiten. Alles über die deutschen WM-Mannschaften bis 2002

Vizeweltmeister 1966
Seite_126

Vizeweltmeister 1982
Seite_160

Vizeweltmeister 1986
Seite_170

Vizeweltmeister 2002
Seite_196

WM-VIERTELFINALE 1934 *Aus fünf Metern schießt der deutsche Mittelstürmer Edmund Conen (rechts) mit dem linken Fuß auf das schwedische Tor. Abwehrspieler Sven Andersson rutscht zu spät heran, der Ball aber verfehlt das von Anders Rydberg gehütete Tor. Deutschland gewinnt durch zwei Treffer von Karl Hohmann 2:1 und steht im Halbfinale*

27. Mai – 10. Juni

ITALIEN

1934

Teilnehmer (16): Ägypten, Argentinien, Belgien, Brasilien, Deutschland, Frankreich, Holland, Italien, Österreich, Rumänien, Schweden, Schweiz, Spanien, Tschechoslowakei, Ungarn, USA

Weltmeister: Italien
Torschützenkönig: Oldrich Nejedly (Tschechoslowakei), 5 Tore

Sieg gegen das Wunderteam

Deutsche erstmals mit einem neuen defensiven WM-System ++ Fast alle alten Stammspieler ausgemustert ++ Durchschnittsalter der Mannschaft knapp 23 Jahre ++ Otto Nerz mit bis dahin bester Bilanz in Geschichte des DFB ++ Auslandspresse veröffentlicht Vorfälle im deutschen Trainingslager ++ Hattrick von Edmund Conen beim 5:2 im Achtelfinale gegen Belgien ++ Experten und Fans weiter unzufrieden über Taktik ++ Zwei Tore von Karl Hohmann innerhalb von drei Minuten gegen Schweden ++ Fehlgriffe von Torwart Kreß im Halbfinale gegen die Tschechoslowakei ++ Deutschland gewinnt Spiel um Platz drei gegen das Wunderteam Österreich ++

NERZ FORDERTE EISERNEN GEHORSAM

Der Reichstrainer drillte seine Spieler mit militärischer Härte. Er benutzte eine Feldwebelpfeife für seine Befehle. Er hatte Erfolg: Bei seiner ersten WM-Teilnahme wurde das deutsche Team Dritter

DIE DEUTSCHE MANNSCHAFT *(v. l.) Rudolf Gramlich, Hans Jakob, Willibald Kreß, Paul Janes (verdeckt), Paul Zielinski, Rudolf Noack, Fritz Szepan, Wilhelm Busch, Jakob Bender, Reichstrainer Dr. Otto Nerz, Edmund Conen, Sigmund Haringer, Stanislaus Kobierski, Ernst Lehner, Hans Schwartz, Karl Hohmann, Ernst Albrecht, Otto Siffling und Matthias Heidemann. Es fehlen Fritz Buchloh, Franz Dienert, Reinhold Münzenberg und Josef Streb (alle auf Abruf nominiert). Das Foto entstand kurz vor der Abreise nach Italien. Deutschland qualifizierte sich für die WM mit einem 9:1 gegen Luxemburg als Erster der Europagruppe 12 (vor Frankreich und Luxemburg)*

Von ihnen spricht die Welt.« Mit dieser Schlagzeile feierte die Münchner Sportzeitung Fußball überschwenglich den dritten Platz der deutschen Nationalmannschaft bei ihrer ersten WM-Teilnahme. Ein Mann stand dabei im Mittelpunkt der Berichterstattung: Dr. Otto Nerz, der Reichstrainer. Mit seinen zahlreichen mutigen, ja geradezu revolutionären Entscheidungen versetzte er die in- und ausländischen Fußballexperten vor, während und nach der WM in Italien immer wieder in Erstaunen – und regte mit seiner zweifelhaften Menschenführung die Diskussionen an.

Dem zu seiner aktiven Zeit eher durchschnittlichen Fußballer Nerz, der bereits als 28jähriger das Traineramt bei seinem Stammverein VfR Mannheim übernommen hatte, war 1926 von DFB-Präsident Linnemann das Amt des verantwortlichen Reichstrainers übertragen worden. Sieben Jahre später stand Otto Nerz nicht zuletzt durch die politischen Veränderungen des Jahres 1933, die Machtergreifung der Nationalsozialisten in Deutschland, enorm unter Druck. Er und seine Mannschaft fanden sich erstmals auch im Fokus politischer Interessen wieder. Der frühere engagierte SPD-Sympathisant Nerz wandelte sich in dieser Zeit zum Verfechter der Ideologien der neuen rechten Machthaber.

Im Vorfeld des Turniers entschloß sich Nerz, der deutschen Elf ein neues, defensiveres Spielsystem einzuverleiben. Das sogenannte WM-System mit zwei Verteidigern und drei Läufern hatte er bei Studienreisen in England schätzengelernt. Es setzte ein weitaus athletischeres und kräftezehrenderes Spiel als das bisherige voraus. >

JÜNGSTES TEAM
ALLER ZEITEN

2. WM-ENDRUNDE

Achtelfinale

27.5.	Neapel	Ungarn – Ägypten	4:2
27.5.	Genua	Spanien – Brasilien	3:1
27.5.	Bologna	Schweden – Argentinien	3:2
27.5.	Mailand	Schweiz – Holland	3:2
27.5.	Triest	Tschechoslow. – Rumänien	2:1
27.5.	Florenz	Deutschland – Belgien	5:2
27.5.	Rom	Italien – USA	7:1
27.5.	Turin	Österreich – Frankreich	3:2 n.V.

Viertelfinale

31.5.	Mailand	Deutschland – Schweden	2:1
31.5.	Turin	Tschechoslow. – Schweiz	3:2
31.5.	Bologna	Österreich – Ungarn	2:1
31.5.	Florenz	Italien – Spanien	1:1 n.V.

Wiederholungsspiel

1.6.	Florenz	Italien – Spanien	1:0

Halbfinale

3.6.	Mailand	Italien – Schweiz	1:0
3.6.	Rom	Tschechoslow. – Deutschland	3:1

Spiel um Platz 3

7.6.	Neapel	Deutschland – Österreich	3:2

Finale

10.6.	Rom	Italien – Tschechoslow.	2:1 n.V.

Handschlag vor dem Viertelfinale gegen Schweden: Der deutsche Kapitän Fritz Szepan (r.) begrüßt Nils Rosén. Mitte: Schiedsrichter Rinaldo Barlassina aus Italien

> Deshalb war Nerz klar, daß die Umsetzung nur mit einer jungen, unverbrauchten Mannschaft gelingen konnte. So sortierte er im Jahr vor der WM rigoros die erfahrenen Stammkräfte Bergmaier, Knöpfle, Leinberger und den Rekordnationalspieler Richard Hofmann aus. Auf der Meldeliste für die Fifa befanden sich im Mai 1934 22 Namen von Spielern, die im Schnitt nicht einmal auf sechs Länderspiele kamen. Das Durchschnittsalter betrug knapp 23 Jahre.

Bis heute ist dies das jüngste Aufgebot, das Deutschland je bei einem Weltturnier vertrat.

Seit seinem Amtsantritt hatte sich Nerz große Verdienste um den deutschen Fußball erworben. Der Verband organisierte unter seiner Regie erstmals Lehrgänge für Talente, die in den einzelnen Landesverbänden abgehalten wurden. Eine reichsweite Sichtung des Nachwuchses war sein großes Bestreben. Während die Nationalmannschaft vor seiner Zeit von 58 Spielen lediglich 16 gewinnen konnte, gelang es mit seiner Führung erstmals, positive Bilanzen zu schreiben. Bis zum Beginn der WM 1934 betreute Nerz das Team in 42 Spielen, wovon 21 gewonnen wurden, 9 unentschieden endeten und 12 verloren wurden. Ab März 1933 war die DFB-Elf gar seit sieben Spielen ungeschlagen. Eine bis dahin in der deutschen Länderspielhistorie noch nie dagewesene Erfolgsserie.

Eine wichtige Voraussetzung für diesen Aufschwung sah Nerz im unzweifelhaften Gehorsam seiner Spieler in allen Situationen. Eiserne Disziplin setzte er auf und neben dem Platz voraus. Während der Spielzeit 1933/34 ließ er den Trainingsfleiß und Lebenswandel seiner Kandidaten von den örtlichen Vereins- und Verbandstrainern kontrollieren. Seine Trainingslager gerieten in herbe Kritik. Zum Teil wurden sie aber auch als Bedingung für den Erfolg vorbehaltlos anerkannt und akzeptiert.

»Gefangene waren wir wohl damals, aber nur Gefangene des Gedankens, auf der großen Weltkonkurrenz im Fußball einigermaßen ehrenvoll abzuschneiden.« Mit diesen Worten beschrieb der Nationalspieler Ernst Lehner seine WM-Erinnerungen. Nicht alle kamen jedoch so gut zurecht. Sigi Haringer, wohl der letzte verbliebene Individualist, wußte in seiner Biographie anderes zu berichten.

Der Verteidiger von Bayern München nahm am Vorbereitungslehrgang in Duisburg-Wedau als einziger Spieler nicht komplett teil. Und vor der Abreise nach Italien, beim Treffpunkt in Singen, ließ Haringer den kompletten Mannschaftstroß einen geschlagenen halben Tag auf sich warten. Er kam direkt aus dem Urlaub und wurde von Dr. Otto Nerz im Mannheimer Dialekt empfangen. »Sie könnet glei wieder heimfahre!« >

» Gefangene waren wir, aber nur Gefangene des Gedankens, ehrenvoll abzuschneiden

Achtelfinale

DEUTSCHLAND – BELGIEN 5:2

27. Mai 1934, 16.30 Uhr Ortszeit, Stadio Giovanni Berta, Florenz

Schiedsrichter: *Mattea (Italien).* ***Tore:*** *1:0 Kobierski (25.), 1:1 Voorhoof (32.), 1:2 Voorhoof (43.), 2:2 Siffling (49.), 3:2 Conen (66.), 4:2 Conen (70.), 5:2 Conen (87.).* ***Zuschauer:*** *8 000.*

Viertelfinale

DEUTSCHLAND – SCHWEDEN 2:1

31. Mai 1934, 16.30 Uhr Ortszeit, Stadio San Siro, Mailand

Schiedsrichter: *Barlassina (Italien).* ***Tore:*** *1:0 Hohmann (60.), 2:0 Hohmann (63.), 2:1 Dunker (82.).* ***Zuschauer:*** *16 000.*

BADEFREUDEN *Karl Hohmann, Ernst Albrecht, Wilhelm Busch und Hans Schwartz (v. l.) posieren in einem Strandbad am Comer See, unweit ihres Hotels »Mira Lago« in Cernobbio*

ERST VERLETZT, DANN ZU PAPST PIUS XI.

Große Tage in Italien: Karl Hohmann. 1936 gehörte er auch zum Olympia-Kader

Mit acht Länderspielen, in denen er bereits neun Tore erzielt hatte, gehörte Karl »Karlchen« Hohmann vom VfL Benrath zu den renommiertesten Kräften in Italien. ***Im Viertelfinale gegen Schweden schlug seine große Stunde****: In der 60. und 63. Minute sorgte der Halbrechte, der zusammen mit Edmund Conen und Otto Siffling den Innensturm bildete, im Alleingang mit zwei Toren für die Vorentscheidung. Deutschland gewann 2:1 und qualifizierte sich fürs Halbfinale. Dieses fand jedoch ohne Hohmann statt. Bei seinem zweiten Tor war er mit dem hünenhaften schwedischen Torwart Anders Rydberg zusammengeprallt. Er spielte benommen weiter,* ***nach dem Abpfiff aber war das Turnier für Hohmann vorzeitig beendet****. Als die Mannschaft nach Rom umzog, sollte sich jedoch ein anderer Lebenstraum des Rheinländers erfüllen. Der gläubige Katholik aus einem konservativen Elternhaus, der auch in Italien regelmäßig die Frühmesse besuchte, wollte unbedingt den Heiligen Vater sehen. Weil er als Verletzter nicht mehr an den Trainingseinheiten teilnehmen mußte, setzte er alle Zeit und Kraft in die Umsetzung seines Ziels. Es gelang: »Karlchen« Hohmann durfte an einer Audienz von Papst Pius XI. im Petersdom teilnehmen.*

HARINGER OHNE
BIER KRANK

› Haringer indes wußte um seinen Stellenwert und entgegnete: »Da bin ich weiter gar nicht beleidigt. Ich kann sofort wieder gehen.« Worauf Nerz nicht mehr kontern konnte und kleinlaut anmerkte: »Send se net so unverschämt.«
Als die deutsche Delegation ihr Hotel »Mira Lago« im beschaulichen Badeort Cernobbio am Comer See bezog, wurde der militärische Drill noch deutlicher. Während die Spieler einen minutiös ausgearbeiteten Plan befolgen mußten – Nerz persönlich rief mit seiner Feldwebelpfeife zum Wecken, Essen und zum Training –, verbrachten die nebenan wohnenden Holländer den größten Teil der Zeit mit ihren vom Verband eingeladenen Frauen.
Die Nerz-Schützlinge wurden darauf hingewiesen, daß jeder Verstoß gegen die befohlene Disziplin eine Meldung an den Reichssportführer persönlich zur Folge haben würde. Schnell wurden die Mißstände publik. In der in- und ausländischen Presse machte das einige Jahre später für grauenhafte deutsche Verbrechen stehende Wort »Konzentrationslager« die Runde. Aber selbst Sigi Haringer wiegelte nach dem Krieg in seinen Aufzeichnungen ab, »daß dieses böse Wort gründlich daneben traf. Wir haben wunderschöne Tage in Cernobbio verlebt, waren jung, und den kasernenmäßigen Ton haben wir, ohne weiter nachzudenken, in Kauf genommen.«
Schließlich gab der Erfolg dem Reichstrainer und damit auch seinen Methoden recht. Im ersten WM-Spiel siegte Deutschland gegen Belgien mit 5:2, auch wenn es lange Zeit nicht nach diesem klaren Ergebnis aussah. Mit 1:2 lag man nach 45 Minuten zurück. Otto Nerz wirkte in der Halbzeit sehr feinfühlig auf seine junge Mannschaft ein, fand laut Mittelstürmer Edmund Conen für jeden einen aufmunternden Satz und schickte die Spieler mit den Worten »Es kann nichts schiefgehen, weil ihr die Besseren seid« auf das Spielfeld zurück.
Nur Sigi Haringer fühlte sich mit jedem WM-Tag zusehends unwohler. Während er gegen Belgien von der Presse noch als beständigster deutscher Spieler bezeichnet wurde, baute er beim 2:1-Sieg im Viertelfinale gegen Schweden ab.
Dem Ur-Münchner wurde nachgesagt, daß ihm die von Nerz auferlegte Alkohol-Abstinenz große Probleme bereitete. Ihm fiele es schwer, auf sein gewohntes tägliches Bier zu verzichten. Edmund Conen berichtete in seinen Aufzeichnungen über Haringers Magenverstimmungen, hervorgerufen durch »chronischen Biermangel«. Haringer sprach von Magenproblemen durch die olivenölhaltige italienische Küche.
Das deutsche Fußballvolk konnte sich unterdessen noch immer nicht mit dem neuen WM-System anfreunden. ›

» Den kasernenmäßigen Ton haben wir ohne nachzudenken in Kauf genommen

Halbfinale
TSCHECHOSLOWAKEI – DEUTSCHLAND 3:1
3. Juni 1934, 16.30 Uhr Ortszeit, Stadio Nazionale del PNF, Rom

Schiedsrichter: *Barlassina (Italien).*
Tore: *1:0 Nejedly (21.), 1:1 Noack (59.), 2:1 Nejedly (69.), 3:1 Nejedly (81.).*
Zuschauer: *13 000.*

Das 3:1 in der 81. Minute: Oldrich Nejedly hat den Ball aus nächster Distanz über die Linie gedrückt. Die Tschechoslowakei ist im Endspiel

EINLAUF *Fritz Szepan (l.) und Sigi Haringer kommen vor dem Halbfinale gegen die Tschechoslowakei aus den unterirdischen Kabinen auf den Platz. Haringer ist da schon krank, er wird neben Tormann Willibald Kreß zum Sündenbock für das 1:3 gemacht*

SPIELER VERZIEHEN, DER TRAINER NIE

Letztes Länderspiel im Halbfinale: Willibald Kreß wurden zwei Gegentore angekreidet

Bis zum Halbfinale gegen die Tschechoslowakei hatte Willibald Kreß 15 Länderspiele bestritten. Nur zwei davon gingen verloren. In einer Zeit, als im Schnitt pro Länderspiel 4,5 Tore fielen, brachte es der Tormann auf eine sensationelle Quote von lediglich 1,46 Gegentoren. Alle diese Zahlen nützten dem gebürtigen Frankfurter in seinem 16. Länderspiel nichts. »Kreß heute in Rom von allen guten Geistern verlassen!« ist in der Einzelkritik der Fachzeitung Fußball nach der 1:3-Niederlage zu lesen. Und weiter: »Tor 2 und 3 hat er auf dem Gewissen, Tor 1 hätte er in früherer Form gleichfalls bestimmt gehalten.«

Am Abend beim Bankett fehlte Kreß. Nerz beauftragte Edmund Conen, ihn zu suchen. Er fand Kreß angekleidet im Bett. »Laß mich in Ruhe, ich bin schuld und sonst keiner. Mit einem anderen an meiner Stelle wärt ihr jetzt im Endspiel«, erklärte er. Erst als die komplette Mannschaft sein Zimmer stürmte, gab Kreß seinen Widerstand auf. ***Seine Mitspieler hatten ihm die Fehler verziehen****, Reichstrainer Nerz wohl nie. Das Halbfinale war das letzte Länderspiel des damals 27jährigen.*

Mit dem Dresdener SC gewann Kreß 1940 und 1941 den damaligen Tschammer-Pokal (heute DFB-Pokal) sowie 1943 und 1944 noch die Deutsche Meisterschaft. Seine Karriere beendete er im Alter von 44 Jahren.

HERBERGER MUSSTE ZU HAUSE BLEIBEN

› Schon beim zweiten Vorbereitungsspiel gegen die englische Profimannschaft Derby County Anfang Mai in Frankfurt hatte Otto Nerz Handzettel mit Erläuterungen für die Zuschauer austeilen lassen. »Es ergeht daher an die Zuschauer die Bitte, von draußen Anordnungen wie ›Mittelläufer nach vorn‹ zu unterlassen, weil dadurch die Spieler nur irritiert werden und von der Erfüllung der von ihnen verlangten Aufgaben abgehalten werden.«

Selbst Co-Trainer Sepp Herberger wußte Nerz nicht bedingungslos hinter sich. In Italien assistierte ihm deshalb der Berliner Sportlehrer »Tute« Lehmann, während sein späterer Nachfolger die WM zu Hause am Volksempfänger verfolgte.

Wie unberechenbar jedoch, WM-System hin oder her, das Spiel letztendlich ist, bewies das Halbfinale gegen die Tschechoslowakei. Zwar bestritt die Nerz-Elf ihr bis dahin bestes Spiel, verantwortlich für Sieg oder Niederlage waren jedoch alleine zwei Spieler: die Tormänner. Auf der einen Seite der Prager Frantisek Planicka, der die deutschen Angreifer mit seinen Heldentaten zur Verzweiflung brachte. Auf der anderen der Dresdener Willibald Kreß, der einen rabenschwarzen Tag erwischte. Endergebnis: 3:1 für die Tschechoslowakei.

Neben Kreß wurde Sigi Haringer von Nerz zum zweiten Sündenbock abgestempelt. Haringer hatte mit einem von Mannschaftsarzt Dr. Haggenmiller diagnostizierten Magen- und Darmkatarrh und Fieber gespielt. Nun bat der kranke Spieler den Reichstrainer um die Erlaubnis zur vorzeitigen Heimreise.

»Einzelfahrt geht nur mit Ausnahmegenehmigung des Herrn Reichssportführers, der gemeinsame Rückfahrt befohlen hat«, antwortete Nerz forsch. Der hitzige Münchner verlor daraufhin die Beherrschung: »Ich brauche keinen Reichssportführer und habe ihn noch nie gebraucht. Ich will heim, weil ich krank bin!« Nerz bellte: »Haringer, dann müssen Sie aus Ihrem Verhalten die Konsequenz ziehen. Sind Sie sich klar darüber?« Eine Stunde später bekam Haringer seinen Ausweis und seine Fahrkarte ausgehändigt und reiste ab. Konsequenzen hatte der Vorfall für Haringer, der noch öfter mit der NS-Obrigkeit in Konflikte geriet, keine. Es dauerte 15 Monate, bis ihn Nerz wieder zu einem Spiel einlud.

> *» Ich brauche keinen Reichssportführer und habe ihn noch nie gebraucht*

Auch bei der Taktik für das Spiel um den dritten Platz gab der Reichstrainer schließlich klein bei. Die DFB-Elf lief mit Reinhold Münzenberg als vorgezogenem, offensivem Mittelläufer und Fritz Szepan als Spielgestalter hinter den Spitzen auf. In dieser seiner angestammten Position fühlte sich der Schalker im Spiel gegen das österreichische Wunderteam wohl. Nicht zuletzt dank seiner überragenden Leistung siegte die Nerz-Mannschaft 3:2. Und Deutschland feierte.

Spiel um Platz 3

DEUTSCHLAND – ÖSTERREICH 3:2

7. Juni 1934, 18 Uhr Ortszeit, Stadio Giorgio Ascarelli, Neapel

Schiedsrichter: *Carraro (Italien).*
Tore: *1:0 Lehner (1.), 2:0 Conen (29.), 2:1 Horvath (30.), 3:1 Lehner (42.), 3:2 Sesta (55.).*
Zuschauer: *7 000.*

Schiedsrichter Albino Carraro unterrichtet Fritz Szepan (l.) vom Ausgang des Münzwurfs vor dem Anstoß. Rechts: Österreichs Kapitän Josef Smistik

DEUTSCHER WM-KADER 1934

Reichstrainer Otto Nerz setzte 18 seiner 22 nominierten Spieler ein. Reinhold Münzenberg reiste erst zum Spiel um Platz drei gegen Österreich nach Italien

NAME	GEBOREN	Einsatz gegen BELGIEN	SCHWEDEN	TSCHECHOSLOWAKEI	ÖSTERREICH	VEREIN
TOR						
Fritz Buchloh	26.11.1909	auf Abruf	auf Abruf	auf Abruf	auf Abruf	VfB Speldorf
Hans Jakob	16.06.1908	Tribüne	Tribüne	Tribüne	90 Min.	Jahn Regensburg
Willibald Kreß	13.11.1908	90 Min.	90 Min.	90 Min.	Tribüne	Dresdner SC
ABWEHR						
Jakob Bender	23.03.1910	Tribüne	Tribüne	90 Min.	90 Min.	Fortuna Düsseldorf
Wilhelm Busch	04.01.1907	Tribüne	90 Min.	90 Min.	90 Min.	TuS Duisburg 99
Franz Dienert		auf Abruf	auf Abruf	auf Abruf	auf Abruf	VfB Mühlburg
Sigmund Haringer	09.12.1908	90 Min.	90 Min.	90 Min.	abgereist	Bayern München
Paul Janes	10.03.1912	90 Min.	Tribüne	Tribüne	90 Min.	Fortuna Düsseldorf
Reinhold Münzenberg	25.01.1909	auf Abruf	auf Abruf	auf Abruf	90 Min.	Alemannia Aachen
Hans Schwartz	01.03.1913	90 Min.	Tribüne	Tribüne	Tribüne	Victoria Hamburg
MITTELFELD						
Rudolf Gramlich	06.06.1908	Tribüne	90 Min.	abgereist	abgereist	Eintracht Frankfurt
Rudolf Noack	30.03.1913	Tribüne	Tribüne	90 Min./1 Tor	Tribüne	Hamburger SV
Josef Streb	16.04.1912	auf Abruf	auf Abruf	auf Abruf	auf Abruf	Wacker München
Fritz Szepan	02.09.1907	90 Min.	90 Min.	90 Min.	90 Min.	FC Schalke 04
Paul Zielinski	20.11.1911	90 Min.	90 Min.	90 Min.	90 Min.	Union Hamborn
ANGRIFF						
Ernst Albrecht	12.11.1907	Tribüne	Tribüne	Tribüne	Tribüne	Fortuna Düsseldorf
Edmund Conen	10.11.1914	90 Min./3 Tore	90 Min.	90 Min.	90 Min./1 Tor	FV Saarbrücken
Matthias Heidemann	07.12.1912	Tribüne	Tribüne	Tribüne	90 Min.	Werder Bremen
Karl Hohmann	18.06.1908	90 Min.	90 Min./2 Tore	Tribüne	Tribüne	Fortuna Düsseldorf
Stanislaus Kobierski	15.11.1910	90 Min./1 Tor	90 Min.	90 Min.	Tribüne	Fortuna Düsseldorf
Ernst Lehner	07.11.1912	90 Min.	90 Min.	90 Min.	90 Min./2 Tore	Schwaben Augsburg
Otto Siffling	03.08.1912	90 Min./1 Tor	90 Min.	90 Min.	90 Min.	Waldhof Mannheim

ERSTER DEUTSCHER WM-TRAINER

Reichstrainer Dr. Otto Nerz (3. v. l.) als aufmerksamer Beobachter beim 5:2 im Auftaktspiel gegen Belgien. Nerz hatte die Mannschaft 1926 übernommen und führte sie, später gemeinsam mit Sepp Herberger, bis Mai 1938

4. Juni – 19. Juni

FRANKREICH

1938

Teilnehmer (15): Belgien, Brasilien, Deutschland, Frankreich, Italien, Kuba, Holland, Niederländisch-Indien, Norwegen, Polen, Rumänien, Schweden, Schweiz, Tschechoslowakei, Ungarn

Weltmeister: Italien
Torschützenkönig: Leônidas (Brasilien), 8 Tore

Nerz tritt am 12. Mai zurück

Untergang beginnt im März 1938 ++ Die Wehrmacht marschiert am 12. März in Österreich ein ++ Am 28. März teilt Österreich der Fifa Auflösung seines Fußball-Bundes mit ++ Zehn Wochen vorm Eröffnungsspiel erhalten Trainer Auftrag zur Bildung großdeutscher Mannschaft ++ Österreich gewinnt am 3. April Verbrüderungsspiel mit 2:0 ++ Pariser Zeitung spekuliert über Aufstellung der Elf und nominiert sechs Deutsche sowie fünf Österreicher ++ Matthias Sindelar verweigert Spiel in nationalsozialistischem Team ++ Reichstrainer Nerz reicht am 12. Mai Rücktritt ein ++ Herberger nun allein Chef ++ Aus in der ersten Runde der WM ++

PLEITE NACH ERZWUNGENER VEREINIGUNG

Otto Nerz und Sepp Herberger mußten auf Befehl von Hitler eine Mannschaft aus österreichischen und deutschen Spielern bilden. Die Elf scheiterte an der Schweiz, die Welt freute sich

DIE GROSSDEUTSCHE MANNSCHAFT *(stehend von links) Stefan Skoumal, Fritz Szepan, Paul Janes, Otto Siffling, Reichstrainer Sepp Herberger, Jakob Streitle (verdeckt), Franz Wagner, Sportwart Wolz, Josef Gauchel, Fachamtsleiter Felix Linnemann, Willibald Schmaus, Fritz Buchloh, Andreas Kupfer, Mann im Hintergrund unbekannt, Albin Kitzinger. Vorn: Leopold Neumer, Ernst Lehner, Hans Mock, Rudolf Raftl. Es fehlen: Hans Jakob, Reinhold Münzenberg, Rudolf Gellesch, Wilhelm Hahnemann, Ludwig Goldbrunner, Johann Pesser und Josef Stroh. Das Foto wurde am 2. Juni 1938 vor der Abfahrt nach Paris aufgenommen. Für die WM qualifizierte sich die Mannschaft als Erster der Europa-Gruppe 1 (6:0 Punkte) vor Schweden, Estland und Finnland*

Einige Tage nach dem Wiederholungsspiel gegen die Schweiz veröffentlichte die Deutsche Sport-Illustrierte die Gedanken von Sepp Herberger: »Der Reichstrainer hat am Abend nach dem Spiel bedrückt davon gesprochen, daß unter der Belastung durch das plötzlich in ungeahnten Schwung kommende Schweizer Spiel das System unserer Mannschaft in seine kaum zusammengekitteten Bestandteile zusammengefallen sei. Es habe sich erwiesen, daß die Verschmelzung zwischen dem wienerischen Spiel und den Elementen unseres alten Stiles noch nicht gelungen war.«

Was zwischen den Zeilen stand, der Berichterstatter aber so exakt nicht ausdrücken durfte: Reichstrainer Sepp Herberger war ein Opfer der Politik geworden. Ein Opfer der Nationalsozialisten. Nach zwei Spielen gegen die Schweiz war die Weltmeisterschaft für die großdeutsche Mannschaft bereits beendet.

Die Geschichte des Untergangs begann im März 1938, gut drei Monate vor Beginn der WM in Frankreich. Unter der Rubrik »Das Ausland berichtet« vermeldete die Münchner Sportillustrierte Fußball am 1. März 1938 auf Seite 2, daß am vergangenen Wochenende in der österreichischen Liga alle Spiele ausgefallen waren: »Keine Spiele, da Weltmeisterschaftsvorbereitung mit Jugoslawien-Meister Gradjanski«, lautete die Erklärung über der Meisterschaftstabelle.

Das vom englischen Trainer James Donelly betreute österreichische Nationalteam war in bestechender Form. Von den letzten neun Länderspielen hatte es nur eines verloren. In Wien glaubte man Donellys Elf auf den Spuren der legendären Wundermannschaft aus den frühen dreißiger Jahren. >

ÖSTERREICH SIEGTE NOCH EINMAL 2:0

3. WM-ENDRUNDE

Achtelfinale

4.6.	Paris	Schweiz – Deutschland	1:1 n.V.
5.6.	Marseille	Italien – Norwegen	2:1 n.V.
5.6.	Reims	Ungarn – Niederl.-Indien	6:0
5.6.	Toulouse	Kuba – Rumänien	3:3 n.V.
5.6.	Paris	Frankreich – Belgien	3:1
5.6.	Straßburg	Brasilien – Polen	6:5 n.V.
5.6.	Le Havre	Tschechosl. – Holland	3:0 n.V.

Schweden kampflos weiter, da Gegner Österreich von Deutschland annektiert worden war

Wiederholungsspiele

9.6.	Toulouse	Kuba – Rumänien	2:1
9.6.	Paris	Schweiz – Deutschland	4:2

Viertelfinale

12.6.	Paris	Italien – Frankreich	3:1
12.6.	Lille	Ungarn – Schweiz	2:0
12.6.	Antibes	Schweden – Kuba	8:0
12.6.	Bordeaux	Brasilien – Tschechosl.	1:1 n.V.

Wiederholungsspiel

14.6.	Bordeaux	Brasilien – Tschechoslow.	2:1

Halbfinale

16.6.	Paris	Ungarn – Schweden	5:1
16.6.	Marseille	Italien – Brasilien	2:1

Spiel um Platz 3

19.6.	Bordeaux	Brasilien – Schweden	4:2

Finale

19.6.	Paris	Italien – Ungarn	4:2

Eröffnungsspiel im Pariser Prinzenparkstadion: Der deutsche Tormann Rudolf Raftl ist im Spiel gegen die Schweiz bereit zur Parade

Ebenso wie Österreich war auch die deutsche Elf bereits für das Endrundenturnier qualifiziert. Seit über einem Jahr und 13 Spielen hatten die Schützlinge des Trainerduos Otto Nerz/Sepp Herberger nicht mehr verloren. Seit dem grandiosen 8:0 gegen Dänemark in Breslau am Pfingstwochenende 1937 genoß die Elf großes Ansehen in internationalen Fußballkreisen. Die Breslau-Elf zählte zum engsten Favoritenkreis für den WM-Titel.

Als die Leser von Fußball zwei Wochen später, am 15. März 1938, die neueste Ausgabe aufschlugen, stellten sie abermals fest, daß alle Spiele in Österreichs Meisterschaft ausgefallen waren.

Diesmal standen hinter der Absage jedoch keine sportlichen Gründe. Nach zahlreichen politischen Scharmützeln der Vortage zwischen Berlin und Wien hatte Adolf Hitler am 12. März die Truppen der deutschen Wehrmacht in Österreich einmarschieren lassen und den »Anschluß« an Deutschland verkündet.

In der Redaktion des Fußball dachte man schon weiter und fragte im Leitartikel »Deutschland-Österreich – Der Weg ist frei«: »Wird Österreich überhaupt als eigener Staat im Sinne von Fußballnation bestehen können?«

Die Frage sollte bald beantwortet sein: Am 28. März teilte der ÖFB-Funktionär Dr. Richard Eberstaller der Fifa per Telegramm mit, daß der Österreichische Fußball-Bund aufgelöst sei und seine Vereine dem Deutschen Reichsbund für Leibesübungen, Fachamt Fußball, übertragen wurden. Womit nun definitiv feststand, daß bei der Weltmeisterschaft eine großdeutsche Mannschaft auflaufen würde.

Zehn Wochen vor dem Eröffnungsspiel gegen die Schweiz bekamen die Reichstrainer Nerz und Herberger von der Reichssportleitung den politisch wie sportlich brisanten Auftrag, eine Mannschaft aus Österreichern und Deutschen zusammenzustellen. Beide Teams bevorzugten absolut unterschiedliche Spielweisen. Während die deutsche Elf das defensive WM-System praktizierte, liebten die Österreicher das schottische Flachpaßspiel mit offensiv ausgerichtetem Mittelläufer. Auf Befehl der Reichssportleitung fand zunächst ein »Verbrüderungsspiel« zwischen dem Altreich und der Ostmark, wie der neue deutsche Reichsgau nun genannt wurde, statt. Es endete am 3. April vor 60 000 Zuschauern in Wien mit einer niederschmetternden und in dieser Höhe noch schmeichelhaften 0:2-Niederlage der deutschen Elf. Österreich genoß den Sieg über das große Deutschland bis in die letzten Züge.

> *» Wird Österreich als eigener Staat im Sinne von Fußballnation bestehen können?*

Der Leitartikel im Fußball stand unter der Überschrift: »Deutscher Fußballfrühling in Wien – Österreichs Elf für die Weltmeisterschaft?«

Achtelfinale

DEUTSCHLAND – SCHWEIZ 1:1 N.V.

4. Juni 1938, 17 Uhr Ortszeit, Parc des Princes, Paris

Schiedsrichter: *Langenus (Belgien).* ***Tore:*** *1:0 Gauchel (29.), 1:1 A. Abegglen (43.).* ***Platzverweis:*** *Plesser (96.) wegen Revanchefouls.* ***Zuschauer:*** *27 152.*

Mit bloßen Händen wirft sich Rudolf Raftl (Rapid Wien) dem Schweizer Lauro Amadò entgegen, klärt die Situation. Das Spiel wird wiederholt

KAMPFSPUREN *Nach dem Wiederholungsspiel verlassen die Münchner Ludwig Goldbrunner (l.) und Jakob Streitle, gezeichnet von einer Platzwunde unter dem linken Auge, den Platz. Sie sind enttäuscht, nach zwei Spielen ist die WM für sie zu Ende*

DIE BRESLAU-ELF ENTTÄUSCHTE

ZWEI DEUTSCHE IN EUROPA-AUSWAHL

Die Stars aus Schweinfurt: Andreas »Anderl« Kupfer (l.) und Albin Kitzinger

*Für Sepp Herberger standen auf der Suche nach der treffenden Mischung für eine »Wiener Melange mit preußischem Einschlag«, wie er seine Mannschaft bisweilen sarkastisch beschrieb, nur zwei Spieler nie in Frage: Andreas Kupfer und Albin Kitzinger vom FC Schweinfurt 05. Zwischen 1937 und 1942 bildeten sie 29mal das Außenläuferpaar des Nationalteams. **»Kupfer und Kitzinger überragten. Die Verletzung des letzteren hat vielleicht Deutschland um die letzte Chance gebracht, den Sieg an sich zu reißen«**, hieß es in der Zeitschrift Fußball nach dem 1:1 gegen die Schweiz. Im Wiederholungsspiel konnte Kitzinger nicht mehr auflaufen. Im Oktober 1938 nominierte Italiens Weltmeister-Trainer Vittorio Pozzo die beiden für eine Europa-Auswahl, die gegen England in London antrat. Nach der 0:3-Niederlage gegen die Profis lobte der Daily Telegraph: »Kupfer und Kitzinger, die entgegen ihrem Stil defensiv kämpfen mußten und die Flügelstürmer zu bewachen hatten, wurden ihren Aufgaben außerordentlich gut gerecht.« Beim ersten Nachkriegsländerspiel 1950 gegen die Schweiz führte der damals 36jährige Kupfer die deutsche Elf in Stuttgart als Kapitän aufs Spielfeld. Es war sein 44. und letztes Länderspiel. Ebenso viele Länderspiele bestritt Albin Kitzinger.*

> Weiter wußte die Zeitung zu berichten: »... gespielt haben eh fast nur die Wiener, die oft peinlich lange – bis auf ihren Torwart – sich in der Spielhälfte der Nationalen aufhalten konnten. Sindelar – der alte Sindelar – führte den Angriff so überlegen, daß den Kitzinger-Goldbrunner-Kupfer nur wenig Möglichkeiten gegeben waren.«
Der Artikel schließt mit den Worten: » ... muß gesagt werden, daß die Wiener Formation heute Deutschlands beste Fußballmannschaft repräsentiert. Ob diese Elf nun nach Frankreich geschickt wird? Das ist die Frage, die alle Welt interessiert.«
In der nächsten Ausgabe gab Kolumnist F. Richard selbst die Antwort: »Österreich für Großdeutschland wäre Bankrotterklärung des gesamten bisherigen Reichsfußballs, aller Schulungsgrundsätze und aller Leistungsmethoden des Fachamtes Fußball.«
Das Ausland war unterdessen schon einen Schritt weiter. Die Pariser Sportzeitschrift L'Auto stellte nach dem Wiener Spiel eine Mannschaft mit sechs Deutschen und fünf Österreichern zusammen.
Otto Nerz und Sepp Herberger ahnten zu diesem Zeitpunkt schon, daß jede Elf, die deutsche oder die österreichische, für sich stärker sein würde als eine uneingespielte, kurzfristig zusammengestellte neue Formation aus beiden Teams. Auch Kolumnist Richard zweifelte: »So willkommen dem Fachamt Fußball die Verstärkung durch die Wiener sein wird, sieht es sich doch unerwartet einer Reihe von Problemen gegenüber, die eigentlich nur auf lange Sicht zu lösen sind. Wie Kunst kontra Kondition, Individualität kontra Mannschaftsgeist, Kapriolen kontra Tempo.«
Für eine Lösung auf lange Sicht blieb indes keine Zeit. Das nächste Länderspiel stand am 24. April in Frankfurt gegen Portugal an. Herberger und Nerz entschieden sich für Kondition, Mannschaftsgeist und Tempo. Die legendäre »Breslau-Elf« lief auf, nur auf einer Position gegenüber 1937 verändert.
Das Ergebnis: ein mageres 1:1. »Das Frankfurter Länderspiel hat ein Opfer gefordert: den Glorienschein der sogenannten Breslauer Elf«, formulierte Kolumnist Richard in seinem Blatt und fuhr fort: »Ich bemühe mich, noch etwas über die allgemein interessierende Frage zu erfahren, wann und welche Wiener Spieler für die Ländermannschaft in Frage kommen. Aber niemand will sich äußern. Es ist noch nichts entschieden ... Man hat Bedenken, ob sie sich in das System einfinden, hört man.«
Einer hatte sich bereits gegen die Elf ausgesprochen: Matthias Sindelar. Herberger buhlte vergebens um seine Gunst. Sindelar sagte ab, offiziell wegen seines Alters von 35 Jahren. Der wahre Grund aber war ein anderer. >

» *Kunst kontra Kondition, Individualität kontra Mannschaftsgeist, Kapriolen kontra Tempo*

Achtelfinale Wiederholungsspiel

SCHWEIZ – DEUTSCHLAND 4:2

9. Juni 1938, 18 Uhr Ortszeit, Parc des Princes, Paris

Schiedsrichter: *Eklind (Schweden).* ***Tore:*** *0:1 Hahnemann (8.), 0:2 Lörtscher (22., Eigentor), 1:2 Walaschek (41.), 2:2 Bickel (64.), 3:2 A. Abegglen (75.), 4:2 A. Abegglen (78.).* ***Zuschauer:*** *20 025.*

André Abegglen (l.) hat zum 3:2 getroffen. Raftl fliegt noch, der Ball ist schon im Netz. Der Schweizer Halblinke erzielte in beiden Spielen drei Tore

GUT BEHÜTET *Zwischen der 41. und 78. Minute im Wiederholungsspiel kassierte Rudolf Raftl, die Schiebermütze tief in die Stirn gezogen, vier Tore. Diesen Schuß von André »Trello« Abegglen kann er abwehren*

»MIT SPIEL ALLEIN GEWINNT MAN NICHT«

An der Taktiktafel: der junge Sepp Herberger. Er erklärt seinen Spielern Lauf- und Paßweg

»Aus zwei Guten mach eine Bessere! Oh, heilige Einfalt!« Mit diesen Worten kommentierte Sepp Herberger in seinen Aufzeichnungen nach der WM seine mißglückte Mission. Unter der Rubrik »Gründe für das Ausscheiden« vermerkte er: »Der unzulängliche Einsatz unserer österreichischen Spieler in Szenen, wo alleine Kraft und kämpferisches Wollen ausschlaggebend gewesen wäre. Sie (die Österreicher) sind durch die Bank glänzende Spieler. ***Aber mit Spiel alleine gewinnt man nicht. Am wenigsten eine Weltmeisterschaft!****« Zu den Vorbehalten und Ängsten zwischen den deutschen und österreichischen Mannschaftsteilen trug indes auch Sepp Herberger bei. So ließ er zu Beginn des ersten gemeinsamen Lehrganges »Altmark« gegen »Ostmark« spielen. Die Österreicher gingen die Sache, gemäß ihrer Mentalität, locker an. Die Deutschen nicht. Endresultat: 9:1 für die »Altmark«.*

SPRECHCHÖRE GEGEN NERZ IN BERLIN

> Matthias Sindelar, der »Papierene«, wollte nicht in einer Mannschaft nationalsozialistischer Machthaber spielen.
Herberger reiste nach Stettin zu Felix Linnemann, dem Fachamtsleiter Fußball. Er hoffte immer noch, bei der WM auf den Stamm einer der beiden Mannschaften zurückgreifen zu können. Doch Linnemann enttäuschte ihn: »Der Reichsführer wünscht ein 6:5 oder ein 5:6! Die Geschichte erwartet das von uns!«
Am 14. und 15. Mai standen die letzten wichtigen Testspiele vor der WM an. Die Nationalelf Englands sowie das Profiteam von Aston Villa kamen nach Berlin. Weil aber die Reichssportführung sich mehr Zuschauer erhoffte, wenn nochmals eine deutsche und eine österreichische Mannschaft auflaufen würden, stockte der Aufbau der neuen Elf. Das deutsche Team, in dem nur der Österreicher Johann Pesser stand, unterlag England mit 3:6. Österreich, ergänzt durch den Deutschen Jakob Streitle, verlor gegen Aston Villa 2:3, spielte aber nach Meinung der Berliner Zuschauer viel besser als die deutsche Elf. Sie forderten in Sprechchören: »Nerz, stell wieder Wiener ein, dann wird Deutschland Sieger sein.«
Was die Zuschauer nicht wußten: Nerz hatte bereits am 12. Mai seinen Rücktritt eingereicht. Grund: das politische Possenspiel und die Aussichtslosigkeit der Mission.
Am 18. Mai bekam Sepp Herberger in Düsseldorf zum ersten Mal die Möglichkeit, eine 6:5-Mannschaft zu testen. »50 000 bejubeln die glückliche Mischung«, schrieb Fußball nach dem 2:1 gegen Aston Villa. Sechs Österreicher und fünf Deutsche waren aufgelaufen. Nunmehr zweieinhalb Wochen blieben dem Trainer noch, um seine Mannschaft für das erste WM-Spiel gegen die Schweiz zu finden.
Am 23. Mai gab er seinen 22 Mann starken Kader bekannt, den er aus 38 Spielern ausgewählt hatte. Er setzte sich aus 13 Deutschen und neun Österreichern zusammen. Der Zweifel über die Güte der Mannschaft ließ die Journalisten nicht ruhen. Zumal die Schweiz in ihrem letzten Testspiel England in Zürich mit 2:1 schlug – die gleiche englische Mannschaft, die gegen Deutschland in Berlin mit 6:3 als Sieger vom Platz gegangen war. »Vermutlich wäre eine reine Wiener Elf 1 bis 2 Tore besser als die beste Mischung. Doch diese Lösung geht nicht an«, stellte Fußball fast resignierend fest, verbreitete eine Woche später aber wieder Optimismus: »Wodurch die Schweiz so gefährlich ist – Angriffsgeist, Willenskraft, Hingabe, Aufopferung – sollten wir das nicht ebenso aufbringen, wo die politische und wirtschaftliche Führung darin der ganzen Welt vorangeht, und dazu noch unsere bessere Technik in die Waagschale werfen! ... Dann kann der Schmelztiegel glühenden Stahl schaffen!«
Die Wirklichkeit am 4. Juni im Prinzenparkstadion von Paris zeigte, wie absurd Meinung und Wortwahl waren: Mit sechs Deutschen und fünf Österreichern reichte es lediglich zu einem 1:1 nach Verlängerung. Trotz der spielerischen Vorteile mußte sich Großdeutschland der kämpferischen Spielweise der Schweizer und dem frenetischen französischen Publikum beugen. Die folgenden Auszüge aus französischen Sportzeitungen geben Auskunft über die mißglückte Verschmelzung.
Le Journal: »Fünf österreichische Spieler reichten nicht aus, um der deutschen Elf den ›Wiener Stempel‹ aufzudrücken. Es waren in der Tat deutscher Stil und deutsche Methode, die dominierten.«
L'Auto merkte an: »Die Österreicher – besonders Mock und Schmaus – versuchten nach Nerz-Methode zu spielen, sie hielten sich darin ehrenhaft, aber nicht mehr.«
Und Le Journal kommentierte: »Die deutsche Elf zeigte sich in der Technik wohl überlegen. Sie zerbrach jedoch an dem glühenden Widerstand der Schweizer, die sich verteidigten, als ob es um eine Landesgrenze ginge.«

» Der Reichsführer wünscht ein 6:5 oder 5:6! Die Geschichte erwartet das von uns!

Das Wiederholungsspiel fünf Tage später verlor Herbergers Auswahl nach überlegenem Spiel und 2:0-Führung noch 2:4. Der Reichstrainer hatte sechs neue Spieler aufgestellt und mit sechs Deutschen und fünf Österreichern wieder die Vorgabe der Reichssportleitung erfüllt.
Die Neue Zürcher Zeitung aus der Schweiz schrieb zu den freudigen Reaktionen der französischen Zuschauer: »Es handelte sich nicht um Chauvinismus, denn die schönen technischen Leistungen der deutschen Mannschaft wurden anerkannt. Es handelte sich vielmehr um das Abreagieren eines psychologischen Komplexes, der seit dem Anschluß Österreichs auf den Gemütern der Franzosen lastet, nämlich der einer unwiderstehlichen Überlegenheit der deutschen Dynamik auf allen Gebieten des kraftmäßigen Einsatzes.«

DEUTSCHER WM-KADER 1938

Nur fünf Spieler aus der Mannschaft von Reichstrainer Sepp Herberger bestritten beide Spiele: Rudolf Raftl, Paul Janes, Andreas Kupfer, Wilhelm Hahnemann und Ernst Lehner

	NAME	GEBOREN	Einsatz gegen SCHWEIZ	SCHWEIZ	VEREIN
TOR					
	Fritz Buchloh	26.11.1909	Tribüne	Tribüne	VfB Speldorf
	Hans Jakob	16.06.1908	Tribüne	Tribüne	Jahn Regensburg
	Rudolf Raftl	07.02.1911	120 Min.	90 Min.	Rapid Wien
ABWEHR					
	Paul Janes	10.03.1912	120 Min.	90 Min.	Fortuna Düsseldorf
	Reinhold Münzenberg	25.01.1909	Tribüne	Tribüne	Alemannia Aachen
	Willibald Schmaus	16.06.1912	120 Min.	Tribüne	Vienna Wien
	Jakob Streitle	11.12.1916	Tribüne	90 Min.	Bayern München
MITTELFELD					
	Ludwig Goldbrunner	05.03.1908	Tribüne	90 Min.	Bayern München
	Albin Kitzinger	01.02.1912	120 Min.	Tribüne	1. FC Schweinfurt 05
	Andreas Kupfer	07.05.1914	120 Min.	90 Min.	1. FC Schweinfurt 05
	Hans Mock	09.12.1912	120 Min.	Tribüne	Austria Wien
	Otto Siffling	03.08.1912	Tribüne	Tribüne	Waldhof Mannheim
	Stefan Skoumal	29.11.1909	Tribüne	90 Min.	Rapid Wien
	Franz Wagner	23.09.1911	Tribüne	Tribüne	Rapid Wien
ANGRIFF					
	Josef Gauchel	11.09.1916	120 Min./1 Tor	Tribüne	TuS Neuendorf
	Rudolf Gellesch	01.05.1914	120 Min.	Tribüne	FC Schalke 04
	Wilhelm Hahnemann	14.04.1914	120 Min.	90 Min./1 Tor	Admira Wien
	Ernst Lehner	07.11.1912	120 Min.	90 Min.	Schwaben Augsburg
	Leopold Neumer	08.02.1919	Tribüne	90 Min.	Austria Wien
	Johann Pesser	07.11.1911	96 Min./Platzverweis	Tribüne	Rapid Wien
	Josef Stroh	05.03.1913	Tribüne	90 Min.	Austria Wien
	Fritz Szepan	02.09.1907	Tribüne	90 Min.	FC Schalke 04

NUR BIS DREI WOCHEN VOR WM PARTNER

Bis zum 12. Mai führten Sepp Herberger (links) und Dr. Otto Nerz die großdeutsche Nationalmannschaft zusammen, dann trat Nerz zurück. Er wollte gut drei Wochen vor WM-Beginn das politische Possenspiel und die Aussichtslosigkeit der Mission nicht länger ertragen

8. Juni – 29. Juni

SCHWEDEN 1958

Teilnehmer (16): Argentinien, Brasilien, Deutschland, England, Frankreich, Jugoslawien, Mexiko, Nordirland, Österreich, Paraguay, Schottland, Schweden, Sowjetunion, Tschechoslowakei, Ungarn, Wales

Weltmeister: Brasilien
Torschützenkönig:
Just Fontaine (Frankreich), 13 Tore

Reserve-Team im Spiel um Platz drei

Sieben Spieler aus dem Weltmeister-Kader von Bern dabei, drei davon sind Reservisten ++ Rückfahr-Tickets schon für 23. Juni gebucht. Herberger rechnet mit Aus im Viertelfinale ++ 12 000 deutsche Fans in Schweden ++ Eklat beim Minigolf. Trainer verbietet diese Freizeitaktivität ++ In der Vorrunde deutsche Elf dreimal im Rückstand. Sie holt aber vier Punkte und wird Gruppenerster ++ Rahn entscheidet wie schon 1954 Viertelfinale gegen Jugoslawien durch sein Tor ++ Haßerfüllte Atmosphäre im Halbfinale. Schwedische Einpeitscher verunsichern deutsche Spieler ++ Reserve-Team verliert Spiel um Platz drei gegen Frankreich

NUR VIER HELDEN VON 1954 DABEI

Trotzdem enttäuschte die deutsche Mannschaft nicht. Platz vier war sogar ein Erfolg. Helmut Rahn schoß sechs Tore, Fritz Walter glänzte mit 37 Jahren, Uwe Seeler begann seine Weltkarriere

DIE DEUTSCHE MANNSCHAFT *(von links): Georg Stollenwerk, Masseur Erich Deuser, Hans Sturm, Fritz Herkenrath (verdeckt), Bernie Klodt (vorn), Hans Schäfer (verdeckt), Alfred Kelbassa, Fritz Walter (vorn), Heinz Wewers, Uwe Seeler (verdeckt), Aki Schmidt, Horst Eckel (vorn), Herbert Erhardt (verdeckt), Erich Juskowiak, Karl-Heinz Schnellinger, Helmut Rahn, Co-Trainer Georg Gawliczek, Bundestrainer Sepp Herberger. Es fehlen: Hans Cieslarczyk, Rudi Hoffmann, Heinrich Kwiatkowski, Hermann Nuber, Wolfgang Peters, Günter Sawitzki, Horst Szymaniak. Das Foto entstand am 31. Mai 1958 auf dem Balkon des Bjärreds Saltsjöbades bei Malmö. Als Titelverteidiger war das deutsche Team automatisch qualifiziert*

Das Unternehmen Titelverteidigung begann für die deutsche Nationalmannschaft mit einem leichten Mißklang. Am 2. Juni 1958, einem Montag, kurz vor sieben Uhr früh, bestiegen 17 junge Männer, die an ihren olivgrünen Jacketts, grauen Hosen und Filzhüten unschwer als Reisegruppe zu erkennen waren, am Hamburger Hauptbahnhof den Zug nach Großenbrode an der Ostsee. Von dort sollte es nach mehrmaligem Umsteigen auf Fähren und Züge nach Schweden gehen. Bei den meisten Spielern war die Stimmung vor der neunstündigen Reise unbeschwert, nur bei zweien nicht: Die Weltmeister Fritz Walter und Helmut Rahn mußten zur allgemeinen Belustigung ihre Reisekoffer mitschleppen.

Zur Strafe, weil sie zu spät zum Treffpunkt gekommen waren. Die Koffer der pünktlichen Kollegen hatte der DFB schon vorausgeschickt. »Am liebsten würde ich wieder heimfahren«, schmollte Fritz Walter, und Helmut Rahn pflichtete ihm bei: »Ich auch!«

Aus der Sieger-Elf von Bern, die nie wieder in der Besetzung vom 4. Juli 1954 aufgelaufen war, waren nur noch vier Helden übrig: Walter, Rahn, Horst Eckel und der neue Kapitän Hans Schäfer. Zudem hatte Bundestrainer Sepp Herberger noch die drei Reservisten Herbert Erhardt, Berni Klodt und Heinrich Kwiatkowski nominiert.

Mit der Weltmeister-Elf war der Erfolg verschwunden, und die große Begeisterung hatte sich gelegt in Deutschland nach 14 Niederlagen zwischen dem Tag von Bern und der Abreise nach Schweden. Die Lage war so ernst, daß sich im April 1956 neun Weltmeister in Koblenz zu einem freiwilligen Training getroffen hatten. >

14 TAGE GEFÄNGNIS – ABER REHABILITIERT

6. WM-ENDRUNDE

Gruppe 1

8.6.	Malmö	Deutschland – Argentinien	3:1
8.6.	Halmstad	Nordirland – Tschechosl.	1:0
11.6.	Halmstad	Argentinien – Nordirland	3:1
11.6.	Helsingborg	Deutschland – Tschechosl.	2:2
15.6.	Malmö	Deutschland – Nordirland	2:2
15.6.	Helsingborg	Tschechosl. – Argentinien	6:1

Entscheidungsspiel

17.6.	Malmö	Nordirland – Tschech.	2:1 n.V.

Gruppe 2

8.6.	Norrköping	Frankreich – Paraguay	7:3
8.6.	Västerås	Jugoslawien – Schottland	1:1
11.6.	Västerås	Jugoslawien – Frankreich	3:2
11.6.	Norrköping	Paraguay – Schottland	3:2
15.6.	Örebro	Frankreich – Schottland	2:1
15.6.	Eskilstuna	Paraguay – Jugoslawien	3:3

Gruppe 3

8.6.	Stockholm	Schweden – Mexiko	3:0
8.6.	Sandviken	Ungarn – Wales	1:1
11.6.	Stockholm	Mexiko – Wales	1:1
12.6.	Stockholm	Schweden – Ungarn	2:1
15.6.	Stockholm	Schweden – Wales	0:0
15.6.	Sandviken	Ungarn – Mexiko	4:0

Entscheidungsspiel

17.6.	Stockholm	Wales – Ungarn	2:1

Gruppe 4

8.6.	Uddevalla	Brasilien – Österreich	3:0
8.6.	Göteborg	Sowjetunion – England	2:2
11.6.	Göteborg	Brasilien – England	0:0
11.6.	Borås	Sowjetunion – Österreich	2:0
15.6.	Borås	England – Österreich	2:2
15.6.	Göteborg	Brasilien – Sowjetunion	2:0

Entscheidungsspiel

17.6.	Göteborg	Sowjetunion – England	1:0

Viertelfinale

19.6.	Norrköping	Frankreich – Nordirland	4:0
19.6.	Stockholm	Schweden – Sowjetunion	2:0
19.6.	Göteborg	Brasilien – Wales	1:0
19.6.	Malmö	Deutschland – Jugoslawien	1:0

Halbfinale

24.6.	Stockholm	Brasilien – Frankreich	5:2
24.6.	Göteborg	Schweden – Deutschland	3:1

Spiel um Platz 3

28.6.	Göteborg	Frankreich – Deutschland	6:3

Finale

29.6.	Stockholm	Brasilien – Schweden	5:2

> Sie wollten wieder in Bern-Form kommen, keiner sollte mehr glauben, daß das 3:2 über Ungarn nur ein einmaliger Glücksfall gewesen sei. Sepp Herberger stand stark in der Kritik. Die Taktik sei veraltet und die gute Kameradschaft »tot«, mutmaßte die BILD-Zeitung. Die Neue Post fragte: »Ist Herberger, der fast Sechzigjährige, nicht vielleicht schon zu alt geworden, um junge Spieler, deren Großvater er sein könnte, zu begeistern?«

In seiner Not suchte »der Weise von der Bergstraße«, in dessen privaten Aufzeichnungen erstmals so etwas wie Resignation (»Am Tiefpunkt!«) erkennbar war, Zuflucht im sogenannten »Geist von Spiez«. Zwar hatte er erkannt, daß das Spiel mit Max Morlock, Jupp Posipal, Karl Mai, Ottmar Walter und Werner Liebrich keinen Sinn mehr machte, wovon teils heftige Briefwechsel künden, aber um seine Leitfiguren kämpfte Herberger.

Malte er seine Wunschelf für Schweden auf ein Blatt Papier, stand am Rand oft der Vermerk: »Im Geheimfach. Rahn, F. Walter.«

Im März 1958 öffnete Sepp Herberger sein Geheimfach. Tatsächlich gelang es ihm, den im November 1956 zurückgetretenen Fritz Walter zu reaktivieren und beinahe gleichzeitig eine Begnadigung für Helmut Rahn durchzusetzen. Der DFB hatte den Essener nach dessen 14tägiger Haftstrafe am 31. Juli 1957 aus der Nationalelf ausgeschlossen.

Rahn war – mit den Moralvorstellungen des Verbandes absolut unvereinbar – in trunkenem Zustand in eine Baugrube gefahren und hatte sich mit herbeigeeilten Polizisten geprügelt. Aber die Nation brauchte ihn. Zehn Kilo mußte der »Boss« abnehmen, dann saß auch er in der Fähre nach Malmö.

»Weltmeister? Nach Möglichkeit! Aber wir sind auch schon mit weniger zufrieden

Unklarer als das Reiseziel war das Planziel. Der DFB hatte für den 23. Juni Rückfahrkarten reserviert, befürchtete also schon das Aus nach dem Viertelfinale. Auf die banale Frage des deutschen »Tennis-Barons« Gottfried von Cramm »Wollt ihr wieder Weltmeister werden?« antwortete Fritz Walter am Vorabend der Abreise in Hamburg: »Nach Möglichkeit! Aber wir sind auch schon mit weniger zufrieden.« Das traf die Stimmung.

Sie waren wieder bescheiden geworden. So nominierte Sepp Herberger aus Kostengründen nur 18 Spieler, vier standen auf Abruf bereit. Der Fürther Stürmer Hans Cieslarczyk reiste wegen einer Knieverletzung nach.

Gespannt waren die Anhänger, von denen 12 000 nach Schweden fuhren, besonders auf den Hamburger Uwe Seeler, laut Herbergers Notizbuch »Das Wunder«. Der Bundestrainer war entschlossen, den 21jährigen stürmen zu lassen – auch wegen seiner Mannschaftsdienlichkeit. So bot Seeler Walter im Bus an, »für dich mitzurennen, wenn du nicht mehr kannst«. >

1. Spiel Vorrunde

DEUTSCHLAND – ARGENTINIEN 3:1

8. Juni 1958, 19 Uhr Ortszeit, Malmö-Stadion

Schiedsrichter: *Leafe (England).* ***Tore:*** *0:1 Corbatta (2.), 1:1 Rahn (32.), 2:1 Seeler (40.), 3:1 Rahn (79.).* ***Zuschauer:*** *31 156.*

2. Spiel Vorrunde

TSCHECHOSLOWAKEI – DEUTSCHLAND 2:2

11. Juni 1958, 19 Uhr Ortszeit, Olympiavallen, Helsingborg

Schiedsrichter: *Ellis (England).* ***Tore:*** *1:0 Dvorák (24., Foulelfmeter), 2:0 Zikán (43.), 2:1 Schäfer (59.), 2:2 Rahn (70.).* ***Zuschauer:*** *23 000.*

TANZEINLAGE *Die Läufer Horst Szymaniak (r.) und Horst Eckel feiern am 20. Juni mit den Einheimischen in ihrem Quartier in Bjärred das berühmte Mittsommerfest, die Sonnenwende. Sie sind so ausgelassen, daß sie sich zu einem Tänzchen hinreißen lassen*

EIN UNTERHEMD FÜR FÜNF D-MARK

Karl-Heinz Schnellinger (l.) und Georg Stollenwerk verstauen ihre WM-Kleidung

Diesen Kostenvoranschlag reichte Bundestrainer Sepp Herberger für die WM 1958 beim Deutschen Fußball-Bund ein:

Einkleidung pro Spieler:
gesamt: 683 DM
Anzug: 400 DM
Drei Hemden: 90 DM
Zwei Shorts: 20 DM
Drei Paar Socken: 12 DM
Schuhe: 50 DM
Zwei Krawatten: 16 DM
Unterhemd: 5 DM
Hut: 40 DM
Regenmantel: 50 DM

Verpflegung und Quartier:
gesamt: 26 880 DM
28 Personen à 40 DM Tagessatz
Arbeitsausfall:
9000 DM
Taschengeld:
5880 DM
28 Personen à 21 Tage je 10 DM
Bus:
5000 DM
Verbandszeug:
2000 DM
Koch-Honorar:
2000 DM
Lebensmittel/Getränke:
5000 DM

Als WM-Prämie erhielten alle Spieler 1200 DM und einen Ring.

Quelle: »Sepp Herberger. Ein Leben, eine Legende« von Jürgen Leinemann

UNTERM FENSTER SCHNAPSFLASCHEN

› Wäre dieses Team Weltmeister geworden, würde man heute vielleicht von einem »Geist von Bjärred« am Öresund sprechen. Aber ein vierter Platz bei einer WM ist in der DFB-Geschichte vergleichsweise unbedeutend. Dennoch enttäuschte diese Mannschaft nicht.

In den Tagen im Bjärreds Saltsjöbad, einem familiären Hotel in dem kleinen Villenort 17 Kilometer von Malmö entfernt, wuchs die Mannschaft zusammen. Die Spieler nutzten die Zeit zum Tischtennis, Minigolf und Angeln und zu ausgedehnten Spaziergängen. Fritz Walter schrieb Postkarten, jedem Helden von Bern eine.

Der Tagesablauf war gut organisiert: Frühstück um neun Uhr, Abfahrt zum Trainingsplatz in Lomma um zehn, Mittagessen um zwei, Ruhezeit bis sieben, Abendessen, um 23 Uhr Bettruhe. Das gefiel nicht jedem. Torwart Fritz Herkenrath beklagte, weit nach Herbergers Tod am 28. April 1977, »die immer wieder verordnete Bettruhe, obwohl keiner ruhig schlafen konnte«. Im schwedischen Mittsommer wurde es nie richtig dunkel, zudem belagerten Schlachtenbummler das Quartier permanent.

Daß seine Buben nicht mehr ganz so brav waren, merkte Herberger schnell. Beim Minigolf gab es Wutausbrüche einiger schlechter Verlierer, weshalb Herberger diese Aktivität verbot. Unter dem Zimmerfenster des Wuppertalers Horst Szymaniak fand sich manche Schnapsflasche, was Herberger nicht begeisterte. Aber er brauchte Szymaniak und dessen geniale Pässe, um die schwere Vorrundengruppe zu überstehen. Mit den Gegnern Argentinien, der CSSR und Nordirland hatte man nicht gerade Losglück.

In allen drei Begegnungen, die in Malmö und Helsingborg stattfanden, geriet die deutsche Mannschaft in Rückstand. Aber stets bewies sie Moral und schaffte zumindest noch eine Punkteteilung. Gegen den WM-Favoriten Argentinien reichte es im Auftaktspiel sogar zu einem 3:1-Sieg.

Helmut Rahn schoß, außer im Halbfinale, immer sein Tor und übertraf seine Ausbeute von 1954 um zwei Tore. Seeler traf zweimal, und der 37 Jahre alte Fritz Walter, »nicht Spielführer, aber klar erkennbar Dirigent«, erntete überschwengliches Lob.

»Er trickste und täuschte, daß den Tschechen das Feuer vor den Augen flimmerte«, lobte das Sport-Magazin nach dem zweiten Spiel, als die Deutschen einen 0:2-Rückstand wettmachten.

Nach einem umkämpften 2:2 gegen Nordirland war der Weltmeister Gruppensieger, Bundestrainer Herberger erlaubte jedem Spieler eine Piccolo-Flasche Sekt. In der Heimat wuchs das WM-Fieber stetig, auch wenn die Berichte und Fernsehbilder aus Schweden eher kärglich waren. ›

> *»Er trickste und täuschte, daß den Tschechen das Feuer vor den Augen flimmerte*

3. Spiel Vorrunde
NORDIRLAND – DEUTSCHLAND 2:2
15. Juni 1958, 19 Uhr Ortszeit, Malmö-Stadion

Schiedsrichter: *Campos (Portugal).*
Tore: *1:0 McParland (18.), 1:1 Rahn (20.), 2:1 McParland (59.), 2:2 Seeler (79.).*
Zuschauer: *21 990.*

Viertelfinale
DEUTSCHLAND – JUGOSLAWIEN 1:0
19. Juni 1958, 19 Uhr Ortszeit, Malmö-Stadion

Schiedsrichter: *Wyssling (Schweiz).*
Tor: *1:0 Rahn (12.).*
Zuschauer: *20 055.*

WORT GEHALTEN *Helmut Rahn hat, wie schon 1954, im Viertelfinale wieder einen großen Tag. Wieder ist der Gegner Jugoslawien, wieder kündigt er ein Tor an, wieder trifft er – zum 1:0-Sieg. In diesem Zweikampf scheitert er allerdings an Tomislav Crnkovic (r.)*

1. PLATZVERWEIS IN DFB-GESCHICHTE

Erich Juskowiak (2. v. l.) wird von Schiedsrichter István Zsolt (r.) vom Platz gestellt

Die 59. Minute in der Halbfinalpartie gegen Schweden markiert einen schwarzen Fleck in der DFB-Geschichte. Erstmals bei einer WM flog ein deutscher Spieler vom Platz. Es traf den Düsseldorfer Verteidiger Erich Juskowiak, Spitzname »Hammer«, der sich vom fintenreichen Kurt Hamrin provozieren ließ. Er trat Hamrin von hinten in die Beine und wurde vom ungarischen Schiedsrichter István Zsolt zu Recht vom Spiel ausgeschlossen. Es war der Anfang vom Ende des Traums von der Titelverteidigung. Juskowiak schlich weinend vom Platz, er wußte, was er getan hatte: ***»Wir haben den Titel durch meine Schuld verloren.«*** *Das schlimmste war, daß ihm das niemand so deutlich sagte. Am Abend wurde ausgerechnet Juskowiak geehrt, denn er erhielt für sein 25. Länderspiel eine silberne DFB-Nadel. In eisiger Stimmung: »Es war wie ein Begräbnis, als ließen sie meinen Sarg runter, langsam, Stück für Stück.« Sepp Herberger schwieg zwei Tage, dann entschuldigte sich Juskowiak – und fand Gnade: »Wir ziehen einen Strich unter die Sache, und wir sprechen nie mehr darüber bis an unser Lebensende.« Im April 1982, ein Jahr vor seinem Tod, reiste Erich Juskowiak nach Göteborg und söhnte sich mit Hamrin aus. Juskowiak sei nach dem Fehler aber »nie ganz darüber hinweggekommen«, meint Uwe Seeler.*

AUSGELASSEN WIE IM KARNEVAL

> Das Sport-Magazin bilanzierte die Vorrunde so: »Selten hat sich ein Fußball-Weltmeister so tapfer geschlagen wie diesmal das besonders vom Ausland zu Unrecht so viel geschmähte deutsche Team.« In den internationalen Gazetten wurde die rustikale Spielweise der Elf kritisiert, Argentiniens Trainer Guillermo Stábile sagte: »Wir sind an keinen so gewalttätigen Fußball gewöhnt.«

Im Viertelfinale drängte sich die Parallele zu 1954 geradezu auf. Wieder hieß der Gegner Jugoslawien, wieder kündigte Helmut Rahn sein Tor vorher an, wieder schoß er den entscheidenden Treffer. Deutschland gewann 1:0.

Die Stimmung war auf dem Höhepunkt. Fritz Walter lud alle Spieler in sein Hotelzimmer Nummer 26, um sein 60. Länderspiel zu feiern. Helmut Rahn, der schon im Bus erstmals bei dieser WM wieder seine Essener Marktfrau imitierte, gab den Büttenredner. »Im Quartier der deutschen Mannschaft ging es so ausgelassen zu wie an den närrischen drei Karnervalstagen im Rheinland«, berichtete das Sport-Magazin, betonte aber: »Der Bundestrainer wacht mit Argusaugen darüber, daß die Spieler kein Promille Alkohol im Blut haben.«

Ganz so war es nicht, wie dem WM-Buch von Fritz Walter zu entnehmen ist. Denn er spendierte zumindest ein Glas Sekt, »aber als der Gesang gar zu laut wird, steckt Herberger den Kopf zur Tür herein. ›Noch immer nicht Feierabend, meine Herren?‹« Alle verstanden die unausgesprochene Aufforderung.

In haßerfüllter und den Deutschen völlig ungewohnter Atmosphäre – Anpeitscher mit Megaphon fanatisierten das Publikum – unterlag Deutschland im Halbfinale dem WM-Gastgeber 1:3. Aber erst als die Elf eine Neun geworden war, kamen die Schweden, die Walter vom Feld getreten und Erich Juskowiak zu einem Revanchefoul provoziert hatten, zu entscheidenden Toren.

Ohne Ehrgeiz und mit einer Reservemannschaft verlor Deutschland das Spiel um Platz drei 3:6 gegen Frankreich, dann reiste die Mannschaft vorzeitig ab. Die Einladung zum Finalbankett ignorierte man, zu nachhaltig waren noch die Vorkommnisse im Halbfinale.

DFB-Präsident Peco Bauwens zürnte: »Nie mehr werden wir dieses Land betreten, nie mehr werden wir gegen Schweden spielen.«

In der Heimat wurde der entthronte Weltmeister euphorisch empfangen. 10 000 Kölner feierten Hans Schäfer, in Kaiserslautern war der Bahnsteig wieder schwarz vor Menschen, die Fritz Walter und Horst Eckel sehen wollten.

Sepp Herberger bilanzierte zufrieden. »Die Elf von 1958 war sicher nicht so ausgeglichen besetzt wie 1954, vielleicht war der Geist auch nicht so gut, aber es war trotzdem eine große Mannschaft.«

> *» Nie mehr werden wir dieses Land betreten, nie mehr werden wir gegen Schweden spielen*

Halbfinale

SCHWEDEN – DEUTSCHLAND 3:1

24. Juni 1958, 19 Uhr Ortszeit, Nya Ullevi, Göteborg

Schiedsrichter: *Zsolt (Ungarn).* ***Tore:*** *0:1 Schäfer (24.), 1:1 Skoglund (32.), 2:1 Gren (81.), 3:1 Hamrin (88.).* ***Platzverweis:*** *Juskowiak wegen Revanchefouls (59.).* ***Besonderes Vorkommnis:*** *Walter verletzt ausgeschieden (75.).* ***Zuschauer:*** *49 471.*

Spiel um Platz 3

FRANKREICH – DEUTSCHLAND 6:3

28. Juni 1958, 17 Uhr Ortszeit, Nya Ullevi, Göteborg

Schiedsrichter: *Brozzi (Argentinien).* ***Tore:*** *1:0 Fontaine (15.), 1:1 Cieslarczyk (17.), 2:1 Kopa (27., Foulelfmeter), 3:1 Fontaine (36.), 4:1 Douis (50.), 4:2 Rahn (52.), 5:2 Fontaine (78.), 5:3 Schäfer (84.), 6:3 Fontaine (89.).* ***Zuschauer:*** *32 483.*

DEUTSCHER WM-KADER 1958

Bundestrainer Sepp Herberger nominierte gleich neun Stürmer. Sieben kamen zum Einsatz, vier schossen Tore und zwei blieben auf Abruf in Deutschland

NR.	NAME	GEBOREN	Einsatz gegen ARGENTINIEN	TSCHECHOSL.	NORDIRLAND	JUGOSLAWIEN	SCHWEDEN	FRANKREICH	VEREIN
TOR									
1	Fritz Herkenrath	09.09.1928	90 Min.	90 Min.	90 Min.	90 Min.	90 Min.	Tribüne	Rot-Weiß Essen
22	Heinrich Kwiatkowski	16.07.1926	Tribüne	Tribüne	Tribüne	Tribüne	Tribüne	90 Min.	Borussia Dortmund
21	Günter Sawitzki	22.11.1932	auf Abruf	auf Abruf	auf Abruf	auf Abruf	auf Abruf	auf Abruf	VfB Stuttgart
ABWEHR									
2	Herbert Erhardt	06.07.1930	90 Min.	90 Min.	90 Min.	90 Min.	90 Min.	90 Min.	SpVgg. Fürth
3	Erich Juskowiak	07.09.1926	90 Min.	90 Min.	90 Min.	90 Min.	59 Tribüne/Platzverw.	Tribüne	Fortuna Düsseldorf
20	Hermann Nuber	10.10.1935	auf Abruf	auf Abruf	auf Abruf	auf Abruf	auf Abruf	auf Abruf	Kickers Offenbach
17	Karl-Heinz Schnellinger	31.03.1939	Tribüne	90 Min.	Tribüne	Tribüne	Tribüne	90 Min.	SG Düren 99
7	Georg Stollenwerk	19.12.1930	90 Min.	90 Min.	90 Min.	90 Min.	90 Min.	90 Min.	1. FC Köln
5	Heinz Wewers	27.07.1927	Tribüne	Tribüne	Tribüne	Tribüne	Tribüne	90 Min.	Rot-Weiß Essen
MITTELFELD									
4	Horst Eckel	08.02.1932	90 Min.	Tribüne	90 Min.	90 Min.	90 Min.	Tribüne	1. FC Kaiserslautern
10	Alfred Schmidt	05.09.1935	90 Min.	Tribüne	Tribüne	90 Min.	Tribüne	Tribüne	Borussia Dortmund
6	Horst Szymaniak	29.08.1934	90 Min.	90 Min.	90 Min.	90 Min.	90 Min.	90 Min.	Wuppertaler SV
9	Fritz Walter	31.10.1920	90 Min.	90 Min.	90 Min.	90 Min.	90 Min.	Tribüne	1. FC Kaiserslautern
ANGRIFF									
14	Hans Cieslarczyk	03.05.1937	Tribüne	Tribüne	Tribüne	Tribüne	90 Min.	90 Min./1 Tor	SV Sodingen
18	Rudi Hoffmann	11.02.1935	auf Abruf	auf Abruf	auf Abruf	auf Abruf	auf Abruf	auf Abruf	VfB Stuttgart
15	Alfred Kelbassa	21.04.1925	Tribüne	Tribüne	Tribüne	Tribüne	Tribüne	90 Min.	Borussia Dortmund
13	Bernhard Klodt	26.10.1926	Tribüne	90 Min.	90 Min.	Tribüne	Tribüne	Tribüne	FC Schalke 04
19	Wolfgang Peters	08.01.1929	auf Abruf	auf Abruf	auf Abruf	auf Abruf	auf Abruf	auf Abruf	Borussia Dortmund
8	Helmut Rahn	16.08.1929	90 Min./2 Tore	90 Min./1 Tor	90 Min./1 Tor	90 Min./1 Tor	90 Min.	90 Min./1 Tor	Rot-Weiß Essen
11	Hans Schäfer	19.10.1927	90 Min.	90 Min./1 Tor	90 Min.	90 Min.	90 Min./1 Tor	90 Min./1 Tor	1. FC Köln
12	Uwe Seeler	05.11.1936	90 Min./1 Tor	90 Min.	90 Min./1 Tor	90 Min.	90 Min.	Tribüne	Hamburger SV
16	Hans Sturm	03.09.1935	Tribüne	Tribüne	Tribüne	Tribüne	Tribüne	90 Min.	1. FC Köln

SEPP HERBERGER SCHAMLOS GESTOPPT

Vor dem Halbfinale gegen Schweden sind Sepp Herberger und seine beiden Starstürmer, der Kapitän Hans Schäfer (l.) und Uwe Seeler (r.), angespannt. Sie haben schon beim Aufwärmen gehört, was sie erwartet. Sie werden von den Zuschauern schamlos niedergeschrien, Einpeitscher dirigieren die Masse. Deutschland verliert 1:3, Herbergers erfolgreichste Tage sind vorbei. Erst 1966 erreichen die Deutschen wieder ein Halbfinale – mit Helmut Schön als Bundestrainer

30. Mai – 17. Juni

CHILE

1962

Teilnehmer (16): Argentinien, Brasilien, Bulgarien, Chile, Deutschland, England, Italien, Jugoslawien, Kolumbien, Mexiko, Schweiz, Spanien, Sowjetunion, Tschechoslowakei, Ungarn, Uruguay

Weltmeister: Brasilien
Torschützenkönig: Garrincha (Brasilien), 4 Tore (ausgelost)

Spieler waren jetzt Geschäftsmänner

Deutscher Mannschaft fehlen Spielmacher und torgefährlicher Rechtsaußen ++ Sepp Herberger will 41 Jahre alten Fritz Walter zurückholen ++ Auf Helmut Rahn verzichtet er ++ Kein »Geist von Spiez« mehr in der Militärschule in Santiago ++ Defensivsystem des Nationalteams äußerst umstritten trotz 5:1 Punkten in der Vorrunde ++ Spieler sind Geschäftsmänner, die nicht mehr nur für die Ehre auflaufen ++ Hans Tilkowski überraschend von Wolfgang Fahrian abgelöst. Darauf bricht er mit Herberger ++ Taktik im Viertelfinale gegen Jugoslawien fehlgeschlagen – 0:1 in der 86. Minute. Das WM-Aus ++

DAS GLÜCK VERLIESS HERBERGER

Seine Philosophie von den »elf Freunden« war nicht mehr zeitgemäß. Der Bundestrainer wählte das falsche Quartier und die falschen Spieler – und er erhielt zwei Absagen von Fritz Walter

DIE DEUTSCHE WM-MANNSCHAFT *(oben von links): Engelbert Kraus, Albert Brülls, Helmut Haller, Hans Sturm, Hans Schäfer, Herbert Ehrhardt, Günter Sawitzki, Heinz Strehl, Jürgen Kurbjuhn. Mitte: Willi Giesemann, Horst Szymaniak, Wolfgang Fahrian, Hans Tilkowski, Karl-Heinz Schnellinger, Willi Koslowski, Willi Schulz, Leo Wilden, Jürgen Werner, Hans Nowak, Günter Herrmann, Uwe Seeler, Heinz Vollmar. Vorn: Masseur Erich Deuser, Bundestrainer Sepp Herberger, Co-Trainer Helmut Schön. Das Foto wurde im Mai 1962 im chilenischen WM-Quartier aufgenommen. Für die WM qualifizierte sich die Mannschaft als Erster der Europa-Gruppe 3 (8:0 Punkte) vor Nordirland und Griechenland*

Auf dem Frankfurter Flughafen wurde viel gelacht. Die Stimmung war gelöst, als die deutsche Mannschaft mit einer kleinen, improvisierten Feier verabschiedet wurde. Der chilenische Botschafter war da, Hostessen reichten Fruchtsaft. Angestellte der Lufthansa brachten eine riesige Torte, die Bundestrainer Sepp Herberger am liebsten gleich im Reisegepäck verstaut hätte. Da aber schritt Ehefrau Ev ein: »Komm, ich nehme die Torte mit und hebe sie auf, bis du wiederkommst«, ermahnte sie ihren Gatten.

Herberger war aufgeregt vor der Premiere: Zum ersten Mal nahm die DFB-Auswahl an einem WM-Turnier außerhalb von Europa teil. 1930 in Uruguay hatte sie freiwillig gefehlt, 1950 in Brasilien war man nach dem Zweiten Weltkrieg noch aus der Fifa ausgeschlossen.

Erst im Vorfeld der WM 1962 war der ferne Fußballkontinent Südamerika allmählich ins Bewußtsein gerückt. Im März 1960 hatten die Deutschen im Stuttgarter Neckarstadion die Kräfte mit dem WM-Gastgeber gemessen, ein Jahr später traten sie zum Rückspiel in Chile an. Sie verloren in Santiago 1:3 und damit auch ihren grenzenlosen Optimismus. Einige Spieler klagten über Probleme bei der klimatischen Umstellung.

Dennoch zeigte sich der Bundestrainer zuversichtlich, als seine Mannschaft bei der Gruppenauslosung für das Endturnier am 18. Januar 1962 in die »Santiago-Gruppe« gelost wurde. »Besser konnten wir's wirklich nicht treffen«, jubelte Herberger, den sie respektvoll den »Alten« nannten. Auch das Sport-Magazin stimmte angesichts der Gruppengegner Chile, Italien und Schweiz mit dem Kommentar »Glückslos!« ein. ›

IM WM-QUARTIER
DEPRESSIVE STIMMUNG

7. WM-ENDRUNDE

Gruppe 1			
30.5.	Arica	Uruguay – Kolumbien	2:1
31.5.	Arica	Sowjetunion – Jugoslawien	2:0
2.6.	Arica	Jugoslawien – Uruguay	3:1
3.6.	Arica	Sowjetunion – Kolumbien	4:4
6.6.	Arica	Sowjetunion – Uruguay	2:1
7.6.	Arica	Jugoslawien – Kolumbien	5:0
Gruppe 2			
30.5.	Santiago	Chile – Schweiz	3:1
31.5.	Santiago	Deutschland – Italien	0:0
2.6.	Santiago	Chile – Italien	2:0
3.6.	Santiago	Deutschland – Schweiz	2:1
6.6.	Santiago	Deutschland – Chile	2:0
7.6.	Santiago	Italien – Schweiz	3:0
Gruppe 3			
30.5.	Viña del Mar	Brasilien – Mexiko	2:0
31.5.	Viña del Mar	Tschechoslow. – Spanien	1:0
2.6.	Viña del Mar	Brasilien – Tschechosl.	0:0
3.6.	Viña del Mar	Spanien – Mexiko	1:0
6.6.	Viña del Mar	Brasilien – Spanien	2:1
7.6.	Viña del Mar	Mexiko – Tschechosl.	3:1
Gruppe 4			
30.5.	Rancagua	Argentinien – Bulgarien	1:0
31.5.	Rancagua	Ungarn – England	2:1
2.6.	Rancagua	England – Argentinien	3:1
3.6.	Rancagua	Ungarn – Bulgarien	6:1
6.6.	Rancagua	Ungarn – Argentinien	0:0
7.6.	Rancagua	England – Bulgarien	0:0
Viertelfinale			
10.6.	Arica	Chile – Sowjetunion	2:1
10.6.	Rancagua	Tschechoslow. – Ungarn	1:0
10.6.	Viña del M.	Brasilien – England	3:1
10.6.	Santiago	Jugoslawien – Deutschland	1:0
Halbfinale			
13.6.	Santiago	Brasilien – Chile	4:2
13.6.	Viña del M.	Tschechoslow. – Jugoslaw.	3:1
Spiel um Platz 3			
16.6.	Santiago	Chile – Jugoslawien	1:0
Finale			
17.6.	Santiago	Brasilien – Tschechoslow.	3:1

König der Luft: Karl-Heinz Schnellinger (r.) springt einen halben Meter höher als sein Schweizer Gegenspieler. Links: Szymaniak. Deutschland siegt mit 2:1

› Die Mannschaft von 1958, von Sepp Herberger später als die beste, die er je betreut hat, bezeichnet, stand zwar im Kern noch immer zur Verfügung. Doch ihre Schwächen waren unverkennbar. So fehlte nicht nur ein ausgewiesener Spielmacher, sondern vor allem ein treffsicherer Rechtsaußen.
Hinzu kamen Probleme in der Vorbereitung. Kein anderer WM-Teilnehmer war derart im Stress wie die deutsche Mannschaft. Am 12. Mai spielten der 1. FC Köln und der 1. FC Nürnberg in Berlin noch um die Deutsche Meisterschaft. Drei Tage später wurden die Spieler in der Sportschule Schöneck bei Karlsruhe zusammengezogen und bestiegen nun am 18. Mai mit ihrem Trainer das Flugzeug in Frankfurt. 22 Stunden später kamen sie nach Zwischenstopps in Zürich, Dakar, Rio de Janeiro, São Paulo und Buenos Aires endlich an. Schon am 31. Mai stand in Santiago de Chile das Auftaktspiel gegen Italien an – wenig Zeit also zur Akklimatisierung 12 000 Kilometer fern der Heimat. Sepp Herberger wollte in Chile den »Geist von Spiez« wiederbeleben und hatte in der Hauptstadt Santiago in der »Escuela Militar del General O'Higgins« das gesuchte Quartier gefunden. Die an der vornehmen Avenida Apoquindo liegende Militärschule bot neben vorzüglichen Räumlichkeiten beste Voraussetzungen für eine selbständige Versorgung. Doch sie war Herbergers erster Fehlgriff. Journalisten empfanden die Atmosphäre in der Militärkaserne während des Turniers als gereizt und regelrecht depressiv.
Chilenische Zeitungen zitierten gar namentlich nicht genannte deutsche Spieler, die sich »regelrecht kaserniert« fühlten.

» Ich habe Sepp Herberger noch nie so zerfahren erlebt wie in Chile

Die schlechte Stimmung war allerdings nicht nur dem Quartier zuzuschreiben: Vor allem Herbergers Philosophie von den »elf Freunden« war nicht mehr zeitgemäß. Bezahlter Leistungsfußball hatte sich rasant fortentwickelt. Aus Fußball spielenden Freunden waren Geschäftsmänner geworden, die nicht mehr nur für die Ehre, sondern auch für das eigene Bankkonto spielten.
Das aber war in Deutschland schwierig, denn noch waren alle Spieler »Vertragsamateure«. Selbst Nationalspieler mußten einen geregelten Beruf vorweisen und durften mit dem Fußball lediglich ein Taschengeld verdienen.
Vor allem Italien lockte mit Spitzengehältern, und mit Horst Szymaniak stand erstmals in der Geschichte des DFB ein Auslandsprofi im WM-Kader. Karl-Heinz Schnellinger, Hans Tilkowski, Helmut Haller und Albert Brülls standen in aussichtsreichen Verhandlungen mit italienischen Klubs.
Das führte zu einem mannschaftsinternen Bruch, auf den Sepp Herberger hilflos reagierte. ›

1. Spiel Vorrunde
ITALIEN – DEUTSCHLAND 0:0
31. Mai 1962, 15 Uhr Ortszeit, Estadio Nacional, Santiago

Schiedsrichter: *Davidson (Schottland).* ***Zuschauer:*** *65 440.*

2. Spiel Vorrunde
DEUTSCHLAND – SCHWEIZ 2:1
3. Juni 1962, 15 Uhr Ortszeit, Estadio Nacional, Santiago

Schiedsrichter: *Horn (Holland).* ***Tore:*** *1:0 Brülls (44.), 2:0 Seeler (60.), 2:1 Schneiter (75.).* ***Besonderes Vorkommnis:*** *Eschmann verletzt ausgeschieden (45.).* ***Zuschauer:*** *64 922.*

WISSENSDURST *Uwe Seeler (l.) und Horst Szymaniak studieren nach dem Spiel gegen Chile die Zeitung La Nación. Die titelt: »Chile verlor 2:0 gegen Deutschland und spielt gegen die Sowjetunion* (im Viertelfinale; d. Red.)«

»ICH HÄTTE SIE GERN DABEI GEHABT«

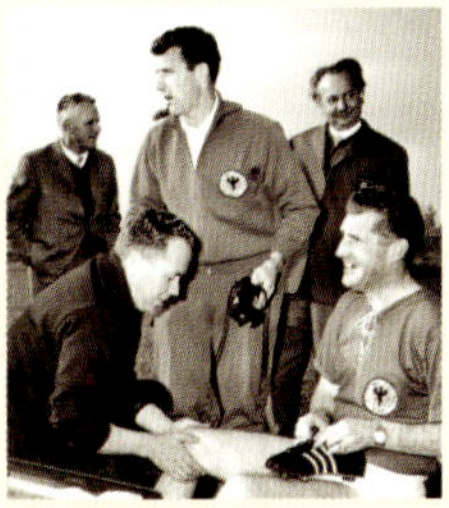

Nur in einem Trainingsspiel in Chile dabei: Fritz Walter (r.). Erich Deuser (l.) massiert

Auszüge aus dem Brief von Sepp Herberger an Fritz Walter im August 1962:

»Lieber Fritz! Die Weltmeisterschaft in Chile ist vorüber. Es ist schon viel darüber geredet und geschrieben worden. Eines aber wissen nur wir beide allein: Ich hätte Sie gern dabei gehabt! Nicht als Zuschauer, nicht als Berichterstatter oder sonst was – nein, als Spieler! … In Chile habe ich mir dann des öfteren vorgeworfen: Hättest du doch deinen Kopf durchgesetzt! Hättest du den Fritz damals in Saarbrücken (im Vorbereitungsspiel; d. Red.) *einfach auf den Rasen geschickt, wenn nötig, mit Brachialgewalt! Sie hatten ohnehin vor, nach Santiago zu fliegen. Und ich wollte eigentlich nur zwanzig Spieler mit nach drüben nehmen. In diesem Fall hätte ich Sie leicht als 21. Mann nominieren können. Dabei hätten wir nichts riskiert. Doch der DFB bestand darauf, mit 22 Mann zu reisen. Dadurch blieb kein Spielraum mehr für Sicherungsmaßnahmen. Und Sie ganz offiziell als Nummer 22 melden? Dann wären schon, bevor es überhaupt losging, die ewigen Besserwisser … über uns beide hergefallen. … In Chile habe ich es bitter bereut. Vor allem nach dem Spiel gegen die Schweiz … Mein Freund Karl Rappan sagte nach dem Spiel, er würde einen Fritz Walter trotz seiner 41 Jahre noch bedenkenlos in seine Mannschaft einbauen. Ich hätte es auch getan. Sie haben es nicht gewollt …«*

HELMUT RAHN
BLIEB IN HOLLAND

› »Ich habe Sepp Herberger noch nie so zerfahren erlebt wie in Chile«, staunte Helmut Haller gegenüber der Augsburger Allgemeinen. Hinzu kam die bekannte Neigung des Chefs, der in den zwanziger Jahren selbst als »Profi« überführt und gesperrt worden war, zu einsamen Entscheidungen. Als Herberger in die Personaldiskussion vor der WM plötzlich die Namen von Fritz Walter und Richard Kreß warf, stöhnten viele in Deutschland auf.

Fritz Walter war 41 Jahre alt und – bei allem Respekt – zu alt für eine WM. Rechtsaußen Kreß hatte mit der Übernahme einer Drogerie in Frankfurt gerade seinen zweiten Berufsweg vorbereitet. Beide verzichteten auf das Angebot.

Die Absage von Walter empfand Sepp Herberger als schweren Rückschlag: »In Chile habe ich mir dann des öfteren vorgeworfen: Hättest du doch deinen Kopf durchgesetzt. Wenn nötig mit Brachialgewalt«, jammerte der Bundestrainer in einem Brief an Fritz Walter im August 1962. Von einem anderen Helden wiederum wollte Sepp Herberger nichts wissen, obwohl Fans und Fachleute seinen Einsatz vehement forderten: Helmut Rahn, der beim holländischen Profiklub SC Enschede zu großer Form aufgelaufen war. Der Bundestrainer sperrte sich gegen den »Boss«, dessen Berufung sich später ohnehin erledigte, weil Rahn an den Folgen einer schweren Wadenbeinverletzung laborierte.

Der Kader in Chile wurde nie eine Mannschaft. »Sepp Herberger war sich meines Erachtens beim taktischen Unterricht selbst nicht mehr recht klar, wie er uns spielen lassen sollte. Von einer Stunde auf die andere warf er den Plan um«, erinnerte sich Helmut Haller an das ungewohnte Zaudern des Mannes, den sie in Südamerika noch hochachtungsvoll »el mágico« nannten.

> *» Herberger war beim taktischen Unterricht nicht mehr klar, wie er spielen lassen sollte*

Doch seine Magie hatte Herberger verloren. Verzweifelt tüftelte er an seiner Standardaufstellung, die er im gesamten Turnierverlauf nicht finden sollte. Lediglich die umstrittene Torhüterfrage konnte er lösen. Statt des Herners Hans Tilkowski oder des Stuttgarters Günter Sawitzki hütete der erst 21jährige Ulmer Wolfgang Fahrian das deutsche Gehäuse.

Ungelöst blieb die Frage nach einem passablen Rechtsaußen. Mit dem Schalker Willi Koslowski und dem Offenbacher Berti Kraus standen Herberger lediglich Durchschnittsspieler zur Verfügung – und nicht nur Karl-Heinz Jens, Kolumnist des Sport-Magazins, befürchtete: »Unser international anerkanntes Innentrio Haller-Seeler-Brülls kann allein den Erfolg nicht garantieren, wenn die Flügel lahm bleiben.« Im Auftaktspiel gegen Italien ließ Bundestrainer Herberger offiziell ein 4-2-4 spielen, tatsächlich aber agierten die Kölner Hansi Sturm und Hans Schäfer weit zurückgezogen. ›

3. Spiel Vorrunde

DEUTSCHLAND – CHILE 2:0

6. Juni 1962, 15 Uhr Ortszeit, Estadio Nacional, Santiago

Schiedsrichter: *Davidson (Schottland).* ***Tore:*** *1:0 Szymaniak (22., Foulelfmeter), 2:0 Seeler (82.).* ***Zuschauer:*** *67 224.*

Eine der wenigen Konterchancen im Spiel um Gruppenplatz eins: Hans Schäfer (l.) köpft auf Chiles Tor, scheitert aber. Rechts: Honorino Landa

GESTRECKTES BEIN *Der deutsche Mittelläufer Herbert Ehrhardt stürzt über den Jugoslawen Drazen Jerkovic, kann aber dennoch den Ball gezielt köpfen. Jerkovic ist am Ende des Turniers einer von sechs Torschützenkönigen (je vier Treffer). Den Titel erhält er aber nicht, der fällt dem Brasilianer Garrincha nach Losverfahren zu*

TILKOWSKI WÜTEND AUF HERBERGER

Rivalen im Tor: Wolfgang Fahrian (l.) und Hans Tilkowski

Nach der WM beschäftigte der Fall Tilkowski die Medien. Unter Herberger wolle er nie wieder spielen, verkündete der Schlußmann von Westfalia Herne. Der Frust über die Ersatzrolle hinter dem jungen Wolfgang Fahrian saß tief. »Die Art und Weise, wie der biedere Westfale ausgebootet wurde, war nicht richtig«, urteilte auch das Sport-Magazin: »Man stelle sich vor: Immer wirst du als Tormann Nr. 1 bezeichnet; du wirst vom Bundestrainer nach Belgien mitgenommen, um Italiens Mannschaft kennenzulernen ... und dann ›erfährst du, auf Umwegen und wenige Stunden vor dem Spiel‹ (wie Tilkowski gesagt hat), daß du zuschauen mußt, weil das Geburtstagskind Fahrian im Training besser gewesen sein soll.«
Die genauen Umstände der Entscheidung von Herberger blieben im Dunkel. ***Eine Rolle spielten wohl auch Tilkowskis Auslandspläne.*** *Der Torhüter hatte verkündet, trotz eines gerade erst erbauten eigenen Häuschens »keinesfalls an Herne gebunden« zu sein und sich »nach der Weltmeisterschaft weiter weg zu begeben«. Daß seine Verhandlungen mit dem AC Turin erheblich gestört wurden durch die Degradierung, verstärkte den Zorn noch. Gerüchten zufolge soll Tilkowski das Mobilar in seinem Zimmer zertrümmert und »in seinem Zorn den Bundestrainer in die Hölle« gewünscht haben, berichtete das Sport-Magazin.*

DAS UNGLÜCK DER 86. MINUTE

> Er wollte gegen den gefürchteten italienischen Catenaccio mit verstärkter Defensive zum Erfolg kommen, die Begegnung endete torlos. Nur ein Lattentreffer durch Uwe Seeler sowie einige brutale Attacken von Enrique Omar Sívori blieben in Erinnerung.
Auch im zweiten Gruppenspiel stand Deutschland ein Abwehrbollwerk gegenüber: der berühmte »Rappan-Riegel« der Schweiz. Doch im Unterschied zum Auftaktspiel mußte Herberger nun offensiver agieren, um das Viertelfinale nicht vorzeitig zu verspielen.
Willi Koslowski nahm die Position von Hansi Sturm ein und spielte als echter Rechtsaußen. Er blieb blaß wie sein Nebenmann Helmut Haller. Trotz des 2:1-Sieges prasselte erneut Kritik auf Herberger ein. »Ich kann mich nicht entsinnen, in den letzten Jahren so deprimiert, so trost- und ratlos einem deutschen Länderspiel beigewohnt zu haben«, schrieb Sport-Magazin-Chef Hans Fiederer und kritisierte den Angriff, der »den Ball viel zu lang hält«.
Im letzten Gruppenspiel gegen den bereits für das Viertelfinale qualifizierten Gastgeber genügte ein Unentschieden für das Weiterkommen. Herberger verwirrte Freund und Feind. Italienlegionär Szymaniak ging nominell als Halbrechter ins Spiel, agierte aber tatsächlich auf der Läuferposition. Der nominelle Läufer Willi Giesemann übernahm die linke Verteidigung, während Linksverteidiger Karl-Heinz Schnellinger als Ausputzer vor der Deckung agierte und Berti Kraus den rechten Flügel besetzte. Herberger überließ Chile das Mittelfeld und setzte erneut auf einen stabilen Abwehrriegel sowie Konter. Ein Erfolgsrezept, wenngleich kein schönes. Während die Chilenen verzweifelt das deutsche Tor berannten, trafen Szymaniak und Seeler. Wieder kritisierte Hans Fiederer: »Ich kann mich nicht entsinnen, jemals eine deutsche Elf in einer solchen taktischen Marschroute beobachtet zu haben.«
Im Viertelfinale stand der deutschen Elf – wie schon 1954 und 1958 – wieder Jugoslawien gegenüber. Haller kehrte ins Team zurück, den Rechtsaußenposten übernahm nunmehr Albert Brülls. Doch diesmal ging Herbergers Taktik des Abwartens schief. Erst in der zweiten Halbzeit wagte sich die Elf, angetrieben durch Schnellinger, vereinzelt über die Mittellinie. Zumeist jedoch stand Uwe Seeler »allein auf weiter Flur« (Sport-Magazin).
In der 86. Minute passierte das Unglück. Bei einem blitzschnellen Gegenangriff konnte sich die deutsche Deckung nicht schnell genug formieren, Petar Radakovic schoß Jugoslawien zum Sieg.

» Ich kann mich nicht entsinnen, die Elf mit solch einer Marschroute beobachtet zu haben

Die Volksseele erzürnte sich über Sepp Herberger und beruhigte sich nicht mehr recht. Zwei Jahre später nahm Herberger entnervt seinen Hut und einen weiteren Rückschlag hin: Sein Wunschkandidat auf die Nachfolge im Amt gab ihm erneut einen Korb. Es war Fritz Walter.

Viertelfinale
JUGOSLAWIEN – DEUTSCHLAND 1:0
10. Juni 1962, 14.30 Uhr Ortszeit, Estadio Nacional, Santiago

Schiedsrichter: Yamasaki (Peru). Tor: 1:0 Radakovic (86.). Zuschauer: 63 324.

Die Entscheidung: Petar Radakovic (r.; mit Kopfverband) erzielt den Treffer zum 1:0. Wolfgang Fahrian ist geschlagen, Deutschland ausgeschieden

DEUTSCHER WM-KADER 1962

Im Team von Bundestrainer Sepp Herberger gab es nur einen Spieler, der mehr als ein Tor im Turnier schoß: Uwe Seeler. Der Hamburger traf zweimal

NR.	NAME	GEBOREN	Einsatz gegen ITALIEN	SCHWEIZ	CHILE	JUGOSLAWIEN	VEREIN
TOR							
22	Wolfgang Fahrian	31.05.1941	90 Min.	90 Min.	90 Min.	90 Min.	TSG Ulm 46
21	Günter Sawitzki	22.11.1932	Tribüne	Tribüne	Tribüne	Tribüne	VfB Stuttgart
2	Hans Tilkowski	12.07.1935	Tribüne	Tribüne	Tribüne	Tribüne	Westfalia Herne
ABWEHR							
2	Herbert Erhardt	06.07.1930	90 Min.	90 Min.	90 Min.	90 Min.	SpVgg. Fürth
13	Jürgen Kurbjuhn	26.07.1940	Tribüne	Tribüne	Tribüne	Tribüne	Hamburger SV
12	Hans Nowak	09.08.1937	90 Min.	90 Min.	90 Min.	90 Min.	FC Schalke 04
3	Karl-Heinz Schnellinger	31.03.1939	90 Min.	90 Min.	90 Min.	90 Min.	1. FC Köln
4	Willi Schulz	04.10.1938	90 Min.	90 Min.	90 Min.	90 Min.	FC Schalke 04
14	Jürgen Werner	15.08.1935	Tribüne	Tribüne	Tribüne	Tribüne	Hamburger SV
5	Leo Wilden	03.07.1936	Tribüne	Tribüne	Tribüne	Tribüne	1. FC Köln
MITTELFELD							
10	Albert Brülls	26.03.1937	90 Min.	90 Min./1 Tor	90 Min.	90 Min.	Borussia Mönchengladbach
15	Willi Giesemann	02.09.1937	Tribüne	Tribüne	90 Min.	90 Min.	Bayern München
8	Helmut Haller	21.07.1939	90 Min.	90 Min.	Tribüne	90 Min.	BC Augsburg
16	Hans Sturm	03.09.1935	90 Min.	Tribüne	Tribüne	Tribüne	1. FC Köln
6	Horst Szymaniak	29.08.1934	90 Min.	90 Min.	90 Min./1 Tor	90 Min.	Calcio Catania
ANGRIFF							
18	Günter Herrmann	11.09.1939	Tribüne	Tribüne	Tribüne	Tribüne	Karlsruher SC
7	Willi Koslowski	17.02.1937	Tribüne	90 Min.	Tribüne	Tribüne	FC Schalke 04
17	Engelbert Kraus	30.07.1934	Tribüne	Tribüne	90 Min.	Tribüne	Kickers Offenbach
11	Hans Schäfer	19.10.1927	90 Min.	90 Min.	90 Min.	90 Min.	1. FC Köln
9	Uwe Seeler	05.11.1936	90 Min.	90 Min./ 1 Tor	90 Min./1 Tor	90 Min.	Hamburger SV
19	Heinz Strehl	20.07.1938	Tribüne	Tribüne	Tribüne	Tribüne	1. FC Nürnberg
20	Heinz Vollmar	26.04.1936	Tribüne	Tribüne	Tribüne	Tribüne	1. FC Saarbrücken

HERBERGERS LETZTE WM

Schwer bewacht vom chilenischen Militär, hielten Bundestrainer Sepp Herberger (r.) und Assistent Helmut Schön (l.) das Training in der »Escuela Militar del General O'Higgins« ab. In Chile betreute Herberger das deutsche Team das letzte Mal bei einer Weltmeisterschaft. Von 1938 bis 1962 war er in 18 WM-Spielen Chef auf der Bank. 1966 hatte Schön das Kommando

11. Juli – 30. Juli

ENGLAND

1966

Teilnehmer (16): Argentinien, Brasilien, Bulgarien, Chile, Deutschland, England, Frankreich, Italien, Mexiko, Nordkorea, Portugal, Schweiz, Sowjetunion, Spanien, Ungarn, Uruguay

Weltmeister: England
Torschützenkönig: Eusébio (Portugal), 9 Tore

Beckenbauer und Haller glänzen

Superauftakt in das Turnier: 5:0 gegen die Schweiz. Haller und Beckenbauer erzielen je zwei Tore ++ Ausland schwärmt von Mannschaft: »Bestes deutsches Team seit 1954« ++ Alt-Bundestrainer Sepp Herberger setzt Nachfolger Helmut Schön unter Druck. Er berät sich ständig mit Co-Trainern Lattek und Cramer ++ Tätlichkeit von Overath gegen Argentinien ++ Traumtor mit Folgen von Emmerich gegen Spanien. Schön bereut ++ Gleich acht deutsche Spieler ohne Einsatz in England ++ Berti Vogts studiert Training der Nationalspieler und hat plötzlich Angst ++ Fairplay im Endspiel gegen England bringt große internationale Anerkennung ++

DIE DEUTSCHE MANNSCHAFT *(oben von links): Co-Trainer Udo Lattek, Wolfgang Weber, Karl-Heinz Schnellinger, Franz Beckenbauer, Siggi Held, Wolfgang Paul, Friedel Lutz, Max Lorenz, Bernd Patzke, Klaus-Dieter Sieloff, Jürgen Grabowski, Helmut Haller, Uwe Seeler, Bundestrainer Helmut Schön. Vorn von links: Heinz Hornig, Wolfgang Overath, Günther Bernard, Horst-Dieter Höttges, Werner Krämer, Hans Tilkowski, Lothar Emmerich, Willi Schulz, Sepp Maier. Nicht auf dem Foto: Albert Brülls. Das Foto wurde am 30. Juni 1966 in Malente aufgenommen. Für die WM qualifizierte sich die Mannschaft als Erster der Europa-Gruppe 2 (7:1 Punkte, 14:2 Tore) vor Schweden und Zypern*

IN 19 TAGEN ZURÜCK IN DIE WELTSPITZE

Die Elf von Helmut Schön entwickelte sich zwischen dem 11. und 30. Juli vom Außenseiter zum Titelanwärter. Erstmals seit 1954 erreichte sie wieder das Endspiel und begeisterte die Experten

Während der WM 1954 verlieh der »Geist von Spiez« den Deutschen Flügel, 1966 muß es der Geist von Dovedale gewesen sein. In der beschaulichen Grafschaft Derbyshire, von mehr Schafen und Rindern als Menschen bewohnt, hatte die deutsche Mannschaft während des Turniers im Hotel »Peveril of the Peak« Quartier gemacht. »Wenn nicht gerade Weltmeisterschaft gewesen wäre, hätte man dort einen herrlichen Urlaub verbringen können«, schwärmte der Kölner Wolfgang Overath noch Jahre später vom Aufenthalt in der inspirierenden, flachen und von sattem Grün geprägten Landschaft nahe der Stadt Sheffield. In den Tagen vom 11. bis 30. Juli 1966 steigerte sich die deutsche Elf von einem Außenseiter zu einem ernsthaften Titelanwärter.

Die Stimmung in Deutschland war schon vor Turnierbeginn gut. »Ich kann mich kaum entsinnen, wann der deutsche Fußball eine so erfolgreiche Woche mit der strahlenden Bilanz dreier so wertvoller Siege feiern konnte«, schrieb Hans Fiederer im Sport Magazin nach den ersten historischen Erfolgen. >

Beim Viertelfinale gegen Uruguay (4:0) unterstützen Tausende deutsche Fans die Mannschaft. Es ist 15.12 Ortszeit, gerade hat Held das 1:0 erzielt

8. WM-ENDRUNDE

Gruppe 1

11.7.	London	England – Uruguay	0:0
13.7.	London	Frankreich – Mexiko	1:1
15.7.	London	Uruguay – Frankreich	2:1
16.7.	London	England – Mexiko	2:0
19.7.	London	Uruguay – Mexiko	0:0
20.7.	London	England – Frankreich	2:0

Gruppe 2

12.7.	Sheffield	Deutschland – Schweiz	5:0
13.7.	Birmingham	Argentinien – Spanien	2:1
15.7.	Sheffield	Spanien – Schweiz	2:1
16.7.	Birmingham	Deutschland – Argent.	0:0
19.7.	Sheffield	Argentinien – Schweiz	2:0
20.7.	Birmingham	Deutschland – Spanien	2:1

Gruppe 3

12.7.	Liverpool	Brasilien – Bulgarien	2:0
13.7.	Manchester	Portugal – Ungarn	3:1
15.7.	Liverpool	Ungarn – Brasilien	3:1
16.7.	Manchester	Portugal – Bulgarien	3:0
19.7.	Liverpool	Portugal – Brasilien	3:1
20.7.	Manchester	Ungarn – Bulgarien	3:1

Gruppe 4

12.7.	Middlesb.	Sowjetu. – Nordkorea	3:0
13.7.	Sunderland	Italien – Chile	2:0
15.7.	Middlesb.	Nordkorea – Chile	1:1
16.7.	Sunderland	Sowjetunion – Italien	1:0
19.7.	Middlesb.	Nordkorea – Italien	1:0
20.7.	Sunderland	Sowjetunion – Chile	2:1

Viertelfinale

23.7.	Liverpool	Portugal – Nordkorea	5:3
23.7.	Sheffield	Deutschland – Uruguay	4:0
23.7.	Sunderland	Sowjetunion – Ungarn	2:1
23.7.	London	England – Argentinien	1:0

Halbfinale

25.7.	Liverpool	Deutschland – Sowjetu.	2:1
26.7.	London	England – Portugal	2:1

Spiel um Platz 3

28.7.	London	Portugal – Sowjetunion	2:1

Finale

30.7.	London	England – Deutschland	4:2n.V.

Minuten vor dem Finale: die Kapitäne Uwe Seeler (l.) und Bobby Moore beim Wimpeltausch. In der Mitte: Schiedsrichter Gottfried Dienst. Links von ihm: Linienrichter Tofik Bachramow. In der Verlängerung treffen sie eine folgenschwere Entscheidung, die England zum Weltmeister macht. Sie geben das 3:2 von Hurst

STAN LIBUDA

RAUSGEWORFEN

> Die auf den Inseln jahrzehntelang erfolglose Nationalmannschaft hatte am 4. Mai 1966 4:0 gegen Irland in Dublin und am 7. Mai 2:0 gegen Nordirland in Belfast gewonnen. Und mit Borussia Dortmund trug sich am 5. Mai in Glasgow (Schottland) erstmals ein deutsches Team in die Siegerliste des Europapokals der Pokalsieger ein. Stan Libuda sorgte mit einer sensationellen Bogenlampe für das entscheidende Tor zum 2:1 gegen den FC Liverpool.

Fiederer deutete die »Triumphe« als gutes Omen. Doch bevor die elf Besten ihre Fußballstiefel im ersten WM-Gruppenspiel gegen die Schweiz schnüren konnten, hatte Bundestrainer Helmut Schön eine heikle Aufgabe zu bewältigen. Er umschrieb sie mit »sortieren«: Von 40 anfangs nominierten Spielern mußte er noch 18 streichen.

Auf der Strecke blieben Spieler mit klangvollen Namen: der Münchner Torjäger Friedhelm Konietzka, der Bremer Josef Piontek und sogar Stan Libuda. Nach dem 34. Bundesliga-Spieltag lud Schön schließlich 26 Spieler ein – immer noch vier zuviel. Peter Grosser und Rudi Brunnenmeier von Meister 1860 München stellten sich selbst ins Abseits: Die beiden sagten, beeinflußt von ihrem Trainer Max Merkel, unter Nennung fadenscheiniger Gründe ab.

Schließlich traf es noch den Braunschweiger Stürmer Lothar Ulsaß, für den der Duisburger Werner »Eia« Krämer in den Kader rutschte, und den 43maligen Nationalspieler Horst Szymaniak. »Seine Zeit ist abgelaufen«, begründete Schön die Ausbootung des ehemaligen Italien-Profis, der mit Absteiger Tasmania Berlin einen bis heute gültigen Negativrekord aufgestellt hatte. Tasmania holte nur acht von 68 möglichen Punkten in der Bundesliga.

Trotz des Fehlens vieler namhafter Stars sprach Wolfgang Overath von »einer idealen Mischung aus erfahrenen Routiniers und jungen, ehrgeizigen Burschen«. Daß Helmut Schön eine gute Wahl getroffen hatte, zeigte sich gleich zum Auftakt gegen die Schweiz. >

1. Spiel Vorrunde

DEUTSCHLAND – SCHWEIZ 5:0

12. Juli 1966, 19.30 Uhr Ortszeit, Hillsborough Park, Sheffield

Schiedsrichter: Philips (Schottland).
Tore: 1:0 Held (15.), 2:0 Haller (21.), 3:0 Beckenbauer (40.), 4:0 Beckenbauer (52.), 5:0 Haller (77., Foulelfmeter).
Zuschauer: 36 127.

Im Mittelpunkt des Geschehens: der Schweizer Torwart Karl Elsener. Uwe Seeler bleibt in dem Spiel ohne Torerfolg, dennoch fallen fünf Treffer

PAUSENCLOWN *Als Ersatzspieler hat Sepp Maier viel Zeit in England. Für den Mannschaftsgeist ist der Münchner Torwart dennoch wichtig. Bei einem Ausflug mimt er einen Eisverkäufer*

2. Spiel Vorrunde

ARGENTINIEN – DEUTSCHLAND 0:0

16. Juli 1966, 15 Uhr Ortszeit, Villa Park, Birmingham

Schiedsrichter: *Zecevic (Jugoslawien).* **Platzverweis:** *Albrecht wegen Foulspiels (65.).* **Zuschauer:** *46 587.*

Kampf und Fouls prägen das Spiel gegen Argentinien, Tore fallen nicht. Hier trifft Jorge Solari Abwehrspieler Wolfgang Weber am rechten Fuß

BUCHMACHER DRÜCKEN QUOTE

EIN JAHR UM DIE TEILNAHME GEBANGT

Glückliche Sieger: die Torschützen Uwe Seeler (r.) und Werner »Eia« Krämer

Nicht nur für Torhüter Hans Tilkowski war es »das Spiel der Spiele«. Nach dem 1:1 gegen Schweden am 4. November 1964 in Berlin, wo den Skandinaviern kurz vor Schluß der schmeichelhafte Ausgleich gelungen war, bangte Deutschland fast ein Jahr um die Qualifikation für die WM. Die Vorzeichen waren alles andere als günstig: schwere Verletzungen von Willi Giesemann, Bernd Patzke, Wolfgang Weber (alle Beinbruch) sowie Uwe Seeler (gerissene Achillessehne) warfen die Mannschaft immer wieder zurück. Freigabeprobleme der Italien-Profis Karl-Heinz Schnellinger und Helmut Haller sorgten für Planungsunsicherheit, und die 54 Jahre währende Erfolglosigkeit gegen den Angstgegner aus dem hohen Norden trug zur allgemeinen Verunsicherung bei. ***Am 26. September 1965 wurden die deutschen Spieler und Fans beim Rückspiel in Stockholm endlich erlöst*** *– und zwar durch Uwe Seeler. Ausgerechnet der Hamburger Mittelstürmer war am Ausgleichstor von Werner Krämer beteiligt und bugsierte den Ball in der 53. Minute zum 2:1-Siegtreffer über die Linie. Daß der Torjäger nur sieben Monate nach seiner schweren Verletzung zum Matchwinner avancieren konnte, galt als medizinisches Wunder: Der Riß der Achillessehne bedeutete damals das fast sichere Karriere-Aus.*

> Mit dem 5:0 gelang Deutschland ein furioser Start ins Turnier. Die Schweizer stürmten, die Deutschen konterten. In überragender Form präsentierte sich die Mittelfeldachse Franz Beckenbauer/Helmut Haller. Italien-Profi Haller war in den vier Jahren seit der WM in Chile zum Leistungsträger gereift und erzielte ebenso wie der leichtfüßige 20 Jahre alte Münchner Jungstar Beckenbauer zwei Treffer. Obwohl Beckenbauer sein Länderspieldebüt schon am 26. September 1965 im entscheidenden WM-Qualifikationsspiel gegen Schweden (2:1) gegeben hatte, gilt das Schweiz-Spiel in der Rückschau als sein Start in eine beispiellose Weltkarriere. Die französische Sportzeitschrift L'Equipe schwärmte von der »wundervollen deutschen Mannschaft«, die einen »großartigen, modernen Fußball« spiele. Die schwedische Zeitung Dagens Nyheter meinte sogar, »die deutsche Elf war seit 1954 nie wieder so stark«. Und der englische TV-Kommentator von der BBC kündigte die Zusammenfassung des Kantersieges mit den folgenden Worten an: »Brasilien war der klare Favorit dieser Weltmeisterschaft. Aber wer unseren Film sieht, wird wahrscheinlich seine Meinung ändern.« Den originellsten Lobgesang stimmte der Reporter des Daily Telegraph an: »Seeler und seine Kameraden sind eine seltene Mischung aus Muskeln und Können.« Auch die Buchmacher zeigten sich beeindruckt. Sie reduzierten die Quote für den Titelgewinn Deutschlands von 25:1 auf 6:1.
Nur einer dämpfte die allgemeine Euphorie. Ausputzer Willi Schulz warnte seine Mannschaftskameraden: »Die dicksten Brocken kommen noch.«
Schon gegen Argentinien wurden die Worte von Schulz bestätigt: Nach »allgemeinem Gehacke« (Helmut Schön) hieß es am Ende nur 0:0. Die deutsche Elf fand gegen die harte Gangart der rauhbeinigen Südamerikaner keine spielerischen Mittel. Zudem war Franz Beckenbauer auf Kosten des deutschen Angriffsschwungs dem offensiven Ermindo Onega als Aufpasser zugeteilt worden. >

3. Spiel Vorrunde

DEUTSCHLAND – SPANIEN 2:1

20. Juli 1966, 19.30 Uhr Ortszeit, Villa Park, Birmingham

Schiedsrichter: *Marques (Brasilien).*
Tore: *0:1 Fusté (23.), 1:1 Emmerich (39.), 2:1 Seeler (83.).*
Zuschauer: *45 187.*

Gegen Spanien tat sich die deutsche Elf schwer und fand nur selten den Weg zum Tor. Ignacio Zoco bremst hier Sigi Held. Links: Jesús Glaría

ABLENKUNG *Bei einem Nachmittagspaziergang am 28. Juli, zwei Tage vor dem Finale gegen England, haben die deutschen Spieler nur Augen für ein englisches Liebespaar im Gras. Besonders interessiert schauen Helmut Haller (2. v. r.) und Horst-Dieter Höttges (4. v. r.). Bundestrainer Helmut Schön (mit Sonnenbrille) beobachtet das Schauspiel aus dem Hintergrund*

Viertelfinale

DEUTSCHLAND – URUGUAY 4:0

23. Juli 1966, 15 Uhr Ortszeit, Hillsborough Park, Sheffield

Schiedsrichter: *Finney (England).*
Tore: *1:0 Held (11.), 2:0 Beckenbauer (71.), 3:0 Seeler (76.), 4:0 Haller (84.).*
Platzverweise: *Troche (49.) wegen Tätlichkeit und Silva (54.) wegen Fouls.*
Zuschauer: *33 751.*

Endlich wieder ein klarer Sieg: Elf Tage nach dem 5:0 gegen die Schweiz schießt Deutschland vier Tore gegen Uruguay. Beckenbauer erzielt das 2:0

HERBERGER SETZTE SCHÖN UNTER DRUCK

Immer präsent in England: Sepp Herberger (r.) gibt Fans Autogramme

Zwei Jahre zuvor aus dem Amt geschieden, konnte Alt-Bundestrainer Sepp Herberger sich mit dem Verlust der Chefrolle nur schwer abfinden. Als DFB-Ehrengast wirkte er in England als Schattenmann, der sich mit großem Vergnügen in die Belange von Helmut Schön einmischte. »Diese deutsche Mannschaft hat das Zeug, bis ins Finale vorzudringen.« Mit Aussagen dieser Güte setzte Herberger seinen Nachfolger unter Druck. Die Elf sei auf einigen Positionen besser besetzt, plauderte Herberger, als alle früheren deutschen WM-Teams. Auch wenn der alte Trainerfuchs mit seinen Vorhersagen recht behielt – Helmut Schön erwies er damit einen Bärendienst. ***Er genoß seine Popularität in vollen Zügen und schrieb fleißig Autogramme*** *(es sollen weit über 1000 gewesen sein). Offiziell mischte er sich zwar nicht ein, schrieb Herberger-Biograph Jürgen Leinemann, aber jeden Morgen habe er mit Schöns Assistenten Udo Lattek und Dettmar Cramer und einigen Journalisten im Hotel zusammengesessen, um zu fachsimpeln.*

Herberger schreckte jedoch auch vor Grenzüberschreitungen nicht zurück. Er war es, der Brülls als erster darüber informierte, daß dieser im Finale nicht spielen würde. Nach der WM schrieb Herberger seinem Nachfolger den Satz ins Zeugnis: »Die Vorbereitung war zu mangelhaft.«

OVERATH SCHLÄGT ARGENTINIER ONEGA

› Selbst als der deutschstämmige Argentinier José Albrecht in der 65. Minute nach üblen Tritten gegen Wolfgang Weber einen Feldverweis erhielt und sich vier Minuten lang weigerte, den Platz zu verlassen, konnte sich das deutsche Team nicht entscheidend durchsetzen. Der Daily Mirror bezeichnete den Auftritt der Südamerikaner als »barbarisch«, Overath meinte, niemals zuvor eine so »brutal spielende Elf« erlebt zu haben. Doch der hitzköpfige Kölner war nicht nur Opfer, sondern auch Täter: Er ließ sich zu einem Schlag gegen Onega hinreißen, der mit einem Platzverweis hätte geahndet werden müssen. In Anbetracht dieser Szenen fühlte sich der Sunday Telegraph an ein Spiel zweier Erzfeinde erinnert, »die um den Abstieg aus der zweiten Division kämpften«.

Das Remis gegen Argentinien hatte trotz der unangenehmen Begleitmusik gezeigt, daß Schöns Mannschaft vor dem dritten und wichtigsten Gruppenspiel in sich gefestigt war. Eine Niederlage gegen Spanien hätte das Ausscheiden bedeutet. BILD forderte deshalb: »Jetzt muß Emma ran!«

Schön reagierte. Werner Krämer kam für Albert Brülls und Lothar Emmerich für Helmut Haller. »Die Spanier werden schrubben wie die Argentinier, das ist Gift für dich«, erklärte der Bundestrainer dem konsternierten Haller die Entscheidung. Emmerich rechtfertigte das Vertrauen, erzielte ein Jahrhunderttor aus spitzem Winkel, Uwe Seeler bugsierte den Ball kurz vor Schluß (83.) zum 2:1 über die Linie. Helmut Schön hatte wieder alles richtig gemacht. Deutschland war Gruppensieger und ging Gastgeber England im Viertelfinale aus dem Weg.

» *Die Spanier werden schrubben wie die Argentinier, das ist Gift für dich*

Auch wenn Alt-Bundestrainer Sepp Herberger moserte – die deutsche Elf war auf einem guten Weg. Die Trainer hatten vor der WM im Trainingslager in Malente ausreichend Kondition bolzen lassen und den Spielern in Ashbourne nahe Dovedale den technischen Feinschliff verpaßt. Schöns »Korsettstangen« Schulz, Seeler und Schnellinger erfüllten ihre Aufgabe aufs vortrefflichste, ebenso Beckenbauer und Haller, die »Schlüsselfiguren der Nationalelf« (Sport Magazin).

Die beiden Mittelfeldakteure im 4-2-4-System avancierten, unterstützt vom laufstarken Overath, zu einem extrem torgefährlichen Traumpaar. Haller erzielte fünf Treffer im Turnierverlauf, Beckenbauer vier.

Auch am Platzrand war die Stimmung prächtig. Das war nicht zuletzt der Loyalität der Ersatzmänner geschuldet. Obwohl mit Sepp Maier, Günther Bernard, Klaus-Dieter Sieloff, Jürgen Grabowski, Bernd Patzke, Wolfgang Paul, Heinz Hornig und Max Lorenz acht Spieler kein einziges Mal zum Einsatz kamen, begehrten sie nicht auf.

Groll hegten die Kicker nur gegen den eigenen Verband. ›

Halbfinale

DEUTSCHLAND – SOWJETUNION 2:1

25. Juli 1966, 19.30 Uhr Ortszeit, Goodison Park, Liverpool

Schiedsrichter: *Lo Bello (Italien).* ***Tore:*** *1:0 Haller (43.), 2:0 Beckenbauer (68.), 2:1 Porkujan (88.).* ***Platzverweis:*** *Tschislenko wegen Nachtretens (44.).* ***Zuschauer:*** *43 921.*

Lothar Emmerich geht mit dem Fuß zum Ball, Galimzjan Chussainow mit dem Kopf. Deutschland tat sich auch gegen zehn Russen schwer

KÖRPERERTÜCHTIGUNG *Uwe Seeler und der einen Kopf größere Hans Tilkowski (r.) beim Zweikampftraining. Seeler, ein phantastischer Kopfballspieler mit enormer Sprungkraft, hüpft genauso hoch wie der Torwart aus Dortmund*

VOGTS DREI WOCHEN EIN SCHÜLER

Berti Vogts im Borussen-Trikot. Das Foto wurde am 6. September 1966 gemacht

Berti Vogts wollte nur lernen. Also fuhr der 19jährige Bundesliga-Novize zusammen mit seinem Gladbacher Kollegen Herbert Laumen sowie Trainer und Ersatzvater Hennes Weisweiler für drei Wochen als Tourist nach England. Das Programm hatte es in sich: aufstehen um 7 Uhr, Körperertüchtigung mit Ball auf der Sportanlage Ashbourne, Frühstück, danach das Training der Nationalmannschaft studieren. Oft stand Vogts hinter dem Tor von Hans Tilkowski, kickte Bälle zurück auf den Platz. »Heute machst du den Balljungen, morgen bist du dabei«, machte Weisweiler seinem Lieblingsschüler Mut. Doch Vogts plagten enorme Selbstzweifel, wie er später preisgab: »Wenn ich die Nationalspieler auf dem Trainingsplatz mit dem Ball jonglieren sah, hatte ich das deprimierende Gefühl, daß er mir wegspringen würde. Und dann würden sie grinsen, und ich würde mir ein Mauseloch suchen.« Weisweiler: »Ich habe ihn mitgenommen wie einen scheuen jungen Hund, den man schnuppern lassen muß. ***Zwar war ihm klar, daß ihm nicht das Talent eines Netzer oder Beckenbauer gegeben war****, aber nie habe ich es mit einem zu tun gehabt,* ***dessen Begeisterung und Leistungswille derart groß war****.« Die harte Schule hatte Erfolg: 1967 gab Vogts sein Debüt im Nationalteam, bei der WM 1970 war er Stammspieler.*

ZWEITES DEUTSCHES SKANDALSPIEL

> Der DFB zwang ihnen eine unangenehme Nebenbeschäftigung auf: das Autogrammeschreiben. Über 5000 Unterschriften mußte jeder Spieler leisten.

Mit Souveränität nahmen die Deutschen die beiden nächsten Hürden: Uruguay im Viertelfinale und Sowjetunion im Halbfinale. Und mit ein bißchen Glück: In der sechsten Minute gegen Uruguay verhinderte Karl-Heinz Schnellinger mit der Hand das 0:1. Die Unsportlichkeit war die Schlüsselszene in dem Spiel. Sigi Held traf zum 1:0. Die Südamerikaner traten im zweiten Skandalspiel mit deutscher Beteiligung immer wilder um sich, verloren Horacio Troche und Héctor José Silva durch Platzverweise und luden die Deutschen zum munteren Toreschießen ein.

4:0 gewonnen, Höttges durch Verletzung verloren. Den Bremer ersetzte der Frankfurter Friedel Lutz im Halbfinale gegen die Sowjetunion ohne Tadel – es war sein einziger Ausflug von der Tribüne auf den Platz. Auch dieses Spiel gewann die Schön-Elf am Ende gegen neun Gegner: Beckenbauer trat den danach nur noch humpelnden Josef Szabo in der achten Minute aus dem Spiel, Igor Tschislenko flog in der 44. Minute vom Platz.

Nach dem 2:1-Sieg wurden erstmals kritische Stimmen laut. Der österreichische Reporter Herbert Meisel mokierte sich über »Uwes Sterbeszenen« und wollte dem sich mehrmals am Boden windenden Hamburger den »Oscar« verleihen.

Nur einer kam erneut nicht richtig ins Spiel: Kunstschütze Lothar Emmerich, dessen wuchtige Art eklatante fußballerische Mängel kaschierte. »Wenn ich rückblickend an Emmas sensationelles Tor denke«, schrieb Helmut Schön 1978 in seiner Autobiographie »Fußball«, »wäre es mir lieber gewesen, ein anderer hätte es geschossen.« Begründung: »Von nun an war ich, insgeheim, auf Emmerich festgelegt und mußte ihn auch im Endspiel bringen – wo er dann weitgehend ausfiel.« Emmerichs Minusleistung war neben dem umstrittenen Wembley-Tor von Geoff Hurst zum 3:2 und Beckenbauers defensiver Rolle gegen Bobby Charlton der am häufigsten genannte Grund für die Niederlage.

Die Reaktion der deutschen Spieler auf die umstrittene Entscheidung des Schiedsrichters Gottfried Dienst aus der Schweiz brachte ihnen viele Sympathien ein. Wolfgang Weber und Hans Tilkowski protestierten nur kurz. Sie nahmen das 2:4 nach 120 dramatischen Minuten im Stil großer Sportsmänner. Das kam an im Mutterland des Fairplay. In das kollektive Gedächtnis der weltweiten Fußballgemeinde hat sich aber ein anderes Bild eingebrannt: das gesenkte Haupt Uwe Seelers auf dem Weg in die Kabinen. Das Foto wurde in Deutschland zum Sportbild des Jahres.

» Ich war, insgeheim, auf Emmerich festgelegt und mußte ihn auch im Endspiel bringen

Finale

ENGLAND – DEUTSCHLAND 4:2 N.V.

30. Juli 1966, 15 Uhr Ortszeit, Wembley-Stadion, London

Schiedsrichter: Dienst (Schweiz).
Tore: 0:1 Haller (12.), 1:1 Hurst (18.), 2:1 Peters (78.), 2:2 Weber (90.), 3:2 Hurst (101.), 4:2 Hurst (120.).
Zuschauer: 96 924.

Das Wembley-Tor: Der Ball, von der Torlatte senkrecht auf den Boden geprallt, steigt. Roger Hunt (Mitte) jubelt, Tilkowski fällt noch. Links: Weber

DEUTSCHER WM-KADER 1966

Neun Spieler aus dem Kader von Bundestrainer Helmut Schön bestritten alle sechs Spiele. Und weitere acht verbrachten die WM nur auf dem Trainingsplatz und der Tribüne

NR.	NAME	GEBOREN	Einsatz gegen SCHWEIZ	ARGENTINIEN	SPANIEN	URUGUAY	SOWJETUNION	ENGLAND	VEREIN
TOR									
21	Günter Bernard	04.11.1939	Tribüne	Tribüne	Tribüne	Tribüne	Tribüne	Tribüne	Werder Bremen
22	Sepp Maier	28.02.1944	Tribüne	Tribüne	Tribüne	Tribüne	Tribüne	Tribüne	Bayern München
1	Hans Tilkowski	12.07.1935	90 Min.	90 Min.	90 Min.	90 Min.	90 Min.	120 Min.	Borussia Dortmund
ABWEHR									
2	Horst-Dieter Höttges	10.09.1943	90 Min.	90 Min.	90 Min.	90 Min.	Tribüne	120 Min.	Werder Bremen
14	Friedel Lutz	21.01.1939	Tribüne	Tribüne	Tribüne	Tribüne	90 Min.	Tribüne	TSV 1860 München
15	Bernd Patzke	14.03.1943	Tribüne	Tribüne	Tribüne	Tribüne	Tribüne	Tribüne	TSV 1860 München
17	Wolfgang Paul	25.01.1940	Tribüne	Tribüne	Tribüne	Tribüne	Tribüne	Tribüne	Borussia Dortmund
3	Karl-Heinz Schnellinger	31.03.1939	90 Min.	90 Min.	90 Min.	90 Min.	90 Min.	120 Min.	AC Mailand
5	Willi Schulz	04.10.1938	90 Min.	90 Min.	90 Min.	90 Min.	90 Min.	120 Min.	Hamburger SV
18	Klaus-Dieter Sieloff	27.02.1942	Tribüne	Tribüne	Tribüne	Tribüne	Tribüne	Tribüne	VfB Stuttgart
6	Wolfgang Weber	26.06.1944	90 Min.	90 Min.	90 Min.	90 Min.	90 Min.	120 Min./1 Tor	1. FC Köln
MITTELFELD									
4	Franz Beckenbauer	11.09.1945	90 Min./2 Tore	90 Min.	90 Min.	90 Min./1 Tor	90 Min./1 Tor	120 Min.	Bayern München
7	Albert Brülls	26.03.1937	90 Min.	90 Min.	Tribüne	Tribüne	Tribüne	Tribüne	Brescia Calcio
8	Helmut Haller	21.07.1939	90 Min./2 Tore	90 Min.	Tribüne	90 Min./1 Tor	90 Min./1 Tor	120 Min./1 Tor	FC Bologna
16	Max Lorenz	19.08.1939	Tribüne	Tribüne	Tribüne	Tribüne	Tribüne	Tribüne	Werder Bremen
12	Wolfgang Overath	29.09.1943	90 Min.	90 Min.	90 Min.	90 Min.	90 Min.	120 Min.	1. FC Köln
ANGRIFF									
11	Lothar Emmerich	29.11.1941	Tribüne	Tribüne	90 Min./1 Tor	90 Min.	90 Min.	120 Min.	Borussia Dortmund
20	Jürgen Grabowski	07.07.1944	Tribüne	Tribüne	Tribüne	Tribüne	Tribüne	Tribüne	Eintracht Frankfurt
10	Siegfried Held	07.08.1942	90 Min./1 Tor	90 Min.	90 Min.	90 Min./1 Tor	90 Min.	120 Min.	Borussia Dortmund
13	Heinz Hornig	28.09.1937	Tribüne	Tribüne	Tribüne	Tribüne	Tribüne	Tribüne	1. FC Köln
19	Werner Krämer	23.01.1940	Tribüne	Tribüne	90 Min.	Tribüne	Tribüne	Tribüne	MSV Duisburg
9	Uwe Seeler	05.11.1936	90 Min.	90 Min.	90 Min./1 Tor	90 Min./1 Tor	90 Min.	120 Min.	Hamburger SV

HELMUT SCHÖN: FEHLER IM FINALE

Väterlich hat Bundestrainer Helmut Schön Mittelfeldspieler Franz Beckenbauer (r.) den Arm auf die Schultern gelegt. Im Endspiel erhielt Beckenbauer eine Sonderaufgabe: Er mußte Bobby Charlton bewachen. Jungstar Beckenbauer und Altstar Charlton neutralisierten sich gegenseitig. Schön hatte sich bei seiner ersten WM als Cheftrainer verpokert, Beckenbauer fiel für das Offensivspiel der deutschen Mannschaft aus

31. Mai – 21. Juni

MEXIKO 1970

Teilnehmer (16): Belgien, Brasilien, Bulgarien, Deutschland, El Salvador, England, Israel, Italien, Marokko, Mexiko, Peru, Rumänien, Schweden, Sowjetunion, Tschechoslowakei, Uruguay

Weltmeister: Brasilien
Torschützenkönig: Gerd Müller (Deutschland), 10 Tore

Spieler erzwingen 15 000 Mark Prämie

Vier Monate vor der WM sucht Gerd Müller den Machtkampf mit Helmut Schön: »Entweder Uwe – oder ich.« Müller bietet Rücktritt an ++ Seeler lenkt ein, will hinter dem Münchner im Mittelfeld spielen. Ein Glücksfall für Deutschland ++ Müller erzielt zehn Tore, Seeler drei ++ Helmut Haller reist verletzt an, spielt nur 45 Minuten und nie mehr für sein Land ++ Stan Libuda ist beim 5:2 gegen Bulgarien an vier der fünf Tore beteiligt. Aber der Bundestrainer mag ihn nicht ++ Erster Schuhkrieg erschüttert DFB. Spieler erzwingen von Ausrüster Adidas 15 000 Mark Prämie pro Kopf ++ 100 000 Fans empfangen WM-Dritten bei Rückkehr in Frankfurt ++

NIEDERLAGE MACHTE SIE BERÜHMT

Nach dem 3:4 n. V. im Halbfinale gegen Italien erlangten die Spieler Heldenstatus. Vorher mußte man viele Probleme lösen. Das wichtigste: Wie kommen Seeler und Müller zueinander?

DIE DEUTSCHE MANNSCHAFT *(oben von links): Max Lorenz, Reinhard Libuda, Willi Schulz, Bernd Patzke, Sigfried Held, Peter Dietrich, Mannschaftskoch Hans Damker, Franz Beckenbauer, Masseur Erich Deuser, Helmut Haller, Mannschaftsarzt Hannes Schoberth, Zeugwart Heinz Dahn, Sepp Maier, Horst Wolter, Klaus Fichtel, Manfred Manglitz, Gerd Müller, Klaus-Dieter Sieloff, Berti Vogts, Jürgen Grabowski, Johannes Löhr, Wolfgang Weber, Karl-Heinz Schnellinger, Wolfgang Overath, Horst-Dieter Höttges. Vorn: Uwe Seeler, Pressechef Wilfried Gerhardt, DFB-Funktionär Hermann Joch, DFB-Funktionär Hans Deckert, DFB-Präsident Dr. Hermann Gösmann, Vizepräsident Hermann Neuberger, Funktionär Rudi Gramlich, Bundestrainer Helmut Schön, Co-Trainer Jupp Derwall sowie ein weiterer Betreuer. Das Foto wurde am 25. Mai 1970 aufgenommen. Für die WM qualifizierte sich die Mannschaft als Erster der Europa-Gruppe 7 (11:1 Punkte) vor Schottland, Österreich und Zypern*

Magisches Mexiko: Wer sich 1970 die Nächte um die Ohren geschlagen hat, um die Spiele des deutschen Teams am TV zu erleben, schwärmt noch heute davon. Hitzeschlachten und heroische Aufholjagden zogen die ganze Nation in einen Fußball-Bann. Am Ende stand ein grandioses Scheitern. Trotzdem erlangten die Spieler in all ihrer Tragik Heldenstatus. Die Voraussetzung für diese Leistung wurde geschaffen in Zimmer 15 des Mannschaftsquartiers in Comanjilla. Dort logierten Uwe Seeler, 33 Jahre, unverwüstlich, und Gerd Müller, zehn Jahre jünger. Ausnahme-Torjäger alle beide. Was wenige wußten: Seeler war der Alptraum des sensiblen Münchners: Traf er mal nicht, gingen die »Uwe-Uwe«-Sprechchöre von den Rängen Gerd Müller viel tiefer unter die Haut als allgemein angenommen.
Bundestrainer Helmut Schön hatte die Konkurrenten zusammengelegt im Vertrauen auf Seelers psychologisches Geschick. Unter Männern regelten der Hamburger und der Bayer im Oasenhotel tatsächlich ihr Problem, das zuvor ganz Deutschland belastet hatte und das in der nationalen Gewissensfrage gipfelte: Seeler oder Müller?
Rückblick. Man schrieb den 12. Februar 1970. Die Boeing der Lufthansa hatte auf dem Flug von Sevilla nach Frankfurt gerade ihre Reiseflughöhe erreicht. Spieler, Trainer und Begleiter der deutschen Nationalmannschaft hatten es sich ein wenig bequem gemacht und versuchten, den Frust der 0:2-Niederlage im Testspiel gegen Spanien zu verarbeiten. In vier Monaten würde die Weltmeisterschaft in Mexiko beginnen. Da redete sich einer, der »Bomber der Nation«, den Frust von der Seele. >

9. WM-ENDRUNDE

Gruppe 1

31.5.	Mexiko-Stadt	Mexiko – Sowjetunion	0:0
3.6.	Mexiko-Stadt	Belgien – El Salvador	3:0
6.6.	Mexiko-Stadt	Sowjetunion – Belgien	4:1
7.6.	Mexiko-Stadt	Mexiko – El Salvador	4:0
10.6.	Mexiko-Stadt	Sowjet. – El Salvador	2:0
11.6.	Mexiko-Stadt	Mexiko – Belgien	1:0

Gruppe 2

2.6.	Puebla	Uruguay – Israel	2:0
3.6.	Toluca	Italien – Schweden	1:0
6.6.	Puebla	Uruguay – Italien	0:0
7.6.	Toluca	Schweden – Israel	1:1
10.6.	Puebla	Schweden – Uruguay	1:0
11.6.	Toluca	Italien – Israel	0:0

Gruppe 3

2.6.	Guadalajara	England – Rumänien	1:0
3.6.	Guadalajara	Brasilien – Tschech.	4:1
6.6.	Guadalajara	Rumänien – Tschech.	2:1
7.6.	Guadalajara	Brasilien – England	1:0
10.6.	Guadalajara	Brasilien – Rumänien	3:2
11.6.	Guadalajara	England – Tschech.	1:0

Gruppe 4

2.6.	León	Peru – Bulgarien	3:2
3.6.	León	Deutschland – Marokko	2:1
6.6.	León	Peru – Marokko	3:0
7.6.	León	Deutschland – Bulgarien	5:2
10.6.	León	Deutschland – Peru	3:1
11.6.	León	Bulgarien – Marokko	1:1

Viertelfinale

14.6.	León	Deutschland – England	3:2 n.V.
14.6.	Guadalajara	Brasilien – Peru	4:2
14.6.	Toluca	Italien – Mexiko	4:1
14.6.	Mexiko-Stadt	Uruguay – Sowjetunion	1:0 n.V.

Halbfinale

17.6.	Guadalajara	Brasilien – Uruguay	3:1
17.6.	Mexiko-Stadt	Italien – Deutschland	4:3 n.V.

Spiel um Platz 3

20.6.	Mexiko-Stadt	Deutschland – Uruguay	1:0

Finale

21.6.	Mexiko-Stadt	Brasilien – Italien	4:1

Alan Ball (l.) und Berti Vogts steigen zum Kopfball hoch. Im Viertelfinale scheint England nach 2:0-Führung schon der Sieger zu sein, Deutschland gewinnt noch 3:2 n. V.

DEUTSCHE MÄNNER ZWEIFELTEN

> »So geht es nicht weiter. Uwe Seeler und ich gemeinsam in der Sturmmitte – das ist alles ein Riesen-Schmarrn«, sagte Gerd Müller und stellte Schön praktisch die Stiefel vor die Tür. »Entweder Uwe – oder ich!« Was der Bayern-Stürmer meinte, war klar: Die beiden nahmen sich gegenseitig den Platz im Angriff weg, standen sich im Weg, statt Tore für Deutschland zu schießen.

Die übrigen Beteiligten waren anderer Meinung. Helmut Schön wollte auf keinen der beiden verzichten. Und Uwe Seeler, der Kapitän, bot sogar eine Lösung an, die auf seine Kosten ging: »Gerd spielt vorne, ich hinter ihm. Ich bin sicher, das wird klappen.«

Deutschland, der Vizeweltmeister von 1966, befand sich noch längst nicht in WM-Form. Und die Probleme häuften sich. Günter Netzer, in Gladbach ein Held, aber in der Nationalelf immer noch nicht richtig etabliert, war beleidigt, weil er von Schön nach dem Spiel in Sevilla kritisiert worden war. Netzer erklärte seinen sofortigen Rücktritt mit den Worten: »Herr Schön ist für mich ab sofort gestorben.« Und Müller polterte auch noch mal: »Ich muß auch nicht nach Mexiko.«

Aus Italien kam unterdessen wenig frohe Kunde von den Legionären Karl-Heinz Schnellinger (AC Mailand) und Helmut Haller (Juventus Turin): Beide waren verletzt.

Dabei hatte das WM-Jahr so nett angefangen. Nach dem 10. Januar, als Deutschland zusammen mit Marokko, Bulgarien und Peru in die WM-Gruppe 4 gelost wurde, waren noch 79 Prozent der männlichen Bevölkerung der Bundesrepublik der Meinung, Deutschland wird Weltmeister. Einige Wochen später bot sich ein völlig neues Bild. Nur noch 43 Prozent glaubten an einen Weltmeister Deutschland – obwohl Netzer inzwischen von seinem Rücktritt zurückgetreten war und Uwe Seeler (»Schluß mit dem Kinderkram«) und Gerd Müller sich schon nähergekommen waren. Schließlich meldete sich sogar Karl-Heinz Schnellinger gesund. Auch die Libero-Frage war geklärt. Franz Beckenbauer, der bei Bayern München diese Position bekleidete, rückte ins Mittelfeld, der Hamburger Willi Schulz übernahm wie 1966 in England.

Je näher der Abflug nach Mexiko jedoch rückte, desto stärker vernebelten immer neue Hiobsbotschaften die Atmosphäre. Netzer meldete sich wieder ab, diesmal mit einer Adduktorenverletzung, und stöhnte: »Womit habe ich das verdient?« Helmut Haller war zuerst nach einer Ferndiagnose der DFB-Ärzte (Schulter-Verletzung) aus dem DFB-Aufgebot geflogen, durfte dann aber doch noch mitreisen und prophezeite: »In Mexiko schaukeln wir ein großes Ding.«

Die Fans in Deutschland waren sich da immer noch nicht so sicher. >

» Uwe Seeler und ich gemeinsam in der Sturmmitte – alles ein Riesen-Schmarrn

1. Spiel Vorrunde

DEUTSCHLAND – MAROKKO 2:1

3. Juni 1970, 16 Uhr Ortszeit, Estadio Guanajuato, León

***Schiedsrichter:** van Ravens (Holland). **Tore:** 0:1 Jarir (21.), 1:1 Seeler (56.), 2:1 Müller (80.). **Einwechslungen:** Grabowski für Haller (46.), Löhr für Höttges (75.) – El-Khiati für Ghazouani (55.), Faras für Bamous (72.). **Zuschauer:** 12 742.*

2. Spiel Vorrunde

DEUTSCHLAND – BULGARIEN 5:2

7. Juni 1970, 12 Uhr Ortszeit, Estadio Guanajuato, León

***Schiedsrichter:** de Mendibil (Spanien). **Tore:** 0:1 Nikodimov (12.), 1:1 Libuda (19.), 2:1 Müller (27.), 3:1 Müller (52., Foulelfmeter), 4:1 Seeler (69.), 5:1 Müller (88.), 5:2 Kolev (89.). **Einwechslungen:** Grabowski für Löhr (59.), Weber für Beckenbauer (72.) – Mitkov für Dermendjiev (46.), Schalamanov für Gaganelov (58.). **Zuschauer:** 12 710.*

AM BECKENRAND *Sepp Maier ist zum ersten Torwart der Nationalmannschaft aufgestiegen, die Rolle als Pausenclown spielt er weiter mit großer Begeisterung. In einem Schwimmbad in León fordert er einen kleinen Mexikaner zum Boxkampf heraus. Der wird Maier gleich ins Wasser befördern*

EHRE FÜR DEUTSCHE SCHIEDSRICHTER

Rudi Glöckner pfiff das Endspiel Brasilien gegen Italien

Den deutschen Schiedsrichtern wurde die einzigartige Ehre zuteil, das Eröffnungs- und Endspiel der 9. Weltmeisterschaft zu pfeifen. Schiedsrichter aus einem Land (aber nicht einem Verband) bei diesen zwei Spielen – das gab es bei keinem der anderen 16 WM-Turniere. Am 31. Mai leitete der Mannheimer Kurt Tschenscher, ein erfahrener DFB- und Fifa-Schiedsrichter, die Partie Mexiko gegen die UdSSR (0:0). Für das Endspiel wollten die Brasilianer keinen der etablierten europäischen Schiedsrichter akzeptieren, die Italiener waren gegen einen Südamerikaner. Und ein Unparteiischer aus Asien kam wegen mangelnder internationaler Erfahrung nicht in Frage. So schaltete sich Fifa-Präsident Sir Stanley Rous ein. Der Brite hatte Rudi Glöckner aus Markranstädt (bei Leipzig) im Vorrundenspiel Uruguay gegen Italien (0:0) beobachtet und für gut genug befunden. Er setzte den Referee des ostdeutschen DFV schließlich bei den Finalisten durch. ***Glöckner erhielt sogar die »Silberne Pfeife« für seine umsichtige und ausgewogene Leitung****. Übrigens: Der Engländer George Reader leitete bei der Weltmeisterschaft 1950 das Eröffnungsspiel und die entscheidende Partie zwischen Uruguay und Brasilien (2:1). Sie war aber kein Endspiel: Die WM wurde in einer Finalrunde entschieden.*

DFB HATTE SEINEN ERSTEN SCHUHKRIEG

› Denn die Generalproben gegen Irland (2:1 in Berlin) und Jugoslawien (1:0 in Hannover) waren mühsam und von zahlreichen Pfiffen begleitet. Was Berti Vogts gegenüber Uwe Seeler zu der Frage verleitete: »Uwe, was ist eigentlich, wenn wir die nächsten sieben Spiele auch jeweils 2:1 gewinnen?« »Dann sind wir Weltmeister, Berti«, antwortete Seeler.

Einen neuen Dämpfer bekam der Troß bei der Ankunft. Der mexikanische Zoll ließ das von Mannschaftskoch Hans Damker mitgebrachte Gefrierfleisch im Wert von 10 000 Mark nicht ins Land. Und zur Ruhe kamen die Nationalspieler auch nicht, als sie ihr WM-Quartier in Comanjilla in León bezogen hatten. Vor dem ersten Spiel gegen Marokko lautete die Schlagzeile der BILD-Zeitung: »Geld her! Oder wir ziehen die Schuhe aus!« Der DFB hatte seinen ersten Schuhkrieg.

Der Hintergrund: Adidas rüstete die Nationalelf zwar mit Schuhen aus, weigerte sich aber, dafür Geld zu zahlen. Bei den Spielern mit Adidas-Verträgen (unter anderen Seeler, Lorenz, Beckenbauer und Overath) war das kein Problem. Aber der große Rest, immerhin 16 Spieler, forderte 2000 bis 3000 Mark pro Spieler und Spiel.

Das Ergebnis: Puma-Manager Hubert Peters war bereits mit großem Geldkoffer und prächtiger Schuh-Auswahl vor Ort, kam aber nicht ins Geschäft. Peters verhandelte allerdings auch nicht mit letztem Nachdruck: »Das Ganze kam drei Wochen zu spät. Wir wollen ja nicht schuld sein, wenn hier etwas schiefgeht.« Unterm Strich war es der erste erfolgreiche Aufstand deutscher Spieler bei einer WM: Adidas überwies schließlich jedem Profi 15 000 Mark. 1966 hatten es noch zwei Goldmünzen für jeden getan.

Es gab eine weitere Hürde. Wie spielt man als Mitteleuropäer in 2300 Meter Höhe bei 45 Grad Fußball? Beckenbauer meldete sich zum ersten Mal in seiner Karriere mit Wadenkrämpfen, Uwe Seeler versuchte sich noch mit Scherzen: »Der Planet strahlt heute aber wieder heftig.« Die medizinische Abteilung versorgte die Spieler kiloweise mit Salztabletten und Vitaminen B1, B6 und B12. Gegen drohende Durchfallerkrankungen, berüchtigt als »Montezumas Rache«, empfahl Schön seinen Schützlingen einen Schluck Whisky morgens und abends beim Zähneputzen.

Nach dem mäßigen Auftakt gegen Marokko (2:1) verlangten Hitze und dünne Luft nach neuer Taktik: keine kraftraubende Manndeckung mehr, keine Flügelwechsel, kein deutsches Tempospiel, keine weiten Pässe. Kein Spieler hätte das Turnier sonst durchgehalten. Statt dessen verordnete Schön kräfteschonendes Kurzpaßspiel über viele Stationen und geduldiges Warten auf die Chance. Das Ergebnis war ein 5:2 gegen Bulgarien. ›

» Wir wollen ja nicht schuld sein, wenn hier etwas schiefgeht

3. Spiel Vorrunde

DEUTSCHLAND – PERU 3:1

10. Juni 1970, 16 Uhr Ortszeit, Estadio Guanajuato, León

Schiedsrichter: Aguilar Elizalde (Mexiko). Tore: 1:0 Müller (19.), 2:0 Müller (26.), 3:0 Müller (39.), 3:1 Cubillas (44.). Einwechslungen: Patzke für Höttges (46.), Ramírez für León (56.), Cruzado für Challe (71.), Grabowski für Libuda (74.). Zuschauer: 17 875.

Viertelfinale

DEUTSCHLAND – ENGLAND 3:2 N.V.

14. Juni 1970, 12 Uhr Ortszeit, Estadio Guanajuato, León

Schiedsrichter: Coerezza (Argentinien). Tore: 0:1 Mullery (31.), 0:2 Peters (49.), 1:2 Beckenbauer (68.), 2:2 Seeler (80.), 3:2 Müller (108.). Einwechslungen: Schulz für Höttges (46.), Grabowski für Libuda (57.) – Bell für B. Charlton (68.), Hunter für Peters (81.). Gelbe Karten: Overath – Lee. Zuschauer: 23 357.

SPÄTE LIEBE *Uwe Seeler (l.) und Gerd Müller wachsen in Mexiko zum Traumpaar zusammen. Seeler erzielt drei Treffer und macht sich als Torvorbereiter von Müller verdient, der Münchner trifft zehnmal. Es ist zwischen beiden eine Liebe auf den zweiten Blick*

STAN LIBUDA – NUR EIN GROSSER TAG

Dribbelkünstler: Stan Libuda (l.) gegen Bulgarien

An seinem größten Tag hat Reinhard »Stan« Libuda einen ausgegeben. Getränkedosen machten die Runde vor dem Teamquartier der Deutschen in Comanjilla. Der 26jährige von Schalke 04, für die Königsblauen auf ewig bester Nachkriegs-Rechtsaußen, hatte sein Team Stunden vorher zu einem 5:2-Sieg über Bulgarien geführt. »Ist schon ein süßer Kerl, der Stan«, griente Uwe Seeler. Das Vorrundenspiel blieb Libudas bestes. Der Stürmer mit tiefen Wurzeln im Gelsenkirchener Zechen-Stadtteil Haverkamp dribbelte sich im Leben zu oft selbst aus. ***Weltklasseleistungen mit Tricks****, wie sie der Brasilianer Garrincha oder der Engländer Stan Matthews (von ihm hat er den Spitznamen) zeigten,* ***folgten immer wieder unerklärliche Leistungsabstürze****. Ein gestörtes Verhältnis zu dem empfindsamen Dribbler hatte der selbst als sensibel geltende Helmut Schön. Daraus erklärt sich auch die für einen Spieler seines Talents indiskutable Zahl von nur 26 Länderspielen. In Mexiko, nach seiner Auswechslung im Spiel um Platz drei, stapfte Libuda grußlos an Schön vorbei. Endgültig abwärts ging es mit dem Bundesliga-Skandal 1971. Libuda wurde gesperrt, sein gepachteter Tabakladen am Schalker Markt ging pleite. Alkohol, Scheidung – ein verpfuschtes Leben. Es endete am 25. August 1996 im Alter von 52 Jahren.*

HELMUT HALLERS KARRIERE ZU ENDE

> Stan Libuda hatte einen legendären Auftritt. Der sensible Dribbelkünstler des FC Schalke, der Deutschland schon mit seinem Tor zum 3:2 gegen Schottland in der WM-Qualifikation den Weg nach Mexiko geebnet hatte, war an vier der fünf Tore beteiligt und riß Bulgariens bärbeißigen Trainer Stefan Boskov zu dem martialischen Kompliment hin: »Den kann man nur mit einer Flinte erlegen.«

Nach einem 3:1 gegen die gefährlichen Peruaner kam es im Viertelfinale zur Revanche für Wembley 1966. Als die Deutschen die Hitzeschlacht gegen England nach Verlängerung mit 3:2 gewonnen hatten, gab es zwei Themen. Erstens: Wunderbar, Deutschland ist im Halbfinale. Zweitens: aber um welchen Preis?

Englands Mittelfeldspieler Norman Hunter: »Glückwunsch an die Deutschen. Aber wir haben ihnen die WM vermasselt. Das Spiel gegen uns hat sie zuviel Kraft gekostet, sie werden das Halbfinale gegen Italien nicht gewinnen können. Uns würde es genauso gehen.«

Doch das war nur die halbe Wahrheit. Deutschland spielte am 17. Juni 1970 im Azteken-Stadion von Mexiko-Stadt nicht nur gegen Italiener, sondern auch gegen Schiedsrichter Arturo Yamasaki. In allen kritischen Situationen entschied er gegen die Deutschen, Italien gewann das Drama im sogenannten Jahrhundertspiel über 120 Minuten 4:3.

Die Deutschen wurden durch ihre Niederlage größer, als sie es nach einem Sieg je hätten werden können. Für wichtiger als den Erfolg hält Abwehrchef Willi Schulz noch heute, wie man auftritt, sich in kritischen Phasen verhält und Größe dabei zeigt: »Und die hat die deutsche Mannschaft in diesem Jahrhundertspiel gezeigt.« Deutschland kehrte nach einem 1:0 über Uruguay als WM-Dritter nach Hause und wurde in Frankfurt bei der Ankunft von über 100 000 Fans begeistert gefeiert. Die Deutschen hatten gespürt, daß die Mannschaft an die Grenzen ihrer Leistungsfähigkeit gegangen war.

» Glückwunsch an die Deutschen. Aber wir haben ihnen die WM vermasselt

Das Problem »Müller oder Seeler« hatte sich auf wunderbare Weise gelöst: Müller wurde mit zehn Treffern Torschützenkönig, Seeler (drei Tore) als bester Vorbereiter gefeiert.

Helmut Haller hatte die teuerste Rechnung zu bezahlen: Seine lange Verletzungspause war offensichtlich der Grund für seine blamable erste Halbzeit gegen Marokko. Kraftlos war er in der Kabine sitzen geblieben und prophezeite: »Die WM ist für mich zu Ende.« Die Länderspielkarriere war es nach 33 Spielen und 13 Toren auch.

Günter Netzer hingegen sollte sich bald von seiner Verletzung erholen und zusammen mit Franz Beckenbauer den Kern der besten deutschen Nationalmannschaft aller Zeiten bilden. Die holte 1972 ihren ersten EM-Titel.

Halbfinale

ITALIEN – DEUTSCHLAND 4:3 N.V.

17. Juni 1970, 16 Uhr Ortszeit, Estadio Azteca, Mexiko-Stadt

Schiedsrichter: *Yamasaki (Mexiko).* ***Tore:*** *1:0 Boninsegna (8.), 1:1 Schnellinger (90.), 1:2 Müller (95.), 2:2 Burgnich (99.), 3:2 Riva (104.), 3:3 Müller (110.), 4:3 Rivera (111.).* ***Einwechslungen:*** *Rivera für Mazzola (46.), Poletti für Rosato (90.) – Libuda für Löhr (52.), Held für Patzke (66.).* ***Gelbe Karten:*** *Overath, Müller – Albertosi, Rosato, de Sisti, Domenghini.* ***Zuschauer:*** *102 444.*

Spiel um Platz 3

DEUTSCHLAND – URUGUAY 1:0

20. Juni 1970, 16 Uhr Ortszeit, Estadio Azteca, Mexiko-Stadt

Schiedsrichter: *Sbardella (Italien).* ***Tor:*** *1:0 Overath (27.).* ***Einwechslungen:*** *Lorenz für Schnellinger (46.), Löhr für Libuda (75.) – Espárrago für Fontes (46.), Sandoval für Maneiro (68.).* ***Gelbe Karten:*** *Lorenz, Löhr – Ubiña, M. Castillo, Fontes.* ***Zuschauer:*** *104 403.*

DEUTSCHER WM-KADER 1970

Bundestrainer Helmut Schön nominierte Spieler aus 13 Vereinen. Der 1. FC Köln stellte mit den vier Profis Manfred Manglitz,Wolfgang Weber, Wolfgang Overath und Hannes Löhr die meisten ab

NR.	NAME	GEBOREN	Einsatz gegen MAROKKO	BULGARIEN	PERU	ENGLAND	ITALIEN	URUGUAY	VEREIN
TOR									
1	Sepp Maier	28.02.1944	90 Min.	90 Min.	90 Min.	120 Min.	120 Min.	Bank	Bayern München
21	Manfred Manglitz	08.03.1940	Tribüne	Bank	Tribüne	Tribüne	Tribüne	Tribüne	1. FC Köln
22	Horst Wolter	08.06.1942	Bank	Tribüne	Bank	Bank	Bank	90 Min.	Eintracht Braunschweig
ABWEHR									
11	Klaus Fichtel	19.11.1944	90 Min.	90 Min.	90 Min.	120 Min.	Bank	90 Min.	FC Schalke 04
2	Horst-Dieter Höttges	10.09.1943	75 Min.	90 Min.	45 Min.	45 Min.	Tribüne	Tribüne	Werder Bremen
16	Max Lorenz	19.08.1939	Tribüne	Tribüne	Bank	Bank	Tribüne	45 Min.	Eintracht Braunschweig
15	Bernd Patzke	14.03.1943	Bank	Bank	45 Min.	Tribüne	66 Min.	90 Min.	TSV 1860 München
3	Karl-Heinz Schnellinger	31.03.1939	Bank	90 Min.	90 Min.	120 Min.	120 Min./1 Tor	45 Min.	AC Mailand
5	Willi Schulz	04.10.1938	90 Min.	Tribüne	Tribüne	75 Min.	120 Min.	Bank/ohne Schuhe	Hamburger SV
18	Klaus-Dieter Sieloff	27.02.1942	Tribüne	Tribüne	Tribüne	Tribüne	Tribüne	Tribüne	VfB Stuttgart
7	Berti Vogts	30.12.1946	90 Min.	90 Min.	90 Min.	120 Min.	120 Min.	90 Min.	Borussia Mönchengladbach
6	Wolfgang Weber	16.06.1944	Tribüne	18 Min.	Tribüne	Tribüne	Bank	90 Min.	1. FC Köln
MITTELFELD									
4	Franz Beckenbauer	11.09.1945	90 Min.	72 Min.	90 Min.	120 Min./1 Tor	120 Min.	Tribüne	Bayern München
19	Peter Dietrich	06.03.1944	Tribüne	Tribüne	Tribüne	Tribüne	Tribüne	Tribüne	Borussia Mönchengladbach
8	Helmut Haller	21.07.1939	45 Min.	Tribüne	Bank	Tribüne	Tribüne	Bank	Juventus Turin
12	Wolfgang Overath	29.09.1943	90 Min.	90 Min.	90 Min.	120 Min.	120 Min.	90 Min./1 Tor	1. FC Köln
ANGRIFF									
20	Jürgen Grabowski	07.07.1944	45 Min.	31 Min.	16 Min.	63 Min.	120 Min.	Tribüne	Eintracht Frankfurt
10	Siegfried Held	07.08.1942	90 Min.	Bank	Tribüne	Bank	54 Min.	90 Min.	Borussia Dortmund
14	Reinhard Libuda	10.10.1943	Tribüne	90 Min./1 Tor	74 Min.	57 Min.	68 Min.	75 Min.	FC Schalke 04
17	Hannes Löhr	05.07.1942	15 Min.	59 Min.	90 Min.	120 Min.	52 Min.	15 Min.	1. FC Köln
13	Gerd Müller	03.11.1945	90 Min./1 Tor	90 Min./3 Tore	90 Min./3 Tore	120 Min./1 Tor	120 Min./2 Tore	90 Min.	Bayern München
9	Uwe Seeler	05.11.1936	90 Min./1 Tor	90 Min./1 Tor	90 Min.	120 Min./1 Tor	120 Min.	90 Min.	Hamburger SV

NUR EIN MEISTER DER HERZEN

Die Enttäuschung ist Bundestrainer Helmut Schön (l.) und Franz Beckenbauer ins Gesicht geschrieben, als sie nach dem Halbfinale gegen Italien (3:4 n. V.) den Platz verlassen. Beckenbauer spielte die Verlängerung mit einer Schulterbandage, er hatte sich nach einem Foul von Cera in der 65. Minute die rechte Schulter ausgerenkt. Die beiden werden zu Meistern der Herzen

Teilnehmer (16): Argentinien, Australien, Brasilien, Bulgarien, Chile, Deutschland, DDR, Haiti, Holland, Italien, Jugoslawien, Polen, Schottland, Schweden, Uruguay, Zaire

Weltmeister: Deutschland
Torschützenkönig: Grzegorz Lato (Polen), 7 Tore

Buschner lädt West-Reporter ein

Einzige WM-Teilnahme der DDR ++ Spieler werden vor Reise in den Westen politisch geschult ++ Schlagerbarde Frank Schöbel singt eigenen WM-Song ++ Erstes Tor für die Auswahl von Trainer Georg Buschner erzielt der Australier Curran ++ Nach zwei Siegen und einem Unentschieden Sieger der Vorrundengruppe 1 ++ Buschner selbstbewußt. Er lädt West-Journalisten ins Trainings-Quartier ein ++ Drei Spieler feiern nach Sieg gegen die Bundesrepublik auf St. Pauli und verpassen so Bombenalarm im Hotel ++ In Finalrunde nur noch ein Unentschieden und zwei Niederlagen ++ Spieler erhalten nach WM Sonderprämie. Sie wird in D-Mark ausgezahlt ++

EWALD WOLLTE DDR-TEAM ZURÜCKZIEHEN

Der Präsident des Deutschen Turn- und Sportbundes war von der Angst getrieben, dem Klassenfeind Westdeutschland auf dessen Territorium zu unterliegen. Dabei hatte die DDR viele Stars

DIE DDR-MANNSCHAFT *(oben von links): Jürgen Sparwasser, Wolfgang Seguin, Harald Irmscher, Hans-Jürgen Kreische, Joachim Streich, Wolfram Löwe, Eberhard Vogel, Martin Hoffmann. Mitte: Cheftrainer Georg Buschner, Peter Ducke, Siegmar Wätzlich, Joachim Fritsche, Rüdiger Schnuphase, Lothar Kurbjuweit, Jürgen Pommerenke, Reinhard Lauck, Co-Trainer Kurt Holke. Vorn: Gerd Kische, Erich Hamann, Wolfgang Blochwitz, Jürgen Croy, Werner Friese, Bernd Bransch, Konrad Weise. Das Foto wurde in Ost-Berlin aufgenommen. Für die WM qualifizierte sich die Mannschaft als Erster der Europa-Gruppe 4 (10:2 Punkte) vor Rumänien, Finnland und Albanien.*

Heute wird was los sein, heute müßt ihr groß sein, heute, wenn das Spiel beginnt. Seht, wie sie sich drängen, oben auf den Rängen. Es ist wahr: Wer wagt, gewinnt.« So klingt sie, die erste Strophe des DDR-Liedes zur Fußball-Weltmeisterschaft 1974. Titel: »Ja, der Fußball ist rund wie die Welt.« Komposition: Gerhard Siebholz und Frank Schöbel, Text: Dieter Schneider, Gesang: Frank Schöbel.
Die Spieler von Georg Buschner brauchten nicht ins Tonstudio. Das ist es also, das Gegenstück. Oder sogar die Gegenwelt zum Fußball in der Bundesrepublik, der den Fußball im anderen Teil des Landes von oben herab beäugt, ihn belächelt oder ihn gar nicht kennt.
In der DDR singen die Fans: »Und wenn einer zum anderen hält, trifft der Ball, klarer Fall.«
In der Bundesrepublik singen die Spieler auf ihrer Schallplatte »Fußball ist unser Leben«, auch, um etwas dazuzuverdienen: »Wir kämpfen und geben alles, bis dann ein Tor nach dem anderen fällt. Ja, einer für alle, alle für einen – wir halten fest zusammen.« Mag der einen Unterschied herauslesen, der will.
Eines steht fest, wenn man bis Anfang der siebziger Jahre zurückschaut: In Deutschland Ost tummelte sich eine gehörige Anzahl guter Fußballspieler, technisch begabt, taktisch versiert, hart, athletisch, erfolgshungrig.
In Deutschland West war es ebenso. Wenn man so will: Die Einheit des Landes zeigte sich in der Tatsache, daß zur gleichen Zeit Persönlichkeiten wie Franz Beckenbauer und Bernd Bransch das Spiel ihrer Teams organisierten, daß zur gleichen Zeit Joachim Streich, Jürgen Sparwasser und Gerd Müller unnachahmliche Tore schossen. >

1972 BIS 1976

VIER GROSSE JAHRE

10. WM-ENDRUNDE

Gruppe 1

14.6.	Berlin	Deutschland – Chile	1:0
14.6.	Hamburg	DDR – Australien	2:0
18.6.	Hamburg	Deutschland – Australien	3:0
18.6.	Berlin	Chile – DDR	1:1
22.6.	Berlin	Australien – Chile	0:0
22.6.	Hamburg	DDR – Deutschland	1:0

Gruppe 2

13.6.	Frankfurt	Brasilien – Jugoslawien	0:0
14.6.	Dortmund	Schottland – Zaire	2:0
18.6.	Gelsenk.	Jugoslawien – Zaire	9:0
18.6.	Frankfurt	Schottland – Brasilien	0:0
22.6.	Frankfurt	Schottland – Jugoslaw.	1:1
22.6.	Gelsenk.	Brasilien – Zaire	3:0

Gruppe 3

15.6.	Hannover	Holland – Uruguay	2:0
15.6.	Düsseldorf	Schweden – Bulgarien	0:0
19.6.	Hannover	Bulgarien – Uruguay	1:1
19.6.	Dortmund	Holland – Schweden	0:0
23.6.	Dortmund	Holland – Bulgarien	4:1
23.6.	Düsseldorf	Schweden – Uruguay	3:0

Gruppe 4

15.6.	München	Italien – Haiti	3:1
15.6.	Stuttgart	Polen – Argentinien	3:2
19.6.	Stuttgart	Argentinien – Italien	1:1
19.6.	München	Polen – Haiti	7:0
23.6.	München	Argentinien – Haiti	4:1
23.6.	Stuttgart	Polen – Italien	2:1

Finalrunde, Gruppe A

26.6.	Gelsenk.	Holland – Argentinien	4:0
26.6.	Hannover	Brasilien – DDR	1:0
30.6.	Hannover	Brasilien – Argentinien	2:1
30.6.	Gelsenk.	Holland – DDR	2:0
3.7.	Gelsenk.	Argentinien – DDR	1:1
3.7.	Dortmund	Holland – Brasilien	2:0

Finalrunde, Gruppe B

26.6.	Düsseldorf	Deutschland – Jugosl.	2:0
26.6.	Stuttgart	Polen – Schweden	1:0
30.6.	Frankfurt	Polen – Jugoslawien	2:1
30.6.	Düsseldorf	Deutschland – Schweden	4:2
3.7.	Frankfurt	Deutschland – Polen	1:0
3.7.	Düsseldorf	Schweden – Jugoslawien	2:1

Spiel um Platz 3

6.7.	München	Polen – Brasilien	1:0

Finale

7.7.	München	Deutschland – Holland	2:1

Letztes Spiel der DDR bei der WM: Gegen Argentinien gelingt beim 1:1 der einzige Punktgewinn in der Finalrunde. Hier scheitert Jürgen Sparwasser (r.) an Ubaldo Fillol

> Und daß zur gleichen Zeit Jürgen Croy und Sepp Maier viele Torchancen der Gegner mit großartigen Paraden verhinderten.
Der Weg zum gesamtdeutschen Höhepunkt dieser Entwicklung wird deutlich im Gewinn der Europameisterschaft der wohl besten Mannschaft, die der Westen je besaß (1972), im WM-Titel zwei Jahre später und in den drei größten Erfolgen der DDR-Mannschaft: Platz drei beim olympischen Turnier 1972 in München, Qualifikation für die Weltmeisterschaft 1974, Gewinn der Goldmedaille bei den Olympischen Spielen 1976 in Montreal.
Kurz vor der Weltmeisterschaft, am 8. Mai 1974, sorgte der 1. FC Magdeburg zudem für den größten Erfolg des DDR-Vereinsfußballs. Er besiegte den AC Mailand in Rotterdam im Finale des Europapokals der Pokalgewinner mit 2:0. Giovanni Trapattoni mußte seine erste schwere Niederlage als Trainer einstecken.
Doch in diesem Triumph wurde auch die gesamte Misere des DDR-Fußballs deutlich: Niemand wollte ihn anerkennen, noch nicht einmal die eigene Sportführung. In Rotterdam gab es die beleidigende Zahl von 6461 Zuschauern, das war das äußere Zeichen für die vermeintliche Langeweile, die im Spiel von Ostblock-Mannschaften steckte. Die »bullenhaften Kraftmaschinen« müßten »mit Tempo und Technik niedergespielt« werden, hieß es in einer Berliner Zeitung (West) zum WM-Spiel Deutschland gegen Deutschland am 22. Juni 1974 in Hamburg.
Die sportpolitische Mißachtung erfuhr Günter Schneider, Generalsekretär des DDR-Fußballverbandes, direkt nach der Auslosung der WM-Gruppen im Januar 1974 in Frankfurt/Main. Manfred Ewald, der mächtige Präsident des Deutschen Turn- und Sportbundes der DDR (DTSB), machte Schneider wütend den Vorwurf, nicht verhindert zu haben, daß beide Teile Deutschlands in einer Gruppe aufeinandertreffen. Ewald dachte sogar über einen Rückzug der DDR-Mannschaft nach, getrieben von der Angst, dem sogenannten Klassenfeind auf dessen Territorium zu unterliegen.
Doch auch beim brav kapitalistischen Verein Bayern München machte sich einer Gedanken darüber, wie er den Brüdern aus dem Osten begegnen sollte. Paul Breitner, der sich gern mit Mao-Bibel in der Hand und Mao-Poster an der Wand fotografieren ließ, sagte grüblerisch, als alles vorbei war: »Ich dachte mir sofort, dieses Spiel würde für einige peinlich werden, weil wir im Westen selten wußten, wie wir mit denen aus dem Osten umgehen sollten. Sollten wir sie bemitleiden, weil sie im bösen, bösen Osten lebten, oder ihnen lieber zehn Kilo Bananen schenken? Wir hatten in all den Jahren einfach kein Gespür dafür, mit Leuten aus der DDR umzugehen.« >

» Sollten wir sie bemitleiden, weil sie im Osten lebten, oder ihnen lieber Bananen schenken?

1. Spiel Vorrunde

DDR – AUSTRALIEN 2:0

14. Juni 1974, 19.30 Uhr Ortszeit, Volksparkstadion, Hamburg

Schiedsrichter: *N'Diaye (Senegal).* ***Tore:*** *1:0 Curran (57., Eigentor), 2:0 Streich (72.).* ***Einwechslung:*** *Hoffmann für Löwe (54.).* ***Gelbe Karten:*** *Kische, Wätzlich, Vogel.* ***Zuschauer:*** *18 180.*

2. Spiel Vorrunde

CHILE – DDR 1:1

18. Juni 1974, 19.30 Uhr Ortszeit, Olympiastadion, Berlin

Schiedsrichter: *Angonese (Italien).* ***Tore:*** *0:1 Hoffmann (55.), 1:1 Ahumada (69.).* ***Einwechslungen:*** *Yávar für Valdéz (46.), Farías für Socias (65.) – Ducke für Vogel (29.), Kreische für Seguin (73.).* ***Gelbe Karten:*** *Páez, Véliz – Kische.* ***Zuschauer:*** *27 000.*

STAATSSCHUTZ *Gerd Kische (l.) und Lothar Kurbjuweit zeigen sich am Fenster ihres Hotelzimmers. Im Hintergrund beobachtet ein bundesdeutscher Polizist die Menschenmenge unten auf der Straße*

WERDER BREMEN WOLLTE BUSCHNER

Herrische Geste: Georg Buschner war von sich und seiner Arbeit überzeugt

1975, ein Jahr nach der WM, bemühte sich Werder Bremen um eine Verpflichtung von Georg Buschner. Kontaktgespräche und Briefe blieben aber beim Deutschen Turn- und Sportbund hängen. So erfuhr der Trainer der DDR erst viel später vom Interesse in Westdeutschland. Buschner wurde 1970 zum Auswahltrainer berufen. Er führte neue Trainingsmethoden ein, die Athletik stand zwar im Mittelpunkt, aber er förderte auch Spielmacher wie den technisch versierten Peter Ducke. Torjäger Joachim Streich und Torwart Jürgen Croy führte Buschner in die Weltspitze. Ein wenig Selbstüberschätzung spielte bei ihm immer mit. Buschner: »Ein, zwei Spieler gab es am Anfang, die haben gemurrt. Aber nach ein, zwei Jahren wurden sie neutral. Nach vier, fünf Jahren haben sie mich gelobt. ***Und wenn Sie sie heute fragen, heben sie mich in den Himmel.****« Folgerichtig verkündete der Mann, den sie »Graf« nennen, zu seinem 80. Geburtstag am 26. Dezember 2005: »Ich war der beste Fußballtrainer der DDR.« Sein holländischer Kollege Rinus Michels kritisiert ihn dagegen hart. Er lasse die Mannschaft »defensiver als die Italiener spielen, und das ist unmöglich«. 1981 erfuhr Buschner ausgerechnet im Westfernsehen von seiner Beurlaubung. Die DDR war mit 2:3 in Polen in der Qualifikation zur WM 1982 gescheitert.*

5000 WESTMARK SONDERPRÄMIE

> So viel Fürsorge hatten Breitners Kollegen aus der DDR gar nicht nötig. Sie waren selbstbewußte und eigenständige Persönlichkeiten, die es sich auch erlauben konnten, nach dem 1:0-Sieg über die Mannschaft der Bundesrepublik eigene Wege zu gehen. In der Pressekonferenz nach der sportlichen Überraschung referierte Trainer Georg Buschner über einen »Sieg der Taktik und der Athletik«.

Dann forderte er die verblüfften westlichen Journalisten auf: »Wenn Sie noch Fragen haben, kommen Sie zu uns nach Ratingen. Wir stehen Ihnen zur Verfügung, weltoffen, wie wir sind.«

In Ratingen wohnte die Mannschaft in der zweiten WM-Runde, nach ihrem Triumph in Hamburg hatten sie sich noch ins Sporthotel Quickborn zurückgezogen. Das liegt vor den Toren Hamburgs.

Der Verlockung zu feiern konnten zumindest drei Spieler (es sollen mehr gewesen sein, doch sie sprachen nie darüber) nicht widerstehen. Torwart Jürgen Croy erzählt: »Wir sind mit dem Taxi direkt auf die Reeperbahn gefahren. In einem Lokal, einer Männerkneipe, haben wir ein bißchen was getrunken. Am frühen Morgen waren wir wieder in Quickborn. Ein Grenzschützer hat uns mit den Worten empfangen: ›Ihr müßt verrückt sein, es hat Bombendrohungen gegeben.‹ Wir sind dann auf Schleichwegen zurück ins Hotel und haben uns dort auf die Terrasse gesetzt.«

Da kam dann ein Funktionär und begrüßte sie mit den Worten: »Ach, ich sehe schon, ihr könnt heute auch nicht schlafen.«

Außer Croy meinte er die Mitausreißer Gerd Kische, Verteidiger, der 181 Oberligaspiele für Hansa Rostock bestritt, und Hans-Jürgen Kreische, mit 25 Toren in 50 Auswahlspielen ein effektiver Stürmer. Diese Episode beschreibt die Atmosphäre, die in der Delegation der DDR herrschte. In der Nacht nach Jürgen Sparwassers Tor zum 1:0-Sieg über die bewunderte Mannschaft von Franz Beckenbauer schlossen Mannschaft und Trainer die Funktionäre aus.

Sie feierten ohne sie bei Rotkäppchen-Sekt und Wodka. Von Bananen war nicht die Rede.

Über den materiellen Wert des Sieges gibt es unterschiedliche Angaben. Jürgen Sparwasser sagt: »Nach der WM gab es lediglich einen Empfang mit unseren Frauen und eine Prämie von 2500 West-Mark für das Erreichen der zweiten Runde, nicht für den Sieg über die bundesdeutsche Mannschaft.«

Harald Irmscher stoppte in Hamburg zusammen mit Reinhard Lauck das westdeutsche Mittelfeld mit Wolfgang Overath und später Günter Netzer. Er sagt: »Wir haben als Sonderprämie 5000 Mark bekommen, und zwar West-Mark. Damit konnten wir dann richtig einkaufen gehen.« >

» In einem Lokal, einer Männerkneipe, haben wir ein bißchen was getrunken

3. Spiel Vorrunde

DDR – BR DEUTSCHLAND 1:0

22. Juni 1974, 19.30 Uhr Ortszeit, Volksparkstadion, Hamburg

Schiedsrichter: *Barreto Ruiz (Uruguay).* ***Tor:*** *1:0 Sparwasser (77.).* ***Einwechslungen:*** *Hamann für Irmscher (65.) – Höttges für Schwarzenbeck (69.), Netzer für Overath (70.).* ***Gelbe Karten:*** *Croy, Kreische, Sparwasser.* ***Zuschauer:*** *58 900.*

1. Spiel Finalrunde

BRASILIEN – DDR 1:0

26. Juni 1974, 19.30 Uhr Ortszeit, Niedersachsenstadion, Hannover

Schiedsrichter: *Thomas (Wales).* ***Tor:*** *1:0 Rivelino (61.).* ***Einwechslungen:*** *Irmscher für Hamann (46.), Löwe für Lauck (65.).* ***Gelbe Karten:*** *Carpegiani, Dirceu, Jairzinho – Hamann, Streich.* ***Zuschauer:*** *58 463.*

BARKASSEN-RUNDFAHRT *Peter Ducke, Jürgen Sparwasser, Wolfgang Seguin, Lothar Kurbjuweit und Joachim Streich (v. l.) auf Sightseeing-Tour im Hamburger Hafen*

REINHARD LAUCK
TIEF GEFALLEN

Große Partie gegen die Stars aus der Bundesrepublik: Reinhard Lauck, damals 27

Es klang so schön, was Hans-Jürgen Kreische 1974 über den beruflichen Aufstieg der DDR-Spieler sagte: »Wenn wir mit dem Fußball aufhören, sind wir Ingenieure oder Diplomsportlehrer.« Der Staat werde helfen. Am 30. September 1997 um 22.40 Uhr wurde im Berliner Stadtbezirk Prenzlauer Berg eine hilflose männliche Person gefunden. ***Mit Schädelverletzungen, Folge eines Sturzes, nicht Schlages, wurde der Mann ins Krankenhaus gebracht.*** *Dort starb er nach einer Kopfoperation am 22. Oktober 1997 im Alter von 51 Jahren. Sein Name: Reinhard Lauck. Lauck war der Mittelfeldspieler, der in Hamburg zwei prominente Gegner mit seinem athletischen Spiel verschliß – erst Wolfgang Overath, dann Günter Netzer. Über den SC Cottbus, Vorwärts Neubrandenburg, Energie Cottbus und Union Berlin kam Lauck zum BFC Dynamo. Er bestritt 33 Länderspiele und gehörte noch beim Olympiasieg 1976 zu den Stammspielern. Nach dem Ende seiner Laufbahn wurde der gelernte Kfz-Mechaniker Leiter des Fuhrparks beim SC Dynamo Berlin. Nach der Wende war Lauck nicht mehr gefragt, lebte als ABM-Kraft. Und er trank. 1994 konnte er beim Erinnerungsspiel Ost gegen West schon nicht mehr eingesetzt werden.*

VOR REISEANTRITT
POLITIK-SCHULUNG

> Irmscher ist auch ein Beispiel dafür, wie friedlich es auf dem Rasen zuging. Vor einem Eckball für die DDR sagte Franz Beckenbauer zu ihm: »Jetzt muß ich dich leider festhalten.« Irmschers Antwort: »Das schaffst du nicht.«

Nach dem Erfolg, in die zweite Runde einzuziehen, war gerade die Bezahlung der DDR-Spieler ein Thema für West-Zeitungen. Jürgen Croy erklärte dem Stern (Ausgabe vom 27. Juni 1974): »Wissen Sie, bei uns spielt das Geld eine andere Rolle als bei Ihnen.«

Auch auf die Frage, ob er denn neidisch sei auf die westdeutschen Fußball-Millionäre, »wird das SED-Mitglied nicht zu klassenkämpferischem Pathos verführt«, heißt es im Text. »Er überlegt, scheint überrascht und sagt schließlich: ›Nee, die Million müßte ich dann doch hier anlegen. Und plötzlich ist sie weg. Da gibt es doch Beispiele. Und ein alter Fußballspieler ist dann doch hier im Westen nur ein Dreck. Da gibt es doch auch Beispiele.‹«

Um mit so viel Bescheidenheit im Land des kapitalistischen Klassenfeindes brav auf Linie zu bleiben, wurden die Spieler der DDR nur nach einigen Vorträgen auf die Reise zur WM nach Westdeutschland geschickt. Zu den Schulungsabenden im Trainingslager gehörten folgende Themen: »Die politische Situation in der BRD am Vorabend der Fußball-Weltmeisterschaft«, »Die Politik der Brandt-Scheel-Regierung und die Rolle der Opposition« und »Westberlin und das Vier-Mächte-Abkommen«.

2006, 32 Jahre nach der großen Zeit des DDR-Fußballs, verkauft Joachim Streich in einem Magdeburger Sportgeschäft Schuhe. Streich ist mit 102 Einsätzen Rekordspieler der DDR, auch seine 55 Tore in der Auswahlmannschaft sind Rekord. Er sagt: »Ich merke täglich, daß meine aktive Zeit noch nicht vergessen ist. Wir haben ja auch ein Publikum, wo der Opa mit dem Enkel kommt und sich noch sehr gut an meine Zeit erinnern kann. Das reicht mir völlig aus.«

> *» Wissen Sie, bei uns spielt das Geld eine andere Rolle als bei Ihnen*

Es war »meine Zeit«, in der Opa die Magdeburger Hymne auf Joachim Streich sang: »Der Achim legte sich den Ball schön zurecht, und er täuschte den Torwart ziemlich echt, und er schießt den Ball hoch über ihn ins Dreiangel hinein – der FCM wird Deutscher Meister sein.«

Es war einmal. Eines wird immer sein, das nämlich, was die Bundesrepublik, Weltmeister von 1954, 1974 und 1990, gemeinsam hat mit den Fußball-Zwergen Burma, Guinea, Kuba, Kuwait, Mali und Sri Lanka: ein Spiel gegen die DDR, ein Spiel verloren.

Frank Schöbel singt in der zweiten Strophe des WM-Liedes: »Jagt das runde Leder, Tore seh'n will jeder. Keiner soll im Abseits steh'n. Bringt das Spiel ins Rollen, wie es alle wollen. Laßt euch keinen Ball entgeh'n.«

2. Spiel Finalrunde
HOLLAND – DDR 2:0
30. Juni 1974, 16 Uhr Ortszeit, Parkstadion, Gelsenkirchen

Schiedsrichter: *Scheurer (Schweiz).*
Tore: *1:0 Neeskens (8.), 2:0 Rensenbrink (59.).*
Einwechslungen: *Ducke für Löwe (55.), Kreische für Lauck (65.).*
Zuschauer: *67 148.*

3. Spiel Finalrunde
ARGENTINIEN – DDR 1:1
3. Juli 1974, 19.30 Uhr Ortszeit, Parkstadion, Gelsenkirchen

Schiedsrichter: *Taylor (England).*
Tore: *0:1 Streich (14.), 1:1 Houseman (22.).*
Einwechslungen: *Vogel für Löwe (66.), Ducke für Streich (81.).*
Gelbe Karten: *Bargas – Sparwasser.*
Zuschauer: *53 054.*

WM-KADER DER DDR 1974

Jürgen Sparwasser, der bekannteste Spieler aus der Mannschaft von Trainer Georg Buschner, schoß nur ein Tor bei der WM – das gegen die Bundesrepublik

NR.	NAME	GEBOREN	Einsatz gegen AUSTRALIEN	CHILE	BRD	BRASILIEN	HOLLAND	ARGENTINIEN	VEREIN
TOR									
21	Wolfgang Blochwitz	08.02.1941	Bank	Bank	Bank	Bank	Bank	Bank	FC Carl Zeiss Jena
1	Jürgen Croy	19.10.1946	90 Min.	90 Min.	90 Min.	90 Min.	90 Min.	90 Min.	FSV Zwickau
22	Werner Friese	30.03.1946	Tribüne	Tribüne	Tribüne	Tribüne	Tribüne	Tribüne	1. FC Lok Leipzig
ABWEHR									
3	Bernd Bransch	24.09.1944	90 Min.	90 Min.	90 Min.	90 Min.	90 Min.	90 Min.	Hallescher FC
5	Joachim Fritsche	28.10.1951	Tribüne	Tribüne	Tribüne	Tribüne	Tribüne	Tribüne	1. FC Lok Leipzig
18	Gerd Kische	23.10.1951	90 Min.	90 Min.	90 Min.	90 Min.	90 Min.	90 Min.	Hansa Rostock
2	Lothar Kurbjuweit	06.11.1950	Tribüne	Bank	90 Min.	90 Min.	90 Min.	90 Min.	FC Carl Zeiss Jena
12	Siegmar Wätzlich	16.11.1947	90 Min.	90 Min.	90 Min.	90 Min.	abgereist	abgereist	Dynamo Dresden
4	Konrad Weise	17.08.1951	90 Min.	90 Min.	90 Min.	90 Min.	90 Min.	90 Min.	FC Carl Zeiss Jena
MITTELFELD									
17	Erich Hamann	27.11.1944	Tribüne	Tribüne	25 Min.	45 Min.	Tribüne	Tribüne	Vorwärts Frankfurt
16	Harald Irmscher	12.02.1946	90 Min.	90 Min.	65 Min.	45 Min.	Bank	Bank	FC Carl Zeiss Jena
10	Hans-Jürgen Kreische	19.07.1947	Bank	17 Min.	90 Min.	Bank	25 Min.	Bank	Dynamo Dresden
13	Reinhard Lauck	16.09.1946	Tribüne	Tribüne	90 Min.	65 Min.	65 Min.	Tribüne	BFC Dynamo Berlin
7	Jürgen Pommerenke	22.01.1953	90 Min.	Tribüne	Tribüne	Tribüne	90 Min.	90 Min.	1. FC Magdeburg
6	Rüdiger Schnuphase	23.01.1954	Tribüne	Bank	Tribüne	Tribüne	90 Min.	90 Min.	Rot-Weiß Erfurt
10	Wolfgang Seguin	14.09.1945	Bank	73 Min.	Tribüne	Tribüne	Tribüne	Tribüne	1. FC Magdeburg
ANGRIFF									
9	Peter Ducke	14.10.1941	Bank	61 Min.	Bank	Bank	35 Min.	9 Min.	FC Carl Zeiss Jena
20	Martin Hoffmann	22.03.1955	36 Min.	90 Min./1 Tor	90 Min.	90 Min.	90 Min.	90 Min.	1. FC Magdeburg
8	Wolfram Löwe	14.05.1945	54 Min.	Tribüne	Bank	25 Min.	55 Min.	66 Min.	1. FC Lok Leipzig
14	Jürgen Sparwasser	04.06.1948	90 Min.	90 Min.	90 Min./1 Tor	90 Min.	90 Min.	90 Min.	1. FC Magdeburg
11	Joachim Streich	13.04.1951	90 Min./1 Tor	90 Min.	Bank	90 Min.	Bank	81 Min./1 Tor	Hansa Rostock
15	Eberhard Vogel	08.04.1943	90 Min.	29 Min.	Tribüne	Tribüne	Tribüne	24 Min.	FC Carl Zeiss Jena

SECHS SPIELE IM INTERNATIONALEN FOKUS

Auswahltrainer Georg Buschner war nach dem Sieg gegen den Klassenfeind ein begehrter Gesprächspartner – auch des Westfernsehens. Hier bittet ihn ZDF-Reporter Dieter Kürten zum Interview. Buschners WM-Bilanz war ausgeglichen: In den sechs Spielen unter seiner Regie holte die DDR je zwei Siege und Unentschieden und kassierte zwei Niederlagen. Torverhältnis: 5:5

1. Juni – 25. Juni

ARGENTINIEN

1978

Teilnehmer (16): Argentinien, Brasilien, Deutschland, Frankreich, Holland, Iran, Italien, Mexiko, Österreich, Peru, Polen, Schottland, Schweden, Spanien, Tunesien, Ungarn

Weltmeister: Argentinien
Torschützenkönig: Mario Kempes (Argentinien), 6 Tore

Pleiten in den letzten Spielminuten

Nur 0:0 gegen Polen und WM-Neuling Tunesien. Blamage bahnt sich an ++ Helmut Schön folgt Kritik von DFB-Präsident Hermann Neuberger und ändert seine Aufstellung ++ Hansi Müller überzeugt gegen Mexiko und wird von Mitspielern ausgeschlossen ++ Klaus Fischer spricht dem Bundestrainer Kompetenz ab ++ Chance auf das Finale wird in den letzten Minuten gegen Holland verspielt ++Sepp Maier macht den Verzicht auf Auslands-Profis als Ursache aus ++ Gegen Österreich verspielt Elf auch noch Spiel um Platz drei ++ Deutsche Journalisten empfinden Genugtuung ++

DIE DEUTSCHE MANNSCHAFT *(hinten von links) Rudi Kargus, Manfred Kaltz, Rainer Bonhof, Berti Vogts, Hans-Georg Schwarzenbeck, Mannschaftsarzt Heinz Liesen, Bernd Cullmann, Bundestrainer Helmut Schön, Rüdiger Abramczik, Rolf Rüssmann, Dieter Müller, Bernard Dietz, Gerd Zewe, Co-Trainer Erich Ribbeck, Masseur Erich Deuser, Bernd Hölzenbein. Unten: Heinz Flohe, Herbert Zimmermann, Dieter Burdenski, Harald Konopka, Hansi Müller, Klaus Fischer, Karl-Heinz Rummenigge, Ronald Worm, Erich Beer, Sepp Maier, Trainerassistent Herbert Widmayer. Das Foto entstand am 4. Juni 1978 vor dem Mannschaftshotel in Ascochinga. Als Titelverteidiger war Deutschland automatisch qualifiziert*

»WM WAR VON ANFANG AN VERKORKST«

Das Fazit von Bernd Hölzenbein war drastisch. Bei seinem letzten Turnier als Bundestrainer konnte Helmut Schön die Gräben zwischen den Spielern nicht schließen. Jeder kämpfte gegen jeden

Das Kaninchen ist von der Schlange nicht zu unterscheiden. Weltmeister Deutschland spielt gegen den WM-Neuling Tunesien, doch von Angst oder Ehrfurcht ist nichts zu spüren – zumindest nicht bei den Nordafrikanern an diesem 10. Juni 1978 im entscheidenden Spiel der Gruppe 2 um den Einzug in die Finalrunde. Die deutsche Elf bangt schon früh um das Unentschieden. Sie braucht diesen einen Punkt. Eine Niederlage und ein Sieg Polens im zeitgleich ausgetragenen Spiel gegen Mexiko würden das Aus in der Vorrunde bedeuten – die unfaßbare Blamage. Durchatmen in der 38. Minute: Der Tunesier Mohammed Hamadi Agrebi geht, von Bernard Dietz und Manfred Kaltz bedrängt, im Strafraum vor Sepp Maiers Tor zu Boden. Doch der peruanische Schiedsrichter César Orosco verzichtet auf den möglichen Elfmeterpfiff. Auf der anderen Seite rennen die Deutschen, zunehmend ideenlos und von Versagensängsten geplagt, gegen die massierte Deckung der Tunesier an. »Früher haben wir gegen solche Gegner ein Mittel gefunden«, wird Co-Trainer Jupp Derwall später referieren. >

Angst vor dem Außenseiter: Rolf Rüssmann (r.) im Zweikampf mit dem Tunesier Mohamed Ali Akid. Deutschland schrammte an einer Blamage vorbei

EIFERSUCHT AUF »SCHÖNEN HANSI«

11. WM-ENDRUNDE

Gruppe 1

2.6.	Mar del Plata	Italien – Frankreich	2:1
2.6.	Buenos Aires	Argentinien – Ungarn	2:1
6.6.	Mar del Plata	Italien – Ungarn	3:1
6.6.	Buenos Aires	Argentinien – Frankr.	2:1
10.6.	Mar del Plata	Frankreich – Ungarn	3:1
10.6.	Buenos Aires	Italien – Argentinien	1:0

Gruppe 2

1.6.	Buenos Aires	Deutschland – Polen	0:0
2.6.	Rosario	Tunesien – Mexiko	3:1
6.6.	Córdoba	Deutschland – Mexiko	6:0
6.6.	Rosario	Polen – Tunesien	1:0
10.6.	Córdoba	Deutschland – Tunesien	0:0
10.6.	Rosario	Polen – Mexiko	3:1

Gruppe 3

3.6.	Buenos Aires	Österreich – Spanien	2:1
3.6.	Mar del Plata	Schweden – Brasilien	1:1
7.6.	Buenos Aires	Österreich – Schweden	1:0
7.6.	Mar del Plata	Brasilien – Spanien	0:0
11.6.	Buenos Aires	Spanien – Schweden	1:0
11.6.	Mar del Plata	Brasilien – Österreich	1:0

Gruppe 4

3.6.	Córdoba	Peru – Schottland	3:1
3.6.	Mendoza	Holland – Iran	3:0
7.6.	Córdoba	Schottland – Iran	1:1
7.6.	Mendoza	Holland – Peru	0:0
11.6.	Córdoba	Peru – Iran	4:1
11.6.	Mendoza	Schottland – Holland	3:2

Zweite Runde, Gruppe A

14.6.	Córdoba	Holland – Österreich	5:1
14.6.	Buenos Aires	Deutschland – Italien	0:0
18.6.	Córdoba	Deutschland – Holland	2:2
18.6.	Buenos Aires	Italien – Österreich	1:0
21.6.	Córdoba	Österr. – Deutschland	3:2
21.6.	Buenos Aires	Holland – Italien	2:1

Gruppe B

14.6.	Mendoza	Brasilien – Peru	3:0
14.6.	Rosario	Argentinien – Polen	2:0
18.6.	Mendoza	Polen – Peru	1:0
18.6.	Rosario	Argentinien – Brasilien	0:0
21.6.	Mendoza	Brasilien – Polen	3:1
21.6.	Rosario	Argentinien – Peru	6:0

Spiel um Platz 3

24.6.	Buenos Aires	Brasilien – Italien	2:1

Finale

25.6.	Buenos Aires	Argent. – Holland	3:1 n.V.

Hansi Müller (l.) zupft den Polen Adam Nawalka am Trikot. Das Spiel zwischen dem Weltmeister und WM-Dritten von 1974 endet 0:0

› »Heute fehlen uns dazu offensichtlich die Spieler.« Die Wortwahl im Team des Weltmeisters und Vize-Europameisters von 1976 erstaunt viele. Immerhin: Mit Jupp Derwall spricht ein Gewinner, wenn schon nicht Sieger. Deutschland quält sich über 90 Minuten zum torlosen Remis. Das reicht. »Daumendrücken erlaubt«, hatte der Kicker die deutschen Fans bereits vor dem Turnier mit einer gehörigen Portion Skepsis auf mangelhafte Auftritte der Nationalmannschaft bei der WM in Argentinien eingestimmt.
»Das war Fußball wie vor 20 Jahren«, wetterte DFB-Präsident Hermann Neuberger nach dem müden 0:0 im Eröffnungsspiel gegen Polen. Das Donnergrollen hatte einen personellen Erdrutsch zur Folge: Rüdiger Abramczik, Erich Beer und Herbert Zimmermann verloren ihren Platz in der ersten Elf. Gelegenheit für Bernard Dietz, Dieter Müller und Karl-Heinz Rummenigge, ihr Können zu zeigen.
Beim 6:0 gegen Mexiko, dem höchsten Sieg, den eine deutsche Mannschaft bis dahin bei einer WM erreicht hatte, demonstrierte die neue Elf Ansätze von Klasse. Zweimal traf Heinz Flohe, ein begnadeter Techniker, dem es oft an Durchsetzungskraft mangelte. Zweimal traf Rummenigge, der gegen Polen nicht einmal auf der Ersatzbank gesessen hatte. »Kalle besitzt einen sehr großen Fuß. Leute wie er haben Probleme, den Fuß zum Spannstoß schnell genug zu strecken«, sagte Bundesliga-Trainer Dettmar Cramer, als er ein Handicap des Bayern-Stürmers herausgefunden haben wollte. Am stärksten in den Vordergrund spielte sich jedoch ein 20jähriger, der erst kurz zuvor ins WM-Aufgebot gerutscht war: Hansi Müller vom VfB Stuttgart. In seinem zweiten WM-Spiel übernahm er gleich eine tragende Rolle und erzielte auch noch das 2:0 – »mit meinem Theaterstelzen«, wie der Linksfüßer seinen rechten Fuß nannte. Die Frankfurter Abendpost hatte den Stuttgarter als Bundesliga-Star mit der »Goldenen Karte« ausgezeichnet. Das argentinische Fernsehen feierte ihn nun gar als »neuen Pelé«, was, bei allem Respekt vor dem Talent, doch eher zeigte, wie sehr der Fußballkönig noch immer auf der internationalen Bühne vermißt wurde. In Argentinien arbeitete Pelé als Kommentator.
Bundestrainer Helmut Schön spendierte Hansi Müller nach dem Spiel, ganz väterlich, ein Glas Wein an der Bar des deutschen Quartiers. Das sorgte für Argwohn. Der dunkelhaarige Teenie-Schwarm (»Der schöne Hansi«) bekam es schnell mit der Mißgunst seiner Kollegen zu tun. »Er kann ja nichts dafür und soll froh sein, daß er so gut aussieht«, verteidigte nur Zimmergenosse Karl-Heinz Rummenigge den Jungstar. ›

» Er kann ja nichts dafür und soll froh sein, daß er so gut aussieht

1. Spiel Vorrunde

POLEN – DEUTSCHLAND 0:0

1. Juni 1978, 15 Uhr Ortszeit, Estadio Monumental, Buenos Aires

Schiedsrichter: *Coerezza (Argentinien).* ***Einwechslungen:*** *Boniek für Lubanski (78.), Kasperczak für Masztaler (83.).* ***Zuschauer:*** *76 609.*

2. Spiel Vorrunde

DEUTSCHLAND – MEXIKO 6:0

6. Juni 1978, 16.45 Uhr Ortszeit, Estadio C. Carreras, Córdoba

Schiedsrichter: *Bouzo (Syrien).* ***Tore:*** *1:0 D. Müller (14.), 2:0 H. Müller (30.), 3:0 Rummenigge (38.), 4:0 Flohe (43.), 5:0 Rummenigge (72.), 6:0 Flohe (89.).* ***Einwechslungen:*** *Soto für Reyes (40.), Lugo für López Zarza (46.).* ***Zuschauer:*** *35 258.*

AUF FREMDEM TERRAIN *Hansi Müller, Linkshänder wie Linksfüßer, setzt zu einem Billardstoß an. Rüdiger Abramczik beobachtet die Spielsituation auf dem Tisch*

NATIONALSOZIALIST EIN DFB-GAST

Wurde von DFB-Präsident Hermann Neuberger verteidigt: Oberst Hans-Ulrich Rudel

Ein Ex-Nationalspieler wurde als Störfaktor empfunden, ein aktiver Nationalsozialist freundlich empfangen. Im deutschen WM-Quartier in Ascochinga, einem luxuriösen Erholungsheim der argentinischen Luftwaffe, erstaunte die Gästeliste. ***Günter Netzer, als Berichterstatter angereist, wurde der Zutritt verwehrt.*** *Für den ehemaligen Fliegeroberst Hans-Ulrich Rudel öffneten sich dagegen die Türen. Rudel hatte im Zweiten Weltkrieg 519 sowjetische Panzer abgeschossen. »Sie müssen der deutschen Jugend als Vorbild erhalten bleiben«, wollte Adolf Hitler ihn Anfang 1945 (vergeblich) von weiteren Einsätzen abhalten. Man habe in lockerer Atmosphäre über Fußball geplaudert, Rudel habe sich dabei sehr informiert gezeigt, verlautete es. Rudel gründete nach dem Krieg in Südamerika das »Kameradenwerk«, das einstigen Nazi-Größen Unterschlupf bot. 1953 kandidierte er für das NS-Auffangbecken Deutsche Reichspartei zum Bundestag. »Ich bin einer der wenigen, die standhaft geblieben sind«, ließ er in seinen Memoiren (»Trotzdem«) keinen Zweifel an seiner Gesinnung. »Herr Rudel ist meines Wissens Bundesbürger mit vollen Rechten«, sagte DFB-Präsident Hermann Neuberger. Alle Kritik prallte ab – auch, als das Vorgehen des DFB Anlaß für eine Bundestags-Debatte wurde.*

MAIER ZWISCHEN DEN BRANDHERDEN

› »Die meisten hier sind gegen mich, bedauerlicherweise nur hinter meinem Rücken«, klagte Hansi Müller. Sepp Maier nahm er ausdrücklich von seiner Kritik aus. Denn der Bayern-Torwart hatte sich nur aus sportlicher Sicht skeptisch gezeigt: Ganz offen fragte er vor dem Turnier, ob Hansi Müller schon WM-reif wäre.
Überhaupt mußte Maier viele Worte sprechen. Statt Bälle zu halten, mühte er sich hauptsächlich, den Haufen Spieler zusammenzuhalten, der sich Mannschaft nannte. »Jeder wurschtelt vor sich hin«, schimpfte Maier, »in dieser Mannschaft stimmt es nicht.«
Die 22 deutschen Kicker fanden kein einigendes Zentrum wie um Franz Beckenbauer 1974. Sie sammelten sich in kleinen Grüppchen, viele mit eifersüchtigem Blick auf die teaminternen Rivalen.
»Vogts und Bonhof stellen die Mannschaft auf«, sagte Stürmer Klaus Fischer ungewohnt offensiv: »Helmut Schön hat das Zepter nicht mehr fest in der Hand.«
Und Bernd Hölzenbein spottete nach dem 0:0 gegen Tunesien: »Ich hoffe, daß ich zumindest meinen Platz auf der Bank verteidigt habe.« Viermal mußte sich der Flügelstürmer aus Frankfurt an der Außenlinie warm laufen und wurde doch nicht von Schön eingewechselt.
»Diese WM war von Anfang an verkorkst. Wir haben drei, vier Spieler ohne Leistung durchgezogen und nie die richtige Mannschaft gefunden«, kommentierte Bernd Hölzenbein später.
Für den scheidenden Bundestrainer sollte der Argentinien-Trip eigentlich ein netter Abschiedsausflug werden. Nun liefen die Dinge aus dem Ruder. Gerade Rainer Bonhof, der nach einer Oberschenkelzerrung im Vorfeld der WM seine Form noch nicht wieder gefunden hatte, zog den Zorn mancher Mitspieler auf sich.
»Der Mann mit den tödlichen Elfmetern und sagenhaften Freistößen«, wie der Kicker ihn lobpreiste, knüpfte in keiner Weise an seine überragenden Auftritte bei der WM 1974 an und wirkte über weite Strecken wie ein Fremdkörper.
Phasenweise sah es dennoch so aus, als könnte Schöns Elf in der zweiten Finalrunde einen Auftritt wie den gegen Mexiko wiederholen und ihren Ruf als Turniermannschaft untermauern. Gegen den WM-Mitfavoriten Italien gelang dank starker Abwehrleistung zumindest ein 0:0, bei dem Manfred Kaltz gegen Roberto Bettega genauso auf der Linie retten mußte wie Bernard Dietz gegen Zaccarelli. Hölzenbein und Beer vergaben die wenigen deutschen Chancen.

» *Ich hoffe, daß ich zumindest meinen Platz auf der Bank verteidigt habe*

70 Spielminuten später war sogar die Titelverteidigung greifbar. Dieter Müller hatte nach einer vorbildlichen Linksflanke von Erich Beer zum 2:1 ins holländische Netz geköpft. ›

3. Spiel Vorrunde

TUNESIEN – DEUTSCHLAND 0:0

10. Juni 1978, 16.45 Uhr Ortszeit, Estadio C. Carreras, Córdoba

Schiedsrichter: *Orosco (Peru).* ***Einwechslung:*** *A. Ben-Aziz für Akid (83.).* ***Gelbe Karten:*** *Jebali, Tarak.* ***Zuschauer:*** *30 667.*

1. Spiel Finalrunde

DEUTSCHLAND – ITALIEN 0:0

14. Juni 1978, 13.45 Uhr Ortszeit, Estadio Monumental, Buenos Aires

Schiedsrichter: *Maksimovic (Jugoslawien).* ***Einwechslungen:*** *Konopka für Zimmermann (54.), Beer für Flohe (69.) – Zaccarelli für Antognoni (46.).* ***Zuschauer:*** *67 547.*

MISSTÖNE *Berti Vogts im Mannschaftsquartier Ascochinga an der Orgel von Franz Lambert. Der »Mann mit der Orgel«, wie Lambert genannt wurde, begleitete die DFB-Elf nach Argentinien. Seine Liederabende waren nicht jedermanns Geschmack*

FOLTER? EINE UNANGENEHME FRAGE

Foltergefängnis in Argentinien – Häftlinge sitzen im Freien

»Folter – bedrückt Sie das?« fragte das Magazin Stern die Nationalspieler vor Beginn der WM in Argentinien. Die Fakten waren eindeutig: Die Menschenrechtsorganisation »Amnesty international« hatte ermittelt, daß in Argentinien in zwei Jahren Militärdiktatur 15 000 Personen in Gefangenenlager gesteckt und gefoltert worden waren. Hunderte starben. Die deutschten Kicker reagierten höchst unterschiedlich auf die unangenehme Frage. Rüdiger Abramczik wollte sich »keine großen Gedanken machen«. Berti Vogts empfahl bissig die Stern-Lektüre »über russische Lager«. Klaus Fischer fühlte sich überhaupt nicht vom Militär gestört, und Manfred Kaltz erklärte: »Nein, belasten tut mich das nicht, daß dort gefoltert wird.«

***Kritische Töne kamen vor allem von den Ersatzleuten und denen, die später den Sprung in den Kader verpaßten.** Bernd Franke und Rudi Seeliger, beide in Argentinien nicht dabei, erklärten, die Petition von »Amnesty« gegen die Folter zu unterschreiben. Ersatztorwart Rudi Kargus fand die Zustände im Gastgeberland »bedrückend«, Herbert Neumann sprach sich dagegen aus, die Zustände in Argentinien totzuschweigen. Von den Stammkräften gab sich nur Sepp Maier kritisch: »Ich werde dem General nicht die Hand schütteln!«*

AUSLANDS-PROFIS ABGEWIESEN

› In einer Live-Tabelle waren die Deutschen auf einmal Erster der Finalrundengruppe A. »Nach diesem Tor dachte ich, wir sind im Finale«, räumte Berti Vogts nach dem Abpfiff ein.
Weil aber Rüdiger Abramczik und zweimal Erich Beer das mögliche dritte Tor vergaben und auf der Gegenseite René van de Kerkhof sechs Minuten vor Schluß durch den Strafraum dribbelte und den 2:2-Endstand erzielte, war das Endspiel schnell in weite Ferne gerückt. Der Spargel, den die deutschen Kicker zum Abendmahl serviert bekamen, schmeckte kaum jemandem. Nach dem heimatverbundenen Essen drohte die vorzeitige Heimreise.
»Mit Beckenbauer und Breitner hätte uns niemand den Titel abgejagt«, meinte Sepp Maier – und sprach damit ein vieldiskutiertes Thema an. Nach den schlechten Erfahrungen mit Günter Netzer 1974, der mit Trainingsrückstand aus Madrid zur WM nach Deutschland gereist war, vornehmlich aber wegen eines eigentümlichen nationalen Dünkels, hatte der DFB auf die Nominierung von im Ausland tätigen Spielern verzichtet.
Eine Vorgehensweise, wie sie lange etwa auch in Schweden üblich war, vom DFB aber bereits in den sechziger Jahren durchbrochen worden war. Betroffen waren diesmal Ulli Stielike, der bei Real Madrid für eine überragende Saison gefeiert wurde. Und eben Franz Beckenbauer, der vor zunehmender öffentlicher Kritik und Schlagzeilen über Steuerschulden von Bayern München zu Cosmos New York in die »US-Operettenliga« geflüchtet war. Das WM-Aufgebot von Helmut Schön war das einzige zwischen 1962 und 2002, in dem kein deutscher Auslandsprofi stand. Der letzte Gegner hieß Österreich. Im Team von Helmut Senekowitsch, das gegen die Holländer mit 1:5 eingebrochen war, standen fünf Legionäre. Für die deutsche Elf bestand sogar noch die kleine Chance, ins Endspiel einzuziehen, wenn der Nachbar mit mindestens vier Toren Unterschied geschlagen würde und Italien und Holland gleichzeitig unentschieden spielten. Ein Sieg mit wenigstens zwei Toren Differenz würde den Einzug ins Spiel um Platz drei sicherstellen. »Wir sind schon ganz durcheinander und überlegen, ob wir uns einen Computer anschaffen sollen«, scherzte Schön über die angestellte Rechnerei.
In der 88. Minute konnten alle Rechner ausgeschaltet werden: Hans Krankl erzielte das 3:2 für Österreich – das WM-Aus. Der ZDF-Sportchef Hanns Joachim Friedrichs, der spätere Tagesthemen-Moderator, befand: »Selten ist eine Niederlage der deutschen Nationalmannschaft vom eigenen Journalistentroß mit so viel Genugtuung aufgenommen worden.«

» Selten ist eine Niederlage mit so viel Genugtuung aufgenommen worden

2. Spiel Finalrunde
HOLLAND – DEUTSCHLAND 2:2
18. Juni 1978, 16.45 Uhr Ortszeit, Estadio C. Carreras, Córdoba

Schiedsrichter: *Barreto Ruíz (Uruguay).* **Tore:** *0:1 Abramczik (3.), 1:1 Haan (27.), 1:2 D. Müller (70.), 2:2 R. van de Kerkhof (84.).* **Einwechslung:** *Nanninga für Wildschut (79.).* **Rote Karte:** *Nanninga wegen Schiedsrichterbeleidigung (88.).* **Gelbe Karten:** *W. van de Kerkhof – Maier.* **Zuschauer:** *40 750.*

3. Spiel Finalrunde
ÖSTERREICH – DEUTSCHLAND 3:2
21. Juni 1978, 13.45 Uhr Ortszeit, Estadio C. Carreras, Córdoba

Schiedsrichter: *Klein (Israel).* **Tore:** *0:1 Rummenigge (19.), 1:1 Vogts (59., Eigentor), 2:1 Krankl (66.), 2:2 Hölzenbein (68.), 3:2 Krankl (87.).* **Einwechslungen:** *Oberacher für Schachner (71.) – H. Müller für Beer (46.), Fischer für D. Müller (60.).* **Gelbe Karten:** *Sara, Prohaska – Abramczik.* **Zuschauer:** *38 318.*

DEUTSCHER WM-KADER 1978

Bundestrainer Helmut Schön ließ Bernd Hölzenbein die gesamte Vorrunde auf der Ersatzbank schmoren. In der Finalrunde bestritt der Frankfurter dann alle Spiele von der ersten bis zur letzten Minute

NR.	NAME	GEBOREN	Einsatz gegen POLEN	MEXIKO	TUNESIEN	ITALIEN	HOLLAND	ÖSTERREICH	VEREIN
TOR									
22	Dieter Burdenski	26.11.1950	Tribüne	Bank	Tribüne	Bank	Tribüne	Tribüne	Werder Bremen
21	Rudi Kargus	15.08.1952	Bank	Tribüne	Bank	Tribüne	Bank	Bank	Hamburger SV
1	Sepp Maier	28.02.1944	90 Min.	90 Min.	90 Min.	90 Min.	90 Min.	90 Min.	Bayern München
ABWEHR									
16	Bernd Cullmann	01.11.1949	Tribüne	Bank	Tribüne	Bank	Bank	Tribüne	1. FC Köln
3	Bernard Dietz	22.03.1948	Bank	90 Min.	90 Min.	90 Min.	90 Min.	90 Min.	MSV Duisburg
5	Manfred Kaltz	06.01.1953	90 Min.	90 Min.	90 Min.	90 Min.	90 Min.	90 Min.	Hamburger SV
13	Harald Konopka	18.11.1952	Tribüne	Bank	Tribüne	36 Min.	Tribüne	Tribüne	1. FC Köln
4	Rolf Rüssmann	13.10.1950	90 Min.	90 Min.	90 Min.	90 Min.	90 Min.	90 Min.	FC Schalke 04
12	H.-G. Schwarzenbeck	03.04.1948	Bank	Tribüne	Tribüne	Tribüne	Bank	Bank	Bayern München
2	Berti Vogts	30.12.1946	90 Min.	90 Min.	90 Min.	90 Min.	90 Min.	90 Min.	Borussia Mönchengladbach
8	Herbert Zimmermann	01.07.1954	90 Min.	Tribüne	Bank	54 Min.	Tribüne	Tribüne	1. FC Köln
MITTELFELD									
15	Erich Beer	09.12.1946	90 Min.	Bank	Tribüne	20 Min.	90 Min.	45 Min.	Hertha BSC Berlin
6	Rainer Bonhof	29.03.1952	90 Min.	90 Min.	90 Min.	90 Min.	90 Min.	90 Min.	Borussia Mönchengladbach
10	Heinz Flohe	28.01.1948	90 Min.	90 Min./2 Tore	90 Min.	70 Tore	abgereist	abgereist	1. FC Köln
17	Bernd Hölzenbein	09.03.1946	Bank	Bank	Bank	90 Min.	90 Min.	90 Min./1 Tor	Eintracht Frankfurt
20	Hansi Müller	27.07.1957	90 Min.	90 Min./1 Tor	90 Min.	Tribüne	Bank	45 Min.	VfB Stuttgart
18	Gerd Zewe	13.06.1950	Tribüne	Tribüne	Bank	Tribüne	Tribüne	Bank	Fortuna Düsseldorf
ANGRIFF									
7	Rüdiger Abramczik	18.02.1956	90 Min.	Tribüne	Tribüne	Tribüne	90 Min./1 Tor	90 Min.	FC Schalke 04
9	Klaus Fischer	27.12.1949	90 Min.	90 Min.	90 Min.	90 Min.	Tribüne	29 Min.	FC Schalke 04
14	Dieter Müller	01.04.1954	Bank	90 Min./1 Tor	90 Min.	Bank	90 Min./1 Tor	61 Min.	1. FC Köln
11	K.-H. Rummenigge	25.09.1955	Tribüne	90 Min./2 Tore	90 Min.	90 Min.	90 Min.	90 Min./1 Tor	Bayern München
19	Ronald Worm	07.10.1953	Tribüne	Tribüne	Bank	Tribüne	Bank	Bank	MSV Duisburg

SCHÖN DÖSTE DEM ENDE ENTGEGEN

Seine letzten Tage als Bundestrainer verlebte Helmut Schön selten so angenehm wie hier im Liegestuhl. Seine vierte und letzte WM war nach Platz zwei 1966, Platz drei 1970 und Platz eins 1974 seine mit Abstand schlechteste. Am 15. November 1978 wurde Schön beim Länderspiel gegen Ungarn (0:0) verabschiedet. Das endete bereits nach einer knappen Stunde. Nebel im Frankfurter Waldstadion führte zum Spielabbruch.

SPANIEN

1982

Teilnehmer (24): Algerien, Argentinien, Belgien, Brasilien, Chile, Deutschland, El Salvador, England, Frankreich, Honduras, Italien, Jugoslawien, Kamerun, Kuwait, Neuseeland, Nordirland, Österreich, Peru, Polen, Schottland, Sowjetunion, Spanien, Tschechoslowakei, Ungarn

Weltmeister: Italien
Torschützenkönig: Paolo Rossi (Italien), 6 Tore

Algerier wedeln mit Geldscheinen

Pleite im Auftaktspiel: 1:2 gegen Außenseiter Algerien ++ Karl-Heinz Rummenigge schießt drei Tore gegen Chile ++ Stillhalteabkommen beim 1:0 gegen Österreich ++ Algerische Fans schwenken Geldscheine, fühlen sich verraten und verkauft ++ Spieler machen sich lustig über Fans ++ Demontage von Bundestrainer Jupp Derwall ++ Gegen England Rückfall in düstere Zeiten ++ Deutsche abhängig vom Ausgang des Spiels England gegen Spanien ++ Die große Überraschung: glanzvolles Halbfinale gegen Frankreich ++ Kabinenkrach in der Halbzeit des Endspiels ++

EIN SPIEL VERTUSCHTE DIE SCHANDE

Saufgelage, Angriffe auf Fans, das Skandalspiel gegen Österreich und mittendrin ein Bundestrainer, der der Lage nicht gewachsen war – das Halbfinale war die Rettung eines verkorksten Turniers

DIE MANNSCHAFT *des Vize-Weltmeisters Deutschland (hintere Reihe von links): Co-Trainer Berti Vogts, Hansi Müller, Toni Schumacher, Co-Trainer Erich Ribbeck, Karl-Heinz Rummenigge, Uwe Reinders, Klaus Fischer, Bundestrainer Jupp Derwall, Hans-Peter Briegel, Horst Hrubesch, Paul Breitner, Wilfried Hannes, Felix Magath. Vorn: Ulli Stielike, Bernd Förster, Karlheinz Förster, Pierre Littbarski, Eike Immel, Bernd Franke, Lothar Matthäus, Wolfgang Dremmler, Manfred Kaltz. Das Foto wurde im Trainingslager Schluchsee am 4. Juni 1982 aufgenommen. Die auf Abruf nominierten Spieler Thomas Allofs, Stephan Engels und Holger Hieronymus fehlen. Für die WM qualifizierte sich die Mannschaft als Erster der Europagruppe 1 (16:0 Punkte) mit acht Siegen in acht Spielen*

Wohl nie zuvor«, hat die Reporter-Legende Harry Valérien nach der Weltmeisterschaft 1982 geschrieben, »ist eine derart verhaßte Mannschaft in ein WM-Endspiel gegangen.«
Er sprach von der Deutschen, deren Einzug ins Endspiel gegen Italien bestenfalls als Überraschung, meist als Zumutung, von vielen aber als Provokation empfunden wurde.
Die Deutschen waren ein ziemlich undisziplinierter Haufen mit vergleichsweise bescheidenen fußballerischen Mitteln, denen ein einziges Spiel reichte, um sich ins kollektive deutsche Fußballgedächtnis einzugraben: das 8:7 nach Elfmeterschießen im Halbfinale gegen Frankreich.
Ein Weltmeister Deutschland blieb der naserümpfenden Fußballwelt schließlich erspart, das Team erwies sich beim finalen 1:3 gegen Italien als chancenlos. Aber das Ansehen des deutschen Fußballs war nach den Tagen von Spanien nicht mehr dasselbe wie zuvor. Das Gesicht dieser Mannschaft, die es verstanden hatte, in einem knappen Monat so viele Aversionen auf sich zu ziehen, war schnauzbärtig. >

Das schönste Tor des deutschen Teams bei dieser WM: der Fallrückzieher von Klaus Fischer zum 3:3 im Halbfinale gegen Frankreich (108. Min.)

12. WM-ENDRUNDE

Gruppe 1

14.6.	Vigo	Italien – Polen	0:0
15.6.	La Coruña	Peru – Kamerun	0:0
18.6.	Vigo	Italien – Peru	1:1
19.6.	La Coruña	Polen – Kamerun	0:0
22.6.	La Coruña	Polen – Peru	5:1
23.6.	Vigo	Italien – Kamerun	1:1

Gruppe 2

16.6.	Gijón	Algerien – Deutschland	2:1
17.6.	Oviedo	Österreich – Chile	1:0
20.6.	Gijón	Deutschland – Chile	4:1
21.6.	Oviedo	Österreich – Algerien	2:0
24.6.	Oviedo	Algerien – Chile	3:2
25.6.	Gijón	Deutschland – Österreich	1:0

Gruppe 3

13.6.	Barcelona	Belgien – Argentinien	1:0
15.6.	Elche	Ungarn – El Salvador	10:1
18.6.	Alicante	Argentinien – Ungarn	4:1
19.6.	Elche	Belgien – El Salvador	1:0
22.6.	Elche	Belgien – Ungarn	1:1
23.6.	Alicante	Argentinien – El Salvador	2:0

Gruppe 4

16.6	Bilbao	England – Frankreich	3:1
17.6.	Valladolid	Tschechoslowakei – Kuwait	1:1
20.6.	Bilbao	England – Tschechoslowakei	2:0
21.6.	Valladolid	Frankreich – Kuwait	4:1
24.6.	Valladolid	Frankreich – Tschechoslow.	1:1
25.6.	Bilbao	England – Kuwait	1:0

Gruppe 5

16.6.	Valencia	Spanien – Honduras	1:1
17.6.	Saragossa	Jugoslawien – Nordirland	0:0
20.6.	Valencia	Spanien – Jugoslawien	2:1
21.6.	Saragossa	Honduras – Nordirland	1:1
24.6.	Saragossa	Jugoslawien – Honduras	1:0
25.6.	Valencia	Nordirland – Spanien	1:0

Gruppe 6

14.6.	Sevilla	Brasilien – Sowjetunion	2:1
15.6.	Málaga	Schottland – Neuseeland	5:2
18.6.	Sevilla	Brasilien – Schottland	4:1
19.6.	Málaga	Sowjetunion – Neuseeland	3:0
22.6.	Málaga	Sowjetunion – Schottland	2:2
23.6.	Sevilla	Brasilien – Neuseeland	4:0

Zweite Runde, Gruppe A

28.6.	Barcelona	Polen – Belgien	3:0
1.7.	Barcelona	Sowjetunion – Belgien	1:0
4.7.	Barcelona	Polen – Sowjetunion	0:0

Gruppe B

29.6.	Madrid	Deutschland – England	0:0
2.7.	Madrid	Deutschland – Spanien	2:1
5.7.	Madrid	Spanien – England	0:0

Gruppe C

29.6.	Barcelona	Italien – Argentinien	2:1
2.7.	Barcelona	Brasilien – Argentinien	3:1
5.7.	Barcelona	Italien – Brasilien	3:2

Gruppe D

28.6.	Madrid	Frankreich – Österreich	1:0
1.7.	Madrid	Österreich – Nordirland	2:2
4.7.	Madrid	Frankreich – Nordirland	4:1

Halbfinale

8.7.	Barcelona	Italien – Polen	2:0
8.7.	Sevilla	Deutschland – Frankreich	8:7 n.E.

Spiel um Platz 3

10.7.	Alicante	Polen – Frankreich	3:2

Finale

11.7.	Madrid	Italien – Deutschland	3:1

BREITNER UND DERWALL VERSÖHNT

> Es gehörte Paul Breitner. Wann immer sich Kritik erhob am deutschen Team, war der Mittelfeldspieler zur Stelle, keilte zurück, putzte aus, watschte ab.

Einen »Linkmichel« hatte er den damaligen Bundestrainer Jupp Derwall einmal genannt. Nach seinem ersten Rücktritt aus der Nationalmannschaft 1975 war das gewesen, im Jahr nach dem mit Breitners Namen so eng verbundenen WM-Titelgewinn von München.

Derwall hatte noch drei Jahre als Assistent von Helmut Schön vor sich und Breitner Gastspiele in der ganz großen und ganz kleinen Fußballwelt – Real Madrid und Braunschweig. Damals umgab ihn noch das Flair des linken Rebellen.

1981 gab Breitner sein Comeback in der DFB-Elf. Eigentlich hatte Jupp Derwall schon einen Mittelfeld-Leithammel.

Aber Bernd Schuster war, wie auch Breitner, schwierig im Umgang. Jupp Derwall nahm eine verpaßte Mannschaftsfeier zum Anlaß, den »blonden Engel« loszuwerden. Schuster ätzte zurück: Ab jetzt werde im Nationalteam nur noch »gebreitnert und gerummenigget«.

Beim Versöhnungsgipfel in einem Münchner Lokal 1981 gewann Paul Breitner, inzwischen unumstrittener Mittelfeldherrscher beim FC Bayern, einen ganz neuen Eindruck vom einst gehaßten Schleifer Jupp Derwall.

Der war nunmehr Chefcoach, hatte seit seinem Amtsantritt ganze zwei Spiele verloren und Deutschland krisenfrei zum EM-Titel 1980 geführt. »Häuptling Silberlocke« Derwall schien die Sonnenseite des Fußball-Lebens gepachtet zu haben. So was von locker sei der ja inzwischen, meinte Breitner.

Nur noch einmal am Tag werde trainiert, Diskussionskultur und vor allem Lebensart hätten Einzug gehalten unter dem neuen Bundestrainer. Der habe nichts dagegen, »daß ich meinen Rotwein zum Essen trinke«.

Damit dürfte Jupp Derwall vor allem dem Kölner Torwart Toni Schumacher entgegenkommen, so mutmaßte Paul Breitner, »der trinkt so gerne Bier«. >

1. Spiel Vorrunde

ALGERIEN – DEUTSCHLAND 2:1

16. Juni 1982, 17.15 Uhr Oz., Estadio El Molinón, Gijón

Schiedsrichter: Labó Revoredo (Kolumbien). *Tore:* 1:0 Madjer (53.), 1:1 Rummenigge (68.), 2:1 Belloumi (69.). *Einwechslungen:* Bensaoula für Zidane (64.), Larbes für Madjer (88.) – Fischer für Magath (84.). *Gelbe Karten:* Madjer – Hrubesch. *Zuschauer:* 42 000.

Symbol für den Fehlstart gegen Algerien: Karl-Heinz Rummenigge (r.) kommt im Zweikampf mit Mahmoud Guendouz (l.) zu spät

GRENZENLOS *Die Bauchmuskelübung von Karl-Heinz Rummenigge beobachten Fans am 7. Juni 1982 im Trainingslager Schluchsee aus nächster Nähe. Die beiden Damen im Sonntagskleid bitten den deutschen Kapitän wenig später um ein Autogramm. Nur der Hund ist desinteressiert*

2. Spiel Vorrunde

DEUTSCHLAND – CHILE 4:1

20. Juni 1982, 17.15 Uhr Oz., Estadio El Molinón, Gijón

Schiedsrichter: *Galler (Schweiz).* ***Tore:*** *1:0 Rummenigge (9.), 2:0 Rummenigge (57.), 3:0 Rummenigge (66.), 4:0 Reinders (82.), 4:1 Moscoso (90.).* ***Einwechslungen:*** *Matthäus für Breitner (61.), Reinders für Littbarski (78.) – Letelier für Soto (46.), Neira für Gamboa (66.).* ***Gelbe Karten:*** *Dubó, Gamboa.* ***Zuschauer:*** *42 000.*

Wiedergutmachung gegen Chile: Horst Hrubesch behauptet sich im Dreikampf gegen Gustavo Moscoso (l.) und René Eduardo Valenzuela

DIE PRESSE ZUM SPIEL GEGEN ÖSTERREICH

»Deutschland Gruppensieger – aber eine Schande für den Fußball«
BILD

»Schlicht und einfach ein Betrug am zahlenden wie fernsehenden Publikum und ein Doppelfoul an dem moralischen Gruppensieger Algerien«
DER TAGESSPIEGEL

»Daß sich unsere Spieler diese Mauschel-Lösung haben aufdrängen lassen, wird ihnen bald leid tun«
HAMBURGER ABENDBLATT

»Unsere Spieler wollen Profis sein. Als Profi muß ich mich anders verkaufen. Sie haben die Leute zum Narren gehalten, von denen sie leben«
KICKER

»Wir hatten vorgesehen, den Spielern Noten zu geben. Es gibt durchgehend die Note 0«
STUTTGARTER NACHRICHTEN

»Ein trauriges Fußballgeschehen. Aus der Sicht des schwächeren Teams (Österreich) hat Deutschland die Schuld«
AZ, ÖSTERREICH

»Deutsche und Österreicher – sind das Schweinehunde oder Schwachsinnige?«
L'ÉQUIPE, FRANKREICH

»Schmeißt die Krauts raus!«
THE SUN, ENGLAND

»Die größte Schiebung aller Zeiten«
MARCA, SPANIEN

POKERRUNDEN UM 20 000 MARK

> Schumacher erinnert sich in seiner Autobiographie »Anpfiff« eher mit Grausen daran, wie es dann zuging im weltmeisterlichen Trainingslager Schluchsee (Pressespott »Schlucksee«): Breitner »trank auch schon mal einen über den Durst«. Am nächsten Tag sei er dann auf dem Spielfeld »gelaufen wie ein Uhrwerk. Nur die, die mit ihm getrunken hatten, krebsten rum wie die Schnapsleichen.«
Im Frühstücksraum rätselten die Teamkameraden morgens regelmäßig, wer länger ausschlafen würde: Breitner oder Bayern-Kumpel Rummenigge.
Gen Abend ging es dann beim fröhlichen Zocken um selbst für bestens bezahlte Profis nicht unerhebliche Geldbeträge. Ersatztorwart Eike Immel soll mit einem Berg Poker-Schulden von der WM zurückgekehrt sein. Schumacher schmückt die Zustände in seinem Buch »Anpfiff« aus: »Nicht selten wurde um 20 000 bis 30 000 Mark gespielt. Andere bumsten bis zum Morgengrauen und kamen wie nasse Lappen zum Training gekrochen.«
In Spanien, nach der peinlichen Auftaktniederlage gegen Algerien, warf Jupp Derwall seine ganze Autorität in die Waagschale und schlug nachdrücklich vor, »auf das eine oder andere Gläschen Wein oder Bier zu verzichten«.
Ein Trainer, den kaum jemand mehr ernst nahm, hatte eine Mannschaft gesehen, die ihren Gegner nicht ernst nahm.
Paul Breitner legte seine Einstellung dazu mit bemerkenswerter Offenheit in seinem Buch zur WM dar: »Dieses Gequatsche ›Wir müssen jeden Gegner ernst nehmen!‹ kann ich nicht mehr hören. Man muß auch mal die Sau rauslassen.« Das war mit dem 1:2 gegen Algerien perfekt gelungen. Breitners Leistung rief unter den Experten auf der Tribüne nur noch Kopfschütteln hervor.
Und Algeriens junger Torschütze, der spätere Bayern-Europapokalschreck Rabah Madjer, ärgerte sich nach dem Sensationssieg, vom Gegner »bis zur letzten Minute nicht für voll genommen« worden zu sein. >

3. Spiel Vorrunde
DEUTSCHLAND – ÖSTERREICH 1:0
25. Juni 1982, 17.15 Uhr Oz., Estadio El Molinón, Gijón

***Schiedsrichter:** Valentine (Schottland). **Tor:** 1:0 Hrubesch (10.). **Einwechslungen:** Matthäus für Rummenigge (66.), Fischer für Hrubesch (69.). **Gelbe Karten:** Hintermaier, Schachner. **Zuschauer:** 41 000.*

Das Skandalspiel: Nur in der Anfangsphase gab es ernsthafte Zweikämpfe wie diesen zwischen Wolfgang Dremmler (r.) und Heribert Weber

URLAUBSSTIMMUNG *Wolfgang Dremmler, Karl-Heinz Rummenigge, Hansi Müller und Manfred Kaltz (v. l.) erholen sich beim Sonnenbad in Schluchsee*

1. Spiel Finalrunde

ENGLAND – DEUTSCHLAND 0:0

29. Juni 1982, 21 Uhr Oz., Santiago Bernabéu, Madrid

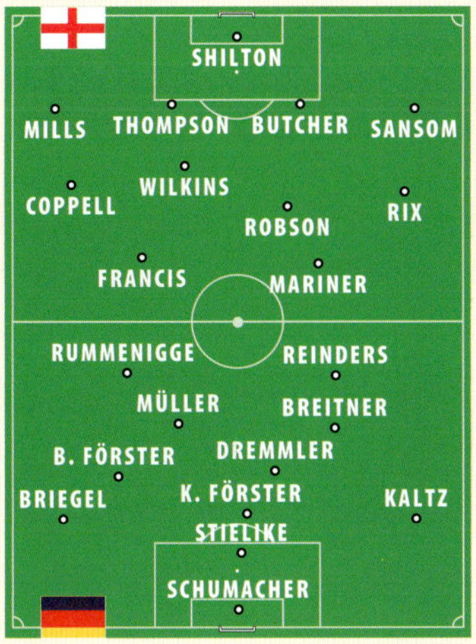

Schiedsrichter: *Coelho (Brasilien).* ***Einwechslungen:*** *Woodcock für Francis (77.) – Littbarski für Reinders (63.), Fischer für Müller (74.).* ***Gelbe Karte:*** *Stielike.* ***Zuschauer:*** *75 000.*

Rückfall in düstere Zeiten: Immerhin blieb die Abwehr mit Manfred Kaltz (l.) im Spiel gegen England ohne Gegentor – ein positiver Aspekt

SPANIER FAIRER ALS DEUTSCHE

Spiel mit Anstand: der Spanier Miguel A. Alonso (l.) und Bryan Robson schenkten sich nichts

Für Algerien war es kein Trost. Aber auch die Deutschen lernten das Gefühl kennen, nichts mehr beeinflussen zu können und auf andere angewiesen zu sein. Nach dem mageren 0:0 gegen England und einem passablen 2:1 über Gastgeber Spanien waren sie zum Zuschauen verdammt. Es war am 5. Juli, Bernabéu-Stadion in Madrid: Mit einem Sieg mit zwei Toren Differenz konnte England im letzten Spiel der Finalrundengruppe B gegen Spanien noch Gruppenerster werden und somit statt Deutschland ins Halbfinale einziehen. ***Die Spanier waren aussichtslos und mußten sich nicht mehr anstrengen****. Auf der Tribüne drückten Fischer, Littbarski, Magath, Matthäus und Stielike den Spaniern die Daumen, die anderen Spieler saßen vorm TV im Hotel. 90 Minuten Zittern, Weggucken, Nägelkauen. Toni Schumacher hielt es nicht mehr aus, er tigerte vor der Tür umher, murmelte etwas von »betrinken«. Paul Breitner hatte es sich von seinem früheren Madrider Teamkameraden Miguel Angel versprechen lassen:* ***Spanien läßt sich nicht hängen*** *und trotzt den Briten ein 0:0 ab. So kam es dann auch, Deutschland war im Halbfinale. Der Schlußpfiff setzte Energien frei bei den deutschen Spielern: Erstes Opfer war DFB-Spielausschußchef Walter Baresel. Er landete angezogen im Swimmingpool.*

WASSERBOMBEN AUF FANS

> Die Deutschen sollten ihnen noch weit Schlimmeres antun, Algerien und dem Rest der Fußballwelt. Nach einem Zwischenhoch – 4:1 über Chile – sorgten sie für die größte sportliche Farce, die eine Weltmeisterschaft je erlebte.
Als Komplizen gingen die Österreicher zur Hand. Ein knapper deutscher Sieg, das stand vorher fest, half beiden Mannschaften in die zweite Finalrunde. Nach zehn Minuten hatten sie ihr Wunsch-Ergebnis: Mittelstürmer Horst Hrubesch bugsierte den Ball mit dem rechten Oberschenkel ins Tor.
Danach versuchten beide Mannschaften nicht einmal mehr den Anschein zu erwecken, das gegnerische Tor zu bedrohen. Schumacher sprach später von einer Art stillschweigendem Abkommen. »Breitner hatte mir mehr oder weniger klar gesagt: Das 1:0 reicht uns.«
Die Algerier, durch den Nichtangriffspakt von Gijón aus dem Turnier gemogelt, beantragten bei der Fifa die Disqualifikation beider Skandalteams. Das Publikum im Stadion hatte schnell genug: »Küßt euch doch«, war einer der harmloseren Sprechchöre der betrogenen Zuschauer. Die spanische Presse sprach von einem »Fußballporno«, eine Wirtschaftszeitung druckte den Spielbericht auf der Verbrechensseite ab. Der Begriff vom »häßlichen Deutschen« war wieder zum Leben erweckt.
Für Kritik hatte die Mannschaft nie ein offenes Ohr, es fehlte jegliches Unrechtsbewußtsein. Breitner: »Die dummen Leute finden immer etwas, worüber sie sich aufregen können.« Rummenigge zu einem deutschen Zuschauer: »Hau ab.« Der gelernte Betriebsschlosser Wolfgang Dremmler im Juristenjargon über empörte Schlachtenbummler: »Reise und Kosten gehen auf das Risiko der Fans.« Die machten ihrer Wut vor dem Mannschaftshotel »Príncipe de Asturias« in Gijón Luft. Die Antwort der Spieler kam aus einem Fenster im siebten Stock: Sie ließen mit Wasser gefüllte Plastiktüten fallen.
In der Zwischenrunde wurde die Demontage des Jupp Derwall auch für Außenstehende deutlich. >

2. Spiel Finalrunde

DEUTSCHLAND – SPANIEN 2:1

2. Juli 1982, 21 Uhr Oz., Santiago Bernabéu, Madrid

Schiedsrichter: *Casarin (Italien).*
Tore: *1:0 Littbarski (50.), 2:0 Fischer (76.), 2:1 Zamora (82.).*
Einwechslungen: *Reinders für Rummenigge (46.) – López-Ufarte für Juanito (46.), Sánchez für Quini (65.).*
Gelbe Karten: *Briegel, Fischer, Littbarski – Alesanco, Camacho, Sánchez.*
Zuschauer: *90 089.*

Übernahm gegen Spanien endlich auf dem Platz Verantwortung und nicht mehr nur daneben: Paul Breitner (l.) entwischt Miguel Angel Alonso

FLUCHT *Hans-Peter Briegel sprintet nach dem Skandalspiel gegen Österreich vorbei an wütenden Fans ins Hotel. So engagiert war Briegel in den 90 Minuten zuvor nicht gewesen*

Halbfinale

DEUTSCHLAND – FRANKREICH 8:7 N.E.

8. Juli 1982, 21 Uhr Oz., Estadio Sánchez Pizjuán, Sevilla

***Schiedsrichter:** Corver (Holland). **Tore:** 1:0 Littbarski (18.), 1:1 Platini (27., Foulelfmeter), 1:2 Trésor (93.), 1:3 Giresse (99.), 2:3 Rummenigge (103.), 3:3 Fischer (108.). **Elfmeterschießen:** 0:1 Giresse, 1:1 Kaltz, 1:2 Amoros, 2:2 Breitner, 2:3 Rocheteau, Stielike – gehalten, Six – gehalten, 3:3 Littbarski, 3:4 Platini, 4:4 Rummenigge, Bossis – gehalten, 5:4 Hrubesch. **Einwechslungen:** Hrubesch für Magath (73.), Rummenigge für Briegel (96.) – Battiston für Genghini (51.), Lopez für Battiston(61.). **Gelbe Karten:** B. Förster – Giresse, Genghini. **Zuschauer:** 70 000.*

Toni Schumacher gegen Maxime Bossis (l.), Deutschland gegen Frankreich: Die Halbfinal-Begegnung wird eines der größten Spiele aller Zeiten

DFB VERHINDERTE HAPPEL ALS TRAINER

Arbeitslos während der WM: HSV-Trainer Ernst Happel

Nach der Schmach von Córdoba, der denkwürdigen 2:3-Niederlage bei der WM 1978, sollten die Deutschen reichlich Gelegenheiten zur Revanche bekommen. Der DFB gönnte den Österreichern dabei nicht das Schwarze unterm Fingernagel – nicht einmal den Trainer. Einem 1:0 im Testspiel 1980 folgten während der WM-Qualifikation Siege mit 2:0 in Hamburg und 3:1 in Wien. Österreich kam aber noch als Gruppenzweiter nach Spanien. ***Ernst Happel, österreichischer Meistercoach des HSV, sollte für das Turnier die Leitung des Austria-Teams übernehmen.*** *Ein Ferienjob, wie er ihn schon 1978 für die Holländer, als Vizeweltmeister höchst erfolgreich, erledigt hatte. Diesmal durfte er aber nicht: Der DFB erhob Einspruch. Die Argumentation von Präsident Hermann Neuberger, Happel kenne sich als Bundesliga-Trainer zu gut aus im deutschen Fußball, war genauso überraschend wie die Tatsache, daß die Fifa dem Protest stattgab. Anstelle von Trainerlegende Happel saß dann ein gewisser Georg Schmidt auf der österreichischen Bank. Nach fünf Spielen war sein Job bei der WM erledigt, Österreich schied als Zweiter der Finalrundengruppe D aus.*

HRUBESCH NANNTE TRAINER »FEIGLING«

> Stürmer Horst Hrubesch fand sich gegen England (0:0) auf der Tribüne wieder, nannte den Bundestrainer öffentlich einen »Feigling«. Mittelfeldspieler Hansi Müller, auf Derwalls Bitten trotz Knieverletzung mitgereist, überzeugte gegen die Briten nicht und mußte gegen Spanien (2:1) Hrubeschs Tribünenplatz übernehmen. Auch er kritisierte seinen Trainer: »Breitner hat zwei Chancen bekommen und ohne Diskussion eine dritte hinterher.«
Ironischerweise lieferte ausgerechnet dieser Haufen Individualisten eines der denkwürdigsten Spiele der deutschen WM-Geschichte ab. Der Halbfinalsieg gegen die Franzosen grenzte an ein Wunder. Spielerisch war die Equipe Tricolore mit Jean Tigana, Alain Giresse und Michel Platini den Deutschen weit überlegen. Mit 1:3 lag Deutschland in der Verlängerung zurück.
In dieser scheinbar aussichtslosen Situation holten die Spieler erstmals das Beste aus sich heraus. Derwall auch, er brachte den verletzten Rummenigge. Ihm und dem Kölner Torjäger Klaus Fischer gelangen zwei herrliche Tore. Im Elfmeterschießen traf Horst Hrubesch mit dem zwölften Schuß, Maxime Bossis hatte den elften vergeben.
Die Leistungsexplosion gegen Frankreich blieb ein unerklärlicher Ausrutscher. Während der Halbzeit des Endspiels war in der DFB-Kabine wieder alles beim alten. Der verletzte Kapitän Rummenigge, schwach wie nie in diesem Turnier, mochte sich nicht auswechseln lassen. Er geriet mit Ulli Stielike aneinander, der ihm Respektlosigkeit gegenüber der Mannschaft vorwarf. »Es war unverantwortlich, nicht rauszugehen«, bekräftigte Stielike, Deutschlands Zuverlässigster in Spanien, später. Jupp Derwall sah keinen Handlungsbedarf: »Rummenigge hat gesagt: Es geht.«
Der Kapitän spielte weiter, bis wirklich gar nichts mehr ging. Statt seiner holte Derwall zunächst den fleißigen Dremmler vom Feld. Mit dem Ehrentor zum 1:3 setzte der zum Turnierende immer stärker aufspielende Paul Breitner den Schlußpunkt.
Nach der WM analysierte der DFB den mit der Vize-Weltmeisterschaft erfolgreich abgeschlossenen Katastrophenausflug. Präsident Hermann Neuberger stellte in seinem internen Bericht Paul Breitner als Hauptverantwortlichen für den deutschen Imageverlust hin.
Der war inzwischen wieder aus der Nationalmannschaft zurückgetreten. Jupp Derwall, der bedingungslos auf Breitner gesetzt und während der Zwischenrunde schon von Rücktritt gesprochen hatte, blieb noch bis zur Europameisterschaft 1984 Bundestrainer.
Als dann in Frankreich neben den Leistungen auch die Ergebnisse nicht mehr stimmten, hörte er mit 57 Jahren beim DFB auf.

» Breitner hat zwei Chancen bekommen und ohne Diskussion eine dritte hinterher

Finale

ITALIEN – DEUTSCHLAND 3:1

11. Juli 1982, 20 Uhr Oz., Santiago Bernabéu, Madrid

Schiedsrichter: *Coelho (Brasilien).*
Tore: *1:0 Rossi (57.), 2:0 Tardelli (69.), 3:0 Altobelli (81.), 3:1 Breitner (83.).*
Besonderes Vorkommnis: *Cabrini verschießt Foulelfmeter (26.).*
Einwechslungen: *Altobelli für Graziani (8.), Causio für Altobelli (89.) – Hrubesch für Dremmler (63.), Müller für Rummenigge (70.).*
Gelbe Karten: *Conti, Oriali – Stielike, Dremmler, Littbarski.*
Zuschauer: *90 089.*

Chancenlos im Finale: Pierre Littbarski konnte sich selten gegen die italienische Abwehr mit Claudio Gentile (r.) durchsetzen

DEUTSCHER WM-KADER 1982

Bundestrainer Jupp Derwall reiste mit nur 19 Spielern nach Spanien. Holger Hieronymus, Stephan Engels und Thomas Allofs blieben auf Abruf in Deutschland

NR.	NAME	GEBOREN	Einsatz gegen ALGERIEN	CHILE	ÖSTERREICH	ENGLAND	SPANIEN	FRANKREICH	ITALIEN	VEREIN
TOR										
21	Bernd Franke	12.02.1948	Tribüne	Tribüne	Tribüne	Bank	Tribüne	Bank	Bank	Eintracht Braunschweig
22	Eike Immel	27.11.1960	Bank	Bank	Bank	Tribüne	Bank	Tribüne	Tribüne	Borussia Dortmund
1	Harald Schumacher	06.03.1954	90 Min.	90 Min.	90 Min.	90 Min.	90 Min.	120 Min.	90 Min.	1. FC Köln
ABWEHR										
2	Hans-Peter Briegel	11.10.1955	90 Min.	90 Min.	90 Min.	90 Min.	90 Min.	96 Min.	90 Min.	1. FC Kaiserslautern
5	Bernd Förster	03.05.1956	Bank	Tribüne	Bank	90 Min.	90 Min.	120 Min.	90 Min.	VfB Stuttgart
4	Karlheinz Förster	25.07.1958	90 Min.	90 Min.	90 Min.	90 Min.	90 Min.	120 Min.	90 Min.	VfB Stuttgart
12	Wilfried Hannes	17.05.1957	Bank	Bank	Tribüne	Bank	Bank	Bank	Bank	Borussia Mönchengladbach
19	Holger Hieronymus	22.02.1959	auf Abruf	auf Abruf	auf Abruf	auf Abruf	auf Abruf	auf Abruf	auf Abruf	Hamburger SV
20	Manfred Kaltz	06.01.1953	90 Min.	90 Min.	90 Min.	90 Min.	90 Min.	120 Min.	90 Min.	Hamburger SV
15	Ulrich Stielike	15.11.1954	90 Min.	90 Min.	90 Min.	90 Min.	90 Min.	120 Min.	90 Min.	Real Madrid
MITTELFELD										
3	Paul Breitner	05.09.1951	90 Min.	61 Min.	90 Min.	90 Min.	90 Min.	120 Min.	90 Min./1 Tor	Bayern München
6	Wolfgang Dremmler	12.07.1954	90 Min.	90 Min.	90 Min.	90 Min.	90 Min.	120 Min.	63 Min.	Bayern München
17	Stephan Engels	06.09.1960	auf Abruf	auf Abruf	auf Abruf	auf Abruf	auf Abruf	auf Abruf	auf Abruf	1. FC Köln
7	Pierre Littbarski	16.04.1960	90 Min.	78 Min.	90 Min.	27 Min.	90 Min./1 Tor	120 Min./1 Tor	90 Min.	1. FC Köln
14	Felix Magath	26.07.1953	84 Min.	90 Min.	90 Min.	Tribüne	Bank	73 Min.	Bank	Hamburger SV
18	Lothar Matthäus	21.03.1961	Tribüne	29 Min.	24 Min.	Bank	Tribüne	Tribüne	Tribüne	Borussia Mönchengladbach
10	Hansi Müller	27.07.1957	Tribüne	Tribüne	Tribüne	74 Min.	Tribüne	Bank	20 Min.	VfB Stuttgart
ANGRIFF										
16	Thomas Allofs	17.11.1959	auf Abruf	auf Abruf	auf Abruf	auf Abruf	auf Abruf	auf Abruf	auf Abruf	Fortuna Düsseldorf
8	Klaus Fischer	27.12.1949	6 Min.	Bank	21 Min.	16 Min.	90 Min./1 Tor	120 Min./1 Tor	90 Min.	1. FC Köln
9	Horst Hrubesch	17.04.1951	90 Min.	90 Min.	69 Min./1 Tor	Tribüne	Bank	47 Min.	27 Min.	Hamburger SV
13	Uwe Reinders	19.01.1955	Bank	12 Min./1 Tor	Bank	63 Min.	45 Min.	Tribüne	Tribüne	Werder Bremen
11	Karl-Heinz Rummenigge	25.09.1955	90 Min./1 Tor	90 Min./3 Tore	66 Min.	90 Min.	45 Min.	24 Min./1 Tor	70 Min.	Bayern München

DFB-TRAINER IM ABSEITS

Jupp Derwall (l.) und sein Assistent Erich Ribbeck verloren zusehends die Kontrolle über die Mannschaft. Das Foto zeigt die beiden beim Auftakt gegen Algerien. Es war Derwalls erstes von sieben WM-Spielen als Chef. 1978 war Helmut Schön noch Bundestrainer, 1986 Franz Beckenbauer Teamchef

MEXIKO 1986

Teilnehmer (24): Algerien, Argentinien, Belgien, Brasilien, Bulgarien, Dänemark, Deutschland, England, Frankreich, Irak, Italien, Kanada, Marokko, Mexiko, Nordirland, Paraguay, Polen, Portugal, Schottland, Spanien, Südkorea, Sowjetunion, Ungarn, Uruguay

Weltmeister: Argentinien
Torschützenkönig: Gary Lineker (England), 6 Tore

Stein nennt seinen Chef Suppenkasper

Franz Beckenbauer erstmals Teamchef bei einer WM. Er macht Fehler und spricht Spielern Qualifikation ab ++ Schwacher Turnierstart gegen Uruguay, Schottland und Dänemark ++ Uli Stein führt persönlichen Krieg gegen Toni Schumacher und Beckenbauer und wird vorzeitig nach Hause geschickt. Den Teamchef nennt er Suppenkasper ++ Kapitän Karl-Heinz Rummenigge wie schon 1982 wieder verletzt ++ Toni Schumacher hält gegen Mexiko zwei Elfmeter ++ Hamburger Felix Magath reift zum Führungsspieler ++ Willi Schulz und Günter Netzer kritisieren deutsches Team, die Fans feiern es ++

»ES WAR IMMER HEKTIK, JEDEN TAG WAS LOS«

Die Vizeweltmeisterschaft wurde überschattet von vielen Affären. Uli Stein beleidigte Franz Beckenbauer und der einen Reporter. Toni Schumacher und Karl-Heinz Rummenigge führten Intrigen

Die DEUTSCHE MANNSCHAFT *(oben von links): Rudi Völler, Wolfgang Rolff, Guido Buchwald, Wolfgang Funkel, Hans-Peter Briegel, Uwe Rahn, Thomas Berthold, Karl Allgöwer, Ditmar Jakobs, Klaus Augenthaler. Mitte: Co-Trainer Berti Vogts, Co-Trainer Horst Köppel, Karlheinz Förster, Felix Magath, Norbert Eder, Karl-Heinz Rummenigge, Dieter Hoeneß, Heinz Gründel, Lothar Matthäus, Teamchef Franz Beckenbauer. Vorn: Pierre Littbarski, Matthias Herget, Frank Mill, Ulrich Stein, Harald Schumacher, Eike Immel, Klaus Allofs, Olaf Thon, Andreas Brehme. Das Foto wurde am 10. Mai in Malente aufgenommen. Nicht nominiert wurden Funkel, Buchwald, Mill und Gründel. Für die WM qualifizierte sich die Mannschaft als Erster der Europa-Gruppe 2 (12:4 Punkte) vor Portugal und Schweden. Es riß eine stolze Serie: Am 16. Oktober 1985 verlor eine deutsche Mannschaft erstmals ein WM-Qualifikationsspiel (0:1 in Stuttgart gegen Portugal). Zuvor war Deutschland in 36 Spielen ungeschlagen geblieben und hatte bei 130:24 Toren ganze vier Unentschieden zugelassen*

Wenigstens ein Deutscher hatte allen Grund zum Jubeln. Sepp Piontek lehnte sich genüßlich zurück, seine dänische Mannschaft hatte durch ein 2:0 gegen Deutschland gerade die Vorrunden-Gruppe E gewonnen und war zum WM-Geheimfavoriten aufgestiegen. »Wir waren nicht gut«, dozierte der einstige Abwehrrecke von Werder Bremen auf der Pressekonferenz mit einem provozierenden Blick auf Franz Beckenbauer, »weil wir von den Deutschen kaum gefordert wurden.« Dann bezeichnete Piontek den Auftritt der Deutschen als »spielerisch arm« und fragte spöttisch: »Ist das alles, was der deutsche Fußball hier zu bieten hat?«

Dänemarks Trainer legte die Schwächen der DFB-Auswahl an diesem 13. Juni 1986 schonungslos offen. Haarsträubende Fehler und tolpatschige Aktionen zeigte der Vizeweltmeister. Wolfgang Rolff verschuldete einen unnötigen Elfmeter zum 0:1, beim 0:2 schlief die Abwehr kollektiv.

»Die rote Flut ertränkte die Teutonen«, dichtete das mexikanische Blatt Ovaciones. ›

Training im Aztekenstadion von Mexiko-Stadt. Teamchef Franz Beckenbauer (l.) stellt sich den Fotografen und Reportern

EINEN TAG LANG PRESSE-BOYKOTT

13. WM-ENDRUNDE

Gruppe A			
31.5.	Mexiko-Stadt	Italien – Bulgarien	1:1
2.6.	Mexiko-Stadt	Argentinien – Südkorea	3:1
5.6.	Puebla	Italien – Argentinien	1:1
5.6.	Mexiko-Stadt	Südkorea – Bulgarien	1:1
10.6.	Puebla	Italien – Südkorea	3:2
10.6.	Mexiko-Stadt	Argentinien – Bulgarien	2:0
Gruppe B			
3.6.	Mexiko-Stadt	Mexiko – Belgien	2:1
4.6.	Toluca	Paraguay– Irak	1:0
7.6.	Mexiko-Stadt	Mexiko – Paraguay	1:1
8.6.	Toluca	Belgien – Irak	2:1
11.6.	Toluca	Paraguay – Belgien	2:2
11.6.	Mexiko-Stadt	Mexiko – Irak	1:0
Gruppe C			
1.6.	León	Frankreich – Kanada	1:0
2.6.	Irapuato	Sowjetunion – Ungarn	6:0
5.6.	León	Frankr. – Sowjetunion	1:1
6.6.	Irapuato	Ungarn – Kanada	2:0
9.6.	León	Frankreich – Ungarn	3:0
9.6.	Irapuato	Sowjetunion – Kanada	2:0
Gruppe D			
1.6.	Guadalajara	Brasilien – Spanien	1:0
3.6.	Guadalajara	Algerien – Nordirland	1:1
6.6.	Guadalajara	Brasilien – Algerien	1:0
7.6.	Guadalajara	Spanien – Nordirland	2:1
12.6.	Guadalajara	Brasilien – Nordirland	3:0
12.6.	Monterrey	Spanien – Algerien	3:0
Gruppe E			
4.6.	Querétaro	Uruguay – Deutschland	1:1
4.6.	Nezahualcóy.	Dänemark – Schottland	1:0
8.6.	Querétaro	Deutschland – Schottl.	2:1
8.6.	Nezahualcóy.	Dänemark – Uruguay	6:1
13.6.	Querétaro	Dänem. – Deutschland	2:0
13.6.	Nezahualcóy.	Schottland – Uruguay	0:0
Gruppe F			
2.6.	Monterrey	Marokko – Polen	0:0
3.6.	Monterrey	Portugal – England	1:0
6.6.	Monterrey	England – Marokko	0:0
7.6.	Monterrey	Polen – Portugal	1:0
11.6.	Monterrey	England – Polen	3:0
11.6.	Guadalajara	Marokko – Portugal	3:1
Achtelfinale			
15.6.	Mexiko-Stadt	Mexiko – Bulgarien	2:0
15.6.	León	Sowjetu. – Belgien	3:4 n.V.
16.6.	Guadalajara	Brasilien – Polen	4:0
16.6.	Puebla	Argentinien – Uruguay	1:0
17.6.	Mexiko-Stadt	Frankreich – Italien	2:0
17.6.	Monterrey	Deutschland – Marokko	1:0
18.6.	Mexiko-Stadt	England – Paraguay	3:0
18.6.	Querétaro	Spanien – Dänemark	5:1
Viertelfinale			
21.6.	Guadalajara	Frankr. – Brasilien	5:4 n.E.
21.6.	Monterrey	Deutschl. – Mexiko	4:1 n.E.
22.6.	Mexiko-Stadt	Argentinien – England	2:1
22.6.	Puebla	Belgien – Spanien	6:5 n.E.
Halbfinale			
25.6.	Guadalajara	Deutschland – Frankr.	2:0
25.6.	Mexiko-Stadt	Argentinien – Belgien	2:0
Spiel um Platz 3			
28.6.	Puebla	Frankreich – Belgien	4:2 n.V.
Finale			
29.6.	Mexiko-Stadt	Argent. – Deutschland	3:2

› Und die dänische B. T. meinte: »Aus dem Weg, Franz! Jetzt ist Sepp der Kaiser!« Den Ausgang der Geschichte kennen alle: Die Dänen gingen im Achtelfinale mit 1:5 gegen Spanien unter, Deutschland kämpfte sich mit einem rationalen Stil ins Finale vor und verlor erst da gegen Argentinien um den überragenden Spielgestalter Diego Armando Maradona.

Die Spielkunst seiner Elf konnte Teamchef Franz Beckenbauer indes nur bedingt gefallen. Nach dem Vorrunden-Aus bei der EM 1984 hatte er die Mannschaft übernommen. Sie nach seinem Ebenbild zu formen gestaltete sich nicht nur als schwierig – es war unmöglich.

»Der Franz ist halt ein Brasilianer«, raunte es durch die Flure der deutschen Unterkunft, wenn die Spieler mal wieder ihre Handwerker-Ehre gegen den ständigen Vergleich mit dem eleganten Libero-Stil ihres Teamchefs verteidigen mußten.

Der Atmosphäre war das nicht gerade zuträglich.

Beckenbauer mußte die Diplomatie erst mühsam erlernen und leistete sich so manchen Fehltritt: »Wenn ich ganz ehrlich urteile, wären wir nur mit fünf Spielern in Mexiko«, beschrieb der Teamchef seinen Kader und setzte noch einen drauf: »In der Bundesliga spielt nur noch Schrott.«

Pierre Littbarski (Racing Paris) und Karlheinz Förster (Olympique Marseille) hatten gerade ihre Wechsel ins Ausland bekanntgegeben. Beckenbauer fürchtete ein Ausbluten auch der Nationalmannschaft und überlegte gar, spätestens nach der EM 1988 zurückzutreten.

Als der mexikanische Journalist Miguel Hirsch einen Artikel mit der Reizwort-Kombination »Spieler«, »Frauen« und »Sex« veröffentlichte, platzte Beckenbauer der Kragen. »Wenn man kurz zudrückt, dann gibt es ihn nicht mehr«, giftete er in Richtung des untersetzten Hirsch.

Die Wellen schlugen hoch, der DFB verhängte einen eintägigen Presseboykott, Beckenbauer mußte sich für seinen Tonfall entschuldigen: »Ich wollte ihn nicht verletzen. Ich sprach über ihn auf bayerisch, da klingen manche Worte härter.« ›

1. Spiel Vorrunde

URUGUAY – DEUTSCHLAND 1:1

4. Juni 1986, 12 Uhr Ortszeit, Estadio La Corregidora, Querétaro

***Schiedsrichter:** Christov (Tschechoslowakei). **Tore:** 1:0 Alzamendi (4.), 1:1 Allofs (84.). **Einwechslungen:** Saralegui für Barrios (56.), Ramos für Alzamendi (82.) – Littbarski für Brehme (46.), Rummenigge für Matthäus (71.). **Gelbe Karten:** Diogo, Saralegui. **Zuschauer:** 30 500.*

Klaus Allofs (l.) hat gegen Vorstopper Nelson Gutiérrez einen schweren Stand. Sechs Minuten vor Schluß erzielte er den hochverdienten Ausgleich

MUSKELSPIELE *Rudi Völler (l.) und Thomas Berthold auf dem Hotelbalkon. Vor Berthold hängt ein Trikot mit der Nummer 4 zum Trocknen über dem Geländer. Es gehört Karlheinz Förster. Berthold spielt in Mexiko mit der Nummer 14 auf dem Rücken*

2. Spiel Vorrunde

DEUTSCHLAND – SCHOTTLAND 2:1

8. Juni 1986, 12 Uhr Ortszeit, Estadio La Corregidora, Querétaro

Schiedsrichter: *Igna (Rumänien).* **Tore:** *0:1 Strachan (18.), 1:1 Völler (23.), 2:1 Allofs (49.).* **Einwechslungen:** *Jakobs für Briegel (63.), Rummenigge für Littbarski (76.) – McAvennie für Nicol (60.), Cooper für Bannon (75.).* **Gelbe Karten:** *Malpas, Bannon, Archibald.* **Zuschauer:** *30 000.*

Pierre Littbarski behauptet den Ball gegen Maurice Malpas. Wieder lag Deutschland früh zurück, drehte das Spiel aber schon bis zur 49. Minute

**DEUTSCHER DÄNE:
SEPP PIONTEK**

Genießt die internationale Aufmerksamkeit bei Dänemarks erster WM-Teilnahme: Sepp Piontek

Sepp Piontek war erster deutscher Trainer einer ausländischen WM-Mannschaft. 1979 heuerte der ehemalige Verteidiger von Werder Bremen, 1940 in Breslau geboren, als Trainer beim dänischen Fußballverband an und rüstete das bis dahin harmlose Legionärsteam auf. Er ließ die Laudrups, Preben Elkjær-Larsen, Søren Lerby und Morten Olsen frisch drauflosstürmen und konnte sich dafür der Wertschätzung aller Freunde des Angriffsfußballs sicher sein. ***Seine Elf nannte man »Danish Dynamite«.*** *Zwischen Sepp Piontek und Franz Beckenbauer war mehr als normale Rivalität im Spiel. Sie ging auf die Saison 1965/66 zurück, als Piontek seinen Platz in der Nationalmannschaft an Beckenbauer verlor. Piontek spielte sechsmal für Deutschland. Auf all seinen Trainerstationen paßte er sich schnell an. In Haiti gewöhnte er sich an die Prämienzahlung mit im Keller des Präsidentenpalastes frischgedruckten Geldscheinen. Binnen kurzem sprach er in Kopenhagen deutsch nur noch mit kräftigem dänischen Akzent. Heute arbeitet Sepp Piontek als Auswahltrainer Grönlands.*

NACH NIEDERLAGE
STREICHELEINHEIT

> Die Bayern, so der Münchner, seien eben ein rauhes, »aber herzliches Volk«.
»In Mexiko hat ihn die große Verantwortung fast erdrückt«, urteilte Torwart Toni Schumacher später über den Jung-Teamchef. »Im Fernsehen sehe ich oft furchtbar verzwickt aus«, sah dieser ein, »ich redete zu vorschnell, zu unüberlegt. Aber wichtig ist, daß etwas in Bewegung gerät.«
Ausgerechnet das Dänemark-Spiel bekräftigte Franz Beckenbauer in seinen Hoffnungen: »Danach habe ich gewußt, daß wir weit kommen könnten, denn wir haben erstmals spielerisch überzeugt.« Verblüfft registrierten die Beobachter, daß er seine Spieler nach der Niederlage mit Lob geradezu überschüttete.
Nach der teilweise harschen Kritik angesichts der ungenügenden Auftritte gegen Uruguay und Schottland benutzte er nun offenbar das taktische Mittel Streicheleinheiten.
Im Achtelfinale gegen das afrikanische Überraschungsteam aus Marokko war Kapitän Karl-Heinz Rummenigge, der sich mit zwei Muskelfaserrissen oberhalb seiner besungenen »sexy knees« herumplagte und in der Vorrunde dreimal nur in den letzten Minuten mitspielen durfte, erstmals in der Startformation. Beckenbauer experimentierte mit einem 3-4-3-System, das er rasch wieder zu den Akten legte. Völler, Allofs und Rummenigge hingen wirkungslos in der Luft. Da Völler sich verletzte, war danach zunächst ein Platz für Rummenigge frei. Erst ein 30-Meter-Freistoß von Lothar Matthäus kurz vor Schluß führte zum 1:0-Endstand.
In Monterrey boten beide Mannschaften wenig. Bis zu 80 Prozent Luftfeuchtigkeit beherrschte die »Hölle des Nordens«, in der sogar das Wasser rationiert war: Nur zwischen 12 und 15 Uhr durften die Bewohner duschen. »Ich war schon vor dem ersten Schritt von oben bis unten naß«, stöhnte der wuchtige Verteidiger Hans-Peter Briegel über das Klima in der 550 Meter hoch gelegenen Stadt.
Neben dem Platz ging es genauso feucht zu – in den Nächten. Franz Beckenbauer entglitt die Lage. >

3. Spiel Vorrunde

DÄNEMARK – DEUTSCHLAND 2:0

13. Juni 1986, 12 Uhr Ortszeit, Estadio La Corregidora, Querétaro

Schiedsrichter: *Ponnet (Belgien).* ***Tore:*** *1:0 J. Olsen (43., Foulelfmeter), 2:0 Eriksen (62.).* ***Einwechslungen:*** *Eriksen für Elkjaer-Larsen (46.), Simonsen für J. Olsen (71.) – Littbarski für Rolff (46.), Rummenigge für Förster (71.).* ***Rote Karte:*** *Arnesen wegen wiederholten Foulspiels (88.).* ***Gelbe Karten:*** *Jakobs, Eder.* ***Zuschauer:*** *36 000.*

Auch von zwei Gegnern nicht zu stoppen: Sören Lerby (Mitte) gegen Andreas Brehme (am Boden) und Norbert Eder. Dänemark triumphiert

SONNENBAD *Uli Stein provoziert Teamchef und Mitspieler fast jeden Tag. Gegen Uruguay sonnte er sich in der Halbzeitpause auf dem Rasen, hier, am 6. Juni, macht er es sich nur während des Trainings gemütlich*

Achtelfinale

DEUTSCHLAND – MAROKKO 1:0

17. Juni 1986, 16 Uhr Ortszeit, Estadio Universitário, Monterrey

Schiedsrichter: *Petrovic (Jugoslawien).* ***Tor:*** *1:0 Matthäus (87.).* ***Einwechslung:*** *Littbarski für Völler (46.).* ***Gelbe Karten:*** *Khalifa, Lamriss.* ***Zuschauer:*** *19 800.*

Matchwinner gegen Marokko: Lothar Matthäus fährt Mohammed Timoumi in die Parade. In der 87. Minute erzielt Matthäus den Siegtreffer

RUMMENIGGE GEGEN KÖLNER MAFIA

Gegenspieler: Karl-Heinz Rummenigge (l.) und Toni Schumacher. Der wäre gern Kapitän

Die Sitzordnung glich einem mittelalterlichen Hofzeremoniell. Es gab im WM-Quartier Querétaro einen »Kölner Tisch«, einen »Münchner Tisch« und einen dritten, an dem die Unbeteiligten saßen. Geredet wurde nicht miteinander, sondern übereinander und gegeneinander. »Der Toni hat gegen mich Stimmung gemacht«, wetterte der angeschlagene Kapitän Karl-Heinz Rummenigge vom Münchner Tisch gegen Torwart Schumacher und sprach wiederholt von einer »Kölner Mafia«. Sein Vorwurf: ***Schumacher würde mit »Kindereien« gegen ihn intrigieren, um sich selbst die Kapitänsbinde zu sichern.***
»Mit Verleumdern kann ich nicht zusammensitzen«, reagierte der Kölner Torwart eines Abends: »Ich haue ab!« Schumacher verschwand auf sein Zimmer, gefolgt von Beckenbauer und Magath, die den Flüchtenden zum Bleiben bewegen konnten. Die Streithähne wurden an einen Tisch gebeten, schließlich setzte der DFB eine Presseerklärung auf: »Rummenigge hat mit Schumacher diskutiert und sich überzeugen lassen, daß die Vorwürfe nicht stimmen. Damit sind die Differenzen ausgeräumt.« Ganz so einfach und harmonisch war es nicht: DFB-Delegationsleiter Egidius Braun mußte Rummenigge mit dem Rausschmiß drohen, ehe dieser dem Burgfrieden zustimmte.

IN DER HALBZEIT EIN SONNENBAD

› Besonders im Fall Uli Stein. Der Ersatztorwart versuchte – ausgerechnet während der WM-Endrunde – seinen Konkurrenten Toni Schumacher aus dem deutschen Kasten zu verdrängen und stänkerte fortwährend gegen alle, die ihn nicht als Torhüter Nummer eins sahen.
Der angegriffene Schumacher setzte bei Assistenztrainer Horst Köppel durch, »außerhalb der Blick- und Giftzone des haßerfüllten Mitspielers« zu trainieren.
»Wenn mir jemand einen Flugschein gibt, fliege ich sofort zurück«, bekundete Uli Stein sein Desinteresse am Turnier.
Schon in der Halbzeitpause des ersten Spiels gegen Uruguay hatte der HSV-Torwart Beckenbauer provoziert, sich in brütender Hitze auf den Rasen gelegt und ein Sonnenbad genommen.
Auch an die Sperrstunde (23 Uhr) hielt sich der ehrgeizige Stein nicht. Die versäumte Erholung holte er nach, als er ein Geheimtraining schwänzte. Für den Teamchef hat er nur die Bezeichnung »Suppenkasper« übrig – gern auch als Kürzel »SK«. Als Stein nach dem Marokko-Spiel zusammen mit Klaus Augenthaler, Dieter Hoeneß und Ditmar Jakobs bei einem nächtlichen Ausflug die Sperrstunde um drei Stunden überzog, war die Geduld von Beckenbauer am Ende: Der Torhüter erhielt am 21. Juni, am Tag des Viertelfinals, das reklamierte Rückflug-Ticket. Seine drei nächtlichen Mitstreiter kamen nach einer Aussprache ungeschoren davon.
»Die Kölner Mafia hat Stein den Fußballgöttern auf einem silbernen Tablett serviert«, orakelte HSV-Präsident Wolfgang Klein in der Heimat. »Es war spannender als 1982. Immer Hektik, jeden Tag was los, jeder war gespannt, wie es weitergeht mit Stein und Toni und Kalle und welche Presseerklärung wieder rausgegeben und wie sie formuliert wird«, faßte Hans-Peter Briegel lakonisch die Nebengeräusche zusammen.
Auf die Übriggebliebenen wartete in der Runde der letzten acht Teams Gastgeber Mexiko. Wieder im Glutofen Monterrey. ›

Viertelfinale

DEUTSCHLAND – MEXIKO 4:1 N.E.

21. Juni 1986, 16 Uhr Ortszeit, Estadio Universitário, Monterrey

Schiedsrichter: *Díaz (Kolumbien).*
Elfmeterschießen: *1:0 Allofs, 1:1 Negrete, 2:1 Brehme, Quirarte – gehalten, 3:1 Matthäus, Servín – gehalten, 4:1 Littbarski.*
Einwechslungen: *Hoeneß für Rummenigge (58.), Littbarski für Eder (115.) – de los Cobos für Boy (75.), J. Cruz für Amador (70.).*
Rote Karten: *Berthold wegen Tätlichkeit (64.) – Aguirre wegen Foulspiels (100.).*
Gelbe Karten: *Förster, Matthäus, Allofs – Quirarte, Servín, Aguirre, de los Cobos, Sánchez.*
Zuschauer: *44 386.*

Der Elfmeter zum 4:1: Pablo Larios hat keine Chance gegen Pierre Littbarski. Deutschland ist mit Mühe im Halbfinale

MÄNNERABEND *Andreas Brehme, Felix Magath und Thomas Berthold schunkeln am Tisch. Sie feiern am 25. Juni, nach dem 2:0 gegen Frankreich, den Einzug ins Finale. Sie tragen die offizielle Teamkleidung mit Einheits-Jackett, Einheits-Sonnenbrille und Einheits-Cowboyhut. Berthold ist so fröhlich, daß er schon ein volles Glas umgestoßen hat. Die Tischdecke an seinem Platz ist durchtränkt*

Halbfinale

DEUTSCHLAND – FRANKREICH 2:0

25. Juni 1986, 12 Uhr Ortszeit, Estadio Jalisco, Guadalajara

Schiedsrichter: Agnolin (Italien). **Tore:** 1:0 Brehme (9.), 2:0 Völler (89.). **Einwechslungen:** Völler für Rummenigge (59.) – Xuereb für Bellone (69.), Vercruysse für Giressse (79.). **Gelbe Karten:** Magath – Fernandez. **Zuschauer:** 45 000.

Frankreichs Torwart Joël Bats läßt einen harmlosen Freistoß von Brehme (ganz rechts) durchrutschen. Deutschland ist auf dem Weg ins Finale

MILLIONEN VON DER MEXIKO-HILFE

Mann mit Blick für die sozialen Probleme: DFB-Delegationsleiter Egidius Braun

Wohin man auch sah: Armut prägte das Bild im Land des WM-Gastgebers Mexiko. Zeitungsberichte waren gefüllt mit Schilderungen von achtjährigen Straßenverkäufern, die das karge Familiensalär aufbessern mußten. Die bedrückenden Szenen inspirierten den späteren DFB-Präsidenten Egidius Braun, 1986 deutscher Delegationsleiter. ***Braun rief die »Mexiko-Hilfe« ins Leben und konnte sich gleich über eine 5000-Mark-Spende von Rudi Völler freuen.*** *Ohne Abzüge von Verwaltungskosten flossen seitdem Millionensummen in karitative Unternehmungen: Ein Kinderheim im WM-Ort Querétaro freut sich über die Unterstützung ebenso wie ein Heim für junge Mütter. Auch Bildungsprojekte für Straßenkinder werden aus der »Mexiko-Hilfe« finanziert. Schon zuvor hatte sich der DFB in Mexiko engagiert, etwa die Unterrichtskosten für einige Kinder in der deutschen Schule von Querétaro, in der deutsche und mexikanische Kinder gemeinsam lernten, übernommen. Die Schüler revanchierten sich vor der Abreise der deutschen Mannschaft mit einem besonderen Geschenk: Sie überreichten ihr ein T-Shirt mit den Unterschriften aller Schüler – Autogrammstunde einmal umgekehrt.*

AUS SCHROTT WURDE SILBER

> Bei 36 Grad Celsius fielen keine Tore, aber zumindest hielt Beckenbauers Elf die Begegnung gegen den euphorisierten Gegner mit Heimvorteil ausgeglichen. Vor dem Elfmeterschießen ging Rudi Völler auf Toni Schumacher zu und munterte ihn auf: »Mindestens zwei hältst du, sonst will ich meine Schuhe samt Stollen fressen.« Schumacher hielt zwei, Deutschland gewann 4:1, und Völler blieb die Mahlzeit erspart. Franz Beckenbauer besorgte einige Flaschen Moët Chandon, die er noch in der Kabine servierte.

Der Auftritt gegen Mexiko sei »Fußball, wie man ihn vermeiden sollte«, grummelte Günter Netzer zwar, doch die deutsche Elf war nach dem Halbfinal-Einzug von einer Zentnerlast befreit. Gegen Frankreich überzeugte das geschmähte Team mit einer taktischen Meisterleistung, das gefürchtete Mittelfeld um Michel Platini kam nicht ins Spiel. Ein frühes Freistoßtor von Brehme und ein spätes Kontertor des eingewechselten Völler entschieden die Partie.

Auch wenn das Finale gegen Argentinien mit 2:3 verloren wurde – die deutsche Elf präsentierte sich einmal mehr als Turniermannschaft, die an ihren Aufgaben wächst. Toni Schumacher, Karlheinz Förster, Thomas Berthold und Lothar Matthäus genügten höchsten Ansprüchen, und auch ein lange geschmähter Mittelfeldspieler strafte zum Abschluß seiner Karriere noch einmal alle Kritiker Lügen: Felix Magath reifte vom schweigsamen Grübler zum energischen Ton-Angeber, auch neben dem Platz.

Nicht überall wichen die Streitpunkte einem versöhnlichen Fazit. »Der größte Fehler wäre jetzt, wenn der DFB in dieser Weltmeisterschaft ein Alibi dafür sehen würde, daß man mit den deutschen Tugenden doch auch sehr weit kommen kann«, warnte der frühere Nationalmannschafts-Stopper Willi Schulz: »Dann würde diese Vizeweltmeisterschaft von Mexiko den deutschen Fußball um Jahre zurückwerfen.«

»Was im deutschen Quartier passierte, hätte auch in den Komödienstadel gepaßt«, resümierte der Schweizer Journalist Matthias Erne. »Aus nötiger Kritik am Verhalten der Stars wurde der systematische Versuch, den (Bundesliga-)Fußball totzureden«, bemängelte er mit distanziertem Blick auch die fehlende »Fähigkeit zur Differenzierung« in der deutschen Öffentlichkeit.

Die Ankunft der Mannschaft in Frankfurt war nicht der geeignete Zeitpunkt zum Differenzieren. 15 000 Anhänger jubelten und munterten mit Sprechchören besonders Toni Schumacher auf, der im Endspiel einen rabenschwarzen Tag erwischt hatte. Ganz anders als 1982 herrschte Freude bei den Fans: Aus dem vermeintlichen »Schrott« war Silber geworden.

> » *Was im deutschen Quartier passierte, hätte auch in den Komödienstadel gepaßt*

Finale

ARGENTINIEN – DEUTSCHLAND 3:2

29. Juni 1986, 12 Uhr Ortszeit, Estadio Azteca, Mexiko-Stadt

Schiedsrichter: *Arppi Filho (Brasilien).*
Tore: *1:0 Brown (23.), 2:0 Valdano (55.), 2:1 Rummenigge (74.), 2:2 Völler (82.), 3:2 Burruchaga (85.).*
Einwechslungen: *Trobbiani für Burruchaga (88.) – Völler für Allofs (46.), Hoeneß für Magath (60.).*
Gelbe Karten: *Pumpido, Olarticoechea, Maradona, Enrique – Briegel, Matthäus.*
Zuschauer: *114 600.*

Oft nur mit Fouls zu stoppen: Diego Maradona, der über Lothar Matthäus (l.) und Ditmar Jakobs fällt, führte Argentinien zum Titel

DEUTSCHER WM-KADER 1986

Der von Teamchef Franz Beckenbauer ernannte Kapitän Karl-Heinz Rummenigge war in allen sieben Begegnungen dabei. Aber nur zweimal spielte er über die volle Zeit

			Einsatz gegen							
NR.	NAME	GEBOREN	URUGUAY	SCHOTTLAND	DÄNEMARK	MAROKKO	MEXIKO	FRANKREICH	ARGENTINIEN	VEREIN
TOR										
22	Eike Immel	27.11.1960	Tribüne	Tribüne	Tribüne	Bank	Bank	Bank	Bank	Borussia Dortmund
1	Harald Schumacher	06.03.1954	90 Min.	90 Min.	90 Min.	90 Min.	120 Min.	90 Min.	90 Min.	1. FC Köln
12	Uli Stein	23.10.1954	Bank	Bank	Bank	Tribüne	abgereist	abgereist	abgereist	Hamburger SV
ABWEHR										
15	Klaus Augenthaler	26.09.1957	90 Min.	90 Min.	Tribüne	Tribüne	Tribüne	Tribüne	Tribüne	Bayern München
14	Thomas Berthold	12.11.1964	90 Min.	90 Min.	90 Min.	90 Min.	64 Min./R	Tribüne	90 Min.	Eintracht Frankfurt
3	Andreas Brehme	09.11.1960	45 Min.	Tribüne	90 Min.	Bank	120 Min.	90 Min./1 Tor	90 Min.	1. FC Kaiserslautern
2	Hans-Peter Briegel	11.10.1955	90 Min.	63 Min.	Tribüne	90 Min.	120 Min.	90 Min.	90 Min.	Hellas Verona
6	Norbert Eder	07.11.1955	90 Min.	90 Min.	90 Min.	90 Min.	115 Min.	90 Min.	90 Min.	Bayern München
4	Karlheinz Förster	25.07.1958	90 Min.	90 Min.	71 Min.	90 Min.	120 Min.	90 Min.	90 Min.	VfB Stuttgart
5	Matthias Herget	14.11.1955	Tribüne	Bank	90 Min.	Bank	Bank	Bank	Tribüne	Bayer Uerdingen
17	Ditmar Jakobs	28.08.1953	Bank	27 Min.	90 Min.	90 Min.	120 Min.	90 Min.	90 Min.	Hamburger SV
MITTELFELD										
13	Karl Allgöwer	05.01.1957	Tribüne	Tribüne	Tribüne	Tribüne	Bank	Tribüne	Tribüne	VfB Stuttgart
10	Felix Magath	26.07.1953	90 Min.	90 Min.	Tribüne	90 Min.	120 Min.	90 Min.	60 Min.	Hamburger SV
8	Lothar Matthäus	21.03.1961	71 Min.	90 Min.	90 Min.	90 Min./1 Tor	120 Min.	90 Min.	90 Min.	Bayern München
18	Uwe Rahn	21.05.1962	Tribüne	Tribüne	Bank	Tribüne	Tribüne	Tribüne	Tribüne	Borussia Mönchengladbach
21	Wolfgang Rolff	26.12.1959	Bank	Tribüne	45 Min.	Tribüne	Tribüne	90 Min.	Bank	Hamburger SV
16	Olaf Thon	01.05.1966	Tribüne	Tribüne	abgereist	abgereist	abgereist	abgereist	abgereist	FC Schalke 04
ANGRIFF										
19	Klaus Allofs	05.12.1956	90 Min./1 Tor	90 Min./1 Tor	90 Min.	90 Min.	120 Min.	90 Min.	45 Min.	1. FC Köln
20	Dieter Hoeneß	07.01.1953	Tribüne	Bank	Bank	Bank	62 Min.	Bank	30 Min.	Bayern München
7	Pierre Littbarski	16.04.1960	45 Min.	76 Min.	45 Min.	45 Min.	5 Min.	Bank	Bank	1. FC Köln
11	K.-H. Rummenigge	25.09.1955	19 Min.	14 Min.	19 Min.	90 Min.	58 Min.	59 Min.	90 Min./1 Tor	Inter Mailand
9	Rudi Völler	13.04.1960	90 Min.	90 Min./1 Tor	90 Min.	45 Min.	Tribüne	31 Min./1 Tor	45 Min./1 Tor	Werder Bremen

ERSTES WM-SPIEL ALS TEAMCHEF

Franz Beckenbauer (Mitte) lauscht am 4. Juni vor der deutschen Mannschaftsbank den Nationalhymnen Deutschlands und Uruguays. Es wird sein erstes von 14 WM-Spielen als Chef. Dieter Hoeneß (rechts daneben) steht nicht auf dem Spielberichtsbogen, darf nicht eingewechselt werden. Deshalb trägt er ein weißes Hemd. Für ihn bleibt nur ein exquisiter Tribünenplatz

17. Juni – 17. Juli

USA
1994

Teilnehmer (24): Argentinien, Belgien, Bolivien, Brasilien, Bulgarien, Deutschland, Griechenland, Holland, Irland, Italien, Kamerun, Kolumbien, Marokko, Mexiko, Nigeria, Norwegen, Rumänien, Rußland, Saudi-Arabien, Schweden, Schweiz, Spanien, Südkorea, USA

Weltmeister: Brasilien
Torschützenkönige:
Oleg Salenko (Rußland) und Hristo Stoitchkov (Bulgarien), 6 Tore

Debüt von früheren DDR-Spielern

Vogts testet 24 Debütanten vor WM. Aber nur Effenberg und Sammer können Stammplatz erkämpfen ++ Erstmals zwei frühere DDR-Spieler im WM-Kader: Matthias Sammer und Ulf Kirsten ++ Kirsten als Stasispitzel verunglimpft – zu Unrecht ++ Bundestrainer hat als Drohung zwei Blankotickets für vorzeitigen Rückflug dabei ++ Eines erhält Effenberg, nachdem er mit gestrecktem Mittelfinger deutsche Fans beleidigt ++ Rudi Völler spielt im Achtelfinale gegen Belgien erstmals von Beginn an und erzielt zwei Tore ++ Aus im Viertelfinale. Bulgaren überraschen phlegmatische deutsche Spieler ++

»ICH WERDE HELD ODER VERRÄTER«

Bundestrainer Berti Vogts ahnte schon vor dem Turnier seine schwere Mission. Er ging als Verlierer – und mit ihm die ganze Mannschaft. Sie überzeugte nur einmal

DIE DEUTSCHE MANNSCHAFT *(oben von links): Rudi Völler, Stefan Effenberg, Mario Basler, Jürgen Kohler, Guido Buchwald, Thomas Berthold, Thomas Helmer. Mitte: Bundestrainer Berti Vogts, Thomas Strunz, Ulf Kirsten, Matthias Sammer, Co-Trainer Hans-Jürgen Dörner, Torwarttrainer Sepp Maier, Maurizio Gaudino, Andreas Möller, Lothar Matthäus, Co-Trainer Rainer Bonhof. Vorn: Stefan Kuntz, Thomas Häßler, Karlheinz Riedle, Andreas Köpke, Bodo Illgner, Oliver Kahn, Martin Wagner, Jürgen Klinsmann, Andreas Brehme. Das Foto wurde am 24. Mai in Malente aufgenommen. Deutschland war als Titelverteidiger automatisch für die WM qualifiziert*

»Wir sind über Jahre nicht mehr zu besiegen. Es tut mir leid für den Rest der Welt, aber es ist so.« Kein Jahr hatte das Versprechen von Franz Beckenbauer nach dem WM-Titel 1990 Bestand, aber die großen Worte des Kaisers lasteten noch immer auf den Schultern seines Nachfolgers Berti Vogts. »Ich werde Held oder Vaterlandsverräter«, orakelte der Bundestrainer, als das deutsche Team am 6. Juni 1994 ins Trainingslager nach Kanada aufbrach.
Obwohl Berti Vogts 24 Debütanten seit 1990 eingesetzt hatte, reiste er mit einem erfahrenen Kader nach Nordamerika. Das Durchschnittsalter betrug 28,5 Jahre, die 22 mitreisenden Profis kamen auf über 800 Länderspiele. Von allen getesteten Spielern hatten sich nur Stefan Effenberg und Matthias Sammer einen Stammplatz erobern können. Ersatztorwart Oliver Kahn war mit 25 Jahren der jüngste Spieler, Rudi Völler mit 34 Jahren der älteste.
Zwölf Spieler verfügten bereits über WM-Erfahrung, neun Finalisten von 1990 waren noch dabei.
Das sprach einerseits für einen reichen Erfahrungsschatz, wies andererseits aber erstmals auf eklatante Nachwuchsprobleme im deutschen Fußball hin: Talente mit Perspektive waren rar gesät.
Rettung kam aus dem Osten: Mit Matthias Sammer und Ulf Kirsten standen erstmals zwei ehemalige DDR-Nationalspieler in einem deutschen WM-Kader.
Als größtes Plus betrachtete der Bundestrainer »die Geschlossenheit innerhalb und auch außerhalb des Spielfeldes. Wir sind nicht mehr so leicht auszurechnen wie noch bei der EM 1992 und haben als Herzstück ein so gutes Mittelfeld wie noch keine deutsche Mannschaft zuvor.« ›

BECKENBAUERS LANGER SCHATTEN

15. WM-ENDRUNDE

Gruppe A

18.6. Detroit	USA – Schweiz	1:1
18.6. Los Angeles	Rumänien – Kolumbien	3:1
22.6. Detroit	Schweiz – Rumänien	4:1
22.6. Los Angeles	USA – Kolumbien	2:1
26.6. S. Francisco	Kolumbien – Schweiz	2:0
26.6. Los Angeles	Rumänien – USA	1:0

Gruppe B

19.6. Los Angeles	Kamerun – Schweden	2:2
20.6. S. Francisco	Brasilien – Rußland	2:0
24.6. S. Francisco	Brasilien – Kamerun	3:0
24.6. Detroit	Schweden – Rußland	3:1
28.6. S. Francisco	Rußland – Kamerun	6:1
28.6. Detroit	Brasilien – Schweden	1:1

Gruppe C

17.6. Chicago	Deutschland – Bolivien	1:0
17.6. Dallas	Spanien – Südkorea	2:2
21.6. Chicago	Deutschland – Spanien	1:1
23.6. Boston	Südkorea – Bolivien	0:0
27.6. Chicago	Spanien – Bolivien	3:1
27.6. Dallas	Deutschland – Südkorea	3:2

Gruppe D

21.6. Boston	Argentinien – Griechenl.	4:0
21.6. Dallas	Nigeria – Bulgarien	3:0
25.6. Boston	Argentinien – Nigeria	2:1
26.6. Chicago	Bulgarien – Griechenland	4:0
30.6. Dallas	Bulgarien – Argentinien	2:0
30.6. Boston	Nigeria – Griechenland	2:0

Gruppe E

18.6. New York	Irland – Italien	1:0
19.6. Washington	Norwegen – Mexiko	1:0
23.6. New York	Italien – Norwegen	1:0
24.6. Orlando	Mexiko – Irland	2:1
28.6. Washington	Italien – Mexiko	1:1
28.6. New York	Irland – Norwegen	0:0

Gruppe F

19.6. Orlando	Belgien – Marokko	1:0
20.6. Washington	Holland – Saudi-Arabien	2:1
25.6. New York	Saudi-Arabien – Marokko	2:1
25.6. Orlando	Belgien – Holland	1:0
29.6. Washington	Saudi-Arabien – Belgien	1:0
29.6. Orlando	Holland – Marokko	2:1

Achtelfinale

2.7. Chicago	Deutschland – Belgien	3:2
2.7. Washington	Spanien – Schweiz	3:0
3.7. Dallas	Schweden – S.-Arabien	3:1
3.7. Los Angeles	Rumänien – Argentinien	3:2
4.7. Orlando	Holland – Irland	2:0
4.7. S. Francisco	Brasilien – USA	1:0
5.7. Boston	Italien – Nigeria	2:1 n. V.
5.7. New York	Bulgarien – Mexiko	4:2 n. E.

Viertelfinale

9.7. Boston	Italien – Spanien	2:1
9.7. Dallas	Brasilien – Holland	3:2
10.7. New York	Bulgarien – Deutschland	2:1
10.7. S. Francisco	Schweden – Rumänien	7:6n.E.

Halbfinale

13.7. New York	Italien – Bulgarien	2:1
13.7. Los Angeles	Brasilien – Schweden	1:0

Spiel um Platz 3

16.7. Los Angeles	Schweden – Bulgarien	4:0

Finale

17.7. Los Angeles	Brasilien – Italien	3:2 n. E.

› Dazu würden, so Vogts, die Spieler »menschlich sehr gut zueinander passen«. Für den Fall, daß es mit der Harmonie doch nicht so weit her sei, lagen im deutschen Mannschaftsquartier zwei Blanko-Flugtickets. Vogts optimistisch: »Ich gehe davon aus, daß ich die Tickets für den vorzeitigen Rückflug nicht ausgeben muß.«

Der 1992 bei der EM in Schweden noch so bitterernste Trainer präsentierte sich inzwischen ungewohnt locker. Seinen geradezu verbissenen Drang, alles kontrollieren und steuern zu müssen, hatte er abgelegt und damit deutlich an Souveränität gewonnen.

Trotzdem stand er unter dem allmächtigen Schatten von Franz Beckenbauer. Der schwang inzwischen beim FC Bayern das Trainingszepter und hatte sich mit Vogts überworfen, als dieser im April 1994 gegen sämtliche Absprachen Thomas Helmer und Lothar Matthäus im Freundschaftsspiel gegen die Vereinigten Arabischen Emirate eingesetzt hatte.

Um seine Wunschelf zusammenstellen zu können, hatte sich Berti Vogts auch gegen andere Widerstände durchsetzen müssen. Vor allem die Reaktivierung der Altstars Andreas Brehme und Rudi Völler war vielerorts mit Kopfschütteln aufgenommen worden. Beide spielten eine wichtige Rolle in den Überlegungen des Bundestrainers: Brehme sollte auf der linken Außenseite die mit Stefan Effenberg, Matthias Sammer und Andreas Möller gebildete Mittelfeldachse stützen. Rudi Völler galt als wichtige Alternative für den Doppelangriff mit Jürgen Klinsmann und Karlheinz Riedle.

In der Abwehr entschied sich Vogts für Altstar Lothar Matthäus, der zu seiner vierten WM kam, nach einer schweren Knieverletzung jedoch viel von seiner alten Dynamik verloren hatte.

Matthäus übernahm den Libero-Posten, während Jürgen Kohler und Thomas Berthold verteidigten.

Lediglich die Torhüterfrage blieb ungeklärt. Auf Grund guter Leistungen in den abschließenden Testspielen gegen Irland und Österreich entschied sich Vogts schließlich für den Kölner Bodo Illgner und beorderte Andreas Köpke auf die Bank. Schon 1990 war Köpke unter Franz Beckenbauer nicht über die Rolle des Ersatzmannes hinausgekommen.

Erstes Ziel auf dem Trip nach Nordamerika war das Trainingslager in den Wäldern von Toronto. Erst am 13. Juni wollte man ins WM-Quartier Oak Brook bei Chicago umziehen, ehe am 17. Juni im Chicagoer Soldier Field das weltmeisterliche Eröffnungsspiel gegen Außenseiter Bolivien anstand.

Obwohl sich Mannschaft und Verband zuvor auf ein verbindliches Regelwerk für das Lagerleben geeinigt hatten, war es mit der Harmonie rasch vorbei. ›

» Ich gehe davon aus, daß ich Tickets für den vorzeitigen Rückflug nicht ausgeben muß

1. Spiel Vorrunde

DEUTSCHLAND – BOLIVIEN 1:0

17. Juni 1994, 15 Uhr Ortszeit, Soldier Field, Chicago

Schiedsrichter: *Brizio Carter (Mexiko).* ***Tor:*** *1:0 Klinsmann (61.).* ***Einwechslungen:*** *Basler für Riedle (60.), Strunz für Häßler (83.) – Moreno für Baldivieso (66.), Etcheverry für Ramallo (79.).* ***Rote Karte:*** *Etcheverry wegen Nachtretens (82.).* ***Gelbe Karten:*** *Kohler, Möller – Quinteros, Borja, Soria, Baldivieso.* ***Zuschauer:*** *63 117.*

2. Spiel Vorrunde

DEUTSCHLAND – SPANIEN 1:1

21. Juni 1994, 16 Uhr Ortszeit, Soldier Field, Chicago

Schiedsrichter: *Filippi Cavani (Uruguay).* ***Tore:*** *0:1 Goikoetxea (14.), 1:1 Klinsmann (48.).* ***Einwechslungen:*** *Völler für Möller (61.) – Bakero für Goikoetxea (65.), Camarasa für Guardiola (77).* ***Gelbe Karten:*** *Effenberg – Hierro, Abelardo, Salinas.* ***Zuschauer:*** *63 113.*

MOMENTAUFNAHME *Dieses Kopfballduell gewinnt der Belgier Enzo Scifo (l.), das direkte Duell der beiden Mittelfeldspieler nach 90 Minuten Matthias Sammer. Der Dortmunder verdammt Belgiens Spielmacher fast zur Wirkungslosigkeit. Deutschland siegt im Achtelfinale 3:2*

STASI-GERÜCHTE: KIRSTEN ENTLASTET

Angriffsziel der Journalisten: Ulf Kirsten. Im heißen amerikanischen Sommer trägt er einen Strohhut

Kurz vor dem Turnier gab es helle Aufregung im deutschen Lager. Die Frankfurter Allgemeine Zeitung berichtete, daß der Leverkusener Stürmer Ulf Kirsten zu DDR-Zeiten für die Stasi gespitzelt habe. Zwar hatte Kirsten schon 1992 zugegeben, für den Staatssicherheitsdienst gearbeitet zu haben, doch seinerzeit behauptet: »Ich habe niemandem geschadet.« Laut FAZ sei dem nicht so gewesen. ***Demnach habe Kirsten 1986 eine Prämie von 200 Mark erhalten und der Stasi 16 Namen von Gästen geliefert****, die er in der Diskothek »Volksheim Laubegast« wegen vermuteter Tausch- und Schiebergeschäfte angeblich observiert hatte. Kirsten, laut der Zeitung »IM Knut Krüger«, beteuerte, niemals in besagtem Lokal gewesen zu sein, und sprach von Fälschungen. Das bestätigte sich bald. Die Schriftstücke wiesen unterschiedliche Handschriften aus, und* ***ein Blick in die eigene Stasi-Akte entlastete Ulf Kirsten endgültig****. Die Stasi attestierte ihm sogar »Ungehorsam«: Ulf Kirsten hatte im Mai 1986 gegen die Entlassung von Trainer Klaus Sammer bei Dynamo Dresden opponiert.*

BIANCA ILLGNER ATTACKIERTE DFB

› »Ich finde es einfach antiquiert, wie wir Frauen behandelt werden«, giftete Bianca Illgner gegenüber dem Stern und griff die DFB-Funktionäre an. Die empfand sie schlicht als »frauenfeindlich«. Bianca Illgner forderte, daß die Frauen gemeinsam mit ihren Männern im Trainingslager wohnen dürfen. Eine Vorstellung, die selbst Lothar Matthäus nicht nachvollziehen konnte: »Wir haben den ganzen Tag über das Thema gesprochen.« Aus Protest setzten sich die Ehepaare Effenberg und Illgner bei einer DFB-Party vorzeitig ab.
Der Ärger verzog sich, als Deutschland das Eröffnungsspiel gegen Bolivien bei subtropischen Bedingungen mit 1:0 gewann. Jürgen Klinsmann erzielte das Tor des Tages. Da Spanien, der stärkste Gruppengegner, am gleichen Tag gegen Südkorea nur unentschieden spielte (2:2), hatte sich Deutschland dank der erstmals angewendeten Drei-Punkte-Regel praktisch für das Achtelfinale qualifiziert. Doch schon im zweiten Spiel holte der Alltag die deutsche Elf wieder ein.
Das 1:1 gegen Spanien ließ viele Fragen offen: Auf der linken Deckungsseite hatte sich Andreas Brehme häufig bis zu drei gegnerischen Angreifern gegenübergesehen. Das Mittelfeld brachte Stürmer Jürgen Klinsmann und die zurückhängende Spitze Andreas Möller nicht ins Spiel, und auch der reaktivierte Völler konnte in seinem 88. Länderspiel keine Akzente setzen.
Zudem hatte Torwart Bodo Illgner nicht nur beim spanischen Führungstreffer durch Jon Andoni Goikoetxea schlecht ausgesehen. Die Mannschaft hinterließ einen wenig harmonischen und beinahe lustlosen Eindruck.
Und weiter: »Was sich da abspielt, ist Affenkram.«
Mit der von Berti Vogts beschworenen Harmonie war es vorbei.
Im dritten Gruppenspiel gegen Außenseiter Südkorea schien die Wende zum Guten gekommen. Bei drückender Hitze brillierte das deutsche Team in der ersten Halbzeit und ging mit einer beruhigenden 3:0-Führung in die Pause. Allerdings hatte es unübersehbare Abwehrschwächen gegeben.
»Keine andere Mannschaft im Turnier greift im Mittelfeld so spät und so wenig den Gegner an wie die deutsche«, mäkelte der Kicker und attestierte gravierende »Konzentrationsschwächen«. Die häuften sich nach dem Seitenwechsel, als Korea zwischen der 52. und 63. Minute auf 2:3 verkürzte. Erst als Thomas Helmer für den indisponierten Stefan Effenberg kam, stabilisierte sich die deutsche Elf wieder. ›

» Bei den ersten beiden Spielen konnte man Magenkrämpfe vom Zuschauen bekommen

In Deutschland ereiferte sich Ehrenspielführer Uwe Seeler: »Bei den ersten beiden Spielen konnte man Magenkrämpfe vom Zuschauen bekommen. In der Mannschaft steckt viel mehr, aber es geht nur miteinander und nicht gegeneinander.«

3. Spiel Vorrunde

DEUTSCHLAND – SÜDKOREA 3:2

27. Juni 1994, 16 Uhr Ortszeit, Cotton Bowl, Dallas

Schiedsrichter: *Quiniou (Frankreich).*
Tore: *1:0 Klinsmann (12.), 2:0 Riedle (20.), 3:0 Klinsmann (37.), 3:1 Hwang (52.), 3:2 Hong (63.).*
Einwechslungen: *Möller für Matthäus (64.), Helmer für Effenberg (75.) – Chung für Lee Young-jin (39.), Lee Woon-jae für Choi In-young (46.), Seo für Cho (46.).*
Gelbe Karten: *Effenberg, Brehme, Klinsmann – Choi Young-il.*
Zuschauer: *63 998.*

Achtelfinale

DEUTSCHLAND – BELGIEN 3:2

2. Juli 1994, 13 Uhr Ortszeit, Soldier Field, Chicago

Schiedsrichter: *Röthlisberger (Schweiz).*
Tore: *1:0 Völler (6.), 1:1 Grün (8.), 2:1 Klinsmann (11.), 3:1 Völler (40.), 3:2 Albert (90.).*
Einwechslungen: *Brehme für Matthäus (46.), Kuntz für Klinsmann (85.) – Boffin für Smidts (65.), Czerniatynski für Nilis (76.).*
Gelbe Karten: *Helmer, Wagner – Albert.*
Zuschauer: *60 246.*

FEIERABEND *Am 3. Juli, am Tag nach dem Achtelfinale gegen Belgien, feiern Deutschlands Spieler mit der Hannoveraner Rockband Scorpions im WM-Quartier. Maurizio Gaudino, Scorpions-Sänger Klaus Meine (mit Mütze), Thomas Berthold und Lothar Matthäus sind ausgelassen. Sieben Tage später, am 10. Juli, kommt es zur Blamage gegen Bulgarien*

EFFENBERG BLIEB UNEINSICHTIG

Nicht kritikfähig: Stefan Effenberg

Sein Mittelfinger erzürnte die ganze Nation. Selbst Berater Norbert Pflippen wandte sich mit Grauen von Stefan Effenberg nach dessen obszöner Beleidigung der deutschen Fans ab. ***Effenbergs Ausfall war die Krönung einer indiskutablen sportlichen Leistung in der Partie gegen Südkorea.*** *»Als ich gesehen habe, wie leichtfertig Stefan Effenberg gegen die Südkoreaner spielte, bin ich ziemlich erschrocken«, sagte Norbert Pflippen. »Ich hätte wetten mögen, daß er nach einem Foul an ihm sogleich eine Revanche begehen würde, so offen war für mich seine Gemütsverfassung. Aber was dann kam, hat mich maßlos enttäuscht. Ich muß ernsthaft überlegen, ob ich mich weiter als Berater für Stefan engagieren kann.« Norbert Pflippen tat es. Der Beschuldigte zeigte sich wenig einsichtig. Nachdem er aus dem Kader geflogen war, wechselte er ins benachbarte Hotel Residence und zog zu Ehefrau Martina und seinen beiden Kindern Nastassja und Etienne-Noel. »Im nachhinein tut es mir leid, doch bereuen würde ich nicht sagen. Ich bin provoziert worden, das muß man schon verstehen.« Effenberg verkaufte die Exklusivrechte seiner »Enthüllungs-Story« für 70 000 Mark und begab sich auf eine Urlaubsreise durch die Staaten. Ein weiterer Schlag ins Gesicht der Fans, die für mühsam erspartes Geld in die USA gereist waren.*

VOGTS GESTAND ZWEI FEHLER EIN

> Effenberg leistete sich bei seinem Abgang in der 75. Minute einen unverzeihlichen Affront, als er schimpfenden deutschen Fans den ausgestreckten Mittelfinger zeigte. Der Skandal war da. »Da geht so ein Mensch hin, auch noch Nationalspieler, und erlaubt sich solche Obszönitäten. Lieber gar keine Nationalmannschaft als so eine. Die Fans verprellen, die viel Geld und große Strapazen auf sich genommen haben, ist das Schlimmste«, tobte DFB-Präsident Egidius Braun. So wurde Berti Vogts doch noch eines seiner beiden Blanko-Tickets los – es wurde auf den Namen Stefan Effenberg ausgestellt. »Solange ich Bundestrainer bin, spielt er nie wieder«, verkündete Vogts.

Spuren bei den verbliebenen 21 Spielern hinterließ der Eklat nicht: Im Achtelfinale gegen Belgien vermochte die Mannschaft erstmals wirklich zu überzeugen. Mit Martin Wagner und Stefan Kuntz gaben zwei Akteure ihr WM-Debüt. Rudi Völler lief erstmals von Beginn an auf, traf nach sechs Minuten zur Führung und in der 40. Minute zum vorentscheidenden 3:1. Doch im Viertelfinale in New York zeigte sich, daß der gute Auftritt gegen Belgien nur eine Ausnahme gewesen war.

Lethargisch, bisweilen lustlos und ohne jeglichen Teamgeist trabten die Deutschen über das Feld. Als Matthäus kurz nach dem Seitenwechsel per Foulelfmeter das 1:0 erzielte, schien die Pflichtaufgabe erledigt zu sein. Die Spieler verlegten sich auf Ergebnis-Verwaltung, wie es so schön im Fußball-Deutsch heißt. Entsprechend überrascht wurden sie vom bulgarischen Ausgleich durch Hristo Stoitchkov eine Viertelstunde vor Schluß, dem nur drei Minuten später der Siegtreffer durch Yordan Letchkov folgte. Das Tor war ein Abbild des gesamten deutschen WM-Auftritts: Illgner klebte auf der Linie, Matthäus war nicht in Ballnähe, Möller hatte sich einen peinlichen Aussetzer erlaubt.

> *»Ganz Deutschland hat geweint, und ich war sehr glücklich*

Selbstkritisch gestand Berti Vogts zwei Fehler ein: »Erstens war ich den Spielern gegenüber immer noch zu gutgläubig. Und zweitens habe ich mich für den falschen Torwart entschieden.« Als Vogts diese Worte formulierte, war Bodo Illgner bereits zurückgetreten.

Günter Netzer ging noch einen Schritt weiter und analysierte, daß Deutschland die großen Spielerpersönlichkeiten fehlen würden. »Wir haben diese Spieler nicht, und in Deutschland wird das auch nicht gefördert. Es gibt hier keinen Raum für solche Entwicklungen. Das wird von vornherein unterbunden. Die Bundesliga produziert ihre Kinder, und die sind eben so, wie sie zu sein haben.«

Pure Häme empfand Torschütze Hristo Stoitchkov: »Ganz Deutschland hat geweint, und ich war sehr glücklich. Ich habe den deutschen Fußball nie gemocht.«

Viertelfinale

BULGARIEN – DEUTSCHLAND 2:1

10. Juli 1994, 12 Uhr Ortszeit, Giants Stadium, New York

Schiedsrichter: *Torres Cadena (Kolumbien).* ***Tore:*** *0:1 Matthäus (47., Foulelfmeter), 1:1 Stoitchkov (75.), 2:1 Letchkov (78.).* ***Einwechslungen:*** *Iordanov für Stoitchkov (84.), Guentchev für Kostadinov (90.) – Strunz für Wagner (58.), Brehme für Häßler (82.).* ***Gelbe Karten:*** *Mikhailov, Ivanov, Stoitchkov – Helmer, Häßler, Wagner, Klinsmann, Völler.* ***Zuschauer:*** *72 000.*

Schlußpunkt Viertelfinale: Yordan Letchkov (l.) köpft das 2:1. Thomas Häßler ist ihm nicht gewachsen, Deutschland scheidet aus

DEUTSCHER WM-KADER 1994

Jürgen Klinsmann war der zuverlässigste Stürmer im Team von Bundestrainer Berti Vogts. In den ersten vier Spielen schoß er fünf Tore. Im Viertelfinale traf er nicht mehr

NR.	NAME	GEBOREN	Einsatz gegen BOLIVIEN	SPANIEN	SÜDKOREA	BELGIEN	BULGARIEN	VEREIN
TOR								
1	Bodo Illgner	07.04.1967	90 Min.	90 Min.	90 Min.	90 Min.	90 Min.	1. FC Köln
22	Oliver Kahn	15.06.1969	Bank	Bank	Bank	Bank	Bank	Karlsruher SC
12	Andreas Köpke	12.03.1962	Bank	Bank	Bank	Bank	Bank	1. FC Nürnberg
ABWEHR								
14	Thomas Berthold	12.11.1964	90 Min.	90 Min.	90 Min.	90 Min.	90 Min.	VfB Stuttgart
3	Andreas Brehme	09.11.1960	90 Min.	90 Min.	90 Min.	45 Min.	7 Min.	1. FC Kaiserslautern
6	Guido Buchwald	24.01.1964	Tribüne	Bank	90 Min.	90 Min.	90 Min.	VfB Stuttgart
5	Thomas Helmer	21.04.1965	Bank	Bank	15 Min.	90 Min.	90 Min.	Bayern München
4	Jürgen Kohler	06.10.1965	90 Min.	90 Min.	90 Min.	90 Min.	90 Min.	Juventus Turin
10	Lothar Matthäus	21.03.1961	90 Min.	90 Min.	64 Min.	45 Min.	90 Min./1 Tor	Bayern München
MITTELFELD								
21	Mario Basler	18.12.1968	29 Min.	Bank	Bank	Bank	abgereist	Werder Bremen
20	Stefan Effenberg	02.08.1968	90 Min.	90 Min.	75 Min.	abgereist	abgereist	AC Florenz
15	Maurizio Gaudino	12.12.1966	Bank	Bank	Bank	Bank	Bank	Eintracht Frankfurt
8	Thomas Häßler	30.05.1966	83 Min.	90 Min.	90 Min.	90 Min.	83 Min.	AS Rom
7	Andreas Möller	02.09.1967	90 Min.	62 Min.	26 Min.	Bank	90 Min.	Juventus Turin
16	Matthias Sammer	05.09.1967	90 Min.	90 Min.	90 Min.	90 Min.	Tribüne	Borussia Dortmund
2	Thomas Strunz	25.04.1968	7 Min.	90 Min.	Bank	Bank	31 Min.	VfB Stuttgart
17	Martin Wagner	24.02.1968	Bank	Bank	Bank	90 Min.	59 Min.	1. FC Kaiserslautern
ANGRIFF								
19	Ulf Kirsten	04.12.1965	Bank	Bank	Bank	Bank	Bank	Bayer Leverkusen
18	Jürgen Klinsmann	30.07.1964	90 Min./1 Tor	90 Min./1 Tor	90 Min./2 Tore	85 Min./1 Tor	90 Min.	AS Monaco
11	Stefan Kuntz	30.10.1962	Bank	Bank	Bank	5 Min.	Bank	1. FC Kaiserslautern
9	Karlheinz Riedle	16.09.1965	61 Min.	Bank	90 Min./1 Tor	Bank	Bank	Borussia Dortmund
13	Rudi Völler	13.04.1960	Bank	28 Min.	Bank	90 Min./2 Tore	90 Min.	Olympique Marseille

VOGTS EIN EINSAMER BUNDESTRAINER

Nach dem Aus gegen Bulgarien wartet Berti Vogts allein an einem Zehn-Personen-Tisch auf das Abschlußessen mit Spielern und Mitarbeitern. Bei seiner ersten WM ist er gescheitert. Zwei Jahre später kann er sich rehabilitieren: Deutschland wird 1996 in England Europameister, Berti Vogts wird von den Fans im Wembley-Stadion gefeiert

10. Juni – 12. Juli

FRANKREICH 1998

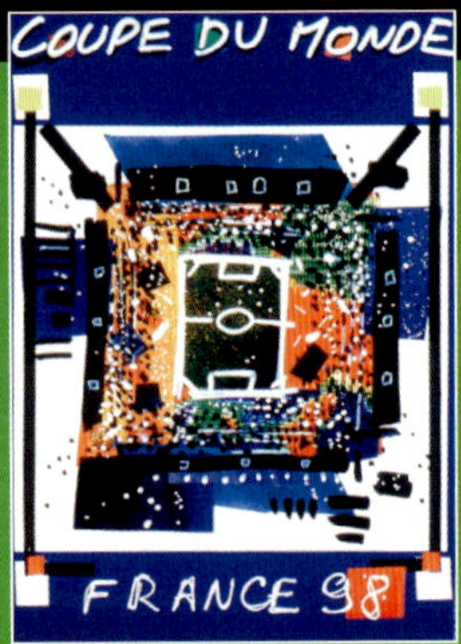

Teilnehmer (32): Argentinien, Belgien, Brasilien, Bulgarien, Chile, Dänemark, Deutschland, England, Frankreich, Holland, Iran, Italien, Jamaika, Japan, Jugoslawien, Kamerun, Kolumbien, Kroatien, Marokko, Mexiko, Nigeria, Norwegen, Österreich, Paraguay, Rumänien, Saudi-Arabien, Schottland, Spanien, Südafrika, Südkorea, Tunesien, USA

Weltmeister: Frankreich
Torschützenkönig: Davor Suker (Kroatien), 6 Tore

Spieler mit Alkoholfahne

++ Matthias Sammer wird nach Knieoperation nicht rechtzeitig gesund ++ Comeback von Lothar Matthäus nach über drei Jahren. Er ist schon 37 Jahre alt ++ Bundestrainer sichert sich vorher bei Kapitän Jürgen Klinsmann und Andreas Köpke ab ++ Zwei Siege und ein Remis in der Vorrunde, aber Mannschaft überzeugt nicht ++ Spieler kommen mit Alkoholfahne zum Training ++ Oliver Bierhoff bewahrt Deutschland im Achtelfinale vor Verlängerung ++ Rote Karte für Christian Wörns im Viertelfinale, Kroatien erzielt danach drei Tore ++

ABSTURZ AM JAHRESTAG DES WUNDERS

Auf den Tag genau 44 Jahre nach dem Triumph von Bern schied die deutsche Mannschaft im Viertelfinale mit 0:3 gegen Kroatien aus. Seit 1958 hatte es nicht mehr eine so hohe Niederlage gegeben

DIE DEUTSCHE MANNSCHAFT *(Hinten von links): Co-Trainer Rainer Bonhof, Bundestrainer Berti Vogts, Jens Lehmann, Oliver Bierhoff, Steffen Freund, Jürgen Klinsmann, Oliver Kahn, Christian Wörns, Michael Tarnat, Jörg Heinrich, Thomas Helmer, Torwarttrainer Sepp Maier, Olaf Marschall, Lothar Matthäus, Co-Trainer Erich Rutemöller. Vorn: Thomas Häßler, Olaf Thon, Ulf Kirsten, Andreas Köpke, Markus Babbel, Dietmar Hamann, Christian Ziege, Stefan Reuter. Es fehlen: Jens Jeremies, Jürgen Kohler und Andreas Möller. Das Foto wurde am 4. Juni 1998 in Neu-Isenburg aufgenommen. Für die WM qualifizierte sich die Mannschaft als Erster der Europa-Gruppe 9 (22 Punkte) vor der Ukraine, Portugal, Armenien, Nordirland und Albanien*

Die Kommentatoren der großen europäischen Zeitungen unterdrückten Häme und Spott. Wo sie sonst mit kriegstreiberischen Äußerungen das schnelle Scheitern einer deutschen Mannschaft begleitet hatten, regierte nach dem schmählichen 0:3 im Viertelfinale gegen WM-Neuling Kroatien eine nicht gekannte Sachlichkeit.
Die Gazzetta dello Sport (Italien) schrieb: »Kroatien schickt Deutschland in Rente. Adieu an eine große Generation. Die Deutschen praktizieren einen veralteten Fußball und wurden beerdigt.« Die Sonntagszeitung (Schweiz) lies ihre Leser wissen: »Fertig gestolpert. Sie stolperten in den letzten Wochen quer durch Frankreich, spielten fast durchweg schlecht. Wer ständig stolpert, fällt irgendwann einmal doch hin.« La Repubblica (Italien) meinte: »Der deutsche Bluff ist zu Ende. Das eingestaubte Gerüst, das von Berti Vogts mit alten Champions und Nostalgie nach dem alten Fußball aufgestellt war, ist am Ende krachend eingestürzt.«
Und die Journalisten der L'Equipe (Frankreich) kamen schließlich zu der Erkenntnis: »Die Deutschen als amtierende Europameister verlassen die WM im Viertelfinale – ein Beweis, daß das Trauma von 1994 mit der Niederlage gegen Bulgarien keine Anekdote, sondern ein Vorzeichen war.«
Das Ausland war sich einig. Nur die Betroffenen selbst fanden andere Ursachen.
Bundestrainer Berti Vogts ereiferte sich am Abend des 4. Juli 1998, auf den Tag genau 44 Jahre nach dem »Wunder von Bern«: »Vielleicht ist der deutsche Fußball zu erfolgreich. Die anderen können kratzen, beißen, spucken – gegen uns werden sofort die Karten gezogen.« >

16. WM-ENDRUNDE

Gruppe A

10.6.	Paris	Brasilien – Schottland	2:1
10.6.	Montpellier	Marokko – Norwegen	2:2
16.6.	Bordeaux	Schottland – Norwegen	1:1
16.6.	Nantes	Brasilien – Marokko	3:0
23.6.	Marseille	Norwegen – Brasilien	2:1
23.6.	St-Etienne	Marokko – Schottland	3:0

Gruppe B

11.6.	Bordeaux	Italien – Chile	2:2
11.6.	Toulouse	Kamerun – Österreich	1:1
17.6.	St-Etienne	Chile – Österreich	1:1
17.6.	Montpellier	Italien – Kamerun	3:0
23.6.	Paris	Italien – Österreich	2:1
23.6.	Nantes	Chile – Kamerun	1:1

Gruppe C

12.6.	Lens	Dänemark – S.-Arabien	1:0
12.6.	Marseille	Frankreich – Südafrika	3:0
18.6.	Toulouse	Südafrika – Dänemark	1:1
18.6.	Paris	Frankreich – S.-Arabien	4:0
24.6.	Lyon	Frankreich – Dänemark	2:1
24.6.	Bordeaux	Südafrika – S.-Arabien	2:2

Gruppe D

12.6.	Montpellier	Paraguay – Bulgarien	0:0
13.6.	Nantes	Nigeria – Spanien	3:2
19.6.	Paris	Nigeria – Bulgarien	1:0
19.6.	St-Etienne	Spanien – Paraguay	0:0
24.6.	Toulouse	Paraguay – Nigeria	3:1
24.6.	Lens	Spanien – Bulgarien	6:1

Gruppe E

13.6.	Lyon	Mexiko – Südkorea	3:1
13.6.	Paris	Holland – Belgien	0:0
20.6.	Bordeaux	Belgien – Mexiko	2:2
20.6.	Marseille	Holland – Südkorea	5:0
25.6.	St-Etienne	Holland – Mexiko	2:2
25.6.	Paris	Belgien – Südkorea	1:1

Gruppe F

14.6.	St-Etienne	Jugoslawien – Iran	1:0
15.6.	Paris	Deutschland – USA	2:0
21.6.	Lens	Deutschland – Jugosl.	2:2
21.6.	Lyon	Iran – USA	2:1
25.6.	Nantes	Jugoslawien – USA	1:0
25.6.	Montpellier	Deutschland – Iran	2:0

Gruppe G

15.6.	Marseille	England – Tunesien	2:0
15.6.	Lyon	Rumänien – Kolumbien	1:0
22.6.	Montpellier	Kolumbien – Tunesien	1:0
22.6.	Toulouse	Rumänien – England	2:1
26.6.	Lens	England – Kolumbien	2:0
26.6.	Paris	Rumänien – Tunesien	1:1

Gruppe H

14.6.	Toulouse	Argentinien – Japan	1:0
14.6.	Lens	Kroatien – Jamaika	3:1
20.6.	Nantes	Kroatien – Japan	1:0
21.6.	Paris	Argentinien – Jamaika	5:0
26.6.	Bordeaux	Argentinien – Kroatien	1:0
26.6.	Lyon	Jamaika – Japan	2:1

Achtelfinale

27.6.	Marseille	Italien – Norwegen	1:0
27.6.	Paris	Brasilien – Chile	4:1
28.6.	Lens	Frankreich – Parag.	1:0 n. V.
28.6.	Paris	Dänemark – Nigeria	4:1
29.6.	Montpellier	Deutschland – Mexiko	2:1
29.6.	Toulouse	Holland – Jugoslawien	2:1
30.6.	Bordeaux	Kroatien – Rumänien	1:0
30.6.	St-Etienne	Argent. – England	6:5 n. E.

Viertelfinale

3.7.	Paris	Frankreich – Italien	4:3 n. E.
3.7.	Nantes	Brasilien – Dänemark	3:2
4.7.	Marseille	Holland – Argentinien	2:1
4.7.	Lyon	Kroatien – Deutschland	3:0

Halbfinale

7.7.	Marseille	Brasilien – Holland	5:3 n. E.
8.7.	Paris	Frankreich – Kroatien	2:1

Spiel um Platz 3

11.7.	Paris	Kroatien – Holland	2:1

Finale

12.7.	Paris	Frankreich – Brasilien	3:0

VOGTS VERMUTET KAMPAGNE

› Vogts spielte auf die – seines Erachtens ungerechtfertigte – Rote Karte gegen Christian Wörns an. In der 40. Minute hatte der Innenverteidiger im Mittelfeld ein überflüssiges Foul an Davor Suker begangen, das Schiedsrichter Rune Pedersen (Norwegen) mit Platzverweis ahndete. Da stand es noch 0:0, in Unterzahl kam Deutschland danach fast zu keiner Torchance mehr und Kroatien zu drei Treffern. »Ich weiß nicht«, unterstellte Berti Vogts in seinem Zorn eine Kampagne gegen Deutschland, »ob es da geheime Anweisungen gibt.«

Es gibt Phasen im Leben eines Fußball-Bundestrainers, da wünscht man sich einen anderen Beruf. Nicht nur in dieser Nacht auf den 5. Juli, nein, Berti Vogts hat so auch schon im Frühjahr 1998 empfunden, einige Wochen vor der Weltmeisterschaft in Frankreich.

Aus Dortmund kam die Nachricht, daß Matthias Sammer, 1996 Europas Fußballer des Jahres, nach seiner fünften Knieoperation nicht rechtzeitig fit werden würde. Mannschaftskapitän Jürgen Klinsmann spielte wieder in London, ohne die Tottenham-Fans in Ekstase zu versetzen. Andreas Möller und Thomas Häßler hatten die 30-Jahre-Grenze vor längerem überschritten und versprühten nicht mehr den Glanz früherer Tage. Und Deutschlands Stamm-Libero Olaf Thon, der eine Reihe von starken Vorstellungen im Nationalteam abgeliefert hatte, vermeldete im April einen Bänderriß – seine WM-Teilnahme war in größter Gefahr.

Auf dieser Basis mußte Berti Vogts aufbauen, und aus der DFB-Zentrale in Frankfurt kam die unmißverständliche Aussage: »Einen Ausrutscher wie bei der WM in Amerika können wir uns nicht leisten. Das verzeihen uns die Fans nicht.«

Der Bundestrainer nahm zwölf Wochen vor der Weltmeisterschaft eine kurze Auszeit und flog samt Familie nach Dubai – auch um seine Gedanken zu ordnen.

Die Frage, ob Lothar Matthäus in dieser hektischen und bedrohlichen Atmosphäre die Rettung sein könne, beantwortete Vogts mit einem kräftigen »Nein«. Matthäus, inzwischen 37 Jahre alt, gehörte bei Bayern München zwar immer noch zu den Leistungsträgern, hatte sich aber bereits Ende 1994 aus der Nationalmannschaft verabschiedet. Ob die Ablehnung an Matthäus' veröffentlichten Tagebüchern lag oder am wenig herzlichen Verhältnis zu Jürgen Klinsmann, war unklar. Der Schwabe hatte sein Netzwerk aufgezogen und bestimmte als Kapitän praktisch die Linie der Nationalmannschaft.

Viele Beobachter fragten: Hat Klinsmann bei Vogts Narrenfreiheit? Wie kann Vogts nur so kuschen? Und die Spezialität von Klinsmann, sich bei seinen Verträgen eine Stammplatz-Garantie eintragen zu lassen – galt die auch im Nationalteam? ›

» Einen Ausrutscher wie bei der WM in Amerika können wir uns nicht leisten

1. Spiel Vorrunde

DEUTSCHLAND – USA 2:0

15. Juni 1998, 21 Uhr Ortszeit, Parc des Princes, Paris

***Schiedsrichter:** Belqola (Marokko). **Tore:** 1:0 Möller (8.), 2:0 Klinsmann (64.). **Einwechslungen:** Hamann für Häßler (49.), Ziege für Reuter (67.), Babbel für Möller (88.) – Hejduk für Burns (46.), Wegerle für Wynalda (63.), Ramos für Deering (69.). **Gelbe Karten:** Hamann, Jeremies, Heinrich – Pope. **Zuschauer:** 43 815.*

2. Spiel Vorrunde

DEUTSCHLAND – JUGOSLAWIEN 2:2

21. Juni 1998, 14.30 Uhr Ortszeit, Stade Félix-Bollaert, Lens

***Schiedsrichter:** Nielsen (Dänemark). **Tore:** 0:1 Mijatovic (13.), 0:2 Stojkovic (54.), 1:2 Mihajlovic (74., Eigentor), 2:2 Bierhoff (80.). **Einwechslungen:** Matthäus für Hamann (46.), Kirsten für Möller (58.), Tarnat für Ziege (67.) – Ognjenovic für Kovacevic (58.), Govedarica für Stankovic (68.), Stevic für Petrovic (74.). **Gelbe Karte:** Matthäus. **Zuschauer:** 41 275.*

WM-TOURIST *Steffen Freund schwitzt auf der Terrasse des Hotels »Le Mas d'Artigny« im deutschen WM-Quartier St. Paul de Vence. Es ist der erste Tag der WM in Frankreich, am Abend gewinnt Brasilien das Eröffnungsspiel gegen Schottland 2:1. Steffen Freund verfolgt es als Zuschauer – wie auch alle Spiele seiner Mannschaft. Er kommt nicht zum Einsatz und hat viel Freizeit*

»HEULSUSE« – MÖLLER BESCHIMPFT

Erzürnte Mitspieler und objektive Beobachter: Andreas Möller

Andreas Möller zog geballt Aggressionen auf sich. Der torgefährliche Mittelfeldspieler pflegte bei geringer Gegenwehr groß aufzuspielen, unter Druck legte der gebürtige Frankfurter oft Zurückhaltung an den Tag. 1998 war die Geduld mit dem bereits 30jährigen Talent (Spitzname »Heintje«) erschöpft. Möller verpaßte in Frankreich die letzte Chance zum Sprung in die Weltklasse. ***Drei Einsätze bewilligte ihm Berti Vogts, im Achtelfinale gegen Mexiko kam es zum Eklat.*** *Von der eigenen Bank wurden die Aktionen des nach 58 Minuten Eingewechselten mit Beschimpfungen quittiert. »Heulsuse« und »Blinder« bekam Möller auf dem Rasen von Montpellier zu hören – einzigartig in der deutschen Länderspielgeschichte. Ehefrau Michaela, nur sieben Meter dahinter auf der Tribüne plaziert, hörte es auch. Obwohl er nicht schlechter war als Thomas Häßler oder Jörg Heinrich, fokussierte TV-Kritiker Günter Netzer seinen Zorn auf ihn: »Wenn ein Verteidiger aus Luxemburg daherkommt, läßt er sich den Schneid abkaufen.« Andreas Möller wurde von seiner Frau via BILD-Zeitung zum vorzeitigen Heimflug aufgefordert. Nach der WM kündigte er seinen Rücktritt an: »Meine Tendenz geht klar zum Aufhören.« Am 9. Februar 1999 spielte er beim 3:3 gegen Kolumbien das letzte Mal für Deutschland.*

GEHEIMTREFFEN IN ARZTPRAXIS

> Berti Vogts hielt an Jürgen Klinsmann jedenfalls unerschütterlich fest und wiederholte sich: »Jürgen ist und bleibt mein Kapitän.« Für Matthäus schien kein Platz. Doch nun überschlugen sich die Dinge. Matthäus verkündete: »Ich bin bereit.« Und Vogts (»Es gibt kein Zurück für Matthäus«) sagte dann: »Ich bin gesprächsbereit.«

Anfang Mai saßen die beiden am Tisch in der Praxis von Bayerns Vereinsarzt Dr. Hans-Wilhelm Müller-Wohlfahrt. Vogts begründete sein Umdenken mit dem Satz: »Ich muß schauen, daß die Mannschaft eine gute WM spielt.« Dann fragte er den Rekordnationalspieler: »Lothar, bist du bereit, dich wie Rudi Völler bei der WM in den USA total unterzuordnen und auch mal auf der Bank Platz zu nehmen?« Matthäus antwortete nur: »Sie können sich auf mich verlassen. Sie werden mit mir keine Probleme bekommen.« Comeback perfekt.

Vor dem Gespräch mit Matthäus hatte sich Vogts in Telefonaten mit Klinsmann und Andreas Köpke (in Marseille) rückversichert. Es gab keine Einwände. Immerhin: Mit Matthäus war Deutschland 1990 Weltmeister geworden, ohne ihn 1996 Europameister.

Die Hackordnung innerhalb der Mannschaft blieb auch gewahrt: Klinsmann vor Jürgen Kohler, Thomas Häßler, Oliver Bierhoff und Thomas Helmer. Matthäus mußte sich wieder hinten anstellen.

Die Stimmung bei den Fans jedenfalls stimmte. 60 Prozent der Deutschen waren der Meinung, Berti Vogts habe mit seinem 22er-Kader die richtigen Spieler aufgeboten. Aber die Frage, ob Deutschland denn auch Weltmeister werden könne, wurde klugerweise nicht offiziell gestellt.

» In der Mannschaft steckt viel Charakter. Das gibt uns wahnsinnigen Optimismus

Die beantwortete Kapitän Jürgen Klinsmann (»Mein großes Ziel ist es, wieder den Weltpokal zu gewinnen«) nach dem unbefriedigenden 2:1-Sieg über Mexiko im Achtelfinale: »Auch wenn Sand im Getriebe war, wir können jeden schlagen.« Erst eine Viertelstunde vor Ende der Partie hatte er selbst die Führung der Mexikaner aus der 47. Minute ausgeglichen, erst das späte Tor von Oliver Bierhoff (86.) bewahrte Deutschland vor der Verlängerung. Klinsmann: »In der Mannschaft steckt unheimlich viel Charakter. Das gibt uns wahnsinnigen Optimismus für die nächsten Spiele.« Und Berti Vogts äußerte: »Wir steigern uns weiter.« Allein das Ausland brandmarkte die Mängel bereits: »Es müßte in die Statuten der Fifa geschrieben werden: Der Gegner spielt gut, aber Deutschland gewinnt«, höhnte die Times (England).

Zum 13. Mal bei 14 Weltmeisterschafts-Teilnahmen stand Deutschland in einem Viertelfinale, nur 1938 war die Mannschaft bereits vorher ausgeschieden (im Achtelfinale gegen die Schweiz). >

3. Spiel Vorrunde

DEUTSCHLAND – IRAN 2:0

25. Juni 1998, 21 Uhr Ortszeit, Stade de la Mosson, Montpellier

Schiedsrichter: *González Chávez (Paraguay).* ***Tore:*** *1:0 Bierhoff (50.), 2:0 Klinsmann (57.).* ***Einwechslungen:*** *Hamann für Thon (46.), Kirsten für Häßler (70.), Ziege für Tarnat (76.) – Dinmohammadi für Zarincheh (71.).* ***Gelbe Karten:*** *Klinsmann, Häßler – Daei.* ***Zuschauer:*** *35 500.*

Achtelfinale

DEUTSCHLAND – MEXIKO 2:1

29. Juni 1998, 16.30 Uhr Ortszeit, Stade de la Mosson, Montpellier

Schiedsrichter: *Melo Pereira (Portugal).* ***Tore:*** *0:1 Hernández (47.), 1:1 Klinsmann (75.), 2:1 Bierhoff (86.).* ***Einwechslungen:*** *Ziege für Helmer (38.), Möller für Heinrich (58.), Kirsten für Häßler (74.) – Carmona für Bernal (46.), Arellano für Palencia (53.), Peláez für García Aspe (86.).* ***Gelbe Karten:*** *Matthäus, Babbel, Hamann, Tarnat – Davino, Blanco.* ***Zuschauer:*** *35 000.*

ZITTERPARTIE *Lange rennen die Deutschen vergeblich an, Mexiko verteidigt mit Geschick und Torwart Jorge Campos sein Tor. Hier klärt Campos mit der rechten Faust, Oliver Bierhoff duckt sich, Thomas Helmer (l.) springt ins Leere. Für Bierhoff wird es aber noch ein schöner Tag, in der 86. Minute erzielt er den 2:1-Siegtreffer. Vorn der mexikanische Mittelfeldspieler Raúl Lara*

VOGTS TRAT IM SEPTEMBER ZURÜCK

Enttäuscht: Berti Vogts nach seinem letzten Länderspiel am 5. September gegen Rumänien

Was sagt man als DFB-Präsident, wenn eine Weltmeisterschaft voll daneben gegangen ist? »Am Bundestrainer Vogts lag es nicht. Er ist der beste Mann, den man sich auf dieser Position vorstellen kann.« So sprach Egidius Braun im Juli 1998.
Am 12. September trafen sich Vogts und sein Präsident in dessen guter Stube zu Kaffee und Kuchen. Berti Vogts kam als Ex-Bundestrainer. Am 7. September, nach einem Trainingslager auf Malta und zwei dürftigen Länderspielen gegen Malta (2:1) und Rumänien (1:1 auf Malta), hatte er nach acht Jahren als Bundestrainer seinen Rücktritt erklärt. »Ich kann nicht mehr.« Sein neues System »ballorientierte Deckung« hatte nicht funktioniert, und außerdem wolle er einem ***»Neuaufbau der Nationalmannschaft nicht im Wege stehen«****.*
Nachfolger von Berti Vogts, der Deutschland in 102 Spielen betreute (67 Siege, 23 Unentscheiden, 12 Niederlagen) wurde Erich Ribbeck, zuvor Trainer unter anderem von Frankfurt, Kaiserslautern, Dortmund, Leverkusen und Bayern München. Was zum damaligen Zeitpunkt kaum bekannt war: Egidius Braun hatte für den Fall, daß Vogts schon in der Zeit von 1994 bis 1996 »ausgefallen wäre«, einen Ersatzmann in der Hinterhand. Sein Name: Franz Beckenbauer.

DEBAKEL IM 100. LÄNDERSPIEL

> Bis zur 40. Minute, jenem Zeitpunkt, als Christian Wörns vom Platz mußte, zeigte die deutsche Mannschaft ihre beste Leistung in Frankreich. Noch vor dem Halbzeitpfiff erzielte Robert Jarni mit seinem einzigen WM-Tor in sieben Partien das 1:0, in der 80. und 85. Minute machten Goran Vlaovic (es war ebenfalls sein einziges WM-Tor 1998) und Davor Suker Schluß mit dem bösen deutschen Spiel.

Seit dem 3:6 am 28. Juni 1958 im Spiel um Platz drei gegen Frankreich hatte eine deutsche Mannschaft nicht mehr so hoch in einem WM-Spiel verloren. Das Jubiläum von Berti Vogts, der zum 100. Mal als Bundestrainer auf der Bank saß, wurde zum Trauertag.

Das Aus gegen Kroatien war nur die logische Konsequenz. Felix Magath, der wenig später als Trainer bei Werder Bremen einstieg, analysierte: »Entscheidend für die insgesamt mäßigen deutschen Darbietungen, davon drei gegen Mannschaften der zweiten Klasse, halte ich nach wie vor, daß zu lange die Besetzung zu vieler wichtiger Positionen offenblieb. Ich sehe große Probleme auf den deutschen Fußball zukommen.«

BILD schrieb: »Schon seit unserem ersten Spiel bei dieser WM wollte nie so richtig Freude aufkommen. Wie Mehltau lag die Erkenntnis über jedem Jubel, daß hier eine Mannschaft spielte, die das Glück schon allzuoft strapaziert hat.«

Das Hamburger Abendblatt unterstellte Berti Vogts »Fehler in der Kader-Nominierung«, es »folgten Schwächen im täglichen Umgang mit den Stars«. Dazu habe sich Vogts »psychologisch einige gravierende Schnitzer« erlaubt.

Wie immer nach solcherlei Ereignissen kamen Wahrheiten an die Oberfläche, die zuvor verschwiegen wurden. Bereits nach dem 2:2 im zweiten Vorrundenspiel gegen Jugoslawien berief Klinsmann eine Mannschaftssitzung ein – ohne Berti Vogts. Der Kapitän beschwor seine Mitspieler: »Reißt euch zusammen.« Sein Stellvertreter Jürgen Kohler mahnte Pünktlichkeit und Disziplin an.

Mit beidem hatten die Deutschen so ihre Probleme. Thomas Häßler ließ einen medizinischen Behandlungstermin platzen und traf sich lieber mit seiner Frau, einige Spieler kamen – wohlgemerkt während des Turniers – erst um sechs Uhr in der Früh zurück ins Hotel und dann mit Alkoholfahne zum morgendlichen Training. Steffen Freund stand immerhin zu einem nächtlichen Ausflug vor dem Spiel gegen den Iran: »Das kommentiere ich nicht. Wir hatten frei.« Er verbrachte die WM auf der Ersatzbank.

» Ich sehe große Probleme auf den deutschen Fußball zukommen

Christian Wörns weinte nach dem Ausscheiden hemmungslos. Über entgangene Prämien kann das nicht gewesen sein: Jeder Spieler kassierte 75 000 Mark, so viel hatte aber keiner wirklich verdient.

Viertelfinale
KROATIEN – DEUTSCHLAND 3:0
4. Juli 1998, 21 Uhr Ortszeit, Stade Gerland, Lyon

Schiedsrichter: *Pedersen (Norwegen).*
Tore: *1:0 Jarni (45.), 2:0 Vlaovic (80.), 3:0 Suker (85.).*
Einwechslungen: *Maric für Vlaovic (83.) – Kirsten für Häßler (69.), Marschall für Hamann (79.).*
Rote Karte: *Wörns wegen groben Foulspiels (40.).*
Gelbe Karten: *Simic, Suker – Heinrich, Tarnat.*
Zuschauer: *39 100.*

Davor Suker (l.) erzielt das 3:0. Jörg Heinrich kommt zu spät, Torwart Andreas Köpke (r.) büßt für die Fehler seiner Vorderleute

DEUTSCHER WM-KADER 1998

Nach den ersten 69 Spielminuten war die WM für Stefan Reuter beendet. Bundestrainer Berti Vogts holte den Dortmunder vom Platz und setzte ihn fortan auf die Ersatzbank

NR.	NAME	GEBOREN	Einsatz gegen USA	JUGOSLAWIEN	IRAN	MEXIKO	KROATIEN	VEREIN
TOR								
12	Oliver Kahn	15.06.1969	Bank	Bank	Bank	Bank	Bank	Bayern München
1	Andreas Köpke	12.03.1962	90 Min.	90 Min.	90 Min.	90 Min.	90 Min.	Olympique Marseille
22	Jens Lehmann	10.11.1969	Bank	Bank	Bank	Bank	Bank	FC Schalke 04
ABWEHR								
14	Markus Babbel	08.09.1974	2 Min.	Bank	Bank	90 Min.	Bank	Bayern München
5	Thomas Helmer	21.04.1965	Bank	Bank	90 Min.	38 Min.	Bank	Bayern München
4	Jürgen Kohler	06.10.1965	90 Min.	90 Min.	90 Min.	Tribüne	90 Min.	Borussia Dortmund
8	Lothar Matthäus	21.03.1961	Bank	45 Min.	90 Min.	90 Min.	90 Min.	Bayern München
19	Stefan Reuter	16.10.1966	67 Min.	Bank	Bank	Bank	Bank	Borussia Dortmund
6	Olaf Thon	01.05.1966	90 Min.	90 Min.	45 Min.	Bank	Bank	FC Schalke 04
2	Christian Wörns	10.05.1972	90 Min.	90 Min.	90 Min.	90 Min.	40 Min./Rote Karte	Bayer Leverkusen
MITTELFELD								
15	Steffen Freund	19.01.1970	Bank	Bank	Bank	Bank	Bank	Borussia Dortmund
16	Dietmar Hamann	27.08.1973	41 Min.	45 Min.	45 Min.	90 Min.	79 Min.	Bayern München
10	Thomas Häßler	30.05.1966	49 Min.	Bank	70 Min.	74 Min.	69 Min.	Karlsruher SC
3	Jörg Heinrich	06.12.1969	90 Min.	90 Min.	90 Min.	58 Min.	90 Min.	Borussia Dortmund
13	Jens Jeremies	05.03.1974	90 Min.	90 Min.	Bank	Bank	90 Min.	TSV 1860 München
7	Andreas Möller	02.09.1967	88 Min./1 Tor	58 Min.	Bank	32 Min.	Bank	Borussia Dortmund
21	Michael Tarnat	27.10.1969	Bank	23 Min.	76 Min.	90 Min.	90 Min.	Bayern München
17	Christian Ziege	01.02.1972	23 Min.	67 Min.	14 Min.	52 Min.	Bank	AC Mailand
ANGRIFF								
20	Oliver Bierhoff	01.05.1968	90 Min.	90 Min./1 Tor	90 Min./1 Tor	90 Min./1 Tor	90 Min.	Udinese Calcio
9	Ulf Kirsten	04.12.1965	Bank	32 Min.	20 Min.	16 Min.	21 Min.	Bayer Leverkusen
18	Jürgen Klinsmann	30.07.1964	90 Min./1 Tor	90 Min.	90 Min./1 Tor	90 Min./1 Tor	90 Min.	Tottenham Hotspur
11	Olaf Marschall	19.03.1966	Bank	Bank	Bank	Bank	11 Min.	1. FC Kaiserslautern

VOGTS WIEDER IM VIERTELFINALE DRAUSSEN

Lange Gesichter auf der deutschen Ersatzbank (v. l.): Berti Vogts, sein Assistent Rainer Bonhof, Mannschaftsarzt Dr. Hans-Wilhelm Müller-Wohlfahrt und Physiotherapeut Klaus Eder verfolgen die letzten Minuten des Spiels gegen Kroatien. Es steht 0:3, Berti Vogts weiß: Er ist, wie schon 1994, wieder im Viertelfinale gescheitert

31. Mai – 30. Juni

KOREA & JAPAN 2002

Teilnehmer (32): Argentinien, Belgien, Brasilien, China, Costa Rica, Dänemark, Deutschland, England, Ecuador, Frankreich, Irland, Italien, Japan, Kamerun, Kroatien, Mexiko, Nigeria, Paraguay, Polen, Portugal, Rußland, Saudi-Arabien, Schweden, Senegal, Slowenien, Spanien, Südafrika, Südkorea, Tunesien, Türkei, Uruguay, USA

Weltmeister: Brasilien
Torschützenkönig: Ronaldo (Brasilien), 8 Tore

Oliver Kahn rettet Deutschland dreimal

Mannschaft im Aufwind nach erstem Spiel: Beim 8:0 gegen Saudi-Arabien trifft Miroslav Klose dreimal ++ Carsten Ramelow im Mittelpunkt der Kritik. Er wird schuldig gemacht für späten Ausgleich der Iren ++ Teamchef Völler setzt auf totale Abgeschiedenheit im Mannschaftsquartier. Ein wichtiges Erfolgsgeheimnis ++ Drei 1:0-Siege in der K.o.-Runde. Oliver Kahn rettet Deutschland dreimal ++ Internationale Medien spotten über Spielweise, wünschen Deutschland das Aus ++ Glückssträhne reißt erst im Finale ++ Deutsche Anhänger feiern Spieler wie Weltmeister ++

»KAHN UND DER PAPST BESTE SPIELER«

So wie Leverkusens Manager Reiner Calmund empfanden viele Beobachter: Die deutsche Mannschaft wurde dank eines überragenden Torwarts und mit viel Glück Vize-Weltmeister

DIE DEUTSCHE MANNSCHAFT *(oben von links): Carsten Ramelow, Sebastian Kehl, Marko Rehmer, Christoph Metzelder, Oliver Bierhoff, Michael Ballack, Dietmar Hamann, Carsten Jancker. Mitte: Co-Trainer Erich Rutemöller, Torwart-Trainer Sepp Maier, Jens Jeremies, Christian Ziege, Marco Bode, Frank Baumann, Gerald Asamoah, Thomas Linke, Bundestrainer Michael Skibbe, Teamchef Rudi Völler. Vorn: Torsten Frings, Miroslav Klose, Bernd Schneider, Jörg Butt, Oliver Kahn, Jens Lehmann, Lars Ricken, Oliver Neuville, Jörg Böhme. Das Foto wurde im Mai 2002 in Frankfurt-Heusenstamm bei der letzten Zusammenkunft des Teams vor dem Abflug aufgenommen. Für die WM qualifizierte sich die Mannschaft als Zweiter der Europa-Gruppe 9 (17 Punkte) hinter England sowie nach zwei Relegationsspielen gegen die Ukraine (1:1 und 4:1)*

Rudi Völler schüttelte den Kopf. Fassungslos starrte der Mann, den sie als Spieler wegen seiner frühzeitig ergrauten Haare »Tante Käthe« getauft hatten, vom Balkon des altehrwürdigen Römer in Frankfurt auf die Menschenmassen herunter. Mehr als 30 000 Fans waren gekommen, viele schwarz-weiß gekleidet und schwarz-rot-gold geschminkt, um die Helden von Yokohama zu feiern. »Was wäre hier bloß los, wenn wir den Titel gewonnen hätten?« fragte Völler. Deutschland feierte seine Vize-Weltmeister. Die Final-Niederlage gegen Brasilien (0:2) am 30. Juni 2002, am Abend zuvor, war längst vergessen. Genauso der Weg und die Art und Weise, wie die deutsche Nationalmannschaft dorthin gelangt war. Das deutsche Fußball-Volk war nach zwei beschämenden Viertelfinal-Pleiten bei den Weltmeisterschaften 1994 und 1998 sowie dem blamablen Vorrunden-Aus bei der EM 2000 endlich wieder stolz auf seine Fußball-Helden. Doch der Rest der Fußball-Welt grollte, weil die Auswahl von Rudi Völler nicht durch überragende Leistungen so weit gekommen war. >

Stimmung wie auf einem Volksfest: Die Nationalspieler blicken vom Frankfurter Rathausbalkon (rechts, mit DFB-Flagge) auf 30 000 Fans

17. WM-ENDRUNDE

Gruppe A

31.5.	Seoul	Senegal – Frankreich	1:0
1.6.	Ulsan	Dänemark – Uruguay	2:1
6.6.	Daegu	Dänemark – Senegal	1:1
6.6.	Busan	Frankreich – Uruguay	0:0
11.6.	Incheon	Dänemark – Frankreich	2:0
11.6.	Suwon	Senegal – Uruguay	3:3

Gruppe B

2.6.	Busan	Paraguay – Südafrika	2:2
2.6.	Gwangju	Spanien – Slowenien	3:1
7.6.	Jeonju	Spanien – Paraguay	3:1
8.6.	Daegu	Südafrika – Slowenien	1:0
12.6.	Daejeon	Spanien – Südafrika	3:2
12.6.	Seogwipo	Paraguay – Slowenien	3:1

Gruppe C

3.6.	Ulsan	Brasilien – Türkei	2:1
4.6.	Gwangju	Costa Rica – China	2:0
8.6.	Seogwipo	Brasilien – China	4:0
9.6.	Incheon	Costa Rica – Türkei	1:1
13.6.	Suwon	Brasilien – Costa Rica	5:2
13.6.	Seoul	Türkei – China	3:0

Gruppe D

4.6.	Busan	Südkorea – Polen	2:0
5.6.	Suwon	USA – Portugal	3:2
10.6.	Daegu	Südkorea – USA	1:1
10.6.	Jeonju	Portugal – Polen	4:0
14.6.	Incheon	Südkorea – Portugal	1:0
14.6.	Daejeon	Polen – USA	3:1

Gruppe E

1.6.	Niigata	Irland – Kamerun	1:1
1.6.	Sapporo	Deutschland – S.-Arabien	8:0
5.6.	Ibaraki	Deutschland – Irland	1:1
6.6.	Saitama	Kamerun – Saudi-Arabien	1:0
11.6.	Shizuoka	Deutschland – Kamerun	2:0
11.6.	Yokohama	Irland – Saudi-Arabien	3:0

Gruppe F

2.6.	Ibaraki	Argentinien – Nigeria	1:0
2.6.	Saitama	England – Schweden	1:1
7.6.	Kobe	Schweden – Nigeria	2:1
7.6.	Sapporo	England – Argentinien	1:0
12.6.	Miyagi	Schweden – Argentinien	1:1
12.6.	Osaka	Nigeria – England	0:0

Gruppe G

3.6.	Niigata	Mexiko – Kroatien	1:0
3.6.	Sapporo	Italien – Ecuador	2:0
8.6.	Ibaraki	Kroatien – Italien	2:1
9.6.	Miyagi	Mexiko – Ecuador	2:1
13.6.	Oita	Mexiko – Italien	1:1
13.6.	Yokohama	Ecuador – Kroatien	1:0

Gruppe H

4.6.	Saitama	Japan – Belgien	2:2
5.6.	Kobe	Rußland – Tunesien	2:0
9.6.	Yokohama	Japan – Rußland	1:0
10.6.	Oita	Tunesien – Belgien	1:1
14.6.	Osaka	Japan – Tunesien	2:0
14.6.	Shizuoka	Belgien – Rußland	3:2

Achtelfinale

15.6.	Seogwipo	Deutschland – Paraguay	1:0
15.6.	Niigata	England – Dänemark	3:0
16.6.	Oita	Senegal – Schweden	2:1 n. V.
16.6.	Suwon	Spanien – Irland	4:3 n. E.
17.6.	Jeonju	USA – Mexiko	2:0
17.6.	Kobe	Brasilien – Belgien	2:0
18.6.	Miyagi	Türkei – Japan	1:0
18.6.	Daejeon	Südkorea – Italien	2:1 n. V.

Viertelfinale

21.6.	Shizuoka	Brasilien – England	2:1
21.6.	Ulsan	Deutschland – USA	1:0
22.6.	Gwangju	Südkorea – Spanien	5:3 n. E.
22.6.	Osaka	Türkei – Senegal	1:0 n. V.

Halbfinale

25.6.	Seoul	Deutschland – Südkorea	1:0
26.6.	Saitama	Brasilien – Türkei	1:0

Spiel um Platz 3

29.6.	Daegu	Türkei – Südkorea	3:2

Finale

30.6.	Yokohama	Brasilien – Deutschland	2:0

MEHMET SCHOLL

AUSGEBRANNT

> Sie habe vor allem unbeschreibliches Glück gehabt, so die weitläufige Meinung. Selten sei eine Mannschaft mit so wenig spielerischen Möglichkeiten, mit so wenig Glanz, ja so wenig Hoffnung im Vorfeld bis ins Finale einer Weltmeisterschaft vorgedrungen.
Und selten hatte sich die Weltpresse so gegen eine Mannschaft verschworen wie gegen die deutsche Elf in Korea und Japan.
Von »Schützengraben-Fußball« wurde in den ausländischen Zeitungen geschrieben, oder daß »Deutschland etwas anderes als Fußball spielt, aber am Ende immer gewinnt«. Und daß sich »glückliche Deutsche zum Sieg langweilen«, hieß es da. Unrecht hatte mit diesen Kommentaren keiner.
Glück hatte der dreimalige Weltmeister schon bei der Gruppenauslosung. Mit Außenseiter Saudi-Arabien, den Mittelklasse-Europäern aus Irland sowie Kamerun, wenn auch Afrika-Meister, hatte das deutsche Team eine der leichtesten Gruppen der WM erwischt. Der Einzug ins Achtelfinale war Pflicht.

Trotzdem traute diesem deutschen Team niemand etwas zu. Nicht nach den blamablen Leistungen im Vorfeld, etwa dem 1:5 im September 2001 in München gegen England.
Es war die höchste Niederlage, die Deutschland jemals in einem Qualifikationsspiel zu Welt- oder Europameisterschaften kassiert hatte. Sie führte dazu, daß der Elf nach dem Debakel bei der Europameisterschaft 2000 in Holland und Belgien nun sogar das Aus in der WM-Qualifikation drohte.
Nur über den Umweg der Relegation gegen die Ukraine, die man mit 1:1 und 4:1 aus dem Rennen warf, konnten die Deutschen das Ticket für das Turnier in Ostasien noch buchen. Die Probleme blieben in den Testspielen vor der WM: 0:1 gegen Argentinien, 0:1 gegen Wales. Hinzu kam eine Absagen-Flut potentieller Stammspieler: Mehmet Scholl fühlte sich psychisch nicht in der Lage. Sebastian Deisler, als Supertalent tituliert, sowie die Abwehrspieler Christian Wörns und Jens Nowotny waren verletzt. >

1. Spiel Vorrunde

DEUTSCHLAND – SAUDI-ARABIEN 8:0

1. Juni 2002, 20.30 Uhr Ortszeit, Sapporo Dome

***Schiedsrichter:** Aquino (Portugal).*
***Tore:** 1:0, 2:0 Klose (20., 25.), 3:0 Ballack (40.), 4:0 Jancker (45.), 5:0 Klose (69.), 6:0 Linke (72.), 7:0 Bierhoff (84.), 8:0 Schneider (90. + 2).*
***Einwechslungen:** Jeremies für Ramelow (46.), Bierhoff für Jancker (67.), Neuville für Klose (77.) – Ibrahim Al-Shahrani für K. Al-Dosari (46.), Al-Khathran für Al-Temyat (46.), Abdullah Al-Dosari für Al-Yami (77.).*
***Gelbe Karten:** Hamann, Ziege – Noor.*
***Zuschauer:** 32218.*

Der Auftakt zum Torrausch: das 1:0 von Miro Klose (r.). Es wird Deutschlands höchster Sieg in der WM-Geschichte

DER TITAN *Akrobatisch wehrt Oliver Kahn eine Torchance des Iren Robbie Keane aus nächster Nähe ab. Mit Paraden wie dieser erwirbt sich der Münchner den Ruf des Unzerstörbaren. Christian Ziege (l.) schaut unbeteiligt, zumindest vermittelt das seine Körpersprache*

2. Spiel Vorrunde

DEUTSCHLAND – IRLAND 1:1

5. Juni 2002, 20.30 Uhr Ortszeit, Ibaraki Kashima Soccer Stadium

Schiedsrichter: *Nielsen (Dänemark).* ***Tore:*** *1:0 Klose (19.), 1:1 Robbie Keane (90.).* ***Einwechslungen:*** *Bierhoff für Jancker (75.), Bode für Klose (85.), Jeremies für Schneider (90.) – Quinn für G. Kelly (73.), Reid für Harte (74.), Cunningham für Staunton (87.).* ***Zuschauer:*** *35 854.*

In der 90. Minute ist Oliver Kahn machtlos: Robbie Keane trifft zum Ausgleich. Es ist Kahns einziges Gegentor bis zum Finale. Mitte: Thomas Linke

»KRIEGE ALS ERSTER AUF DIE MÜTZE«

Steter Angriffspunkt: Carsten Ramelow (mit WM-Medaille)

Kaum ein anderer Spieler steht so für die Ära Völler wie Carsten Ramelow. 37 seiner 46 Länderspiele bestritt der Leverkusener in den vier Jahren unter dem Teamchef. Fast immer war er gesetzt. Doch mußte sich keiner mehr Kritik anhören als Ramelow. Vor allem bei der WM. »Wenn wir schlecht spielen, kriege ich als erster auf die Mütze. Läuft es gut, werde ich gar nicht erwähnt«, sagte Ramelow schon nach dem 1:1 gegen Irland, für das er allein verantwortlich gemacht wurde. Er könne die Abwehr nicht organisieren, hieß es, und spiele nur Quer- und Rückpässe.

Nach Gelb/Rot gegen Kamerun traf Ramelow der Bannstrahl der Medien nur deshalb nicht in voller Härte, weil Deutschland trotzdem weiterkam. Völler hielt zu ihm, setzte nach zwei Spielen Pause im Halbfinale und im Endspiel wieder auf den Leverkusener.

»Es ist unfair, daß sich die Kritik oft gegen Carsten richtet. ***Ich weiß, was ich an ihm habe«, sagte Völler****. Eine geringe Fehlpaßquote, ausgezeichnetes Stellungsspiel und gute Zweikampfwerte attestierte er dem Mittelfeldspieler, der nach dem Ausfall von Jens Nowotny die Rolle des Abwehrchefs übernehmen mußte. Auch nach der WM blieb Ramelow einer der zentralen Spieler unter Völler, mußte bei der EM 2004 allerdings verletzt passen. Das 1:5 gegen Rumänien im April 2004 war sein letztes Länderspiel.*

PLATTENBAU WIE AUS DDR-ZEITEN

> Das Los meinte es aber auch in den Spielen der K.o.-Runde gut mit Deutschland. Paraguay, USA und Südkorea hießen die Gegner auf dem Weg ins Endspiel von Yokohama. Weil alle Großen, wie Argentinien, Frankreich, England oder Italien, enttäuschten und frühzeitig ausschieden, trafen die Spieler von Völler nur auf Außenseiter.

»Ich werde mich bei niemandem dafür entschuldigen, daß wir das WM-Finale erreicht haben«, sagte Jens Jeremies nach dem Halbfinalsieg gegen Südkorea und schob gleich nach: »Nächste Woche sind wir Weltmeister – und haben nur Glück gehabt? Das gibt es nicht!« Zwar ging der Wunsch nach dem Titel nicht in Erfüllung, recht hatte Jeremies dennoch. Denn der Einzug ins Finale war nicht durch Glück allein zu erklären. Der Grund für den Erfolg war vielmehr Völlers Geschick bei der Spielerauswahl. Aus seinen 23 WM-Fahrern formte er das, was man eine echte Mannschaft nennt. Auch mit der Wahl des WM-Quartiers im japanischen Miyazaki lag Völler richtig. Kein Luxushotel hatte der Teamchef ausgesucht. Das stand rund 500 Meter weiter die Straße herunter: Im 45stöckigen Hotel Ocean 45 wohnten die deutschen Journalisten und einige der Spielerfrauen. Die Mannschaft nächtigte im Sheraton Phoenix Golf Resort, in einem häßlichen Plattenbau wie aus alten DDR-Zeiten, gelegen zwar im modernen Urlaubs-Paradies »Seagaia Park«, aber dennoch langweilig. Abwechslung Fehlanzeige. Bis auf einige Golfplätze und einen zwar kilometerlangen, dafür recht eintönigen und wenig einladenden Pazifik-Strand gab es nichts. Nicht einmal die mitgebrachten Playstation-Konsolen wollten in den ersten Tagen funktionieren. Die Stecker paßten nicht in die japanischen Steckdosen.

Seit 1978 in Argentinien hatte keine deutsche Nationalmannschaft mehr so spartanisch gewohnt. Kein Bundestrainer hatte sich das getraut, nachdem sich die Spieler damals vor Langeweile selbst zerfleischt hatten. Doch Völler setzte auf die totale Abgeschiedenheit. >

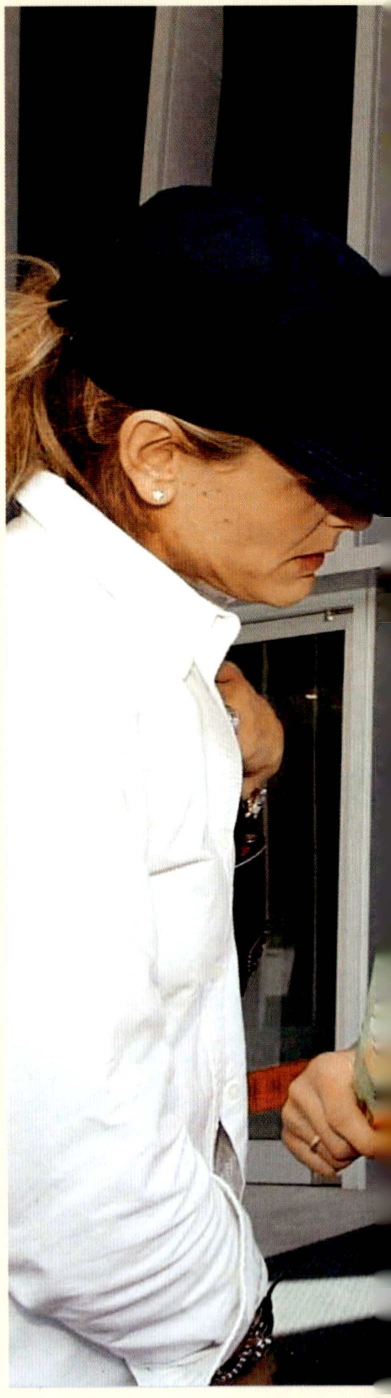

3. Spiel Vorrunde

DEUTSCHLAND – KAMERUN 2:0

11. Juni 2002, 20.30 Uhr Ortszeit, Shizuoka Stadium Ecopa

Schiedsrichter: *López Nieto (Spanien).*
Tore: *1:0 Bode (50.), 2:0 Klose (79.).*
Einwechslungen: *Bode für Jancker (46.), Jeremies für Schneider (80.), Neuville für Klose (84.) – Suffo für Tchato (53.), Ngom Komé für Olembé (64.), Job für M'Boma (80.).*
Gelb/Rot: *Ramelow (40.) – Suffo (77.).*
Gelbe Karten: *Kahn, Frings, Ballack, Hamann, Ziege, Jancker – N'Djitap, Song, Tchato, Lauren, Foé, Olembé.*
Zuschauer: *47 085.*

Christian Ziege (l.) und Kameruns Lauren rangeln, beide erhalten Gelb. Im Fußballspiel dominiert Deutschland

STADTBUMMEL *Oliver Neuville (r.), seine Freundin Wilma (l.), Carsten Ramelow und Ehefrau Steffi studieren vor einem Ausflug den Stadtplan von Seoul. Auch wenn die Mienen angestrengt sind: Die Stimmung in der deutschen Mannschaft ist bestens*

Achtelfinale

DEUTSCHLAND – PARAGUAY 1:0

15. Juni 2002, 15.30 Uhr Ortszeit, Seogwipo World Cup Stadium

Schiedsrichter: *Batres (Guatemala).* **Tor:** *1:0 Neuville (88.).* **Einwechslungen:** *Kehl für Rehmer (46.), Baumann für Metzelder (60.), Asamoah für Neuville (90.) – Campos für Santa Cruz (29.), Gavilán für Bonet (84.), Cuevas für Struway (90.).* **Rote Karte:** *Acuña wegen Tätlichkeit (90.).* **Gelbe Karten:** *Baumann, Schneider, Ballack – Acuña, Cardozo.* **Zuschauer:** *25 176.*

José Luis Chilavert versucht sich gegen Deutschland auch als Freistoßschütze. Der allmächtige Torwart aus Paraguay scheitert

RUDI VÖLLER
ISOLIERTE SPIELER

> Sogar Fans und Presse wurden praktisch komplett ausgesperrt: kein Zugang zum Spielerhotel, die meisten Trainingseinheiten geheim, die Plätze von hohen, sichtundurchlässigen Zäunen umgeben. Während die mitgereisten Journalisten wenigstens noch die ersten 15 Minuten zuschauen durften, bekamen die deutschen Schlachtenbummler ihre Helden nur ein einziges Mal zu Gesicht.
»Seit ich in Liverpool bin, kann ich mir Training vor Zuschauern und Journalisten nicht mehr vorstellen. Man kann viel mehr Spaß haben«, sagte Didi Hamann zustimmend. Völlers Wagnis ging auf. Denn es gab in der Mannschaft keine Rebellen, keine Querulanten. »Ich habe ein untrügliches Gefühl, wann eine Mannschaft zusammenhält«, sagte Sepp Maier, der als Spieler und Bundes-Torwarttrainer in seiner Karriere neun Weltmeisterschaften miterlebt hat. »Die hier in Japan sind wie die Europameister von 1996 in England oder wie die Weltmeister von 1990. Und ganz anders als die Mannschaft 1998 in Frankreich oder 2000 in Holland. Da haben die Spieler gegessen, sind aufgestanden, auf ihr Zimmer gegangen, und du hast sie den ganzen Abend nicht mehr gesehen. Jetzt bleiben sie in Grüppchen sitzen, und ratschen bis zehn, elf Uhr abends.« Völler verzichtete auf einen Zapfenstreich und erlaubte sogar Bier und Rotwein.
Die Spieler standen auf dem Platz füreinander ein. Keiner war sich zu schade, sich für das Team aufzuopfern. So wie Carsten Ramelow, der mit einem Foul gegen Kamerun eine Torchance verhinderte, dafür noch vor der Pause Gelb/Rot sah. Die verbliebenen zehn Spieler kämpften auch für ihn, besiegten die Afrikaner 2:0 und zogen ins Achtelfinale ein.
Oder wie Michael Ballack. Auch er verhinderte mit einem taktischen Foul im Halbfinale gegen Südkorea den wahrscheinlichen Rückstand. Nach einem Fehler von Torsten Frings stoppte er Chun-Soo Lee, sah dafür Gelb. Es war seine zweite Gelbe Karte in der K.o.-Runde – das Endspiel fand ohne ihn statt. >

SCHÄFER BÄNDIGTE LÖWEN AUS KAMERUN

Drei Jahre in Kamerun: Winfried Schäfer

Winfried Schäfer war erst der zweite deutsche Trainer nach Sepp Piontek (mit Dänemark 1986), der bei einer Weltmeisterschaft eine ausländische Mannschaft betreute. 2001 übernahm er Kamerun, wurde prompt Afrikameister, führte sein Team in Südkorea und Japan aber nur auf Platz drei der Vorrundengruppe E. Im entscheidenden Spiel verlor Kamerun 0:2 gegen Deutschland. ***Schäfer blieb trotz des frühen Ausscheidens im Amt. Ein Kunststück im fußballverrückten Kamerun.*** *Vielleicht liegt es an der blonden Mähne des 1950 in Mayen geborenen Trainers, die perfekt zu den »unbezähmbaren Löwen« paßte. Vielleicht liegt es an seinem ziemlich undeutschen Temperament, das ihm in seiner Zeit beim Karlsruher SC Kultstatus einbrachte – er kam in Kamerun an. Nach den erfolgreichen Jahren in Karlsruhe waren bei weniger geglückten Bundesliga-Gastspielen in Stuttgart und Berlin schon Zweifel an Schäfers fachlichen Qualitäten aufgekommen. Schäfer, der sich zur Sichtung seiner über den Erdball verstreuten Spieler überall, nur nicht in Kamerun umsehen mußte, gab sich seriös. Den Französisch-Crashkurs verweigerte er, um nicht »wie Giovanni Trapattoni oder Lothar Matthäus als Parodie in der Stefan-Raab-Show« zu landen. Außerdem fand er heraus: »Die sprechen Englisch. Zum Teil alle.« Er wurde im November 2004 entlassen.*

Viertelfinale

DEUTSCHLAND – USA 1:0

21. Juni 2002, 20.30 Uhr Ortszeit, Ulsan Munsu Football Stadium

Schiedsrichter: *Dallas (Schottland).* ***Tor:*** *1:0 Ballack (39.).* ***Einwechslungen:*** *Jeremies für Schneider (59.), Bode für Neuville (80.), Bierhoff für Klose (88.) – Mathis für McBride (57.), Jones für Hejduk (64.), Stewart für Mastroeni (79.).* ***Gelbe Karten:*** *Kehl, Jeremies – Pope, Berhalter, Mastroeni, Lewis, Reyna.* ***Zuschauer:*** *37 337.*

Torsten Frings rettet für den geschlagenen Oliver Kahn mit der linken Hand auf der Linie. Schiedsrichter Dallas übersieht die Regelwidrigkeit

DAS SPIEL IST AUS *Michael Ballack ahnt in diesem Moment die ganze Dimension seines Fouls an Chun-Soo Lee, mit dem er eine Torchance des Südkoreaners verhinderte. Die Gelbe Karte von Schiedsrichter Urs Meier, Ballacks zweite in der K.o.-Runde, zieht ein Spiel Sperre nach sich. Das Finale muß er von der Tribüne aus verfolgen*

Halbfinale

DEUTSCHLAND – SÜDKOREA 1:0

25. Juni 2002, 20.30 Uhr Ortszeit, Seoul World Cup Stadium

Schiedsrichter: Meier (Schweiz). *Tor:* 1:0 Ballack (75.). *Einwechslungen:* Bierhoff für Klose (70.), Jeremies für Schneider (85.), Asamoah für Neuville (88.) – Ahn für Hwang (54.), Lee Min-sung für Choi Jin-cheul (56.), Seol für Hong (81.). *Gelbe Karten:* Ballack, Neuville – Lee Min-sung. *Zuschauer:* 65 256.

Marco Bode liegt quer in der Luft, versucht sich mit einem Fallrückzieher. Ohne Erfolg. Der Ball verfehlt Südkoreas Tor. Rechts: Choi Jin-cheul

ZWEI JAHRE SPÄTER DER RÜCKTRITT

Liebling der Fans: Rudi Völler. Er war fast vier Jahre deutscher Teamchef

Er wollte den Job gar nicht. Als reine Übergangslösung hatte Rudi Völler seine Berufung zum Teamchef der Nationalmannschaft im Herbst 2000 angesehen. Christoph Daum war sich mit dem DFB schon einig, doch Bayer Leverkusen wollte seinen Trainer erst im Sommer 2001 freistellen. ***Völler sprang ein und mußte ganz übernehmen, als Daum über seine Kokain-Sucht und sein aufgebautes Lügengebilde fiel.*** *Völler wurde zum – im wahrsten Sinne des Wortes – Glücksfall. Doch mit dem verlorenen Finale begann sein unaufhaltsamer Abstieg. Zwei Jahre war er noch Bundestrainer. Große Erfolge konnte er nicht mehr vorweisen. Seine Mannschaft stolperte sich gegen Gegner wie Schottland, Island, Litauen und die Färöer zur EM, zeigte kein überzeugendes Spiel. Völler reagierte dünnhäutig und rastete nach dem 0:0 in Island sogar aus. Im Fernsehstudio der ARD beschimpfte er Moderator Gerhard Delling, Gesprächspartner Waldemar Hartmann und den Experten Günter Netzer. Sein Wortschwall ging als »Scheißdreck-Rede« in die Annalen ein. Völler wollte seine Spieler schützen, doch die dankten es ihm nicht. Bei der EM in Portugal flog Deutschland nach der Vorrunde aus dem Turnier, Rudi Völler trat entnervt zurück.*

BIS ZUM FINALE NUR EIN GEGENTOR

> »Es gibt genügend Spieler, die machen das in so einer Situation nicht«, lobte Rudi Völler die Charakterstärke seines wichtigsten Spielers. »Diese Truppe hat bedingungslos zueinandergehalten.«

Vor allem im Defensivbereich. Obwohl Völler im Turnierverlauf dreimal die Startformation in der Abwehr veränderte, zwischen Dreier- und Viererkette wechselte und mit Christoph Metzelder einen 21jährigen mit kaum internationaler Erfahrung zum Stammspieler machte, kassierte Deutschland bis zum Finale nur ein Gegentor. Das hatte zuletzt Holland 1974 bei der WM in Deutschland geschafft.

»Wenn wir schlecht wären, warum gewinnen die anderen dann nicht gegen uns?« fragte Jeremies, genervt von der ständigen internationalen Kritik.

Daß neben dem alles überstrahlenden Torwart Oliver Kahn auch eine gehörige Portion Glück zur fast makellosen Defensiv-Bilanz führte, verschwieg Jeremies. Gerade gegen die USA im Viertelfinale: Ein halbes Dutzend Riesenchancen mußte Kahn vereiteln. Als selbst er geschlagen war, rettete Torsten Frings mit der Hand auf der Linie. Der Elfmeterpfiff von Schiedsrichter Hugh Dallas blieb aus.

»Bei uns waren Kahn und der Papst die besten Spieler«, scherzte Leverkusens Manager Reiner Calmund nachher über den Erfolg.

Erst im Finale gegen die favorisierten Brasilianer verließ Völler das Glück, das ihn seit seinem Amtsantritt im Herbst 2000 zwei Jahre lang begleitet hatte. Oliver Neuville traf nur den Pfosten, Kahn machte seinen einzigen Fehler des Turniers, Ronaldo erzielte zwei Tore und beendete damit alle Titelträume.

Deutschland war zum vierten Mal Vize-Weltmeister. Immerhin, die Weltpresse war versöhnt. Sie hätte dieser Mannschaft den Titel nicht gegönnt. »Es wäre unerträglich gewesen, einen deutschen Triumph neun Monate nach dem 5:1-Sieg zu sehen«, schrieb etwa der Daily Star aus England.

Doch wenigstens die starke Leistung im Finale wurde gewürdigt. »Unser Mitleid gilt dem deutschen Fußball, der nach einer couragierten Leistung verloren hat«, stand im Daily Telegraph. Und Sports Hochi aus Japan orakelte: »2006 wird Deutschland ganz oben stehen«.

Rudi Völler wußte nach all der Häme auch das plötzliche Lob richtig einzuschätzen. »Wir sind sicher nicht die Zweitbesten und auch nicht die Dritt- und Viertbesten, aber wir sind über uns hinausgewachsen«, sagte er.

»Bei so einem Turnier gewinnen nicht immer die Besten. Da gibt es viele Komponenten, mit denen kann nicht jede Mannschaft umgehen. Da können einzelne Spieler mit ihrem Ego Probleme machen.« In seinem Kollektiv gab es ein solches Ego nicht.

> *» Wir sind sicher nicht die Zweitbesten und auch nicht die Dritt- und Viertbesten*

Finale

BRASILIEN – DEUTSCHLAND 2:0

30. Juni 2002, 20 Uhr Ortszeit, International Stadium, Yokohama

Schiedsrichter: *Collina (Italien).* ***Tore:*** *1:0 Ronaldo (67.), 2:0 Ronaldo (79.).* ***Einwechslungen:*** *Juninho Paulista für Ronaldinho (85.), Denílson für Ronaldo (90.) – Bierhoff für Klose (74.), Asamoah für Jeremies (77.), Ziege für Bode (84.).* ***Gelbe Karten:*** *Roque Júnior – Klose.* ***Zuschauer:*** *69 029.*

Die beste Chance im Finale: Oliver Neuville trifft mit seinem Freistoß den Pfosten. Edmílson, Rivaldo und Ronaldinho (v. l.) bilden die Mauer

WM-KADER 2002

Teamchef Rudi Völler gönnte Stürmer Gerald Asamoah nur 16 Minuten Einsatzzeit im gesamten Turnier: eine Minute gegen Paraguay, zwei Minuten gegen Südkorea und 13 Minuten im Finale

NR.	NAME	GEBOREN	Einsatz gegen SAUDI-ARABIEN	IRLAND	KAMERUN	PARAGUAY	USA	SÜDKOREA	BRASILIEN	VEREIN
TOR										
23	Hans-Jörg Butt	28.05.1974	Bank	Bank	Bank	Bank	Bank	Bank	Bank	Bayer Leverkusen
1	Oliver Kahn	15.06.1969	90 Min.	90 Min.	90 Min.	90 Min.	90 Min.	90 Min.	90 Min.	Bayern München
12	Jens Lehmann	10.11.1969	Bank	Bank	Bank	Bank	Bank	Bank	Bank	Borussia Dortmund
ABWEHR										
4	Frank Baumann	29.10.1975	Bank	Bank	Bank	30 Min.	Bank	Bank	Bank	Werder Bremen
18	Jörg Böhme	22.01.1974	Bank	Bank	Bank	abgereist	abgereist	abgereist	abgereist	FC Schalke 04
15	Sebastian Kehl	13.02.1980	Bank	Bank	Bank	45 Min.	90 Min.	Bank	Bank	Borussia Dortmund
2	Thomas Linke	26.12.1969	90 Min./1 Tor	90 Min.	90 Min.	90 Min.	90 Min.	90 Min.	90 Min.	Bayern München
21	Christoph Metzelder	05.11.1980	90 Min.	90 Min.	90 Min.	60 Min.	90 Min.	90 Min.	90 Min.	Borussia Dortmund
3	Marko Rehmer	19.04.1972	Bank	Bank	Bank	45 Min.	Bank	Bank	Bank	Hertha BSC Berlin
6	Christian Ziege	01.12.1972	90 Min.	90 Min.	90 Min.	Bank	90 Min.	Bank	6 Min.	Tottenham Hotspur
MITTELFELD										
13	Michael Ballack	26.09.1976	90 Min./1 Tor	90 Min.	90 Min.	90 Min.	90 Min./1 Tor	90 Min./1 Tor	Tribüne	Bayer Leverkusen
22	Torsten Frings	22.11.1976	90 Min.	90 Min.	90 Min.	90 Min.	90 Min.	90 Min.	90 Min.	Werder Bremen
8	Dietmar Hamann	27.08.1973	90 Min.	90 Min.	90 Min.	Bank	90 Min.	90 Min.	90 Min.	FC Liverpool
16	Jens Jeremies	05.03.1974	45 Min.	1 Min.	10 Min.	90 Min.	30 Min.	5 Min.	77 Min.	Bayern München
5	Carsten Ramelow	20.03.1974	45 Min.	90 Min.	40 Min./R. Karte	Tribüne	Bank	90 Min.	90 Min.	Bayer Leverkusen
10	Lars Ricken	10.07.1976	Bank	Bank	Bank	Bank	Bank	Bank	Bank	Borussia Dortmund
19	Bernd Schneider	17.11.1973	90 Min./1 Tor	89 Min.	80 Min.	90 Min.	60 Min.	85 Min.	90 Min.	Bayer Leverkusen
ANGRIFF										
14	Gerald Asamoah	03.10.1978	Bank	Bank	Bank	1 Min.	Bank	2 Min.	13 Min.	FC Schalke 04
20	Oliver Bierhoff	01.05.1968	23 Min./1 Tor	15 Min.	Bank	Bank	2 Min.	20 Min.	16 Min.	AS Monaco
17	Marco Bode	23.07.1969	Bank	5 Min.	45 Min./1 Tor	90 Min.	11 Min.	90 Min.	84 Min.	Werder Bremen
9	Carsten Jancker	28.08.1974	67 Min./1 Tor	75 Min.	45 Min.	Bank	Bank	Bank	Bank	Bayern München
11	Miroslav Klose	09.06.1978	77 Min./3 Tore	85 Min./1 Tor	84 Min./1 Tor	90 Min.	88 Min.	70 Min.	74 Min.	1. FC Kaiserslautern
7	Oliver Neuville	01.05.1973	13 Min.	Bank	6 Min.	89 Min./1 Tor	79 Min.	88 Min.	90 Min.	Bayer Leverkusen

VÖLLER AM SCHEITELPUNKT DER KARRIERE

Der größte und glücklichste Moment in der Karriere des Teamchefs Rudi Völler: Nach dem Schlußpfiff des Spiels gegen Südkorea feiern Völler (im blauen Oberhemd) und die deutschen Ersatzspieler den Einzug ins Endspiel. Bundestorwarttrainer Sepp Maier (rechts) hält den historischen Augenblick mit einer Videokamera fest

llgower·Asamoah·Bauer·Blochwitz·C
und·Gaudino·Hahnemann·Herget·H
s·Laband·Manglitz·Metzner·Nowak·C
n·Schmaus·Skoumal·Streich·Strunz·

WM-VIERTELFINALE 1998 *Der Kroate Zvonimir Boban (l.) drängt Ulf Kirsten im Zweikampf ab. Eine symptomatische Szene: Die deutschen Spieler laufen Ball und Geschehen nach dem 0:1-Rückstand in der 45. Minute hinterher und verlieren 0:3. Das Aus bei der WM in Frankreich*

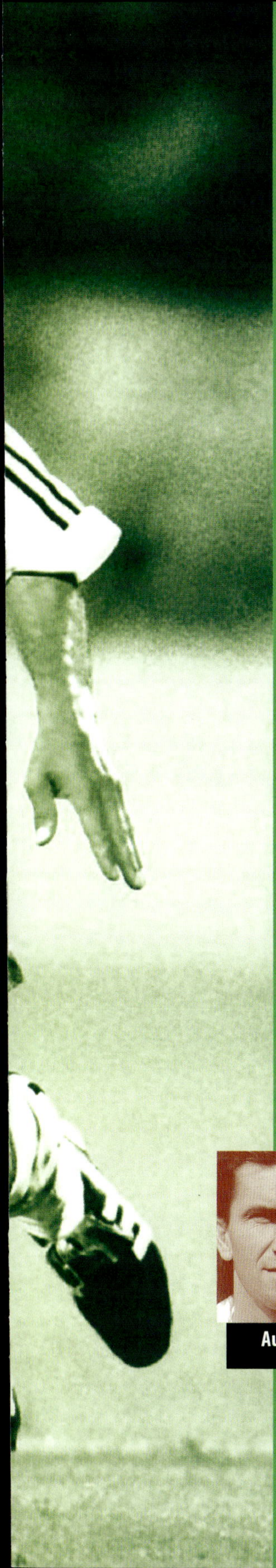

Kapitel 3

ALLE DEUTSCHEN WM-SPIELER

Von A bis Z, von Rüdiger Abramczik bis Herbert Zimmermann. Von Stanislaus Kobierski, dem ersten deutschen WM-Torschützen, bis Michael Ballack, dem vorerst letzten. Von Rudolf Raftl, der für Österreich und Deutschland nominiert war, bis Joachim Streich, der für die DDR zwei Tore erzielte. Alle 249 deutschen WM-Spieler

Augenthaler
Seite_210

Bonhof
Seite_211

Grabowski
Seite_214

Liebrich
Seite_220

Reuter
Seite_223

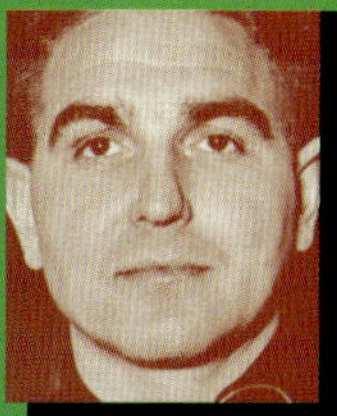

Turek
Seite_226

WM-FINALE 2002 *Mit einem gewagten Sprung versucht Ronaldo, den Ball im Tor von Oliver Kahn unterzubringen. Noch scheitert er. In der zweiten Halbzeit erzielt der Weltklassestürmer aus Brasilien beide Tore zum 2:0-Erfolg. Mitte: Thomas Linke*

KAHN
1

ALLE 249 DEUTSCHEN DER WM-GESCHICHTE VON A BIS Z

Von Rekordspieler Lothar Matthäus, der bei fünf Turnieren 25mal spielte, bis Herbert Zimmermann, der 1978 zwei Nullnummern erlebte.

RÜDIGER ABRAMCZIK

Geboren am 18. Februar 1956
3 WM-Spiele
Nationalmannschaftskarriere gesamt:
19 Länderspiele von 1977 – 1979.
Verein bei WM: Schalke 04.

Jahr	Gegner	Ergebnis	Einsatzzeit	Tore	bes. Vorkommnisse
1978	Polen	0:0	90 Min	0	
1978	Holland	2:2	90 Min	1	
1978	Österreich	2:3	90 Min	0	Gelbe Karte

ERNST ALBRECHT

Geboren am 12. November 1907,
gestorben am 26. März 1976
0 WM-Spiele
Nationalmannschaftskarriere gesamt: 17 Länderspiele von 1928 – 1934. Verein bei WM 1934: Fortuna Düsseldorf.

KARL ALLGÖWER

Geboren am 5. Januar 1957
0 WM-Spiele
Nationalmannschaftskarriere gesamt:
10 Länderspiele von 1980 – 1986.
Verein bei WM 1986: VfB Stuttgart.

KLAUS ALLOFS

Geboren am 5. Dezember 1956
7 WM-Spiele
Nationalmannschaftskarriere gesamt:
56 Länderspiele von 1978 – 1988.
Verein bei WM: 1. FC Köln.

Jahr	Gegner	Ergebnis	Einsatzzeit	Tore	bes. Vorkommnisse
1986	Uruguay	1:1	90 Min	1	
1986	Schottland	2:1	90 Min	1	
1986	Dänemark	0:2	90 Min	0	
1986	Marokko	1:0	90 Min	0	
1986	Mexiko	4:1 n.E.	120 Min	0	Gelbe Karte/Elfer verwand.
1986	Frankreich	2:0	90 Min	0	
1986	Argentinien	2:3	45 Min	0	

THOMAS ALLOFS

Geboren am 17. November 1959
0 WM-Spiele
Nationalmannschaftskarriere gesamt:
2 Länderspiele von 1985 – 1988.
Verein bei WM 1982: Fortuna Düsseldorf.

GERALD ASAMOAH

Geboren am 3. Oktober 1978
3 WM-Spiele
Nationalmannschaftskarriere gesamt:
38 Länderspiele von 2001 – 1. April 2006.
Verein bei WM: FC Schalke 04.

Jahr	Gegner	Ergebnis	Einsatzzeit	Tore	bes. Vorkommnisse
2002	Paraguay	1:0	1 Min	0	
2002	Südkorea	1:0	2 Min	0	
2002	Brasilien	0:2	13 Min	0	

KLAUS AUGENTHALER

Geboren am 26. September 1957
9 WM-Spiele
Nationalmannschaftskarriere gesamt:
27 Länderspiele von 1983 – 1990.
Verein bei WM 1986, 1990: Bayern München.

Jahr	Gegner	Ergebnis	Einsatzzeit	Tore	bes. Vorkommnisse
1986	Uruguay	1:1	90 Min	0	
1986	Schottland	2:1	90 Min	0	
1990	Jugoslawien	4:1	90 Min	0	
1990	Ver. Arab. Emirate	5:1	90 Min	0	
1990	Kolumbien	1:1	90 Min	0	
1990	Holland	2:1	90 Min	0	
1990	Tschechoslowakei	1:0	90 Min	0	
1990	England	5:4 n.E.	120 Min	0	
1990	Argentinien	1:0	90 Min	0	

RAIMOND AUMANN

Geboren am 12. Oktober 1963
0 WM-Spiele
Nationalmannschaftskarriere gesamt:
4 Länderspiele von 1989 – 1990.
Verein bei WM 1990: Bayern München.

MARKUS BABBEL

Geboren am 8. September 1972
2 WM-Spiele
Nationalmannschaftskarriere gesamt:
51 Länderspiele von 1995 – 2000.
Verein bei WM: Bayern München.

Jahr	Gegner	Ergebnis	Einsatzzeit	Tore	bes. Vorkommnisse
1998	USA	2:0	2 Min	0	
1998	Mexiko	2:1	90 Min	0	Gelbe Karte

MICHAEL BALLACK

Geboren am 26. September 1976
6 WM-Spiele
Nationalmannschaftskarriere gesamt:
63 Länderspiele von 1999 – 1. April 2006.
Verein bei WM: Bayer Leverkusen.

Jahr	Gegner	Ergebnis	Einsatzzeit	Tore	bes. Vorkommnisse
2002	Saudi-Arabien	8:0	90 Min	1	
2002	Irland	1:1	90 Min	0	
2002	Kamerun	2:0	90 Min	0	Gelbe Karte
2002	Paraguay	1:0	90 Min	0	Gelbe Karte
2002	USA	1:0	90 Min	1	
2002	Südkorea	1:0	90 Min	1	Gelbe Karte

MARIO BASLER

Geboren am 18. Dezember 1968
1 WM-Spiel
Nationalmannschaftskarriere gesamt:
30 Länderspiele von 1994 – 1998.
Verein bei WM: Werder Bremen.

Jahr	Gegner	Ergebnis	Einsatzzeit	Tore	bes. Vorkommnisse
1994	Bolivien	1:0	30 Min	0	

HANS BAUER

Geboren am 28. Juli 1927,
gestorben am 31. Oktober 1997
2 WM-Spiele
Nationalmannschaftskarriere gesamt: 5 Länderspiele von 1951 – 1958. Verein bei WM: Bayern München.

Jahr	Gegner	Ergebnis	Einsatzzeit	Tore	bes. Vorkommnisse
1954	Ungarn	3:8	90 Min	0	
1954	Türkei	7:2	90 Min	0	

FRANK BAUMANN

Geboren am 29. Oktober 1975
1 WM-Spiel
Nationalmannschaftskarriere gesamt:
28 Länderspiele von 1999 – 1. April 2006.
Verein bei WM: Werder Bremen.

Jahr	Gegner	Ergebnis	Einsatzzeit	Tore	bes. Vorkommnisse
2002	Paraguay	1:0	30 Min	0	Gelbe Karte

FRANZ BECKENBAUER

Geboren am 11. September 1945
18 WM-Spiele
Nationalmannschaftskarriere gesamt:
103 Länderspiele von 1965 – 1977.
Verein bei WM 1966 – 1974: Bayern München.

Jahr Gegner	Ergebnis	Einsatzzeit	Tore	bes. Vorkommnisse
1966 Schweiz	5:0	90 Min	2	
1966 Argentinien	0:0	90 Min	0	
1966 Spanien	2:1	90 Min	0	
1966 Uruguay	4:0	90 Min	1	
1966 Sowjetunion	2:1	90 Min	1	
1966 England	2:4 n.V.	120 Min	0	
1970 Marokko	2:1	90 Min	0	
1970 Bulgarien	5:2	72 Min	0	
1970 Peru	3:1	90 Min	0	
1970 England	3:2 n.V.	120 Min	1	
1970 Italien	3:4 n.V.	120 Min	0	Verletzung an der Schulter
1974 Chile	1:0	90 Min	0	
1974 Australien	3:0	90 Min	0	
1974 DDR	0:1	90 Min	0	
1974 Jugoslawien	2:0	90 Min	0	
1974 Schweden	4:2	90 Min	0	
1974 Polen	1:0	90 Min	0	
1974 Holland	2:1	90 Min	0	

ERICH BEER

Geboren am 9. Dezember 1946
4 WM-Spiele
Nationalmannschaftskarriere gesamt:
24 Länderspiele von 1975 – 1978.
Verein bei WM: Hertha BSC.

Jahr Gegner	Ergebnis	Einsatzzeit	Tore	bes. Vorkommnisse
1978 Polen	0:0	90 Min	0	
1978 Italien	0:0	21 Min	0	
1978 Holland	2:2	90 Min	0	
1978 Österreich	2:3	45 Min	0	

UWE BEIN

Geboren am 26. September 1960
4 WM-Spiele
Nationalmannschaftskarriere gesamt:
17 Länderspiele von 1989 – 1993.
Verein bei WM: Eintracht Frankfurt.

Jahr Gegner	Ergebnis	Einsatzzeit	Tore	bes. Vorkommnisse
1990 Jugoslawien	4:1	74 Min	0	
1990 Ver. Arab. Emirate	5:1	90 Min	1	
1990 Kolumbien	1:1	45 Min	0	
1990 Tschechoslowakei	1:0	83 Min	0	

JAKOB BENDER

Geboren am 23. März 1910,
gestorben am 8. Februar 1981
2 WM-Spiele
Nationalmannschaftskarriere gesamt: 9 Länderspiele von 1933 – 1935. Verein bei WM: Fortuna Düsseldorf.

Jahr Gegner	Ergebnis	Einsatzzeit	Tore	bes. Vorkommnisse
1934 Tschechoslowakei	1:3	90 Min	0	
1934 Österreich	3:2	90 Min	0	

GÜNTER BERNARD

Geboren am 4. November 1939
0 WM-Spiele
Nationalmannschaftskarriere gesamt:
5 Länderspiele von 1962 – 1966.
Verein bei WM 1966: Werder Bremen.

THOMAS BERTHOLD

Geboren am 12. November 1964
18 WM-Spiele
Nationalmannschaftskarriere gesamt:
62 Länderspiele von 1985 – 1994. Vereine bei WM: 1986 Eintracht Frankfurt, 1990 AS Rom, 1994 VfB Stuttgart.

Jahr Gegner	Ergebnis	Einsatzzeit	Tore	bes. Vorkommnisse
1986 Uruguay	1:1	90 Min	0	
1986 Schottland	2:1	90 Min	0	
1986 Dänemark	0:2	90 Min	0	
1986 Marokko	1:0	90 Min	0	
1986 Mexiko	4:1 n.E.	64 Min	0	Rote Karte wg. Tätlichkeit
1986 Argentinien	2:3	90 Min	0	
1990 Jugoslawien	4:1	90 Min	0	
1990 Ver. Arab. Emirate	5:1	45 Min	0	
1990 Kolumbien	1:1	90 Min	0	Gelbe Karte
1990 Holland	2:1	90 Min	0	
1990 Tschechoslowakei	1:0	90 Min	0	
1990 England	5:4 n.E.	120 Min	0	
1990 Argentinien	1:0	90 Min	0	
1994 Bolivien	1:0	90 Min	0	
1994 Spanien	1:1	90 Min	0	
1994 Südkorea	3:2	90 Min	0	
1994 Belgien	3:2	90 Min	0	
1994 Bulgarien	1:2	90 Min	0	

OLIVER BIERHOFF

Geboren am 1. Mai 1968
10 WM-Spiele
Nationalmannschaftskarriere gesamt:
70 Länderspiele von 1996 – 2002.
Vereine bei WM: 1998 Udinese, 2002 AS Monaco.

Jahr Gegner	Ergebnis	Einsatzzeit	Tore	bes. Vorkommnisse
1998 USA	2:0	90 Min	0	
1998 Jugoslawien	2:2	90 Min	1	
1998 Iran	2:0	90 Min	1	
1998 Mexiko	2:1	90 Min	1	
1998 Kroatien	0:3	90 Min	0	
2002 Saudi-Arabien	8:0	23 Min	1	
2002 Irland	1:1	15 Min	0	
2002 USA	1:0	2 Min	0	
2002 Südkorea	1:0	20 Min	0	
2002 Brasilien	0:2	16 Min	0	

ULRICH BIESINGER

Geboren am 6. August 1933
0 WM-Spiele
Nationalmannschaftskarriere gesamt:
7 Länderspiele von 1954 – 1958.
Verein bei WM 1954: BC Augsburg.

WOLFGANG BLOCHWITZ

Geboren am 8. Februar 1941, gestorben am 8. Mai 2005
0 WM-Spiele für die DDR
Nationalmannschaftskarriere gesamt für die DDR:
19 Länderspiele von 1966 – 1974.
Verein bei WM 1974: Carl Zeiss Jena.

MARCO BODE

Geboren am 23. Juli 1969
6 WM-Spiele
Nationalmannschaftskarriere gesamt:
40 Länderspiele von 1995 – 2002.
Verein bei WM: Werder Bremen.

Jahr Gegner	Ergebnis	Einsatzzeit	Tore	bes. Vorkommnisse
2002 Irland	1:1	5 Min	0	
2002 Kamerun	2:0	45 Min	1	
2002 Paraguay	1:0	90 Min	1	
2002 USA	1:0	10 Min	0	
2002 Südkorea	1:0	90 Min	0	
2002 Brasilien	0:2	84 Min	0	

JÖRG BÖHME

Geboren am 22. Januar 1974
0 WM-Spiele
Nationalmannschaftskarriere gesamt:
10 Länderspiele von 2001 – 2003.
Verein bei WM 2002: FC Schalke 04.

RAINER BONHOF

Geboren am 29. März 1952
10 WM-Spiele
Nationalmannschaftskarriere gesamt:
53 Länderspiele von 1972 – 1981.
Verein bei WM 1974, 1978: Borussia Mönchengladbach.

Jahr Gegner	Ergebnis	Einsatzzeit	Tore	bes. Vorkommnisse
1974 Jugoslawien	2:0	90 Min	0	
1974 Schweden	4:2	90 Min	1	
1974 Polen	1:0	90 Min	0	
1974 Holland	2:1	90 Min	0	
1978 Polen	0:0	90 Min	0	
1978 Mexiko	6:0	90 Min	0	Gelbe Karte
1978 Tunesien	0:0	90 Min	0	
1978 Italien	0:0	90 Min	0	
1978 Holland	2:2	90 Min	0	
1978 Österreich	2:3	90 Min	0	

BERND BRANSCH

Geboren am 24. September 1944
6 WM-Spiele für die DDR
Nationalmannschaftskarriere gesamt:
72 Länderspiele von 1967 – 1976.
Verein bei WM: Carl Zeiss Jena.

Jahr Gegner	Ergebnis	Einsatzzeit	Tore	bes. Vorkommnisse
1974 Australien	2:0	90 Min	0	
1974 Chile	1:1	90 Min	0	
1974 BR Deutschland	1:0	90 Min	0	
1974 Brasilien	0:1	90 Min	0	
1974 Holland	0:2	90 Min	0	
1974 Argentinien	1:1	90 Min	0	

ANDREAS BREHME

Geboren am 9. November 1960
16 WM-Spiele
Nationalmannschaftskarriere gesamt: 86 Länderspiele von 1984 – 1994. Vereine bei WM: 1986, 1994 1. FC Kaiserslautern, 1990 Inter Mailand.

Jahr Gegner	Ergebnis	Einsatzzeit	Tore	bes. Vorkommnisse
1986 Uruguay	1:1	45 Min	0	
1986 Dänemark	0:2	90 Min	0	
1986 Mexiko	4:1 n.E.	120 Min	0	Elfmeter verwandelt
1986 Frankreich	2:0	90 Min	1	
1986 Argentinien	2:3	90 Min	0	Gelbe Karte
1990 Jugoslawien	4:1	90 Min	0	Gelbe Karte
1990 Ver. Arab. Emirate	5:1	90 Min	0	Gelbe Karte
1990 Holland	2:1	90 Min	1	
1990 Tschechoslowakei	1:0	90 Min	0	
1990 England	5:4 n.E.	120 Min	1	Gelbe Karte/Elfer verwand.
1990 Argentinien	1:0	90 Min	1	Gelbe Karte
1994 Bolivien	1:0	90 Min	0	
1994 Spanien	1:1	90 Min	0	
1994 Südkorea	3:2	90 Min	0	Gelbe Karte
1994 Belgien	3:2	45 Min	0	
1994 Bulgarien	1:2	8 Min	0	

PAUL BREITNER

Geboren am 5. September 1951
14 WM-Spiele
Nationalmannschaftskarriere gesamt:
48 Länderspiele von 1971 – 1982.
Vereine bei WM: 1974, 1982 Bayern München.

Jahr Gegner	Ergebnis	Einsatzzeit	Tore	bes. Vorkommnisse
1974 Chile	1:0	90 Min	1	
1974 Australien	3:0	90 Min	0	
1974 DDR	0:1	90 Min	0	
1974 Jugoslawien	2:0	90 Min	1	
1974 Schweden	4:2	90 Min	0	
1974 Polen	1:0	90 Min	0	
1974 Holland	2:1	90 Min	1	
1982 Algerien	1:2	90 Min	0	
1982 Chile	4:1	61 Min	0	
1982 Österreich	1:0	90 Min	0	
1982 England	0:0	90 Min	0	
1982 Spanien	2:1	90 Min	0	
1982 Frankreich	8:7 n.E.	120 Min	0	Elfmeter verwandelt
1982 Italien	1:3	90 Min	1	

HANS-PETER BRIEGEL

Geboren am 11. Oktober 1955
13 WM-Spiele
Nationalmannschaftskarriere gesamt: 72 Länderspiele von 1979 – 1986. Vereine bei WM: 1982 1. FC Kaiserslautern, 1986 Hellas Verona.

Jahr Gegner	Ergebnis	Einsatzzeit	Tore	bes. Vorkommnisse
1982 Algerien	1:2	90 Min	0	
1982 Chile	4:1	90 Min	0	
1982 Österreich	1:0	90 Min	0	
1982 England	0:0	90 Min	0	
1982 Spanien	2:1	90 Min	0	Gelbe Karte
1982 Frankreich	8:7 n.E.	96 Min	0	
1982 Italien	1:3	90 Min	0	
1986 Uruguay	1:1	90 Min	0	
1986 Schottland	2:1	63 Min	0	
1986 Marokko	1:0	90 Min	0	
1986 Mexiko	4:1 n.E.	120 Min	0	
1986 Frankreich	2:0	90 Min	0	
1986 Argentinien	2:3	90 Min	0	Gelbe Karte

* Bei Torhütern Gegentore
Anmerkung: Länderspiele bis einschließlich 1. April 2006

Jürgen Croy fängt den Ball vor dem heranstürmenden Gerd Müller (Nr. 13) ab. Im einzigen deutsch-deutschen Duell der WM-Geschichte siegten die Ostdeutschen durch einen Treffer von Jürgen Sparwasser mit 1:0. Der Torhüter aus Zwickau stand in allen sechs WM-Begegnungen der DDR im Tor und zeigte starke Leistungen

ALBERT BRÜLLS

Geboren am 26. März 1937, gestorben am 27. März 2004
6 WM-Spiele
Nationalmannschaftskarriere gesamt: 25 Länderspiele von 1959 – 1966. Vereine bei WM: 1962 Borussia Mönchengladbach, 1966 AC Brescia.

Jahr	Gegner	Ergebnis	Einsatzzeit	Tore	bes. Vorkommnisse
1962	Italien	0:0	90 Min	0	
1962	Schweiz	2:1	90 Min	1	
1962	Chile	2:0	90 Min	0	
1962	Jugoslawien	0:1	90 Min	0	
1966	Schweiz	5:0	90 Min	0	
1966	Argentinien	0:0	90 Min	0	

FRITZ BUCHLOH

Geboren am 26. November 1909, gestorben am 22. Juli 1998
0 WM-Spiele. Nationalmannschaftskarriere gesamt: 17 Länderspiele von 1932 – 1936. Vereine bei WM: 1934 VfB Speldorf, 1938 Hertha BSC.

GUIDO BUCHWALD

Geboren am 24. Januar 1961
10 WM-Spiele
Nationalmannschaftskarriere gesamt: 76 Länderspiele von 1984 – 1994.
Verein bei WM 1990, 1994: VfB Stuttgart.

Jahr	Gegner	Ergebnis	Einsatzzeit	Tore	bes. Vorkommnisse
1990	Jugoslawien	4:1	90 Min	0	
1990	Ver. Arab. Emirate	5:1	90 Min	0	
1990	Kolumbien	1:1	90 Min	0	
1990	Holland	2:1	90 Min	0	
1990	Tschechoslowakei	1:0	90 Min	0	
1990	England	5:4 n.E.	120 Min	0	
1990	Argentinien	1:0	90 Min	0	
1994	Südkorea	3:2	78 Min	0	
1994	Belgien	3:2	123 Min	0	
1994	Bulgarien	1:2	78 Min	0	

DIETER BURDENSKI

Geboren am 26. November 1950
0 WM-Spiele
Nationalmannschaftskarriere gesamt: 12 Länderspiele von 1977 – 1984.
Verein bei WM 1978: Werder Bremen.

WILLY BUSCH

Geboren am 4. Januar 1907, gestorben 1982
3 WM-Spiele
Nationalmannschaftskarriere gesamt: 13 Länderspiele von 1933 – 1936.
Verein bei WM: TuS Duisburg 99.

Jahr	Gegner	Ergebnis	Einsatzzeit	Tore	bes. Vorkommnisse
1934	Schweden	2:1	90 Min	0	
1934	Tschechoslowakei	1:3	90 Min	0	
1934	Österreich	3:2	90 Min	0	

HANS-JÖRG BUTT

Geboren am 28. Mai 1974
0 WM-Spiele
Nationalmannschaftskarriere gesamt: 3 Länderspiele 2000 – 2003.
Verein bei WM 2002: Bayer Leverkusen.

HANS CIESLARCZYK

Geboren am 3. Mai 1937
2 WM-Spiele
Nationalmannschaftskarriere gesamt: 7 Länderspiele von 1957 – 1958.
Verein bei WM: SV Sodingen.

Jahr	Gegner	Ergebnis	Einsatzzeit	Tore	bes. Vorkommnisse
1958	Schweden	1:3	90 Min	0	
1958	Frankreich	3:6	90 Min	1	

JÜRGEN CROY

Geboren am 19. Oktober 1946
6 WM-Spiele für die DDR
Nationalmannschaftskarriere gesamt:
94 Länderspiele von 1967 – 1981.
Verein bei WM: BSG Sachsenring Zwickau.

Jahr	Gegner	Ergebnis	Einsatzzeit	Tore*	bes. Vorkommnisse
1974	Australien	2:0	90 Min	0	
1974	Chile	1:1	90 Min	1	
1974	BR Deutschland	1:0	90 Min	0	Gelbe Karte
1974	Brasilien	0:1	90 Min	1	
1974	Holland	0:2	90 Min	2	
1974	Argentinien	1:1	90 Min	1	

EDMUND CONEN

Geboren am 10. November 1914,
gestorben am 5. März 1990
4 WM-Spiele
Nationalmannschaftskarriere gesamt: 28 Länderspiele
von 1934 – 1942. Verein bei WM: FV Saarbrücken.

Jahr	Gegner	Ergebnis	Einsatzzeit	Tore	bes. Vorkommnisse
1934	Belgien	5:2	90 Min	3	
1934	Schweden	2:1	90 Min	0	
1934	Tschechoslowakei	1:3	90 Min	0	
1934	Österreich	3:2	90 Min	1	

BERND CULLMANN

Geboren am 1. November 1949
3 WM-Spiele
Nationalmannschaftskarriere gesamt:
40 Länderspiele von 1973 – 1980.
Verein bei WM 1974, 1978: 1. FC Köln.

Jahr	Gegner	Ergebnis	Einsatzzeit	Tore	bes. Vorkommnisse
1974	Chile	1:0	90 Min	0	
1974	Australien	3:0	68 Min	1	
1974	DDR	0:1	90 Min	0	

FRANZ DIENERT

0 WM-Spiele
Nationalmannschaftskarriere gesamt:
0 Länderspiele.
Verein bei WM 1934: VfB Mühlburg.

PETER DIETRICH

Geboren am 6. März 1944
0 WM-Spiele
Nationalmannschaftskarriere gesamt:
1 Länderspiel 1970.
Verein bei WM 1970: Borussia Mönchengladbach.

BERNARD DIETZ

Geboren am 22. März 1948
5 WM-Spiele
Nationalmannschaftskarriere gesamt:
53 Länderspiele von 1974 – 1981.
Verein bei WM: MSV Duisburg.

Jahr	Gegner	Ergebnis	Einsatzzeit	Tore	bes. Vorkommnisse
1978	Mexiko	6:0	90 Min	0	
1978	Tunesien	0:0	90 Min	0	
1978	Italien	0:0	90 Min	0	
1978	Holland	2:2	90 Min	0	
1978	Österreich	2:3	90 Min	0	

WOLFGANG DREMMLER

Geboren am 12. Juli 1954
7 WM-Spiele
Nationalmannschaftskarriere gesamt:
27 Länderspiele von 1981 – 1984.
Verein bei WM: Bayern München.

Jahr	Gegner	Ergebnis	Einsatzzeit	Tore	bes. Vorkommnisse
1982	Algerien	1:2	90 Min	0	
1982	Chile	4:1	90 Min	0	
1982	Österreich	1:0	90 Min	0	
1982	England	0:0	90 Min	0	
1982	Spanien	2:1	90 Min	0	
1982	Frankreich	8:7 n.E.	120 Min	0	
1982	Italien	1:3	90 Min	0	Gelbe Karte

PETER DUCKE

Geboren am 14. Oktober 1941
3 WM-Spiele
Nationalmannschaftskarriere gesamt:
68 Länderspiele von 1960 – 1975.
Verein bei WM: Carl Zeiss Jena.

Jahr	Gegner	Ergebnis	Einsatzzeit	Tore	bes. Vorkommnisse
1974	Chile	1:1	61 Min	0	
1974	Holland	0:2	35 Min	0	
1974	Argentinien	1:1	9 Min	0	

HORST ECKEL

Geboren am 8. Februar 1932
10 WM-Spiele
Nationalmannschaftskarriere gesamt:
32 Länderspiele von 1952 – 1958.
Verein bei WM 1954, 1958: 1.FC Kaiserslautern.

Jahr	Gegner	Ergebnis	Einsatzzeit	Tore	bes. Vorkommnisse
1954	Türkei	4:1	90 Min	0	
1954	Ungarn	3:8	90 Min	0	
1954	Türkei	7:2	90 Min	0	
1954	Jugoslawien	2:0	90 Min	0	
1954	Österreich	6:1	90 Min	0	
1954	Ungarn	3:2	90 Min	0	
1958	Argentinien	3:1	90 Min	0	
1958	Nordirland	2:2	90 Min	0	
1958	Jugoslawien	1:0	90 Min	0	
1958	Schweden	1:3	90 Min	0	

NORBERT EDER

Geboren am 7. November 1955
7 WM-Spiele
Nationalmannschaftskarriere gesamt:
9 Länderspiele 1986.
Verein bei WM: Bayern München.

Jahr	Gegner	Ergebnis	Einsatzzeit	Tore	bes. Vorkommnisse
1986	Uruguay	1:1	90 Min	0	
1986	Schottland	2:1	90 Min	0	
1986	Dänemark	0:2	90 Min	0	Gelbe Karte
1986	Marokko	1:0	90 Min	0	
1986	Mexiko	4:1 n.E.	120 Min	0	
1986	Frankreich	2:0	90 Min	0	
1986	Argentinien	2:3	90 Min	0	

STEFAN EFFENBERG

Geboren am 2. August 1968
3 WM-Spiele
Nationalmannschaftskarriere gesamt:
35 Länderspiele von 1991 – 1998.
Verein bei WM: AC Florenz.

Jahr	Gegner	Ergebnis	Einsatzzeit	Tore	bes. Vorkommnisse
1994	Bolivien	1:0	90 Min	0	
1994	Spanien	1:1	90 Min	0	Gelbe Karte
1994	Südkorea	3:2	75 Min	0	Gelb, Stinkefinger-Affäre

LOTHAR EMMERICH

Geboren am 29. November 1941,
gestorben am 13. August 2003
4 WM-Spiele
Nationalmannschaftskarriere gesamt: 5 Länderspiele
1966. Verein bei WM: Borussia Dortmund.

Jahr	Gegner	Ergebnis	Einsatzzeit	Tore	bes. Vorkommnisse
1966	Spanien	2:1	90 Min	1	
1966	Uruguay	4:0	90 Min	0	
1966	Sowjetunion	2:1	90 Min	0	
1966	England	2:4 n.V.	120 Min	0	

STEPHAN ENGELS

Geboren am 6. September 1960
0 WM-Spiele
Nationalmannschaftskarriere gesamt:
8 Länderspiele von 1982 – 1983.
Verein bei WM 1982: 1. FC Köln.

HERBERT ERHARDT

Geboren am 6. Juli 1930
10 WM-Spiele
Nationalmannschaftskarriere gesamt:
50 Länderspiele von 1953 – 1962.
Verein bei WM 1954 –1962: SpVgg. Fürth.

Jahr	Gegner	Ergebnis	Einsatzzeit	Tore	bes. Vorkommnisse
1958	Argentinien	3:1	90 Min	0	
1958	Tschechoslowakei	2:2	90 Min	0	
1958	Nordirland	2:2	90 Min	0	
1958	Jugoslawien	1:0	90 Min	0	
1958	Schweden	1:3	90 Min	0	
1958	Frankreich	3:6	90 Min	0	
1962	Italien	0:0	90 Min	0	
1962	Schweiz	2:1	90 Min	0	
1962	Chile	2:0	90 Min	0	
1962	Jugoslawien	0:1	90 Min	0	

WOLFGANG FAHRIAN

Geboren am 31. Mai 1941
4 WM-Spiele
Nationalmannschaftskarriere gesamt:
10 Länderspiele von 1962 – 1964.
Verein bei WM: TSG 1846 Ulm.

Jahr	Gegner	Ergebnis	Einsatzzeit	Tore*	bes. Vorkommnisse
1962	Italien	0:0	90 Min	0	
1962	Schweiz	2:1	90 Min	1	
1962	Chile	2:0	90 Min	0	
1962	Jugoslawien	0:1	90 Min	1	

KLAUS FICHTEL

Geboren am 19. November 1944
5 WM-Spiele
Nationalmannschaftskarriere gesamt:
23 Länderspiele von 1967 – 1971.
Verein bei WM: FC Schalke 04.

Jahr	Gegner	Ergebnis	Einsatzzeit	Tore	bes. Vorkommnisse
1970	Marokko	2:1	90 Min	0	
1970	Bulgarien	5:2	90 Min	0	
1970	Peru	3:1	90 Min	0	
1970	England	3:2 n.V.	120 Min	0	
1970	Uruguay	1:0	90 Min	0	

KLAUS FISCHER

Geboren am 27. Dezember 1949
11 WM-Spiele
Nationalmannschaftskarriere gesamt:
45 Länderspiele von 1977 – 1982.
Vereine bei WM: 1978 FC Schalke 04, 1982 1. FC Köln.

Jahr	Gegner	Ergebnis	Einsatzzeit	Tore	bes. Vorkommnisse
1978	Polen	0:0	90 Min	0	
1978	Mexiko	6:0	90 Min	0	
1978	Tunesien	0:0	90 Min	0	
1978	Italien	0:0	90 Min	0	
1978	Österreich	2:3	30 Min	0	
1982	Algerien	1:2	6 Min	0	
1982	Österreich	1:0	21 Min	0	
1982	England	0:0	16 Min	0	
1982	Spanien	2:1	90 Min	1	Gelbe Karte
1982	Frankreich	8:7 n.E.	120 Min	1	
1982	Italien	1:3	90 Min	0	

HEINZ FLOHE

Geboren am 28. Januar 1948
7 WM-Spiele
Nationalmannschaftskarriere gesamt:
39 Länderspiele von 1970 – 1978.
Verein bei WM 1974, 1978: 1. FC Köln.

Jahr	Gegner	Ergebnis	Einsatzzeit	Tore	bes. Vorkommnisse
1974	DDR	0:1	90 Min	0	
1974	Jugoslawien	2:0	11 Min	0	
1974	Schweden	4:2	7 Min	0	
1978	Polen	0:0	90 Min	0	
1978	Mexiko	6:0	90 Min	2	
1978	Tunesien	0:0	90 Min	0	
1978	Italien	0:0	69 Min	0	

BERND FÖRSTER

Geboren am 3. Mai 1956
4 WM-Spiele
Nationalmannschaftskarriere gesamt:
33 Länderspiele von 1979 – 1984.
Verein bei WM: VfB Stuttgart.

Jahr	Gegner	Ergebnis	Einsatzzeit	Tore	bes. Vorkommnisse
1982	England	0:0	90 Min	0	
1982	Spanien	2:1	90 Min	0	
1982	Frankreich	8:7 n.E.	120 Min	0	Gelbe Karte
1982	Italien	1:3	90 Min	0	

* Bei Torhütern Gegentore

KARLHEINZ FÖRSTER

Geboren am 25. Juli 1958
14 WM-Spiele
Nationalmannschaftskarriere gesamt:
81 Länderspiele von 1978 – 1986.
Verein bei WM 1982, 1986: VfB Stuttgart.

Jahr	Gegner	Ergebnis	Einsatzzeit	Tore	bes. Vorkommnisse
1982	Algerien	1:2	90 Min	0	
1982	Chile	4:1	90 Min	0	
1982	Österreich	1:0	90 Min	0	
1982	England	0:0	90 Min	0	
1982	Spanien	2:1	90 Min	0	
1982	Frankreich	8:7 n.E.	120 Min	0	
1982	Italien	1:3	90 Min	0	
1986	Uruguay	1:1	90 Min	0	
1986	Schottland	2:1	90 Min	0	
1986	Dänemark	0:2	71 Min	0	
1986	Marokko	1:0	90 Min	0	
1986	Mexiko	4:1 n.E.	120 Min	0	Gelbe Karte
1986	Frankreich	2:0	90 Min	0	
1986	Argentinien	2:3	90 Min	0	

BERND FRANKE

Geboren am 12. Februar 1948
0 WM-Spiele
Nationalmannschaftskarriere gesamt:
7 Länderspiele von 1973 – 1982.
Verein bei WM 1982: Eintracht Braunschweig.

STEFFEN FREUND

Geboren am 19. Januar 1970
0 WM-Spiele
Nationalmannschaftskarriere gesamt:
21 Länderspiele von 1995 – 1998.
Verein bei WM 1998: Borussia Dortmund.

WERNER FRIESE

Geboren am 30. März 1946
0 WM-Spiele für die DDR
Nationalmannschaftskarriere gesamt für die DDR:
0 Länderspiele.
Verein bei WM 1974: 1. FC Lok Leipzig.

TORSTEN FRINGS

Geboren am 22. November 1976
7 WM-Spiele
Nationalmannschaftskarriere gesamt:
49 Länderspiele von 2001 – 1. April 2006.
Verein bei WM: Bayern München.

Jahr	Gegner	Ergebnis	Einsatzzeit	Tore	bes. Vorkommnisse
2002	Saudi-Arabien	8:0	90 Min	0	
2002	Irland	1:1	90 Min	0	
2002	Kamerun	2:0	90 Min	0	Gelbe Karte
2002	Paraguay	1:0	90 Min	0	
2002	USA	1:0	90 Min	0	
2002	Südkorea	1:0	90 Min	0	
2002	Brasilien	0:2	90 Min	0	

JOACHIM FRITSCHE

Geboren am 28. Oktober 1951
0 WM-Spiele für die DDR
Nationalmannschaftskarriere gesamt für die DDR:
14 Länderspiele von 1973 – 1977.
Verein bei WM 1974: 1. FC Lok Leipzig.

JOSEF GAUCHEL

Geboren am 11. September 1916,
gestorben am 21. März 1963
1 WM-Spiel
Nationalmannschaftskarriere gesamt: 16 Länderspiele von 1936 – 1942. Verein bei WM: TuS Neuendorf.

Jahr	Gegner	Ergebnis	Einsatzzeit	Tore	bes. Vorkommnisse
1938	Schweiz	1:1 n.V.	120 Min	1	

MAURICIO GAUDINO

Geboren am 12. Dezember 1966
0 WM-Spiele
Nationalmannschaftskarriere gesamt:
5 Länderspiele von 1993 – 1994.
Verein bei WM 1994: Eintracht Frankfurt.

RUDOLF GELLESCH

Geboren am 1. Mai 1914, gestorben am 20. August 1990
1 WM-Spiel
Nationalmannschaftskarriere gesamt:
20 Länderspiele von 1935 – 1941.
Verein bei WM: FC Schalke 04.

Jahr	Gegner	Ergebnis	Einsatzzeit	Tore	bes. Vorkommnisse
1938	Schweiz	1:1 n.V.	120 Min	0	

WILLI GIESEMANN

Geboren am 2. September 1937
2 WM-Spiele
Nationalmannschaftskarriere gesamt:
14 Länderspiele von 1960 – 1964.
Verein bei WM: Bayern München.

Jahr	Gegner	Ergebnis	Einsatzzeit	Tore	bes. Vorkommnisse
1962	Chile	2:0	90 Min	0	
1962	Jugoslawien	0:1	90 Min	0	

LUDWIG GOLDBRUNNER

Geboren am 5.3.1908,
gestorben am 26. September 1981
1 WM-Spiel
Nationalmannschaftskarriere gesamt: 39 Länderspiele von 1933 – 1940. Verein bei WM: Bayern München.

Jahr	Gegner	Ergebnis	Einsatzzeit	Tore	bes. Vorkommnisse
1938	Schweiz	2:4	90 Min	0	

JÜRGEN GRABOWSKI

Geboren am 7. Juli 1944
11 WM-Spiele
Nationalmannschaftskarriere gesamt:
44 Länderspiele von 1966 – 1974.
Verein bei WM 1966 – 1974: Eintracht Frankfurt.

Jahr	Gegner	Ergebnis	Einsatzzeit	Tore	bes. Vorkommnisse
1970	Marokko	2:1	45 Min	0	
1970	Bulgarien	5:2	31 Min	0	
1970	Peru	3:1	26 Min	0	
1970	England	3:2 n.V.	63 Min	0	
1970	Italien	3:4 n.V.	120 Min	0	
1974	Chile	1:0	90 Min	0	
1974	Australien	3:0	90 Min	0	
1974	DDR	0:1	90 Min	0	
1974	Schweden	4:2	25 Min	1	
1974	Polen	1:0	90 Min	0	
1974	Holland	2:1	90 Min	0	

RUDOLF GRAMLICH

Geboren am 6. Juni 1908, gestorben am 14. März 1988
1 WM-Spiel
Nationalmannschaftskarriere gesamt:
22 Länderspiele von 1931 – 1936.
Verein bei WM: Eintracht Frankfurt.

Jahr	Gegner	Ergebnis	Einsatzzeit	Tore	bes. Vorkommnisse
1934	Schweden	2:1	90 Min	0	

THOMAS HÄSSLER

Geboren am 30. Mai 1966
14 WM-Spiele
Nationalmannschaftskarriere gesamt: 101 Länderspiele von 1988 – 2000. Vereine bei WM: 1990 1. FC Köln, 1994 AS Rom, 1998 Karlsruher SC.

Jahr	Gegner	Ergebnis	Einsatzzeit	Tore	bes. Vorkommnisse
1990	Jugoslawien	4:1	74 Min	0	
1990	Ver. Arab. Emirate	5:1	90 Min	0	
1990	Kolumbien	1:1	87 Min	0	
1990	England	5:4 n.E.	67 Min	0	
1990	Argentinien	1:0	90 Min	0	
1994	Bolivien	1:0	83 Min	0	
1994	Spanien	1:1	90 Min	0	
1994	Südkorea	3:2	90 Min	0	
1994	Belgien	3:2	90 Min	0	
1994	Bulgarien	1:2	82 Min	0	Gelbe Karte
1998	USA	2:0	49 Min	0	
1998	Iran	2:0	70 Min	0	Gelbe Karte
1998	Mexiko	2:1	78 Min	0	Gelbe Karte
1998	Kroatien	0:3	69 Min	0	

WILLI HAHNEMANN

Geboren am 14. April 1914,
gestorben am 23. August 1991
2 WM-Spiele Nationalmannschaftskarriere gesamt: 23 Länderspiele von 1938 – 1941 (23 für Österreich 1923 – 1948). Verein bei WM: Admira Wien.

Jahr	Gegner	Ergebnis	Einsatzzeit	Tore	bes. Vorkommnisse
1938	Schweiz	1:1 n.V.	120 Min	0	
1938	Schweiz	2:4	90 Min	1	

HELMUT HALLER

Geboren am 21. Juli 1939
9 WM-Spiele
Nationalmannschaftskarriere gesamt: 33 Länderspiele von 1958 – 1970. Vereine bei WM: 1962 BC Augsburg, 1966 AC Bologna, 1970 Juventus Turin.

Jahr	Gegner	Ergebnis	Einsatzzeit	Tore	bes. Vorkommnisse
1962	Italien	0:0	90 Min	0	
1962	Schweiz	2:1	90 Min	0	
1962	Jugoslawien	0:1	90 Min	0	
1966	Schweiz	5:0	90 Min	2	
1966	Argentinien	0:0	90 Min	0	
1966	Uruguay	4:0	90 Min	1	
1966	Sowjetunion	2:1	90 Min	1	
1966	England	2:4 n.V.	120 Min	1	
1970	Marokko	2:1	45 Min	0	

DIETMAR HAMANN

Geboren am 27. August 1973
11 WM-Spiele
Nationalmannschaftskarriere gesamt: 59 Länderspiele von 1997 – 1. April 2006. Vereine bei WM: 1998 Bayern München, 2002 FC Liverpool.

Jahr	Gegner	Ergebnis	Einsatzzeit	Tore	bes. Vorkommnisse
1998	USA	2:0	41 Min	0	Gelbe Karte
1998	Jugoslawien	2:2	45 Min	0	
1998	Iran	2:0	45 Min	0	
1998	Mexiko	2:1	90 Min	0	Gelbe Karte
1998	Kroatien	0:3	79 Min	0	
2002	Saudi-Arabien	8:0	90 Min	0	Gelbe Karte
2002	Irland	1:1	90 Min	0	
2002	Kamerun	2:0	90 Min	0	Gelbe Karte
2002	USA	1:0	90 Min	0	
2002	Südkorea	1:0	90 Min	0	
2002	Brasilien	0:2	90 Min	0	

ERICH HAMANN

Geboren am 27. November 1944
2 WM-Spiele für die DDR
Nationalmannschaftskarriere gesamt für die DDR:
3 Länderspiele von 1969 – 1974.
Verein bei WM: Vorwärts Frankfurt/Oder.

Jahr	Gegner	Ergebnis	Einsatzzeit	Tore	bes. Vorkommnisse
1974	BR Deutschland	1:0	25 Min	0	
1974	Brasilien	0:1	45 Min	0	Gelbe Karte

WILFRIED HANNES

Geboren am 17. Mai 1957
0 WM-Spiele
Nationalmannschaftskarriere gesamt:
8 Länderspiele von 1981 – 1982.
Verein bei WM 1982: Borussia Mönchengladbach.

SIGMUND HARINGER

Geboren am 9. Dezember 1908,
gestorben am 23. Februar 1975
3 WM-Spiele, Nationalmannschaftskarriere gesamt:
15 Länderspiele von 1931 – 1937.
Verein bei WM: Bayern München.

Jahr	Gegner	Ergebnis	Einsatzzeit	Tore	bes. Vorkommnisse
1934	Belgien	5:2	90 Min	0	
1934	Schweden	2:1	90 Min	0	
1934	Tschechoslowakei	1:3	90 Min	0	

MATTHIAS HEIDEMANN

Geboren am 7. Februar 1912,
gestorben am 30. November 1970
1 WM-Spiel
Nationalmannschaftskarriere gesamt: 3 Länderspiele von 1933 – 1935. Verein bei WM: Werder Bremen.

Jahr	Gegner	Ergebnis	Einsatzzeit	Tore	bes. Vorkommnisse
1934	Österreich	3:2	90 Min	0	

WM-Endspiel 1966 im Londoner Wembley-Stadion: Englands Torwart Gordon Banks (vorn) rettet vor dem einschußbereiten Helmut Haller (l.). Rechts beobachtet Franz Beckenbauer die Szene. Die Engländer siegten 4:2 nach Verlängerung. Für Haller war es das vorletzte WM-Spiel. 1970 kam der Mittelfeldspieler nur zu einem Einsatz

JÖRG HEINRICH

Geboren am 6. Dezember 1969
5 WM-Spiele
Nationalmannschaftskarriere gesamt:
37 Länderspiele von 1995 – 2002.
Verein bei WM: Borussia Dortmund.

Jahr	Gegner	Ergebnis	Einsatzzeit	Tore	bes. Vorkommnisse
1998	USA	2:0	90 Min	0	Gelbe Karte
1998	Jugoslawien	2:2	90 Min	0	
1998	Iran	2:0	90 Min	0	
1998	Mexiko	2:1	58 Min	0	
1998	Kroatien	0:3	90 Min	0	Gelbe Karte

SIEGFRIED HELD

Geboren am 7. August 1942
9 WM-Spiele
Nationalmannschaftskarriere gesamt:
41 Länderspiele von 1966 – 1973.
Verein bei WM 1966, 1970: Borussia Dortmund.

Jahr	Gegner	Ergebnis	Einsatzzeit	Tore	bes. Vorkommnisse
1966	Schweiz	5:0	90 Min	1	
1966	Argentinien	0:0	90 Min	0	
1966	Spanien	2:1	90 Min	0	
1966	Uruguay	4:0	90 Min	1	
1966	Sowjetunion	2:1	90 Min	0	
1966	England	2:4 n.V.	120 Min	0	
1970	Marokko	2:1	90 Min	0	
1970	Italien	3:4 n.V.	54 Min	0	
1970	Uruguay	1:0	90 Min	0	

THOMAS HELMER

Geboren am 21. April 1965
5 WM-Spiele
Nationalmannschaftskarriere gesamt:
68 Länderspiele von 1990 – 1998.
Verein bei WM 1994, 1998: Bayern München.

Jahr	Gegner	Ergebnis	Einsatzzeit	Tore	bes. Vorkommnisse
1994	Südkorea	3:2	15 Min	0	
1994	Belgien	3:2	90 Min	0	Gelbe Karte
1994	Bulgarien	1:2	90 Min	0	Gelbe Karte
1998	Iran	2:0	90 Min	0	
1998	Mexiko	2:1	38 Min	0	

MATTHIAS HERGET

Geboren am 14. November 1955
1 WM-Spiel
Nationalmannschaftskarriere gesamt:
39 Länderspiele von 1983 – 1988.
Verein bei WM: Bayer Uerdingen.

Jahr	Gegner	Ergebnis	Einsatzzeit	Tore	bes. Vorkommnisse
1986	Dänemark	0:2	90 Min	0	

FRITZ HERKENRATH

Geboren am 9. September 1928
5 WM-Spiele
Nationalmannschaftskarriere gesamt:
21 Länderspiele von 1954 – 1958.
Verein bei WM: Rot-Weiß Essen.

Jahr	Gegner	Ergebnis	Einsatzzeit	Tore*	bes. Vorkommnisse
1958	Argentinien	3:1	90 Min	1	
1958	Tschechoslowakei	2:2	90 Min	2	
1958	Nordirland	2:2	90 Min	2	
1958	Jugoslawien	1:0	90 Min	0	
1958	Schweden	1:3	90 Min	3	

GÜNTER HERMANN

Geboren am 5. Dezember 1960
0 WM-Spiele
Nationalmannschaftskarriere gesamt:
2 Länderspiele von 1988 – 1990.
Verein bei WM 1990: Werder Bremen.

* Bei Torhütern Gegentore

Vorentscheidung im Elfmeterschießen des WM-Halbfinals 1990 gegen England: Bodo Illgner pariert den Schuß von Stuart Pearce. Zuvor hatten alle sechs Schützen getroffen, es stand also 3:3. Anschließend verwandelte Olaf Thon für Deutschland, Chris Waddle schoß über das Tor – der Sieg. Illgner stand auch 1994 im Tor der Deutschen

GÜNTER HERRMANN

Geboren am 1. September 1939
0 WM-Spiele
Nationalmannschaftskarriere gesamt:
9 Länderspiele von 1960 – 1967.
Verein bei WM 1962: Karlsruher SC.

RICHARD HERRMANN

Geboren am 28. Januar 1923,
gestorben am 27. Juli 1962
1 WM-Spiel
Nationalmannschaftskarriere gesamt: 8 Länderspiele von 1950 – 1954. Verein bei WM: FSV Frankfurt.

Jahr Gegner	Ergebnis	Einsatzzeit	Tore	bes. Vorkommnisse
1954 Ungarn	3:8	90 Min	1	

DIETER HERZOG

Geboren am 15. Juli 1946
2 WM-Spiele
Nationalmannschaftskarriere gesamt:
5 Länderspiele 1974.
Verein bei WM: Fortuna Düsseldorf.

Jahr Gegner	Ergebnis	Einsatzzeit	Tore	bes. Vorkommnisse
1974 Jugoslawien	2:0	90 Min	0	
1974 Schweden	4:2	65 Min	0	

JUPP HEYNCKES

Geboren am 9. Mai 1945
2 WM-Spiele
Nationalmannschaftskarriere gesamt:
39 Länderspiele von 1967 – 1976.
Verein bei WM: Borussia Mönchengladbach.

Jahr Gegner	Ergebnis	Einsatzzeit	Tore	bes. Vorkommnisse
1974 Chile	1:0	90 Min	0	
1974 Australien	3:0	45 Min	0	

HOLGER HIERONYMUS

Geboren am 22. Februar 1959
0 WM-Spiele
Nationalmannschaftskarriere gesamt:
3 Länderspiele von 1981 – 1982.
Verein bei WM 1982: Hamburger SV.

BERND HÖLZENBEIN

Geboren am 9. März 1946
9 WM-Spiele
Nationalmannschaftskarriere gesamt:
40 Länderspiele von 1973 – 1978.
Verein bei WM 1974, 1978: Eintracht Frankfurt.

Jahr Gegner	Ergebnis	Einsatzzeit	Tore	bes. Vorkommnisse
1974 Chile	1:0	14 Min	0	
1974 Australien	3:0	45 Min	0	
1974 Jugoslawien	2:0	79 Min	0	
1974 Schweden	4:2	83 Min	0	
1974 Polen	1:0	90 Min	0	
1974 Holland	2:1	90 Min	0	
1978 Italien	0:0	90 Min	0	
1978 Holland	2:2	90 Min	0	
1978 Österreich	2:3	90 Min	1	

DIETER HOENESS

Geboren am 7. Januar 1953
2 WM-Spiele
Nationalmannschaftskarriere gesamt:
6 Länderspiele von 1979 – 1986.
Verein bei WM: Bayern München.

Jahr Gegner	Ergebnis	Einsatzzeit	Tore	bes. Vorkommnisse
1986 Mexiko	4:1 n.E.	62 Min	0	
1986 Argentinien	2:3	30 Min	0	

ULI HOENESS

Geboren am 5. Januar 1952
7 WM-Spiele
Nationalmannschaftskarriere gesamt:
35 Länderspiele von 1972 – 1976.
Verein bei WM: Bayern München.

Jahr	Gegner	Ergebnis	Einsatzzeit	Tore	bes. Vorkommnisse
1974	Chile	1:0	90 Min	0	
1974	Australien	3:0	90 Min	0	
1974	DDR	0:1	90 Min	0	
1974	Jugoslawien	2:0	20 Min	0	
1974	Schweden	4:2	90 Min	1	
1974	Polen	1:0	90 Min	0	Elfmeter verschossen
1974	Holland	2:1	90 Min	0	

HORST-DIETER HÖTTGES

Geboren am 10. September 1943
10 WM-Spiele
Nationalmannschaftskarriere gesamt:
66 Länderspiele von 1965 – 1974.
Verein bei WM 1966 – 1974: Werder Bremen.

Jahr	Gegner	Ergebnis	Einsatzzeit	Tore	bes. Vorkommnisse
1966	Schweiz	5:0	90 Min	0	
1966	Argentinien	0:0	90 Min	0	
1966	Spanien	2:1	90 Min	0	
1966	Uruguay	4:0	90 Min	0	
1966	England	2:4 n.V.	120 Min	0	
1970	Marokko	2:1	75 Min	0	
1970	Bulgarien	5:2	90 Min	0	
1970	Peru	3:1	45 Min	0	
1970	England	3:2 n.V.	45 Min	0	
1974	DDR	0:1	21 Min	0	

MARTIN HOFFMANN

Geboren am 22. März 1955
6 WM-Spiele für die DDR
Nationalmannschaftskarriere gesamt:
66 Länderspiele von 1973 – 1981.
Verein bei WM: 1. FC Magdeburg.

Jahr	Gegner	Ergebnis	Einsatzzeit	Tore	bes. Vorkommnisse
1974	Australien	2:0	36 Min	0	
1974	Chile	1:1	90 Min	1	
1974	BR Deutschland	1:0	90 Min	0	
1974	Brasilien	0:1	90 Min	0	
1974	Holland	0:2	90 Min	0	
1974	Argentinien	1:1	90 Min	0	

RUDI HOFFMANN

Geboren am 11. Februar 1935
0 WM-Spiele
Nationalmannschaftskarriere gesamt:
1 Länderspiel 1955.
Verein bei WM 1958: Viktoria Aschaffenburg.

KARL HOHMANN

Geboren am 18. Juni 1908, gestorben am 31. März 1974
2 WM-Spiele
Nationalmannschaftskarriere gesamt:
26 Länderspiele von 1930 – 1937.
Verein bei WM: VfL Benrath.

Jahr	Gegner	Ergebnis	Einsatzzeit	Tore	bes. Vorkommnisse
1934	Belgien	5:2	90 Min	0	
1934	Schweden	2:1	90 Min	2	

HEINZ HORNIG

Geboren am 28. September 1937
0 WM-Spiele
Nationalmannschaftskarriere gesamt:
7 Länderspiele von 1965 – 1966.
Verein bei WM 1966: 1. FC Köln.

HORST HRUBESCH

Geboren am 17. April 1951
5 WM-Spiele
Nationalmannschaftskarriere gesamt:
21 Länderspiele von 1980 – 1982.
Verein bei WM: Hamburger SV.

Jahr	Gegner	Ergebnis	Einsatzzeit	Tore	bes. Vorkommnisse
1982	Algerien	1:2	90 Min	0	Gelbe Karte
1982	Chile	4:1	90 Min	0	
1982	Österreich	1:0	69 Min	1	
1982	Frankreich	8:7 n.E.	47 Min	0	Elfmeter verwandelt
1982	Italien	1:3	27 Min	0	

BODO ILLGNER

Geboren am 7. April 1967
12 WM-Spiele
Nationalmannschaftskarriere gesamt:
54 Länderspiele von 1987 – 1994.
Verein bei WM 1990, 1994: 1. FC Köln.

Jahr	Gegner	Ergebnis	Einsatzzeit	Tore*	bes. Vorkommnisse
1990	Jugoslawien	4:1	90 Min	1	
1990	Ver. Arab. Emirate	5:1	90 Min	1	
1990	Kolumbien	1:1	90 Min	1	
1990	Holland	2:1	90 Min	1	
1990	Tschechoslowakei	1:0	90 Min	0	
1990	England	5:4 n.E.	120 Min	1	Elfmeter gehalten
1990	Argentinien	1:0	90 Min	0	
1994	Bolivien	1:0	90 Min	0	
1994	Spanien	1:1	90 Min	1	
1994	Südkorea	3:2	90 Min	2	
1994	Belgien	3:2	90 Min	2	
1994	Bulgarien	1:2	90 Min	2	

EIKE IMMEL

Geboren am 27. November 1960
0 WM-Spiele
Nationalmannschaftskarriere gesamt:
19 Länderspiele von 1980 – 1988.
Verein bei WM 1982, 1986: Borussia Dortmund.

HARALD IRMSCHER

Geboren am 12. Februar 1946
4 WM-Spiele für die DDR
Nationalmannschaftskarriere gesamt für die DDR:
41 Länderspiele von 1966 – 1974.
Verein bei WM: Carl Zeiss Jena.

Jahr	Gegner	Ergebnis	Einsatzzeit	Tore	bes. Vorkommnisse
1974	Australien	2:0	90 Min	0	
1974	Chile	1:1	90 Min	0	
1974	BR Deutschland	1:0	65 Min	0	
1974	Brasilien	0:1	45 Min	0	

HANS JAKOB

Geboren am 16. Juni 1908, gestorben am 24. März 1994
1 WM-Spiel
Nationalmannschaftskarriere gesamt:
38 Länderspiele von 1930 – 1939.
Verein bei WM: 1934, 1938 Jahn Regensburg.

Jahr	Gegner	Ergebnis	Einsatzzeit	Tore*	bes. Vorkommnisse
1934	Österreich	3:2	90 Min	2	

DITMAR JAKOBS

Geboren am 28. August 1953
6 WM-Spiele
Nationalmannschaftskarriere gesamt:
20 Länderspiele von 1980 – 1986.
Verein bei WM: Hamburger SV.

Jahr	Gegner	Ergebnis	Einsatzzeit	Tore	bes. Vorkommnisse
1986	Schottland	2:1	27 Min	0	
1986	Dänemark	0:2	90 Min	0	Gelbe Karte
1986	Marokko	1:0	90 Min	0	
1986	Mexiko	4:1 n.E.	120 Min	0	
1986	Frankreich	2:0	90 Min	0	
1986	Argentinien	2:3	90 Min	0	

CARSTEN JANCKER

Geboren am 28. August 1974
3 WM-Spiele
Nationalmannschaftskarriere gesamt:
33 Länderspiele von 1998 – 2002.
Verein bei WM: Bayern München.

Jahr	Gegner	Ergebnis	Einsatzzeit	Tore	bes. Vorkommnisse
2002	Saudi-Arabien	8:0	67 Min	1	
2002	Irland	1:1	75 Min	0	
2002	Kamerun	2:0	45 Min	0	Gelbe Karte

PAUL JANES

Geboren am 11. März 1912, gestorben am 14. Juni 1987
4 WM-Spiele
Nationalmannschaftskarriere gesamt:
71 Länderspiele von 1932 – 1942.
Verein bei WM 1934, 1938: Fortuna Düsseldorf.

Jahr	Gegner	Ergebnis	Einsatzzeit	Tore	bes. Vorkommnisse
1934	Belgien	5:2	90 Min	0	
1934	Österreich	3:2	90 Min	0	
1938	Schweiz	1:1 n.V.	120 Min	0	
1938	Schweiz	2:4	90 Min	0	

JENS JEREMIES

Geboren am 5. März 1974
10 WM-Spiele
Nationalmannschaftskarriere gesamt: 55 Länderspiele von 1997 – 2004. Vereine bei WM: 1998 TSV 1860 München, 2002 Bayern München.

Jahr	Gegner	Ergebnis	Einsatzzeit	Tore	bes. Vorkommnisse
1998	USA	2:0	90 Min	0	Gelbe Karte
1998	Jugoslawien	2:2	90 Min	0	
1998	Kroatien	0:3	90 Min	0	
2002	Saudi-Arabien	8:0	45 Min	0	
2002	Irland	1:1	1 Min	0	
2002	Kamerun	2:0	10 Min	0	
2002	Paraguay	1:0	90 Min	0	
2002	USA	1:0	31 Min	0	Gelbe Karte
2002	Südkorea	1:0	5 Min	0	
2002	Brasilien	0:2	77 Min	0	

ERICH JUSKOWIAK

Geboren am 7. September 1926,
gestorben am 1. Juli 1983
5 WM-Spiele
Nationalmannschaftskarriere gesamt: 31 Länderspiele von 1951 – 1959. Verein bei WM: Fortuna Düsseldorf.

Jahr	Gegner	Ergebnis	Einsatzzeit	Tore	bes. Vorkommnisse
1958	Argentinien	3:1	90 Min	0	
1958	Tschechoslowakei	2:2	90 Min	0	
1958	Nordirland	2:2	90 Min	0	
1958	Jugoslawien	1:0	90 Min	0	
1958	Schweden	1:3	59 Min	0	Platzverweis Revanchefoul

OLIVER KAHN

Geboren am 15. Juni 1969
7 WM-Spiele
Nationalmannschaftskarriere gesamt: 84 Länderspiele von 1995 – 1. April 2006. Vereine bei WM: 1994 Karlsruher SC, 1998, 2002 Bayern München.

Jahr	Gegner	Ergebnis	Einsatzzeit	Tore*	bes. Vorkommnisse
2002	Saudi-Arabien	8:0	90 Min	0	
2002	Irland	1:1	90 Min	1	
2002	Kamerun	2:0	90 Min	0	Gelbe Karte
2002	Paraguay	1:0	90 Min	0	
2002	USA	1:0	90 Min	0	
2002	Südkorea	1:0	90 Min	0	
2002	Brasilien	0:2	90 Min	2	

MANFRED KALTZ

Geboren am 6. Januar 1953
13 WM-Spiele
Nationalmannschaftskarriere gesamt:
69 Länderspiele von 1975 – 1983.
Verein bei WM 1978, 1982: Hamburger SV.

Jahr	Gegner	Ergebnis	Einsatzzeit	Tore	bes. Vorkommnisse
1978	Polen	0:0	90 Min	0	
1978	Mexiko	6:0	90 Min	0	
1978	Tunesien	0:0	90 Min	0	
1978	Italien	0:0	90 Min	0	
1978	Holland	2:2	90 Min	0	
1978	Österreich	2:3	90 Min	0	
1982	Algerien	1:2	90 Min	0	
1982	Chile	4:1	90 Min	0	
1982	Österreich	1:0	90 Min	0	
1982	England	0:0	90 Min	0	
1982	Spanien	2:1	90 Min	0	
1982	Frankreich	8:7 n.E.	120 Min	0	Elfmeter verwandelt
1982	Italien	1:3	90 Min	0	

JUPP KAPELLMANN

Geboren am 19. Dezember 1949
0 WM-Spiele
Nationalmannschaftskarriere gesamt:
5 Länderspiele von 1973 – 1974.
Verein bei WM 1974: Bayern München.

* Bei Torhütern Gegentore

RUDI KARGUS
Geboren am 15. August 1952
0 WM-Spiele
Nationalmannschaftskarriere gesamt:
3 Länderspiele von 1975 – 1977.
Verein bei WM 1978: Hamburger SV.

SEBASTIAN KEHL
Geboren am 13. Februar 1980
2 WM-Spiele
Nationalmannschaftskarriere gesamt:
25 Länderspiele von 2001 – 1. April 2006.
Verein bei WM: Borussia Dortmund.

Jahr	Gegner	Ergebnis	Einsatzzeit	Tore	bes. Vorkommnisse
2002	Paraguay	1:0	45 Min	0	
2002	USA	1:0	90 Min	0	Gelbe Karte

ALFRED KELBASSA
Geboren am 21. April 1925,
gestorben am 11. August 1988
1 WM-Spiel
Nationalmannschaftskarriere gesamt: 6 Länderspiele von 1956 – 1958. Verein bei WM: Borussia Dortmund.

Jahr	Gegner	Ergebnis	Einsatzzeit	Tore	bes. Vorkommnisse
1958	Frankreich	3:6	90 Min	0	

ULF KIRSTEN
Geboren am 4. Dezember 1965
4 WM-Spiele
Nationalmannschaftskarriere gesamt: 100 Länderspiele von 1985 – 2002, davon 49 Länderspiele für die DDR.
Verein bei WM 1994, 1998: Bayer Leverkusen.

Jahr	Gegner	Ergebnis	Einsatzzeit	Tore	bes. Vorkommnisse
1998	Jugoslawien	2:2	32 Min	0	
1998	Iran	2:0	20 Min	0	
1998	Mexiko	2:1	16 Min	0	
1998	Kroatien	0:3	21 Min	0	

GERD KISCHE
Geboren am 23. Oktober 1951
6 WM-Spiele für die DDR
Nationalmannschaftskarriere gesamt für die DDR:
63 Länderspiele von 1971 – 1980.
Verein bei WM: Hansa Rostock.

Jahr	Gegner	Ergebnis	Einsatzzeit	Tore	bes. Vorkommnisse
1974	Australien	2:0	90 Min	0	Gelbe Karte
1974	Chile	1:1	90 Min	0	Gelbe Karte
1974	BR Deutschland	1:0	90 Min	0	
1974	Brasilien	0:1	90 Min	0	
1974	Holland	0:2	90 Min	0	
1974	Argentinien	1:1	90 Min	0	

ALBIN KITZINGER
Geboren am 1. Februar 1912, gestorben am 6. August 1970
1 WM-Spiel
Nationalmannschaftskarriere gesamt: 44 Länderspiele von 1935 – 1942. Verein bei WM: Schweinfurt 05.

Jahr	Gegner	Ergebnis	Einsatzzeit	Tore	bes. Vorkommnisse
1938	Schweiz	1:1 n.V.	90 Min	0	

WOLFGANG KLEFF
Geboren am 16. November 1946
0 WM-Spiele
Nationalmannschaftskarriere gesamt:
6 Länderspiele von 1971 – 1973.
Verein bei WM 1974: Borussia Mönchengladbach.

JÜRGEN KLINSMANN
Geboren am 30. Juli 1964
17 WM-Spiele
Nationalmannschaftskarriere gesamt: 108 Länderspiele von 1987 – 1998. Vereine bei WM: 1990 Inter Mailand, 1994 AS Monaco, 1998 Tottenham Hotspur.

Jahr	Gegner	Ergebnis	Einsatzzeit	Tore	bes. Vorkommnisse
1990	Jugoslawien	4:1	90 Min	1	
1990	Ver. Arab. Emirate	5:1	72 Min	1	
1990	Kolumbien	1:1	90 Min	0	
1990	Holland	2:1	79 Min	1	
1990	Tschechoslowakei	1:0	90 Min	0	Gelbe Karte
1990	England	5:4 n.E.	120 Min	0	
1990	Argentinien	1:0	90 Min	0	
1994	Bolivien	1:0	90 Min	1	
1994	Spanien	1:1	90 Min	1	
1994	Südkorea	3:2	90 Min	2	Gelbe Karte
1994	Belgien	3:2	85 Min	1	
1994	Bulgarien	1:2	123 Min	0	Gelbe Karte
1998	USA	2:0	90 Min	1	
1998	Jugoslawien	2:2	90 Min	0	
1998	Iran	2:0	90 Min	1	Gelbe Karte
1998	Mexiko	2:1	90 Min	1	
1998	Kroatien	0:3	90 Min	0	

BERNHARD KLODT
Geboren am 26. Oktober 1926,
gestorben am 23. Mai 1996
4 WM-Spiele
Nationalmannschaftskarriere gesamt: 19 Länderspiele von 1950 – 1959. Verein bei WM 1954, 1958: FC Schalke 04.

Jahr	Gegner	Ergebnis	Einsatzzeit	Tore	bes. Vorkommnisse
1954	Türkei	4:1	90 Min	1	
1954	Türkei	7:2	90 Min	0	
1958	Tschechoslowakei	2:2	90 Min	0	
1958	Nordirland	2:2	90 Min	0	

MIROSLAV KLOSE
Geboren am 9. Juni 1978
7 WM-Spiele
Nationalmannschaftskarriere gesamt:
52 Länderspiele von 2001 – 1. April 2006.
Verein bei WM: 1. FC Kaiserslautern.

Jahr	Gegner	Ergebnis	Einsatzzeit	Tore	bes. Vorkommnisse
2002	Saudi-Arabien	8:0	77 Min	3	
2002	Irland	1:1	85 Min	1	
2002	Kamerun	2:0	84 Min	1	
2002	Paraguay	1:0	90 Min	0	
2002	USA	1:0	88 Min	0	
2002	Südkorea	1:0	70 Min	0	
2002	Brasilien	0:2	74 Min	0	Gelbe Karte

STANISLAUS KOBIERSKI
Geboren am 15. November 1910,
gestorben am 18. November 1972
3 WM-Spiele
Nationalmannschaftskarriere gesamt: 26 Länderspiele von 1931 – 1941. Verein bei WM: Fortuna Düsseldorf.

Jahr	Gegner	Ergebnis	Einsatzzeit	Tore	bes. Vorkommnisse
1934	Belgien	5:2	90 Min	1	
1934	Schweden	2:1	90 Min	0	
1934	Tschechoslowakei	1:3	90 Min	0	

ANDREAS KÖPKE
Geboren am 12. März 1962
5 WM-Spiele
Nationalmannschaftskarriere gesamt: 59 Länderspiele von 1990 – 1998. Vereine bei WM: 1990, 1994 1. FC Nürnberg, 1998 Olympique Marseille.

Jahr	Gegner	Ergebnis	Einsatzzeit	Tore*	bes. Vorkommnisse
1998	USA	2:0	90 Min	0	
1998	Jugoslawien	2:2	90 Min	2	
1998	Iran	2:0	90 Min	0	
1998	Mexiko	2:1	90 Min	1	
1998	Kroatien	0:3	90 Min	3	

JÜRGEN KOHLER
Geboren am 6. Oktober 1965
13 WM-Spiele
Nationalmannschaftskarriere gesamt: 105 Länderspiele von 1986 – 1998. Vereine bei WM: 1990 Bayern München, 1994 Juventus Turin, 1998 Borussia Dortmund.

Jahr	Gegner	Ergebnis	Einsatzzeit	Tore	bes. Vorkommnisse
1990	Holland	2:1	90 Min	0	
1990	Tschechoslowakei	1:0	90 Min	0	
1990	England	5:4 n.E.	120 Min	0	
1990	Argentinien	1:0	90 Min	0	
1994	Bolivien	1:0	90 Min	0	Gelbe Karte
1994	Spanien	1:1	90 Min	0	
1994	Südkorea	3:2	90 Min	0	
1994	Belgien	3:2	90 Min	0	
1994	Bulgarien	1:2	90 Min	0	
1998	USA	2:0	90 Min	0	
1998	Jugoslawien	2:2	90 Min	0	
1998	Iran	2:0	90 Min	0	
1998	Kroatien	0:3	90 Min	0	

WERNER KOHLMEYER
Geboren am 19. April 1924, gestorben am 26. März 1974
5 WM-Spiele
Nationalmannschaftskarriere gesamt:
22 Länderspiele von 1951 – 1955.
Verein bei WM: 1. FC Kaiserslautern.

Jahr	Gegner	Ergebnis	Einsatzzeit	Tore	bes. Vorkommnisse
1954	Türkei	4:1	90 Min	0	
1954	Ungarn	3:8	90 Min	0	
1954	Jugoslawien	2:0	90 Min	0	
1954	Österreich	6:1	90 Min	0	
1954	Ungarn	3:2	90 Min	0	

HARALD KONOPKA
Geboren am 18. November 1952
1 WM-Spiel
Nationalmannschaftskarriere gesamt:
2 Länderspiele von 1978 – 1979.
Verein bei WM: 1. FC Köln.

Jahr	Gegner	Ergebnis	Einsatzzeit	Tore	bes. Vorkommnisse
1978	Italien	0:0	36 Min	0	

WILLI KOSLOWSKI
Geboren am 17. Februar 1937
1 WM-Spiel
Nationalmannschaftskarriere gesamt:
3 Länderspiele 1962.
Verein bei WM: FC Schalke 04.

Jahr	Gegner	Ergebnis	Einsatzzeit	Tore	bes. Vorkommnisse
1962	Schweiz	2:1	90 Min	0	

WERNER KRÄMER
Geboren am 23. Januar 1940
1 WM-Spiel
Nationalmannschaftskarriere gesamt:
13 Länderspiele von 1963 – 1967.
Verein bei WM: MSV Duisburg.

Jahr	Gegner	Ergebnis	Einsatzzeit	Tore	bes. Vorkommnisse
1966	Spanien	2:1	90 Min	0	

ENGELBERT KRAUS
Geboren am 30. Juli 1934
1 WM-Spiel
Nationalmannschaftskarriere gesamt:
9 Länderspiele von 1955 – 1964.
Verein bei WM: Kickers Offenbach.

Jahr	Gegner	Ergebnis	Einsatzzeit	Tore	bes. Vorkommnisse
1962	Chile	2:0	90 Min	0	

HANS-JÜRGEN KREISCHE
Geboren am 19. Juli 1947
3 WM-Spiele für die DDR
Nationalmannschaftskarriere gesamt für die DDR:
50 Länderspiele von 1968 – 1975.
Verein bei WM: Dynamo Dresden.

Jahr	Gegner	Ergebnis	Einsatzzeit	Tore	bes. Vorkommnisse
1974	Chile	1:1	17 Min	0	
1974	BR Deutschland	1:0	90 Min	0	Gelbe Karte
1974	Holland	0:2	25 Min	0	

HELMUT KREMERS
Geboren am 24. März 1949
0 WM-Spiele
Nationalmannschaftskarriere gesamt:
8 Länderspiele von 1973 – 1975.
Verein bei WM 1974: FC Schalke 04.

WILLIBALD KRESS
Geboren am 13. November 1906,
gestorben am 27. Januar 1989
3 WM-Spiele
Nationalmannschaftskarriere gesamt: 16 Länderspiele von 1929 – 1934. Verein bei WM: Dresdner SC.

Jahr	Gegner	Ergebnis	Einsatzzeit	Tore*	bes. Vorkommnisse
1934	Belgien	5:2	90 Min	2	
1934	Schweden	2:1	90 Min	1	
1934	Tschechoslowakei	1:3	90 Min	3	

Spiel um Platz drei 1958 in Schweden: WM-Torschützenkönig Just Fontaine (3. v. l.) erzielt das 3:1 für Frankreich. Deutschlands bedauernswerter Torwart Heinrich Kwiatkowski (liegend) ist chancenlos. Am Ende siegte Frankreich 6:3. Kwiatkowski bestritt nur zwei WM-Spiele, in denen er 14 Tore kassierte. 1954 stand er beim 3:8 gegen Ungarn im Tor

HEINZ KUBSCH

Geboren am 20. Juli 1930,
gestorben am 24. Oktober 1993
0 WM-Spiele
Nationalmannschaftskarriere gesamt: 3 Länderspiele von 1954 – 1956. Verein bei WM 1954: FK Pirmasens.

STEFAN KUNTZ

Geboren am 30. Oktober 1962
1 WM-Spiel
Nationalmannschaftskarriere gesamt:
25 Länderspiele von 1993 – 1997.
Verein bei WM: 1. FC Kaiserslautern.

Jahr	Gegner	Ergebnis	Einsatzzeit	Tore	bes. Vorkommnisse
1994	Belgien	3:2	5 Min	0	

ANDREAS KUPFER

Geboren am 7. Mai 1914,
gestorben am 30. April 2001
2 WM-Spiele
Nationalmannschaftskarriere gesamt: 44 Länderspiele von 1937 – 1950. Verein bei WM: Schweinfurt 05.

Jahr	Gegner	Ergebnis	Einsatzzeit	Tore	bes. Vorkommnisse
1938	Schweiz	1:1 n.V.	120 Min	0	
1938	Schweiz	2:4	90 Min	0	

JÜRGEN KURBJUHN

Geboren am 26. Juli 1940
0 WM-Spiele
Nationalmannschaftskarriere gesamt:
5 Länderspiele von 1962 – 1966.
Verein bei WM 1962: Hamburger SV.

LOTHAR KURBJUWEIT

Geboren am 6. November 1950
4 WM-Spiele für die DDR
Nationalmannschaftskarriere gesamt für die DDR:
66 Länderspiele von 1970 – 1981.
Verein bei WM: Carl Zeiss Jena.

Jahr	Gegner	Ergebnis	Einsatzzeit	Tore	bes. Vorkommnisse
1974	BR Deutschland	1:0	90 Min	0	
1974	Brasilien	0:1	90 Min	0	
1974	Holland	0:2	90 Min	0	
1974	Argentinien	1:1	90 Min	0	

HEINRICH KWIATKOWSKI

Geboren am 16. Juli 1926
2 WM-Spiele
Nationalmannschaftskarriere gesamt:
4 Länderspiele von 1954 – 1958.
Verein bei WM 1954, 1958: Borussia Dortmund.

Jahr	Gegner	Ergebnis	Einsatzzeit	Tore*	bes. Vorkommnisse
1954	Ungarn	3:8	90 Min	8	
1958	Frankreich	3:6	90 Min	6	

FRITZ LABAND

Geboren am 1. November 1925,
gestorben am 3. Januar 1982
3 WM-Spiele
Nationalmannschaftskarriere gesamt: 4 Länderspiele 1954. Verein bei WM: Hamburger SV.

Jahr	Gegner	Ergebnis	Einsatzzeit	Tore	bes. Vorkommnisse
1954	Türkei	4:1	90 Min	0	
1954	Türkei	7:2	90 Min	0	
1954	Jugoslawien	2:0	90 Min	0	

* Bei Torhütern Gegentore

Christoph Metzelder (r.) hat im WM-Endspiel 2002 keine Chance, an den Ball zu kommen, den der Brasilianer Ronaldinho gerade technisch perfekt annimmt. Der Abwehrspieler von Borussia Dortmund war während der Weltmeisterschaft in Japan und Südkorea erst 21 Jahre alt und eine der größten Entdeckungen des Turniers

REINHARD LAUCK

Geboren am 16. September 1946, gestorben am 22. Oktober 1997
3 WM-Spiele für die DDR, Nationalmannschaftskarriere gesamt für die DDR: 33 Länderspiele von 1973 – 1977.
Verein bei WM: BFC Dynamo Berlin.

Jahr	Gegner	Ergebnis	Einsatzzeit	Tore	bes. Vorkommnisse
1974	BR Deutschland	1:0	90 Min	0	
1974	Brasilien	0:1	65 Min	0	
1974	Holland	0:2	65 Min	0	

JENS LEHMANN

Geboren am 10. November 1969
0 WM-Spiele
Nationalmannschaftskarriere gesamt: 29 Länderspiele von 1998 – 1. April 2006. Vereine bei WM: 1998 FC Schalke 04, 2002 Borussia Dortmund.

* Bei Torhütern Gegentore

ERNST LEHNER

Geboren am 7. November 1912, gestorben am 11. Januar 1986
6 WM-Spiele, Nationalmannschaftskarriere gesamt: 65 Länderspiele von 1933 – 1942.
Verein bei WM 1934, 1938: Schwaben Augsburg.

Jahr	Gegner	Ergebnis	Einsatzzeit	Tore	bes. Vorkommnisse
1934	Belgien	5:2	90 Min	0	
1934	Schweden	2:1	90 Min	0	
1934	Tschechoslowakei	1:3	90 Min	0	
1934	Österreich	3:2	90 Min	2	
1938	Schweiz	1:1 n.V.	120 Min	0	
1938	Schweiz	2:4	90 Min	0	

REINHARD LIBUDA

Geboren am 10. Oktober 1943, gestorben am 25. August 1996
5 WM-Spiele
Nationalmannschaftskarriere gesamt: 26 Länderspiele von 1963 – 1971. Verein bei WM: FC Schalke 04.

Jahr	Gegner	Ergebnis	Einsatzzeit	Tore	bes. Vorkommnisse
1970	Bulgarien	5:2	90 Min	1	
1970	Peru	3:1	64 Min	0	
1970	England	3:2 n.V.	57 Min	0	
1970	Italien	3:4 n.V.	68 Min	0	
1970	Uruguay	1:0	75 Min	0	

WERNER LIEBRICH

Geboren am 18. Januar 1927, gestorben am 20. März 1995
4 WM-Spiele
Nationalmannschaftskarriere gesamt: 16 Länderspiele von 1951 – 1956. Verein bei WM: 1. FC Kaiserslautern.

Jahr	Gegner	Ergebnis	Einsatzzeit	Tore	bes. Vorkommnisse
1954	Ungarn	3:8	90 Min	0	
1954	Jugoslawien	2:0	90 Min	0	
1954	Österreich	6:1	90 Min	0	
1954	Ungarn	3:2	90 Min	0	

THOMAS LINKE

Geboren am 26. Dezember 1969
7 WM-Spiele
Nationalmannschaftskarriere gesamt: 43 Länderspiele von 1997 – 2004. Verein bei WM: FC Bayern München.

Jahr	Gegner	Ergebnis	Einsatzzeit	Tore	bes. Vorkommnisse
2002	Saudi-Arabien	8:0	90 Min	1	
2002	Irland	1:1	90 Min	0	
2002	Kamerun	2:0	90 Min	0	
2002	Paraguay	1:0	90 Min	0	
2002	USA	1:0	90 Min	0	
2002	Südkorea	1:0	90 Min	0	
2002	Brasilien	0:2	90 Min	0	

PIERRE LITTBARSKI

Geboren am 16. April 1960
18 WM-Spiele
Nationalmannschaftskarriere gesamt:
73 Länderspiele von 1981 – 1990.
Vereine bei WM: 1982 – 1990 1. FC Köln.

Jahr	Gegner	Ergebnis	Einsatzzeit	Tore	bes. Vorkommnisse
1982	Algerien	1:2	90 Min	0	
1982	Chile	4:1	78 Min	0	
1982	Österreich	1:0	90 Min	0	
1982	England	0:0	27 Min	0	
1982	Spanien	2:1	90 Min	1	Gelbe Karte
1982	Frankreich	8:7 n.E.	120 Min	1	Elfmeter verwandelt
1982	Italien	1:3	90 Min	0	Gelbe Karte
1986	Uruguay	1:1	45 Min	0	
1986	Schottland	2:1	76 Min	0	
1986	Dänemark	0:2	45 Min	0	
1986	Marokko	1:0	45 Min	0	
1986	Mexiko	4:1 n.E.	5 Min	0	Elfmeter verwandelt
1990	Jugoslawien	4:1	16 Min	0	
1990	Ver. Arab. Emirate	5:1	45 Min	0	
1990	Kolumbien	1:1	45 Min	1	
1990	Holland	2:1	90 Min	0	
1990	Tschechoslowakei	1:0	90 Min	0	
1990	Argentinien	1:0	90 Min	0	

HANNES LÖHR

Geboren am 5. Juli 1942
6 WM-Spiele
Nationalmannschaftskarriere gesamt:
20 Länderspiele von 1967 – 1970.
Verein bei WM: 1. FC Köln.

Jahr	Gegner	Ergebnis	Einsatzzeit	Tore	bes. Vorkommnisse
1970	Marokko	2:1	15 Min	0	
1970	Bulgarien	5:2	59 Min	0	
1970	Peru	3:1	90 Min	0	
1970	England	3:2 n.V.	120 Min	0	
1970	Italien	3:4 n.V.	52 Min	0	
1970	Uruguay	1:0	15 Min	0	Gelbe Karte

WOLFRAM LÖWE

Geboren am 14. Mai 1945
4 WM-Spiele für die DDR
Nationalmannschaftskarriere gesamt für die DDR:
43 Länderspiele von 1967 – 1977.
Verein bei WM: 1. FC Lok Leipzig.

Jahr	Gegner	Ergebnis	Einsatzzeit	Tore	bes. Vorkommnisse
1974	Australien	2:0	54 Min	0	
1974	Brasilien	0:1	25 Min	0	
1974	Holland	0:2	55 Min	0	
1974	Argentinien	1:1	66 Min	0	

MAX LORENZ

Geboren am 19. August 1939
1 WM-Spiel
Nationalmannschaftskarriere gesamt: 19 Länderspiele von 1965 – 1970. Vereine bei WM: 1966 Werder Bremen, 1970 Eintracht Braunschweig.

Jahr	Gegner	Ergebnis	Einsatzzeit	Tore	bes. Vorkommnisse
1970	Uruguay	1:0	45 Min	0	Gelbe Karte

FRIEDEL LUTZ

Geboren am 21. Januar 1939
1 WM-Spiel
Nationalmannschaftskarriere gesamt:
12 Länderspiele von 1960 – 1966.
Verein bei WM: Eintracht Frankfurt.

Jahr	Gegner	Ergebnis	Einsatzzeit	Tore	bes. Vorkommnisse
1966	Sowjetunion	2:1	90 Min	0	

FELIX MAGATH

Geboren am 26. Juli 1953
10 WM-Spiele
Nationalmannschaftskarriere gesamt:
43 Länderspiele von 1977 – 1986.
Verein bei WM 1982, 1986: Hamburger SV.

Jahr	Gegner	Ergebnis	Einsatzzeit	Tore	bes. Vorkommnisse
1982	Algerien	1:2	84 Min	0	
1982	Chile	4:1	90 Min	0	
1982	Österreich	1:0	90 Min	0	
1982	Frankreich	8:7 n.V.	73 Min	0	
1986	Uruguay	1:1	90 Min	0	
1986	Schottland	2:1	90 Min	0	
1986	Marokko	1:0	90 Min	0	
1986	Mexiko	4:1 n.E.	120 Min	0	
1986	Frankreich	2:0	90 Min	0	Gelbe Karte
1986	Argentinien	2:3	60 Min	0	

KARL MAI

Geboren am 27. Juli 1928, gestorben am 15. März 1993
5 WM-Spiele
Nationalmannschaftskarriere gesamt:
21 Länderspiele von 1953 – 1959.
Verein bei WM: SpVgg. Fürth.

Jahr	Gegner	Ergebnis	Einsatzzeit	Tore	bes. Vorkommnisse
1954	Türkei	4:1	90 Min	0	
1954	Türkei	7:2	90 Min	0	
1954	Jugoslawien	2:0	90 Min	0	
1954	Österreich	6:1	90 Min	0	
1954	Ungarn	3:2	90 Min	0	

SEPP MAIER

Geboren am 28. Februar 1944
18 WM-Spiele
Nationalmannschaftskarriere gesamt:
95 Länderspiele von 1966 – 1978.
Vereine bei WM: 1966 – 1978 Bayern München.

Jahr	Gegner	Ergebnis	Einsatzzeit	Tore*	bes. Vorkommnisse
1970	Marokko	2:1	90 Min	1	
1970	Bulgarien	5:2	90 Min	2	
1970	Peru	3:1	90 Min	1	
1970	England	3:2 n.V.	120 Min	2	
1970	Italien	3:4 n.V.	120 Min	4	
1974	Chile	1:0	90 Min	0	
1974	Australien	3:0	90 Min	0	
1974	DDR	0:1	90 Min	1	
1974	Jugoslawien	2:0	90 Min	0	
1974	Schweden	4:2	90 Min	2	
1974	Polen	1:0	90 Min	0	
1974	Holland	2:1	90 Min	1	
1978	Polen	0:0	90 Min	0	
1978	Mexiko	6:0	90 Min	0	
1978	Tunesien	0:0	90 Min	0	
1978	Italien	0:0	90 Min	0	
1978	Holland	2:2	90 Min	2	Gelbe Karte
1978	Österreich	2:3	90 Min	3	

MANFRED MANGLITZ

Geboren am 8. März 1940
0 WM-Spiele
Nationalmannschaftskarriere gesamt:
4 Länderspiele von 1965 – 1970.
Verein bei WM 1970: 1. FC Köln.

OLAF MARSCHALL

Geboren am 19. März 1966
1 WM-Spiel
Nationalmannschaftskarriere gesamt: 17 Länderspiele von 1985 – 1999, davon 4 Länderspiele für die DDR.
Verein bei WM: 1. FC Kaiserslautern.

Jahr	Gegner	Ergebnis	Einsatzzeit	Tore	bes. Vorkommnisse
1998	Kroatien	0:3	11 Min	0	

LOTHAR MATTHÄUS

Geboren am 21. März 1961
25 WM-Spiele. Nationalmannschaftskarriere gesamt: 150 Länderspiele von 1980 – 2000. Vereine bei WM: 1982 Borussia Mönchengladbach, 1986, 1994, 1998 Bayern München, 1990 Inter Mailand.

Jahr	Gegner	Ergebnis	Einsatzzeit	Tore	bes. Vorkommnisse
1982	Chile	4:1	29 Min	0	
1982	Österreich	1:0	24 Min	0	
1986	Uruguay	1:1	71 Min	0	
1986	Schottland	2:1	90 Min	0	
1986	Dänemark	0:2	90 Min	0	
1986	Marokko	1:0	90 Min	1	
1986	Mexiko	4:1 n.E.	120 Min	0	Gelbe Karte/Elfer verwand.
1986	Frankreich	2:0	90 Min	0	
1986	Argentinien	2:3	90 Min	0	Gelbe Karte
1990	Jugoslawien	4:1	90 Min	2	
1990	Ver. Arab. Emirate	5:1	90 Min	1	
1990	Kolumbien	1:1	90 Min	0	
1990	Holland	2:1	90 Min	0	Gelbe Karte
1990	Tschechoslowakei	1:0	90 Min	1	
1990	England	5:4 n.E.	120 Min	0	Elfmeter verwandelt
1990	Argentinien	1:0	90 Min	0	
1994	Bolivien	1:0	90 Min	0	
1994	Spanien	1:1	90 Min	0	
1994	Südkorea	3:2	64 Min	0	
1994	Belgien	3:2	45 Min	0	
1994	Bulgarien	1:2	90 Min	1	
1998	Jugoslawien	2:2	45 Min	0	Gelbe Karte
1998	Iran	2:0	90 Min	0	
1998	Mexiko	2:1	90 Min	0	Gelbe Karte
1998	Kroatien	0:3	90 Min	0	

PAUL MEBUS

Geboren am 9. Juni 1920,
gestorben am 12. Dezember 1993
1 WM-Spiel
Nationalmannschaftskarriere gesamt: 6 Länderspiele von 1951 – 1954. Verein bei WM: 1. FC Köln.

Jahr	Gegner	Ergebnis	Einsatzzeit	Tore	bes. Vorkommnisse
1954	Ungarn	3:8	90 Min	0	

CHRISTOPH METZELDER

Geboren am 5. November 1980
7 WM-Spiele
Nationalmannschaftskarriere gesamt:
19 Länderspiele von 2001 – 1. April 2006.
Verein bei WM: Borussia Dortmund.

Jahr	Gegner	Ergebnis	Einsatzzeit	Tore	bes. Vorkommnisse
2002	Saudi-Arabien	8:0	90 Min	0	
2002	Irland	1:1	90 Min	0	
2002	Kamerun	2:0	90 Min	0	
2002	Paraguay	1:0	60 Min	0	
2002	USA	1:0	90 Min	0	
2002	Südkorea	1:0	90 Min	0	
2002	Brasilien	0:2	90 Min	0	

KARL-HEINZ METZNER

Geboren am 9. Januar 1923,
gestorben am 25. Oktober 1994
0 WM-Spiele
Nationalmannschaftskarriere gesamt: 2 Länderspiele von 1952 – 1953. Verein bei WM 1954: Hessen Kassel.

FRANK MILL

Geboren am 23. Juli 1958
0 WM-Spiele
Nationalmannschaftskarriere gesamt:
17 Länderspiele von 1982 – 1990.
Verein bei WM 1990: Borussia Dortmund.

HANS MOCK

Geboren am 9. Dezember 1906,
gestorben am 22. Mai 1983
1 WM-Spiel, Nationalmannschaftskarriere gesamt: 5 Länderspiele von 1938 – 1942. (12 für Österreich 1929 – 1938). Verein bei WM: Austria Wien.

Jahr	Gegner	Ergebnis	Einsatzzeit	Tore	bes. Vorkommnisse
1938	Schweiz	1:1 n.V.	120 Min	0	

ANDREAS MÖLLER

Geboren am 2. September 1967
9 WM-Spiele
Nationalmannschaftskarriere gesamt: 85 Länderspiele von 1988 – 1999. Vereine bei WM: 1990, 1998 Borussia Dortmund, 1994 Juventus Turin.

Jahr	Gegner	Ergebnis	Einsatzzeit	Tore	bes. Vorkommnisse
1990	Jugoslawien	4:1	16 Min	0	
1990	Tschechoslowakei	1:0	7 Min	0	
1994	Bolivien	1:0	90 Min	0	Gelbe Karte
1994	Spanien	1:1	61 Min	0	
1994	Südkorea	3:2	26 Min	0	
1994	Bulgarien	1:2	90 Min	0	
1998	USA	2:0	88 Min	1	
1998	Jugoslawien	2:2	58 Min	0	
1998	Mexiko	2:1	32 Min	0	

MAX MORLOCK

Geboren am 11. Mai 1925,
gestorben am 10. September 1994
5 WM-Spiele
Nationalmannschaftskarriere gesamt: 26 Länderspiele von 1950 – 1958. Verein bei WM: 1. FC Nürnberg.

Jahr	Gegner	Ergebnis	Einsatzzeit	Tore	bes. Vorkommnisse
1954	Türkei	4:1	90 Min	1	
1954	Türkei	7:2	90 Min	3	
1954	Jugoslawien	2:0	90 Min	0	
1954	Österreich	6:1	90 Min	1	
1954	Ungarn	3:2	90 Min	1	

DIETER MÜLLER

Geboren am 1. April 1954
4 WM-Spiele
Nationalmannschaftskarriere gesamt:
12 Länderspiele von 1976 – 1978.
Verein bei WM: 1. FC Köln.

Jahr	Gegner	Ergebnis	Einsatzzeit	Tore	bes. Vorkommnisse
1978	Mexiko	6:0	90 Min	1	
1978	Tunesien	0:0	90 Min	0	
1978	Holland	2:2	90 Min	1	
1978	Österreich	2:3	60 Min	0	

GERD MÜLLER

Geboren am 3. November 1945
13 WM-Spiele
Nationalmannschaftskarriere gesamt:
62 Länderspiele von 1966 – 1974.
Verein bei WM 1970, 1974: Bayern München.

Jahr	Gegner	Ergebnis	Einsatzzeit	Tore	bes. Vorkommnisse
1970	Marokko	2:1	90 Min	1	
1970	Bulgarien	5:2	90 Min	3	
1970	Peru	3:1	90 Min	3	
1970	England	3:2 n.V.	120 Min	1	
1970	Italien	3:4 n.V.	120 Min	2	Gelbe Karte
1970	Uruguay	1:0	90 Min	0	
1974	Chile	1:0	90 Min	0	
1974	Australien	3:0	90 Min	1	
1974	DDR	0:1	90 Min	0	
1974	Jugoslawien	2:0	90 Min	1	
1974	Schweden	4:2	90 Min	0	
1974	Polen	1:0	90 Min	1	
1974	Holland	2:1	90 Min	1	

HANSI MÜLLER

Geboren am 27. Juli 1957
6 WM-Spiele
Nationalmannschaftskarriere gesamt:
42 Länderspiele von 1978 – 1983.
Vereine bei WM 1978, 1982: VfB Stuttgart.

Jahr	Gegner	Ergebnis	Einsatzzeit	Tore	bes. Vorkommnisse
1978	Polen	0:0	90 Min	0	
1978	Mexiko	6:0	90 Min	1	
1978	Tunesien	0:0	90 Min	0	
1978	Österreich	2:3	45 Min	0	
1982	England	0:0	74 Min	0	
1982	Italien	1:3	20 Min	0	

REINHOLD MÜNZENBERG

Geboren am 25. Januar 1909,
gestorben am 25. Juni 1986
1 WM-Spiel. Nationalmannschaftskarriere gesamt:
41 Länderspiele von 1930 – 1939.
Verein bei WM 1934, 1938: Alemannia Aachen.

Jahr	Gegner	Ergebnis	Einsatzzeit	Tore	bes. Vorkommnisse
1934	Österreich	3:2	90 Min	0	

GÜNTER NETZER

Geboren am 14. September 1944
1 WM-Spiel
Nationalmannschaftskarriere gesamt:
37 Länderspiele von 1965 – 1975.
Verein bei WM: Real Madrid.

Jahr	Gegner	Ergebnis	Einsatzzeit	Tore	bes. Vorkommnisse
1974	DDR	0:1	20 Min	0	

LEOPOLD NEUMER

Geboren am 8. Februar 1919,
gestorben am 19. März 1990
1 WM-Spiel, Nationalmannschaftskarriere gesamt:
1 Länderspiel 1938 (4 für Österreich 1937 – 1946).
Verein bei WM: Austria Wien.

Jahr	Gegner	Ergebnis	Einsatzzeit	Tore	bes. Vorkommnisse
1938	Schweiz	2:4	90 Min	0	

OLIVER NEUVILLE

Geboren am 1. Mai 1973
6 WM-Spiele
Nationalmannschaftskarriere gesamt:
52 Länderspiele von 1998 – 1. April 2006.
Verein bei WM: Bayer Leverkusen.

Jahr	Gegner	Ergebnis	Einsatzzeit	Tore	bes. Vorkommnisse
2002	Saudi-Arabien	8:0	13 Min	0	
2002	Kamerun	2:0	6 Min	0	
2002	Paraguay	1:0	89 Min	1	
2002	USA	1:0	80 Min	0	
2002	Südkorea	1:0	88 Min	0	Gelbe Karte
2002	Brasilien	0:2	90 Min	0	

NORBERT NIGBUR

Geboren am 8. Mai 1948
0 WM-Spiele
Nationalmannschaftskarriere gesamt:
6 Länderspiele von 1974 – 1980.
Verein bei WM 1974: FC Schalke 04.

RUDOLF NOACK

Geboren am 30. März 1913, gestorben am 30. Juni 1947
1 WM-Spiel
Nationalmannschaftskarriere gesamt:
3 Länderspiele von 1934 – 1937.
Verein bei WM: Hamburger SV.

Jahr	Gegner	Ergebnis	Einsatzzeit	Tore	bes. Vorkommnisse
1934	Tschechoslowakei	1:3	90 Min	1	

HANS NOWAK

Geboren am 9. August 1937
4 WM-Spiele
Nationalmannschaftskarriere gesamt:
15 Länderspiele von 1961 – 1964.
Verein bei WM: FC Schalke 04.

Jahr	Gegner	Ergebnis	Einsatzzeit	Tore	bes. Vorkommnisse
1962	Italien	0:0	90 Min	0	
1962	Schweiz	2:1	90 Min	0	
1962	Chile	2:0	90 Min	0	
1962	Jugoslawien	0:1	90 Min	0	

HERMANN NUBER

Geboren am 10. Oktober 1935
0 WM-Spiele
Nationalmannschaftskarriere gesamt:
0 Länderspiele.
Verein bei WM 1958: Kickers Offenbach.

WOLFGANG OVERATH

Geboren am 29. September 1943
19 WM-Spiele
Nationalmannschaftskarriere gesamt:
81 Länderspiele von 1963 – 1974.
Verein bei WM 1966 – 1974: 1. FC Köln.

Jahr	Gegner	Ergebnis	Einsatzzeit	Tore	bes. Vorkommnisse
1966	Schweiz	5:0	90 Min	0	
1966	Argentinien	0:0	90 Min	0	
1966	Spanien	2:1	90 Min	0	
1966	Uruguay	4:0	90 Min	0	
1966	Sowjetunion	2:1	90 Min	0	
1966	England	2:4 n.V.	120 Min	0	
1970	Marokko	2:1	90 Min	0	
1970	Bulgarien	5:2	90 Min	0	
1970	Peru	3:1	90 Min	0	
1970	England	3:2 n.V.	120 Min	0	Gelbe Karte
1970	Italien	3:4 n.V.	120 Min	0	Gelbe Karte
1970	Uruguay	1:0	90 Min	1	
1974	Chile	1:0	76 Min	0	
1974	Australien	3:0	90 Min	1	
1974	DDR	0:1	70 Min	0	
1974	Jugoslawien	2:0	90 Min	0	Gelbe Karte
1974	Schweden	4:2	90 Min	1	
1974	Polen	1:0	90 Min	0	
1974	Holland	2:1	90 Min	0	

BERND PATZKE

Geboren am 14. März 1943
3 WM-Spiele
Nationalmannschaftskarriere gesamt: 24 Länderspiele von 1965 – 1971. Vereine bei WM: 1966 TSV 1860 München, 1970 Hertha BSC.

Jahr	Gegner	Ergebnis	Einsatzzeit	Tore	bes. Vorkommnisse
1970	Peru	3:1	45 Min	0	
1970	Italien	3:4 n.V.	66 Min	0	
1970	Uruguay	1:0	90 Min	0	

WOLFGANG PAUL

Geboren am 25. Januar 1940
0 WM-Spiele
Nationalmannschaftskarriere gesamt:
0 Länderspiele.
Verein bei WM 1966: Borussia Dortmund.

JOHANN PESSER

Geboren am 7. November 1911,
gestorben am 12. August 1986
1 WM-Spiel, Nationalmannschaftskarriere gesamt:
12 Länderspiele von 1938 – 1940 (8 für Österreich 1935 – 1937). Verein bei WM: Rapid Wien.

Jahr	Gegner	Ergebnis	Einsatzzeit	Tore	bes. Vorkommnisse
1938	Schweiz	1:1 n.V.	96 Min	0	Platzverweis Revanchefoul

WOLFGANG PETERS

Geboren am 8. Januar 1929,
gestorben am 22. September 2003
0 WM-Spiele
Nationalmannschaftskarriere gesamt: 1 Länderspiel 1957.
Verein bei WM 1958: Borussia Dortmund.

ALFRED PFAFF

Geboren am 16. Juli 1926
1 WM-Spiel
Nationalmannschaftskarriere gesamt:
7 Länderspiele von 1953 – 1956.
Verein bei WM: Eintracht Frankfurt.

Jahr	Gegner	Ergebnis	Einsatzzeit	Tore	bes. Vorkommnisse
1954	Ungarn	3:8	90 Min	1	

HANS PFLÜGLER

Geboren am 27. März 1960
1 WM-Spiel
Nationalmannschaftskarriere gesamt:
11 Länderspiele von 1987 – 1990.
Verein bei WM: Bayern München.

Jahr	Gegner	Ergebnis	Einsatzzeit	Tore	bes. Vorkommnisse
1990	Kolumbien	1:1	90 Min	0	

JÜRGEN POMMERENKE

Geboren am 21. Januar 1953
3 WM-Spiele für die DDR
Nationalmannschaftskarriere gesamt für die DDR:
57 Länderspiele von 1972 – 1983.
Verein bei WM: 1. FC Magdeburg.

Jahr	Gegner	Ergebnis	Einsatzzeit	Tore	bes. Vorkommnisse
1974	Australien	2:0	90 Min	0	
1974	Holland	0:2	90 Min	0	
1974	Argentinien	1:1	90 Min	0	

JUPP POSIPAL

Geboren am 20. Juni 1927,
gestorben am 21. Februar 1997
5 WM-Spiele
Nationalmannschaftskarriere gesamt: 32 Länderspiele von 1951 – 1956. Verein bei WM: Hamburger SV.

Jahr	Gegner	Ergebnis	Einsatzzeit	Tore	bes. Vorkommnisse
1954	Türkei	4:1	90 Min	0	
1954	Ungarn	3:8	90 Min	0	
1954	Türkei	7:2	90 Min	0	
1954	Österreich	6:1	90 Min	0	
1954	Ungarn	3:2	90 Min	0	

RUDOLF RAFTL

Geboren am 7. Febraur 1911, gestorben am 5. September 1994, 2 WM-Spiele. Nationalmannschaftskarriere gesamt: 6 Länderspiele von 1938 – 1940 (6 für Österreich 1933 – 1938). Verein bei WM 1934 (im Aufgebot Österreichs), 1938: Rapid Wien.

Jahr	Gegner	Ergebnis	Einsatzzeit	Tore*	bes. Vorkommnisse
1938	Schweiz	1:1 n.V.	120 Min	1	
1938	Schweiz	2:4	90 Min	4	

HELMUT RAHN

Geboren am 16. August 1929,
gestorben am 13. August 2003
10 WM-Spiele. Nationalmannschaftskarriere gesamt:
40 Länderspiele von 1951 – 1960.
Verein bei WM 1954, 1958: Rot-Weiß Essen.

Jahr	Gegner	Ergebnis	Einsatzzeit	Tore	bes. Vorkommnisse
1954	Ungarn	3:8	90 Min	1	
1954	Jugoslawien	2:0	90 Min	1	
1954	Österreich	6:1	90 Min	0	
1954	Ungarn	3:2	90 Min	2	
1958	Argentinien	3:1	90 Min	2	
1958	Tschechoslowakei	2:2	90 Min	1	

Das einzige Tor von Oliver Neuville (Nr. 7) bei der WM 2002 war extrem wichtig. Es war der 1:0-Siegtreffer im Achtelfinale gegen Paraguay. In der 88. Minute traf der Stürmer nach einer Flanke von Schneider, rechts läuft Miroslav Klose. Neuville kam in Japan und Südkorea in sechs der sieben Partien zum Einsatz, aber nur im Finale spielte er durch

1958 Nordirland	2:2	90 Min	1	
1958 Jugoslawien	1:0	90 Min	1	
1958 Schweden	1:3	90 Min	0	
1958 Frankreich	3:6	90 Min	1	

UWE RAHN

Geboren am 21. Mai 1962
0 WM-Spiele
Nationalmannschaftskarriere gesamt:
14 Länderspiele von 1984 – 1987.
Verein bei WM 1986: Borussia Mönchengladbach.

CARSTEN RAMELOW

Geboren am 20. März 1974
5 WM-Spiele
Nationalmannschaftskarriere gesamt:
46 Länderspiele von 1998 – 2004.
Verein bei WM: Bayer Leverkusen.

Jahr Gegner	Ergebnis	Einsatzzeit	Tore	bes. Vorkommnisse
2002 Saudi-Arabien	8:0	45 Min	0	
2002 Irland	1:1	90 Min	0	
2002 Kamerun	2:0	40 Min	0	Gelb-Rote Karte
2002 Südkorea	1:0	90 Min	0	
2002 Brasilien	0:2	90 Min	0	

MARKO REHMER

Geboren am 29. April 1972
1 WM-Spiel
Nationalmannschaftskarriere gesamt:
35 Länderspiele von 1998 – 2003.
Verein bei WM: Hertha BSC.

Jahr Gegner	Ergebnis	Einsatzzeit	Tore	bes. Vorkommnisse
2002 Paraguay	1:0	45 Min	0	

UWE REINDERS

Geboren am 19. Januar 1955
3 WM-Spiele
Nationalmannschaftskarriere gesamt:
4 Länderspiele 1982.
Verein bei WM: Werder Bremen.

Jahr Gegner	Ergebnis	Einsatzzeit	Tore	bes. Vorkommnisse
1982 Chile	4:1	12 Min	1	
1982 England	0:0	63 Min	0	
1982 Spanien	2:1	45 Min	0	

STEFAN REUTER

Geboren am 16. Oktober 1966
7 WM-Spiele
Nationalmannschaftskarriere gesamt: 69 Länderspiele von 1987 – 1998. Vereine bei WM: 1990 Bayern München, 1998 Borussia Dortmund.

Jahr Gegner	Ergebnis	Einsatzzeit	Tore	bes. Vorkommnisse
1990 Jugoslawien	4:1	90 Min	0	
1990 Ver. Arab. Emirate	5:1	90 Min	0	
1990 Kolumbien	1:1	90 Min	0	
1990 Holland	2:1	90 Min	0	
1990 England	5:4 n.E.	53 Min	0	
1990 Argentinien	1:0	16 Min	0	
1998 USA	2:0	67 Min	0	

LARS RICKEN

Geboren am 10. Juli 1976
0 WM-Spiele
Nationalmannschaftskarriere gesamt:
16 Länderspiele von 1997 – 2002.
Verein bei WM 2002: Borussia Dortmund.

* Bei Torhütern Gegentore

Deutschlands Torwart Harald »Toni« Schumacher wurde bei den WM-Endrunden 1982 und 1986 zum Elfmeterhelden. Im Halbfinale 1982 (Foto) gegen Frankreich parierte er die Elfmeter von Didier Six und Maxime Bossis. Im Viertelfinale 1986 gegen Mexiko scheiterten Fernando Quirarte Gutíerrez und Raúl Servín Monetti an Schumacher

KARLHEINZ RIEDLE

Geboren am 16. September 1965
6 WM-Spiele
Nationalmannschaftskarriere gesamt: 42 Länderspiele von 1988 – 1994. Vereine bei WM: 1990 Werder Bremen, 1994 Borussia Dortmund.

Jahr	Gegner	Ergebnis	Einsatzzeit	Tore	bes. Vorkommnisse
1990	Ver. Arab. Emirate	5:1	18 Min	0	
1990	Holland	2:1	11 Min	0	
1990	Tschechoslowakei	1:0	90 Min	0	
1990	England	5:4 n.E.	82 Min	0	Elfmeter verwandelt
1994	Bolivien	1:0	60 Min	0	
1994	Südkorea	3:2	90 Min	1	

ROLF RÜSSMANN

Geboren am 13. Oktober 1950
6 WM-Spiele
Nationalmannschaftskarriere gesamt: 20 Länderspiele von 1977 – 1978. Verein bei WM: FC Schalke 04.

Jahr	Gegner	Ergebnis	Einsatzzeit	Tore	bes. Vorkommnisse
1978	Polen	0:0	90 Min	0	
1978	Mexiko	6:0	90 Min	0	
1978	Tunesien	0:0	90 Min	0	
1978	Italien	0:0	90 Min	0	
1978	Holland	2:2	90 Min	0	
1978	Österreich	2:3	90 Min	0	

WOLFGANG ROLFF

Geboren am 26. Dezember 1959
2 WM-Spiele
Nationalmannschaftskarriere gesamt: 37 Länderspiele von 1983 – 1989. Verein bei WM: Hamburger SV.

Jahr	Gegner	Ergebnis	Einsatzzeit	Tore	bes. Vorkommnisse
1986	Dänemark	0:2	45 Min	0	
1986	Frankreich	2:0	90 Min	0	

KARL-HEINZ RUMMENIGGE

Geboren am 25. September 1955
19 WM-Spiele
Nationalmannschaftskarriere gesamt: 95 Länderspiele von 1976 – 1986. Vereine bei WM: 1978, 1982 Bayern München, 1986 Inter Mailand.

Jahr	Gegner	Ergebnis	Einsatzzeit	Tore	bes. Vorkommnisse
1978	Mexiko	6:0	90 Min	2	
1978	Tunesien	0:0	90 Min	0	
1978	Italien	0:0	90 Min	0	
1978	Holland	2:2	90 Min	0	
1978	Österreich	2:3	90 Min	1	
1982	Algerien	1:2	90 Min	1	
1982	Chile	4:1	90 Min	3	
1982	Österreich	1:0	66 Min	0	
1982	England	0:0	90 Min	0	
1982	Spanien	2:1	45 Min	0	
1982	Frankreich	8:7 n.E.	34 Min	1	Elfmeter verwandelt
1982	Italien	1:3	70 Min	0	
1986	Uruguay	1:1	19 Min	0	
1986	Schottland	2:1	14 Min	0	
1986	Dänemark	0:2	19 Min	0	
1986	Marokko	1:0	90 Min	0	
1986	Mexiko	4:1 n.E.	58 Min	0	
1986	Frankreich	2:0	58 Min	0	
1986	Argentinien	2:3	90 Min	1	

MATTHIAS SAMMER

Geboren am 5. September 1967
4 WM-Spiele
Nationalmannschaftskarriere gesamt: 74 Länderspiele von 1986 – 1997, davon 23 Länderspiele für die DDR. Verein bei WM: Borussia Dortmund.

Jahr	Gegner	Ergebnis	Einsatzzeit	Tore	bes. Vorkommnisse
1994	Bolivien	1:0	90 Min	0	
1994	Spanien	1:1	90 Min	0	
1994	Südkorea	3:2	90 Min	0	
1994	Belgien	3:2	90 Min	0	

GÜNTER SAWITZKI

Geboren am 22. November 1932
0 WM-Spiele
Nationalmannschaftskarriere gesamt:
10 Länderspiele von 1956 – 1963.
Vereine bei WM: 1958, 1962 VfB Stuttgart.

HANS SCHÄFER

Geboren am 19. Oktober 1927
15 WM-Spiele
Nationalmannschaftskarriere gesamt:
39 Länderspiele von 1952 – 1962.
Verein bei WM 1954 – 1962: 1. FC Köln.

Jahr	Gegner	Ergebnis	Einsatzzeit	Tore	bes. Vorkommnisse
1954	Türkei	4:1	90 Min	1	
1954	Türkei	7:2	90 Min	2	
1954	Jugoslawien	2:0	90 Min	0	
1954	Österreich	6:1	90 Min	1	
1954	Ungarn	3:2	90 Min	0	
1958	Argentinien	3:1	90 Min	0	
1958	Tschechoslowakei	2:2	90 Min	1	
1958	Nordirland	2:2	90 Min	0	
1958	Jugoslawien	1:0	90 Min	0	
1958	Schweden	1:3	90 Min	1	
1958	Frankreich	3:6	90 Min	1	
1962	Italien	0:0	90 Min	0	
1962	Schweiz	2:1	90 Min	0	
1962	Chile	2:0	90 Min	0	
1962	Jugoslawien	0:1	90 Min	0	

WILLIBALD SCHMAUS

Geboren am 16. Juni 1911, gestorben am 26. April 1979
1 WM-Spiel, Nationalmannschaftskarriere gesamt:
10 Länderspiele von 1938 – 1942 (15 für Österreich 1935 – 1937). Verein bei WM 1934 (im Aufgebot Österreichs), 1938: Vienna Wien.

Jahr	Gegner	Ergebnis	Einsatzzeit	Tore	bes. Vorkommnisse
1938	Schweiz	1:1 n.V.	120 Min	0	

ALFRED SCHMIDT

Geboren am 5. September 1935
2 WM-Spiele
Nationalmannschaftskarriere gesamt: 25 Länderspiele von 1957 – 1964.
Verein bei WM: Borussia Dortmund.

Jahr	Gegner	Ergebnis	Einsatzzeit	Tore	bes. Vorkommnisse
1958	Argentinien	3:1	90 Min	0	
1958	Jugoslawien	1:0	90 Min	0	

BERND SCHNEIDER

Geboren am 17. November 1973
7 WM-Spiele
Nationalmannschaftskarriere gesamt:
61 Länderspiele von 1999 – 1. April 2006.
Verein bei WM: Bayer Leverkusen.

Jahr	Gegner	Ergebnis	Einsatzzeit	Tore	bes. Vorkommnisse
2002	Saudi-Arabien	8:0	90 Min	1	
2002	Irland	1:1	89 Min	0	
2002	Kamerun	2:0	80 Min	0	
2002	Paraquay	1:0	90 Min	0	Gelbe Karte
2002	USA	1:0	59 Min	0	
2002	Südkorea	1:0	85 Min	0	
2002	Brasilien	0:2	90 Min	0	

KARL-HEINZ SCHNELLINGER

Geboren am 31. März 1939
17 WM-Spiele
Nationalmannschaftskarriere gesamt:
47 Länderspiele von 1958 – 1971. Vereine bei WM: 1958 Düren 99, 1962 1. FC Köln, 1966, 1970 AC Mailand.

Jahr	Gegner	Ergebnis	Einsatzzeit	Tore	bes. Vorkommnisse
1958	Tschechoslowakei	2:2	90 Min	0	
1958	Frankreich	3:6	90 Min	0	
1962	Italien	0:0	90 Min	0	
1962	Schweiz	2:1	90 Min	0	
1962	Chile	2:0	90 Min	0	
1962	Jugoslawien	0:1	90 Min	0	
1966	Schweiz	5:0	90 Min	0	
1966	Argentinien	0:0	90 Min	0	
1966	Spanien	2:1	90 Min	0	
1966	Uruguay	4:0	90 Min	0	
1966	Sowjetunion	2:1	90 Min	0	
1966	England	2:4 n.V.	120 Min	0	
1970	Bulgarien	5:2	90 Min	0	
1970	Peru	3:1	90 Min	0	
1970	England	3:2 n.V.	120 Min	0	
1970	Italien	3:4 n.V.	120 Min	1	
1970	Uruguay	1:0	45 Min	0	

RÜDIGER SCHNUPHASE

Geboren am 23. Januar 1954
2 WM-Spiele für die DDR
Nationalmannschaftskarriere gesamt für die DDR:
45 Länderspiele von 1973 – 1983.
Verein bei WM: Rot-Weiß Erfurt.

Jahr	Gegner	Ergebnis	Einsatzzeit	Tore	bes. Vorkommnisse
1974	Holland	0:2	90 Min	0	
1974	Argentinien	1:1	90 Min	0	

WILLI SCHULZ

Geboren am 4. Oktober 1938
13 WM-Spiele
Nationalmannschaftskarriere gesamt: 66 Länderspiele von 1959 – 1970. Vereine bei WM: 1962 Schalke 04, 1966, 1970 Hamburger SV.

Jahr	Gegner	Ergebnis	Einsatzzeit	Tore	bes. Vorkommnisse
1962	Italien	0:0	90 Min	0	
1962	Schweiz	2:1	90 Min	0	
1962	Chile	2:0	90 Min	0	
1962	Jugoslawien	0:1	90 Min	0	
1966	Schweiz	5:0	90 Min	0	
1966	Argentinien	0:0	90 Min	0	
1966	Spanien	2:1	90 Min	0	
1966	Uruguay	4:0	90 Min	0	
1966	Sowjetunion	2:1	90 Min	0	
1966	England	2:4 n.V.	120 Min	0	
1970	Marokko	2:1	90 Min	0	
1970	England	3:2 n.V.	75 Min	0	
1970	Italien	3:4 n.V.	120 Min	0	

TONI SCHUMACHER

Geboren am 6. März 1954
14 WM-Spiele
Nationalmannschaftskarriere gesamt:
76 Länderspiele von 1979 – 1986.
Verein bei WM 1982, 1986: 1. FC Köln.

Jahr	Gegner	Ergebnis	Einsatzzeit	Tore*	bes. Vorkommnisse
1982	Algerien	1:2	90 Min	2	
1982	Chile	4:1	90 Min	1	
1982	Österreich	1:0	90 Min	0	
1982	England	0:0	90 Min	0	
1982	Spanien	2:1	90 Min	1	
1982	Frankreich	8:7 n.E.	120 Min	3	Zwei Elfmeter gehalten
1982	Italien	1:3	90 Min	3	
1986	Uruguay	1:1	90 Min	1	
1986	Schottland	2:1	90 Min	1	
1986	Dänemark	0:2	90 Min	2	
1986	Marokko	1:0	90 Min	0	
1986	Mexiko	4:1 n.E.	120 Min	0	Zwei Elfmeter gehalten
1986	Frankreich	2:0	90 Min	0	
1986	Argentinien	2:3	90 Min	3	

HANS SCHWARTZ

Geboren am 1. März 1913, gestorben am 31. Mai 1991
1 WM-Spiel
Nationalmannschaftskarriere gesamt:
2 Länderspiele 1934.
Verein bei WM: Victoria Hamburg.

Jahr	Gegner	Ergebnis	Einsatzzeit	Tore	bes. Vorkommnisse
1934	Belgien	5:2	90 Min	0	

HANS-GEORG SCHWARZENBECK

Geboren am 3. April 1948
7 WM-Spiele. Nationalmannschaftskarriere gesamt:
44 Länderspiele von 1971 – 1978.
Verein bei WM 1974, 1978: Bayern München.

Jahr	Gegner	Ergebnis	Einsatzzeit	Tore	bes. Vorkommnisse
1974	Chile	1:0	90 Min	0	
1974	Australien	3:0	90 Min	0	
1974	DDR	0:1	69 Min	0	
1974	Jugoslawien	2:0	90 Min	0	
1974	Schweden	4:2	90 Min	0	
1974	Polen	1:0	90 Min	0	
1974	Holland	2:1	90 Min	0	

UWE SEELER

Geboren am 5. November 1936
21 WM-Spiele
Nationalmannschaftskarriere gesamt:
72 Länderspiele von 1954 – 1970.
Verein bei WM 1958 – 1970: Hamburger SV.

Jahr	Gegner	Ergebnis	Einsatzzeit	Tore	bes. Vorkommnisse
1958	Argentinien	3:1	90 Min	1	
1958	Tschechoslowakei	2:2	90 Min	0	
1958	Nordirland	2:2	90 Min	1	
1958	Jugoslawien	1:0	90 Min	0	
1958	Schweden	1:3	90 Min	0	
1962	Italien	0:0	90 Min	0	
1962	Schweiz	2:1	90 Min	1	
1962	Chile	2:0	90 Min	1	
1962	Jugoslawien	0:1	90 Min	0	
1966	Schweiz	5:0	90 Min	0	
1966	Argentinien	0:0	90 Min	0	
1966	Spanien	2:1	90 Min	1	
1966	Uruguay	4:0	90 Min	1	
1966	Sowjetunion	2:1	90 Min	0	
1966	England	2:4 n.V.	120 Min	0	
1970	Marokko	2:1	90 Min	1	
1970	Bulgarien	5:2	90 Min	1	
1970	Peru	3:1	90 Min	0	
1970	England	3:2 n.V.	120 Min	1	
1970	Italien	3:4 n.V.	120 Min	0	
1970	Uruguay	1:0	90 Min	0	

WOLFGANG SEGUIN

Geboren am 14. September 1945
1 WM-Spiel für die DDR
Nationalmannschaftskarriere gesamt für die DDR:
21 Länderspiele von 1972 – 1975.
Verein bei WM: 1. FC Magdeburg.

Jahr	Gegner	Ergebnis	Einsatzzeit	Tore	bes. Vorkommnisse
1974	Chile	1:1	73 Min	0	

KLAUS-DIETER SIELOFF

Geboren am 27. Februar 1942
0 WM-Spiele
Nationalmannschaftskarriere gesamt: 14 Länderspiele von 1964 – 1971. Vereine bei WM: 1966 VfB Stuttgart, 1970 Borussia Mönchengladbach.

OTTO SIFFLING

Geboren am 3. August 1912,
gestorben am 20. Oktober 1939
4 WM-Spiele. Nationalmannschaftskarriere gesamt: 31 Länderspiele von 1934 – 1938.
Verein bei WM 1934, 1938: Waldhof Mannheim.

Jahr	Gegner	Ergebnis	Einsatzzeit	Tore	bes. Vorkommnisse
1934	Belgien	5:2	90 Min	1	
1934	Schweden	2:1	90 Min	0	
1934	Tschechoslowakei	1:3	90 Min	0	
1934	Österreich	3:2	90 Min	0	

STEFAN SKOUMAL

Geboren am 29. November 1909,
gestorben am 29. November 1983
1 WM-Spiel, Nationalmannschaftskarriere gesamt:
3 Länderspiele von 1938 – 1940 (4 für Österreich 1934 – 1935). Verein bei WM: Rapid Wien.

Jahr	Gegner	Ergebnis	Einsatzzeit	Tore	bes. Vorkommnisse
1938	Schweiz	2:4	90 Min	0	

JÜRGEN SPARWASSER

Geboren am 4. Juni 1948
6 WM-Spiele für die DDR
Nationalmannschaftskarriere gesamt für die DDR:
53 Länderspiele von 1969 – 1977.
Verein bei WM: 1. FC Magdeburg.

Jahr	Gegner	Ergebnis	Einsatzzeit	Tore	bes. Vorkommnisse
1974	Australien	2:0	90 Min	0	
1974	Chile	1:1	90 Min	0	
1974	BR Deutschland	1:0	90 Min	1	Gelbe Karte
1974	Brasilien	0:1	90 Min	0	
1974	Holland	0:2	90 Min	0	
1974	Argentinien	1:1	90 Min	0	Gelbe Karte

* Bei Torhütern Gegentore

ULI STEIN

Geboren am 23. Oktober 1954
0 WM-Spiele
Nationalmannschaftskarriere gesamt:
6 Länderspiele von 1983 – 1986.
Verein bei WM 1986: Hamburger SV.

PAUL STEINER

Geboren am 23. Januar 1957
0 WM-Spiele
Nationalmannschaftskarriere gesamt:
1 Länderspiel 1990.
Verein bei WM 1990: 1. FC Köln.

ULLI STIELIKE

Geboren am 15. November 1954
7 WM-Spiele
Nationalmannschaftskarriere gesamt:
42 Länderspiele von 1975 – 1984.
Verein bei WM: Real Madrid.

Jahr	Gegner	Ergebnis	Einsatzzeit	Tore	bes. Vorkommnisse
1982	Algerien	1:2	90 Min	0	
1982	Chile	4:1	90 Min	0	
1982	Österreich	1:0	90 Min	0	
1982	England	0:0	90 Min	0	Gelbe Karte
1982	Spanien	2:1	90 Min	0	
1982	Frankreich	8:7 n.E.	120 Min	0	Elfmeter verschossen
1982	Italien	1:3	90 Min	0	Gelbe Karte

GEORG STOLLENWERK

Geboren am 19. Dezember 1930
6 WM-Spiele
Nationalmannschaftskarriere gesamt:
23 Länderspiele von 1951 – 1960.
Verein bei WM: 1. FC Köln.

Jahr	Gegner	Ergebnis	Einsatzzeit	Tore	bes. Vorkommnisse
1958	Argentinien	3:1	90 Min	0	
1958	Tschechoslowakei	2:2	90 Min	0	
1958	Nordirland	2:2	90 Min	0	
1958	Jugoslawien	1:0	90 Min	0	
1958	Schweden	1:3	90 Min	0	
1958	Frankreich	3:6	90 Min	0	

JOSEF STREB

Geboren am 16. April 1912
0 WM-Spiele
Nationalmannschaftskarriere gesamt: 0 Länderspiele.
Verein bei WM 1934: Wacker München.

HEINZ STREHL

Geboren am 20. Juli 1938,
gestorben am 11. August 1986
0 WM-Spiele
Nationalmannschaftskarriere gesamt: 4 Länderspiele von 1962 – 1965. Verein bei WM 1962: 1. FC Nürnberg.

JOACHIM STREICH

Geboren am 13. April 1951
4 WM-Spiele für die DDR
Nationalmannschaftskarriere gesamt:
98 Länderspiele von 1969 – 1984.
Verein bei WM: Hansa Rostock.

Jahr	Gegner	Ergebnis	Einsatzzeit	Tore	bes. Vorkommnisse
1974	Australien	2:0	90 Min	1	
1974	Chile	1:1	90 Min	0	
1974	Brasilien	0:1	90 Min	0	Gelbe Karte
1974	Argentinien	1:1	81 Min	1	

JAKOB STREITLE

Geboren am 11. Dezember 1916,
gestorben am 24. Juni 1982
1 WM-Spiel
Nationalmannschaftskarriere gesamt: 15 Länderspiele von 1938 – 1952. Verein bei WM: Bayern München.

Jahr	Gegner	Ergebnis	Einsatzzeit	Tore	bes. Vorkommnisse
1938	Schweiz	2:4	90 Min	0	

JOSEF STROH

Geboren am 5. März 1913, gestorben am 7. Januar 1991
1 WM-Spiel
Nationalmannschaftskarriere gesamt: 4 Länderspiele von 1938 – 1939 (17 für Österreich 1935 – 1948).
Verein bei WM 1934, 1938: Austria Wien.

Jahr	Gegner	Ergebnis	Einsatzzeit	Tore	bes. Vorkommnisse
1938	Schweiz	2:4	90 Min	0	

THOMAS STRUNZ

Geboren am 25. April 1968
3 WM-Spiele
Nationalmannschaftskarriere gesamt:
41 Länderspiele von 1990 – 1999.
Verein bei WM: VfB Stuttgart.

Jahr	Gegner	Ergebnis	Einsatzzeit	Tore	bes. Vorkommnisse
1994	Bolivien	1:0	7 Min	0	
1994	Spanien	1:1	90 Min	0	
1994	Bulgarien	1:2	32 Min	0	

HANS STURM

Geboren am 3. September 1935
2 WM-Spiele
Nationalmannschaftskarriere gesamt:
3 Länderspiele von 1958 – 1962.
Verein bei WM 1958, 1962: 1. FC Köln.

Jahr	Gegner	Ergebnis	Einsatzzeit	Tore	bes. Vorkommnisse
1958	Frankreich	3:6	90 Min	0	
1962	Italien	0:0	90 Min	0	

FRITZ SZEPAN

Geboren am 2. September 1907,
gestorben am 14. Dezember 1974
5 WM-Spiele
Nationalmannschaftskarriere gesamt: 34 Länderspiele von 1929 – 1939. Verein bei WM 1934, 1938: Schalke 04.

Jahr	Gegner	Ergebnis	Einsatzzeit	Tore	bes. Vorkommnisse
1934	Belgien	5:2	90 Min	0	
1934	Schweden	2:1	90 Min	0	
1934	Tschechoslowakei	1:3	90 Min	0	
1934	Österreich	3:2	90 Min	0	
1938	Schweiz	2:4	90 Min	0	

HORST SZYMANIAK

Geboren am 29. August 1934
10 WM-Spiele
Nationalmannschaftskarriere gesamt:
43 Länderspiele von 1956 – 1966.
Vereine bei WM: 1958 Wuppertaler SV, 1962 CC Catania.

Jahr	Gegner	Ergebnis	Einsatzzeit	Tore	bes. Vorkommnisse
1958	Argentinien	3:1	90 Min	0	
1958	Tschechoslowakei	2:2	90 Min	0	
1958	Nordirland	2:2	90 Min	0	
1958	Jugoslawien	1:0	90 Min	0	
1958	Schweden	1:3	90 Min	0	
1958	Frankreich	3:6	90 Min	0	
1962	Italien	0:0	90 Min	0	
1962	Schweiz	2:1	90 Min	0	
1962	Chile	2:0	90 Min	1	
1962	Jugoslawien	0:1	90 Min	0	

MICHAEL TARNAT

Geboren am 27. Oktober 1969
4 WM-Spiele
Nationalmannschaftskarriere gesamt:
19 Länderspiele von 1996 – 1998.
Verein bei WM: Bayern München.

Jahr	Gegner	Ergebnis	Einsatzzeit	Tore	bes. Vorkommnisse
1998	Jugoslawien	2:2	23 Min	0	
1998	Iran	2:0	76 Min	0	
1998	Mexiko	2:1	90 Min	0	Gelbe Karte
1998	Kroatien	0:3	90 Min	0	Gelbe Karte

OLAF THON

Geboren am 1. Mai 1966
5 WM-Spiele
Nationalmannschaftskarriere gesamt: 52 Länderspiele von 1984 – 1998. Vereine bei WM: 1986, 1998 FC Schalke 04, 1990 Bayern München.

Jahr	Gegner	Ergebnis	Einsatzzeit	Tore	bes. Vorkommnisse
1990	Kolumbien	1:1	3 Min	0	
1990	England	5:4 n.E.	120 Min	0	Elfmeter verwandelt
1998	USA	2:0	90 Min	0	
1998	Jugoslawien	2:2	90 Min	0	
1998	Iran	2:0	45 Min	0	

HANS TILKOWSKI

Geboren am 12. Juli 1935
6 WM-Spiele
Nationalmannschaftskarriere gesamt: 39 Länderspiele von 1957 – 1967. Vereine bei WM: 1962 Westfalia Herne, 1966 Borussia Dortmund.

Jahr	Gegner	Ergebnis	Einsatzzeit	Tore*	bes. Vorkommnisse
1966	Schweiz	5:0	90 Min	0	
1966	Argentinien	0:0	90 Min	0	
1966	Spanien	2:1	90 Min	1	
1966	Uruguay	4:0	90 Min	0	
1966	Sowjetunion	2:1	90 Min	1	
1966	England	2:4 n.V.	120 Min	4	

TONI TUREK

Geboren am 18. Januar 1919,
gestorben am 11. Mai 1984
5 WM-Spiele
Nationalmannschaftskarriere gesamt: 20 Länderspiele von 1950 – 1954. Verein bei WM: Fortuna Düsseldorf.

Jahr	Gegner	Ergebnis	Einsatzzeit	Tore*	bes. Vorkommnisse
1954	Türkei	4:1	90 Min	1	
1954	Türkei	7:2	90 Min	2	
1954	Jugoslawien	2:0	90 Min	0	
1954	Österreich	6:1	90 Min	1	
1954	Ungarn	3:2	90 Min	2	

RUDI VÖLLER

Geboren am 13. April 1960
15 WM-Spiele
Nationalmannschaftskarriere gesamt: 90 Länderspiele von 1982 – 1994. Vereine bei WM: 1986 Werder Bremen, 1990 AS Rom, 1994 Olympique Marseille.

Jahr	Gegner	Ergebnis	Einsatzzeit	Tore	bes. Vorkommnisse
1986	Uruguay	1:1	90 Min	0	
1986	Schottland	2:1	90 Min	1	
1986	Dänemark	0:2	90 Min	0	
1986	Marokko	1:0	45 Min	0	
1986	Frankreich	2:0	32 Min	1	
1986	Argentinien	2:3	45 Min	1	
1990	Jugoslawien	4:1	90 Min	1	
1990	Ver. Arab. Emirate	5:1	90 Min	2	
1990	Kolumbien	1:1	90 Min	0	
1990	Holland	2:1	22 Min	0	Rote Karte wg. Rangelei
1990	England	5:4 n.E.	38 Min	0	
1990	Argentinien	1:0	90 Min	0	Gelbe Karte
1994	Spanien	1:1	29 Min	0	
1994	Belgien	3:2	90 Min	2	
1994	Bulgarien	1:2	90 Min	0	Gelbe Karte

EBERHARD VOGEL

Geboren am 8. April 1943
3 WM-Spiele für die DDR
Nationalmannschaftskarriere gesamt für die DDR:
74 Länderspiele von 1962 – 1976.
Verein bei WM: Carl Zeiss Jena.

Jahr	Gegner	Ergebnis	Einsatzzeit	Tore	bes. Vorkommnisse
1974	Australien	2:0	90 Min	0	Gelbe Karte
1974	Chile	1:1	29 Min	0	
1974	Argentinien	1:1	24 Min	0	

DDR-Stürmer Joachim Streich bejubelt sein Tor gegen Argentinien. In der Finalrunde 1974 trennten sich die Ostdeutschen von den Südamerikanern 1:1. Die Argentinier Heredia, Wolff und Bargas (v. l.) schauen entsetzt dem Ball nach, links freut sich Martin Hoffmann mit dem Torschützen. Streich erzielte in vier WM-Partien zwei Tore

BERTI VOGTS

Geboren am 30. Dezember 1946
19 WM-Spiele
Nationalmannschaftskarriere gesamt:
96 Länderspiele von 1967 – 1978.
Verein bei WM 1970 – 1978: Borussia Mönchengladbach.

Jahr	Gegner	Ergebnis	Einsatzzeit	Tore	bes. Vorkommnisse
1970	Marokko	2:1	90 Min	0	
1970	Bulgarien	5:2	90 Min	0	
1970	Peru	3:1	90 Min	0	
1970	England	3:2 n.V.	120 Min	0	
1970	Italien	3:4 n.V.	120 Min	0	
1970	Uruguay	1:0	90 Min	0	
1974	Chile	1:0	90 Min	0	
1974	Australien	3:0	90 Min	0	
1974	DDR	0:1	90 Min	0	
1974	Jugoslawien	2:0	90 Min	0	Gelbe Karte
1974	Schweden	4:2	90 Min	0	
1974	Polen	1:0	90 Min	0	
1974	Holland	2:1	90 Min	0	Gelbe Karte
1978	Polen	0:0	90 Min	0	
1978	Mexiko	6:0	90 Min	0	
1978	Tunesien	0:0	90 Min	0	
1978	Italien	0:0	90 Min	0	
1978	Holland	2:2	90 Min	0	
1978	Österreich	2:3	90 Min	0	

HEINZ VOLLMAR

Geboren am 26. April 1936,
gestorben am 12. Oktober 1987
0 WM-Spiele, Nationalmannschaftskarriere gesamt:
12 Länderspiele von 1956 – 1961 (4 für das Saarland 1955 – 56). Verein bei WM 1962: 1. FC Saarbrücken.

SIEGMAR WÄTZLICH

Geboren am 16. November 1947
4 WM-Spiele für die DDR
Nationalmannschaftskarriere gesamt für die DDR:
24 Länderspiele von 1972 – 1975.
Verein bei WM: Dynamo Dresden.

Jahr	Gegner	Ergebnis	Einsatzzeit	Tore	bes. Vorkommnisse
1974	Australien	2:0	90 Min	0	Gelbe Karte
1974	Chile	1:1	90 Min	0	
1974	BR Deutschland	1:0	90 Min	0	
1974	Brasilien	0:1	90 Min	0	

FRANZ WAGNER

Geboren am 23. September 1911, gestorben am 8. Dezember 1974, 0 WM-Spiele, 4 WM-Spiele für Österreich, Nationalmannschaftskarriere gesamt: 3 Länderspiele 1938 – 1942 (18 für Österreich 1933 – 1936). Verein bei WM 1934, 1938: Rapid Wien.

MARTIN WAGNER

Geboren am 24. Februar 1968
2 WM-Spiele
Nationalmannschaftskarriere gesamt:
6 Länderspiele 1992 – 1994.
Verein bei WM: 1. FC Kaiserslautern.

Jahr	Gegner	Ergebnis	Einsatzzeit	Tore	bes. Vorkommnisse
1994	Belgien	3:2	90 Min	0	Gelbe Karte
1994	Bulgarien	1:2	58 Min	0	Gelbe Karte

* Bei Torhütern Gegentore

Alle deutschen Schiedsrichter

Kurt Tschenscher war als einziger bei drei WM-Endrunden dabei. Aber er leitete nur drei Spiele

Letzter Einsatz bei der WM: Kurt Tschenscher verständigt sich am 3. Juli 1974 mit Brasiliens Star Rivelino. Brasilien verliert mit 0:2 gegen Holland

Name	WM-Jahr	Schiedsrichter	Linienrichter
Aldinger, Heinz	1974	0	2
Beranek, Alois	1938	1	2
Birlem, Alfred	1934	1	1
	1938	1	1
Biwersi, Ferdinand	1974	0	2
	1978	1	2
Dusch, Albert	1958	2	4
	1962	1	3
Eschweiler, Walter	1974	0	2
	1982	1	3
Glöckner, Rudolf*	1970	2	2
	1974	1	2
Heynemann, Bernd	1998	2	0
Kirschen, Siegfried*	1986	2	2
	1990	2	2
Kreitlein, Rudolf	1966	2	1
Krug, Hellmut	1994	2	0
Merk, Markus	2002	2	0
Müller, Heiner	2002	0	4
Ohmsen, Klaus	1974	0	2
Prokop, Adolf*	1978	1	2
	1982	1	3
Roth, Volker	1986	2	2
Schmetzer, Emil	1954	1	2
Schmidhuber, Aaron	1990	2	1
Schneider, Erich	1998	0	3
Schulenburg, Gerhard	1974	1	1
Tschenscher, Kurt	1966	1	1
	1970	1	3
	1974	1	3
Weingärtner, Carl	1938	0	2
Weyland, Hans-Joachim	1974	1	1

* Schiedsrichter des Deutschen Fußball-Verbandes (DFV) der ehemaligen DDR

FRITZ WALTER

Geboren am 31. Oktober 1920,
gestorben am 17. Juni 2002
11 WM-Spiele. Nationalmannschaftskarriere gesamt:
61 Länderspiele von 1940 – 1958.
Verein bei WM 1954, 1958: 1. FC Kaiserslautern.

Jahr	Gegner	Ergebnis	Einsatzzeit	Tore	bes. Vorkommnisse
1954	Türkei	4:1	90 Min	0	
1954	Ungarn	3:8	90 Min	0	
1954	Türkei	7:2	90 Min	1	
1954	Jugoslawien	2:0	90 Min	0	
1954	Österreich	6:1	90 Min	2	
1954	Ungarn	3:2	90 Min	0	
1958	Argentinien	3:1	90 Min	0	
1958	Tschechoslowakei	2:2	90 Min	0	
1958	Nordirland	2:2	90 Min	0	
1958	Jugoslawien	1:0	90 Min	0	
1958	Schweden	1:3	75 Min	0	verletzt ausgeschieden

OTTMAR WALTER

Geboren am 6. März 1924
5 WM-Spiele
Nationalmannschaftskarriere gesamt:
21 Länderspiele von 1950 – 1956.
Verein bei WM: 1. FC Kaiserslautern.

Jahr	Gegner	Ergebnis	Einsatzzeit	Tore	bes. Vorkommnisse
1954	Türkei	4:1	90 Min	1	
1954	Türkei	7:2	90 Min	1	
1954	Jugoslawien	2:0	90 Min	0	
1954	Österreich	6:1	90 Min	2	
1954	Ungarn	3:2	90 Min	0	

WOLFGANG WEBER

Geboren am 26. Juni 1944
8 WM-Spiele
Nationalmannschaftskarriere gesamt:
53 Länderspiele von 1964 – 1974.
Verein bei WM 1966, 1970: 1. FC Köln.

Jahr	Gegner	Ergebnis	Einsatzzeit	Tore	bes. Vorkommnisse
1966	Schweiz	5:0	90 Min	0	
1966	Argentinien	0:0	90 Min	0	
1966	Spanien	2:1	90 Min	0	
1966	Uruguay	4:0	90 Min	0	
1966	Sowjetunion	2:1	90 Min	0	
1966	England	2:4 n.V.	120 Min	1	
1970	Bulgarien	5:2	18 Min	0	
1970	Uruguay	1:0	90 Min	0	

KONRAD WEISE

Geboren am 17. August 1951
6 WM-Spiele für die DDR
Nationalmannschaftskarriere gesamt für die DDR:
86 Länderspiele von 1970 – 1981.
Verein bei WM: Carl Zeiss Jena.

Jahr	Gegner	Ergebnis	Einsatzzeit	Tore	bes. Vorkommnisse
1974	Australien	2:0	90 Min	0	
1974	Chile	1:1	90 Min	0	
1974	BR Deutschland	1:0	90 Min	0	
1974	Brasilien	0:1	90 Min	0	
1974	Holland	0:2	90 Min	0	
1974	Argentinien	1:1	90 Min	0	

JÜRGEN WERNER

Geboren am 15. August 1935,
gestorben am 28. Mai 2002
0 WM-Spiele
Nationalmannschaftskarriere gesamt: 4 Länderspiele von 1961 – 1963. Verein bei WM 1962: Hamburger SV.

HEINZ WEWERS

Geboren am 27. Juli 1927
1 WM-Spiel
Nationalmannschaftskarriere gesamt:
12 Länderspiele von 1951 – 1958.
Verein bei WM: Rot-Weiß Essen.

Jahr	Gegner	Ergebnis	Einsatzzeit	Tore	bes. Vorkommnisse
1958	Frankreich	3:6	90 Min	0	

LEO WILDEN

Geboren am 3. Juli 1936
0 WM-Spiele
Nationalmannschaftskarriere gesamt:
15 Länderspiele von 1960 – 1964.
Verein bei WM 1962: 1. FC Köln.

HERBERT WIMMER

Geboren am 9. November 1944
2 WM-Spiele
Nationalmannschaftskarriere gesamt:
36 Länderspiele von 1968 – 1976.
Verein bei WM: Borussia Mönchengladbach.

Jahr	Gegner	Ergebnis	Einsatzzeit	Tore	bes. Vorkommnisse
1974	Australien	3:0	22 Min	0	
1974	Jugoslawien	2:0	70 Min	0	

CHRISTIAN WÖRNS

Geboren am 10. Mai 1972
5 WM-Spiele
Nationalmannschaftskarriere gesamt:
66 Länderspiele von 1992 – 1. April 2006.
Verein bei WM: Bayer Leverkusen.

Jahr	Gegner	Ergebnis	Einsatzzeit	Tore	bes. Vorkommnisse
1998	USA	2:0	90 Min	0	
1998	Jugoslawien	2:2	90 Min	0	
1998	Iran	2:0	90 Min	0	
1998	Mexiko	2:1	90 Min	0	
1998	Kroatien	0:3	40 Min	0	Rote Karte für grobes Foul

HORST WOLTER

Geboren am 8. Juni 1942
1 WM-Spiel
Nationalmannschaftskarriere gesamt:
13 Länderspiele von 1967 – 1970.
Verein bei WM: Eintracht Braunschweig.

Jahr	Gegner	Ergebnis	Einsatzzeit	Tore*	bes. Vorkommnisse
1970	Uruguay	1:0	90 Min	0	

RONALD WORM

Geboren am 7. Oktober 1953
0 WM-Spiele
Nationalmannschaftskarriere gesamt:
7 Länderspiele von 1975 – 1978.
Verein bei WM 1978: MSV Duisburg.

GERD ZEWE

Geboren am 13. Juni 1950
0 WM-Spiele
Nationalmannschaftskarriere gesamt:
4 Länderspiele von 1978 – 1979.
Verein bei WM 1978: Fortuna Düsseldorf.

CHRISTIAN ZIEGE

Geboren am 1. Februar 1972
9 WM-Spiele
Nationalmannschaftskarriere gesamt: 72 Länderspiele von 1993 – 2004. Vereine bei WM: 1998 AC Mailand, 2002 Tottenham Hotspur.

Jahr	Gegner	Ergebnis	Einsatzzeit	Tore	bes. Vorkommnisse
1998	USA	2:0	23 Min	0	
1998	Jugoslawien	2:2	67 Min	0	
1998	Iran	2:0	14 Min	0	
1998	Mexiko	2:1	52 Min	0	
2002	Saudi-Arabien	8:0	90 Min	0	Gelbe Karte
2002	Irland	1:1	90 Min	0	
2002	Kamerun	2:0	90 Min	0	Gelbe Karte
2002	USA	1:0	90 Min	0	
2002	Brasilien	0:2	6 Min	0	

PAUL ZIELINSKI

Geboren am 20. November 1911,
gestorben am 20. Februar 1966
4 WM-Spiele
Nationalmannschaftskarriere gesamt: 15 Länderspiele von 1934 – 1936. Verein bei WM: Union Hamborn.

Jahr	Gegner	Ergebnis	Einsatzzeit	Tore	bes. Vorkommnisse
1934	Belgien	5:2	90 Min	0	
1934	Schweden	2:1	90 Min	0	
1934	Tschechoslowakei	1:3	90 Min	0	
1934	Österreich	3:2	90 Min	0	

HERBERT ZIMMERMANN

Geboren am 1. Juli 1954
2 WM-Spiele
Nationalmannschaftskarriere gesamt:
14 Länderspiele von 1976 – 1979.
Verein bei WM: 1. FC Köln.

Jahr	Gegner	Ergebnis	Einsatzzeit	Tore	bes. Vorkommnisse
1978	Polen	0:0	90 Min	0	
1978	Italien	0:0	54 Min	0	

* Bei Torhütern Gegentore

ENTSCHEIDUNG *Im Viertelfinale der WM 1998 zeigt Schiedsrichter Pedersen aus Norwegen Deutschlands Abwehrspieler Christian Wörns (Mitte) nach einem Foul am Kroaten Davor Suker die Rote Karte. Es war die 40. Minute beim Stand von 0:0. Am Ende siegten die Kroaten 3:0. Rechts geht Lothar Matthäus*

VON 1934 BIS 2002:
DIE SUPERLATIVE DER DEUTSCHEN WM-GESCHICHTE

Wer erzielte die meisten Tore? Wer kam am häufigsten zum Einsatz? Welcher DFB-Trainer hatte die beste Bilanz? Welche Spieler flogen bei einer WM vom Platz? Die höchsten Siege, die schlimmsten Pleiten. Rekorde aus den 15 WM-Turnieren mit deutscher Beteiligung

EINGENICKT *Miroslav Klose überspringt Abdullah Sulaiman Zubromawi und köpft das 1:0 gegen Saudi-Arabien, links staunt Hussein Sulimani. Am Ende siegten die Deutschen 8:0, drei Treffer erzielte Klose. Dieser Sieg am 1. Juni 2002 war der höchste in der deutschen WM-Geschichte*

REKORDE UND KURIOSITÄTEN

Brüder holen den Titel
Das erste Bruderpaar, das Weltmeister wurde, waren die Deutschen Fritz und Ottmar Walter. Sie gehörten 1954 zu den Helden von Bern.
Mit Bernd und Karlheinz Förster stand ein weiteres deutsches Bruderpaar in einem Finale. Sie unterlagen aber 1982 Italien mit 1:3.

Zwei Treffer in einem Endspiel
Siebenmal standen deutsche Teams in einem WM-Endspiel. Dabei gelang es nur einem deutschen Spieler, in einem Finale zwei Tore zu schießen. Es war Helmut Rahn 1954 gegen Ungarn (3:2).

Helmut Rahn

Tore in zwei WM-Endspielen
Das gelang neben den Brasilianern Vavá und Pelé nur einem Deutschen. Paul Breitner traf beim 2:1-Sieg 1974 gegen Holland und bei der 1:3-Niederlage 1982 gegen Italien.

Mr. Endspiel
Nur der Brasilianer Mario Zagallo und Franz Beckenbauer schafften es, als Spieler und Trainer Weltmeister zu werden. Nur Beckenbauer verlor zudem jeweils ein Finale als Spieler (1966 in England) und Trainer (1986 in Mexiko).

Ältester Weltmeister-Macher
Als Helmut Schön 1974 die Deutschen zur Weltmeisterschaft führte (Endspiel am 7. Juli), war der Dresdner exakt 58 Jahre, neun Monate und 22 Tage alt. Älter war kein anderer Trainer eines Weltmeisters. Helmut Schön ist zudem bis heute der Trainer mit den meisten WM-Spielen (25) und WM-Siegen (16).

Endspiel-Schiedsrichter
Nur einmal war ein Deutscher im Endspiel einer Weltmeisterschaft Schiedsrichter. Es war Rudolf Glöckner aus der DDR 1970 in Mexiko. Brasilien besiegte Italien damals mit 4:1.

Dreimal in Folge im Finale
Das schafften nur zwei Länder. Brasilien gelang dieses Kunststück 1994, 1998 und 2002, den Deutschen 1982, 1986 und 1990.

Meiste Tore eines Weltmeisters
Als Deutschland 1954 den Titel holte, erzielte die Mannschaft von Trainer Sepp Herberger im Turnierverlauf 25 Tore, so viele wie kein anderer Weltmeister. Übrigens: Die im Finale unterlegenen Ungarn hatten sogar 27 Treffer erzielt. Deutschlands 14 Gegentore beim gleichen Turnier waren ebenfalls die meisten, mit denen ein Team Weltmeister wurde.

Johann Pesser

ALLE PLATZVERWEISE DER DEUTSCHEN BEI WM-ENDRUNDEN

Datum	Paarung (Endergebnis)	Runde	Spieler	Grund (Spielminute)
04.06.1938	Deutschland – Schweiz (1:1 n. V.)	Achtelfinale	Johann Pesser	Revanchefoul (96.)
24.06.1958	Schweden – Deutschland (3:1)	Halbfinale	Erich Juskowiak	Revanchefoul (59.)
21.06.1986	Deutschland – Mexiko (0:0, 4:1 i. E.)	Viertelfinale	Thomas Berthold	Tätlichkeit (64.)
24.06.1990	Deutschland – Holland (2:1)	Achtelfinale	Rudi Völler	Rangelei (22.)
04.07.1998	Kroatien – Deutschland (3:0)	Viertelfinale	Christian Wörns	Grobes Foul (40.)
11.06.2002	Deutschland – Kamerun (2:0)	Vorrunde	Carsten Ramelow	Gelb/Rot nach wiederh. Foulspiel (40.)

DIE WM-BILANZ DER DEUTSCHEN TRAINER

Trainer	Geburtsdatum	Sterbedatum	WM-Endrunde	Spiele	Siege	Remis	Niederlagen	Tore	Punkte pro Spiel*
Otto Nerz	21.10.1892	28.02.1949	1934	4	3	0	1	11:8	2,25
Sepp Herberger	28.03.1897	28.04.1977	1938 – 1962	18	9	4	5	44:35	1,72
Helmut Schön	15.09.1915	23.02.1996	1966 – 1978	25	16	5	4	55:25	2,12
Georg Buschner	26.12.1925	–	1974	6	2	2	2	5:5	1,33
Jupp Derwall	10.03.1927	–	1982	7	3	2	2	12:10	1,57
Franz Beckenbauer	11.09.1945	–	1986, 1990	14	8	4	2	23:12	2,00
Berti Vogts	30.12.1946	–	1994, 1998	10	6	2	2	17:13	2,00
Rudi Völler	13.04.1960	–	2002	7	5	1	1	14:3	2,29

** umgerechnet auf die 3-Punkte-Regel (3 Punkte pro Sieg)*

DEUTSCHLANDS WM-REKORDTORSCHÜTZEN

Spieler	WM-Endrunde	Spiele	Tore
1. Gerd Müller	1970, 1974	13	14
2. Jürgen Klinsmann	1990 – 1998	17	11
3. Helmut Rahn	1954, 1958	10	10
4. K.-H. Rummenigge	1978 – 1986	19	9
Uwe Seeler	1958 – 1970	21	9
6. Rudi Völler	1986 – 1994	15	8
7. Hans Schäfer	1954 – 1962	15	7
8. Max Morlock	1954	5	6
Helmut Haller	1962 – 1970	9	6
Lothar Matthäus	1982 – 1998	25	6

DEUTSCHLANDS WM-REKORDSPIELER

Spieler	WM-Endrunde	Spiele
1. Lothar Matthäus	1982 – 1998	25
2. Uwe Seeler	1958 – 1970	21
3. Wolfgang Overath	1966 – 1974	19
K.-H. Rummenigge	1978 – 1986	19
Berti Vogts	1970 – 1978	19
6. Franz Beckenbauer	1966 – 1974	18
Thomas Berthold	1986 – 1994	18
Pierre Littbarski	1982 – 1990	18
Sepp Maier	1970 – 1978	18
10. Jürgen Klinsmann	1990 – 1998	17
K.-H. Schnellinger	1958 – 1970	17

ALLE ELFMETERSCHIESSEN MIT DEUTSCHER BETEILIGUNG

Datum	Ort	Runde	Paarung	Ergebnis
08.07.1982	Sevilla	Halbfinale	Deutschland – Frankreich	3:3 (1:1, 1:1) n. V., 5:4 i. E.
21.06.1986	Monterrey	Viertelfinale	Deutschland – Mexiko	0:0 n. V., 4:1 i. E.
04.07.1990	Turin	Halbfinale	Deutschland – England	1:1 (1:1, 0:0) n. V., 4:3 i. E.

DIE TORREICHSTEN SPIELE MIT DEUTSCHER BETEILIGUNG

Datum	Ort	Paarung	Ergebnis
20.06.1954	Basel	Ungarn – Deutschland	8:3
23.06.1954	Zürich	Deutschland – Türkei	7:2
28.06.1958	Göteborg	Frankreich – Deutschland	6:3

DIE HÖCHSTEN DEUTSCHEN SIEGE

Datum	Ort	Paarung	Ergebnis
01.06.2002	Sapporo	Deutschland – Saudi-Arabien	8:0
06.06.1978	Córdoba	Deutschland – Mexiko	6:0
23.06.1954	Zürich	Deutschland – Türkei	7:2

DIE HÖCHSTEN DEUTSCHEN NIEDERLAGEN

Datum	Ort	Paarung	Ergebnis
20.06.1954	Basel	Deutschland – Ungarn	3:8
28.06.1958	Göteborg	Deutschland – Frankreich	3:6
04.07.1998	Lyon	Deutschland – Kroatien	0:3

DIE PREMIEREN DER DEUTSCHEN BEI WM-ENDRUNDEN

Aktion	Datum	Spieler	Paarung (Endergebnis)
1. Tor	27.05.1934	Stanislaus Kobierski	Deutschland – Belgien (5:2)
1. Hattrick	27.05.1934	Edmund Conen	Deutschland – Belgien (5:2)
1. Strafstoß verwandelt	30.06.1954	Fritz Walter	Deutschland – Österreich (6:1)
1. Strafstoß verschossen	03.07.1974	Uli Hoeneß	Deutschland – Polen (1:0)
1. Auswechslung	03.06.1970	Grabowski für Haller	Deutschland – Marokko (2:1)
1. Eigentor	21.06.1978	Berti Vogts	Österreich – Deutschland (3:2)
1. Platzverweis	04.06.1938	Johann Pesser	Deutschland – Schweiz (1:1 n. V.)
1. Gelbe Karte	14.06.1970	Wolfgang Overath	Deutschland – England (3:2 n. V.)
1. Gelb/Rot	11.06.2002	Carsten Ramelow	Deutschland – Kamerun (2:0)

Uli Hoeneß

DIE EWIGE WM-TABELLE

Land	Titel	Teilnahmen	Spiele	Siege	Remis	Niederlagen	Tore	Punkte (nach 3-Punkte-Regel)
1. Brasilien	5	17	87	60	14	13	191:82	194
2. Deutschland	3	15	85	50	18	17	176:106	168
3. Italien	3	15	70	39	17	14	110:67	134
4. Argentinien	2	13	60	30	11	19	102:71	101
5. England	1	11	50	22	15	13	68:45	81
6. Frankreich	1	11	44	21	7	16	86:61	70
7. Spanien	0	11	45	19	12	14	71:53	69
8. Sowjetunion/Rußland	0	9	37	17	6	14	64:44	57
9. Jugoslawien	0	9	37	16	8	13	60:46	56
10. Schweden	0	10	42	15	11	16	71:65	56
11. Uruguay	2	10	40	15	10	15	65:57	55
12. Holland	0	7	32	14	9	9	56:36	51
13. Ungarn	0	9	32	15	3	14	87:57	48
14. Polen	0	6	28	14	5	9	42:36	47
15. Mexiko	0	12	41	10	11	20	43:79	41
16. Österreich	0	7	29	12	4	13	43:47	40
17. Belgien	0	11	36	10	9	17	46:63	39
18. Tschechoslowakei	0	8	30	11	5	14	44:45	38
19. Rumänien	0	7	21	8	5	8	30:32	29
20. Chile	0	7	25	7	6	12	31:40	27
21. Dänemark	0	3	13	7	2	4	24:18	23
22. Paraguay	0	6	19	5	7	7	25:34	22
23. Portugal	0	3	12	7	0	5	25:16	21
24. Schweiz	0	7	22	6	3	13	33:51	21
25. USA	0	7	22	6	2	14	25:45	20
26. Kamerun	0	5	17	4	7	6	15:29	19
27. Schottland	0	8	23	4	7	12	25:41	19
28. Kroatien	0	2	10	6	0	4	13:8	18
29. Bulgarien	0	7	26	3	8	15	22:53	17
30. Türkei	0	2	10	5	1	4	20:17	16
31. Peru	0	4	15	4	3	8	19:31	15
32. Südkorea	0	4	21	3	6	12	19:49	15
33. Irland	0	3	13	2	8	3	10:10	14
34. Nordirland	0	3	13	3	5	5	13:23	14
35. Nigeria	0	3	11	4	1	6	14:16	13
36. Kolumbien	0	4	13	3	2	8	14:23	11
37. Costa Rica	0	2	7	3	1	3	9:12	10
38. Marokko	0	4	13	2	4	7	12:18	10
39. Norwegen	0	3	8	2	3	3	7:8	9
40. Senegal	0	1	5	2	2	1	7:6	8
41. DDR	0	1	6	2	2	2	5:5	8
42. Japan	0	2	7	2	1	4	6:7	7
43. Algerien	0	2	6	2	1	3	6:10	7
44. Saudi-Arabien	0	3	10	2	1	7	7:25	7
45. Wales	0	1	5	1	3	1	4:4	6
46. Südafrika	0	2	6	1	3	2	8:11	6
47. Tunesien	0	3	9	1	3	5	5:11	6
48. Nordkorea	0	1	4	1	1	2	5:9	4
49. Kuba	0	1	3	1	1	1	5:12	4
50. Iran	0	2	6	1	1	4	4:12	4
51. Ecuador	0	1	3	1	0	2	2:4	3
52. Jamaika	0	1	3	1	0	2	3:9	3
53. Honduras	0	1	3	0	2	1	2:3	2
54. Israel	0	1	3	0	2	1	1:3	2
55. Ägypten	0	2	4	0	2	2	3:6	2
56. Kuwait	0	1	3	0	1	2	2:6	1
57. Australien	0	1	3	0	1	2	0:5	1
58. Bolivien	0	3	6	0	1	5	1:20	1
59. Irak	0	1	3	0	0	3	1:4	0
60. Slowenien	0	1	3	0	0	3	2:7	0
61. Kanada	0	1	3	0	0	3	0:5	0
62. Niederl. Indien	0	1	1	0	0	1	0:6	0
63. Ver. Arab. Emirate	0	1	3	0	0	3	2:11	0
64. China	0	1	3	0	0	3	0:9	0
65. Neuseeland	0	1	3	0	0	3	2:12	0
66. Griechenland	0	1	3	0	0	3	0:10	0
67. Haiti	0	1	3	0	0	3	2:14	0
68. Zaire	0	1	3	0	0	3	0:14	0
69. El Salvador	0	2	6	0	0	6	1:22	0

Die Tabelle errechnet sich aus allen absolvierten Spielen von 1930 bis 2002. So steht Uruguay trotz zweier WM-Titel mit nur 15 Siegen in 40 Spielen lediglich auf Platz 11

DEUTSCHER FUSSBALL BUND

WM 1974 *Jupp Heynckes, Jupp Kapellmann und Franz Beckenbauer (unten v. l.) haben sichtlich Spaß im Tonstudio. Am 27. August 1973 nimmt die Nationalmannschaft in Walldorf ihr WM-Lied »Fußball ist unser Leben« auf. Bernd Franke (oben links), Jürgen Grabowski (oben rechts) und Sepp Maier (unten rechts) studieren noch den Text, Uli Hoeneß (oben 2. v. r.) hat Hörprobleme, Gerd Müller lächelt süffisant. Verdeckt hinter Heynckes: Wolfgang Kleff. Bernd Franke durfte zwar singen, für die WM wurde er aber nicht nominiert*

WM 1982 *»Olé España«, so heißt der WM-Song der Nationalmannschaft für das Turnier in Spanien. Am 1. April 1982 treffen sich die Spieler mit Sänger Michael Schanze (gelber Pullover) zur Aufnahme im Tonstudio. Nicht jeder ist mit Enthusiasmus dabei. Obere Reihe von links: Wolfgang Dremmler, Klaus Allofs, Klaus Fischer, Wilfried Hannes, Hans-Peter Briegel, Bundestrainer Jupp Derwall, Co-Trainer Erich Ribbeck. Mitte: Ronald Borchers, Felix Magath, Manfred Kaltz, Horst Hrubesch, Bernd Franke, Paul Breitner. Unten: Bernd Förster, Hansi Müller, Michael Schanze, Karl-Heinz Rummenigge, Toni Schumacher und Karlheinz Förster. Ronald Borchers und Klaus Allofs werden nicht für die WM nominiert, dafür ist Allofs' Bruder Thomas dabei*

ORLD CUP
1990
adidas

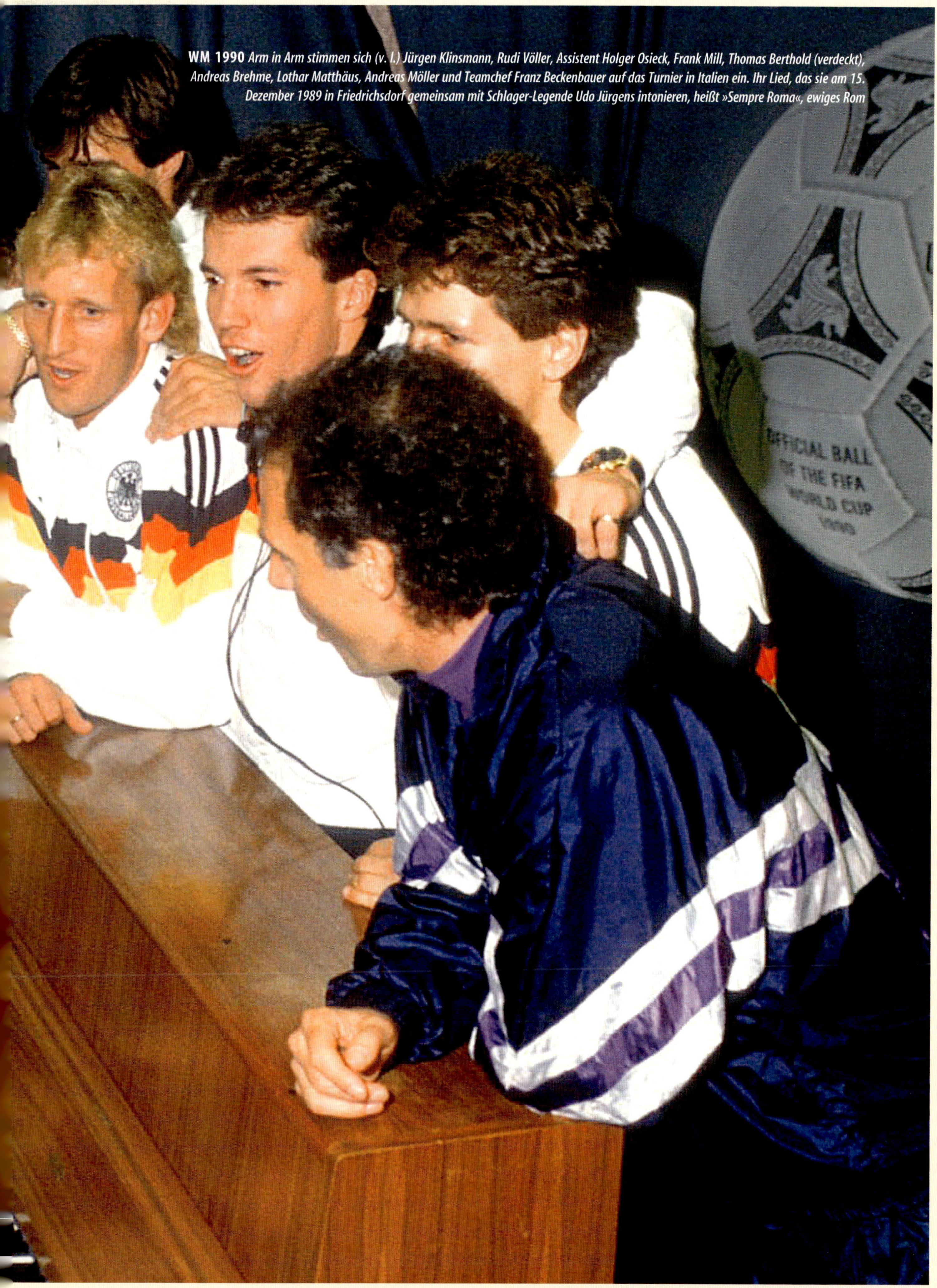

WM 1990 *Arm in Arm stimmen sich (v. l.) Jürgen Klinsmann, Rudi Völler, Assistent Holger Osieck, Frank Mill, Thomas Berthold (verdeckt), Andreas Brehme, Lothar Matthäus, Andreas Möller und Teamchef Franz Beckenbauer auf das Turnier in Italien ein. Ihr Lied, das sie am 15. Dezember 1989 in Friedrichsdorf gemeinsam mit Schlager-Legende Udo Jürgens intonieren, heißt »Sempre Roma«, ewiges Rom*

DIE BUCH-MACHER DER WM-TRILOGIE

CHRISTIAN TUCHTFELDT

Jahrgang 1959, Hamburg. Von 1980 bis 1989 Hamburger Abendblatt, seit 17 Jahren bei SPORT BILD. Verantwortlich für Sonderpublikationen und Buch-Produktionen.

LEIF SCHINDEL

Jahrgang 1970, Hamburg. Studium Kommunikationsdesign. Zeitschriften-, Zeitungs- und Buchgestalter. BILD am SONNTAG, BILD, Berliner Morgenpost. Art Director SPORT BILD seit 2003.

UDO MURAS

Jahrgang 1966, Berlin. Freier Sportjournalist und Autor. Arbeitet für SPORT BILD und Die Welt/Welt am Sonntag. Besitzt Sportpresse-Archiv, das in die Herberger-Ära reicht.

GERHARD »MAX« PIETSCH

Jahrgang 1939, Hamburg. Früherer Sportchef von BILD und BILD am SONNTAG, Chefredakteur SPORT BILD von 1989 bis 1998. Begleitete Nationalmannschaft in über 100 Länderspielen.

FRANK QUEDNAU

Jahrgang 1941, Berlin. Sportjournalist bei Kölnische Rundschau, Kölner Stadtanzeiger, Sports, Die Welt (von 1976 bis 2004). Als Reporter bei mehreren Weltmeisterschaften.

HARDY GRÜNE

Jahrgang 1962, Gleichen-Weißenborn. Studium der Geographie, Publizistik, Politik. Autor von Fußballfachbüchern, u. a. WM-Enzyklopädie, 100 Jahre Deutsche Meisterschaft.

FOLKE HAVEKOST

Jahrgang 1973, Hamburg. Studium Politologie und Geschichte. Freier Journalist. Co-Autor von Büchern über WM 1930, 1970 und 1974. Schreibt Biographie über Helmut Schön.

TOBIAS SCHILD

Jahrgang 1971, München. Diplom-Sportlehrer und freier Journalist, arbeitete für Bonner General Anzeiger, Alliance International Media und Bravo Sport, seit 2003 bei SPORT BILD.

ANDREAS WITTNER

Jahrgang 1964, Würzburg. Freier Autor, betreibt ein Sportantiquariat mit Archiv. Leihgeber und Mitveranstalter diverser Fußball- und Sportausstellungen bundesweit.

VOLKER STAHL

Jahrgang 1960, Hamburg. Korrespondent für Tageszeitungen, berichtet über Politik, Wirtschaft und Sport. Co-Autor von Büchern über WM 1930, 1954, 1970 und 1974.

UTZ REHBEIN

Jahrgang 1958, Hamburg. Sportjournalist, Studium der Germanistik und Kunstgeschichte, arbeitete fürs Hamburger Abendblatt, Fußball-Jugendtrainer.

ULRIKA SICKENBERGER

Jahrgang 1964, Frankfurt. Von 1994 bis 1998 Redakteurin BILD-Leipzig, 1999 Angestellte Sportmarketing, 2000 und 2001 bei Köln extra, seit 2002 Redakteurin bei SPORT BILD.

RAIMUND HINKO

Jahrgang 1950, München. Bis 31. Juli 1990 Chefreporter für BILD-München. Seitdem SPORT BILD, Mitglied der Chefredaktion. Seit 1974 bei allen Fußball-Weltmeisterschaften

Verlag und Herausgeber bedanken sich bei folgenden Fotografen:

action press: *236-237*
action press/FOTOSPORTS: *Titel: M.*
action press/Franziska Krug: *80*
Agon-Verlag: *11 o.r., 97, 98 o.l., 109*
dpa: *13 u. (1.v.l.), 18-19, 20-21 u. (1.-4. v.l.), 22-23 u. (1.-4. v.l.), 24-25 u.(1.-4. v.l.), 26-27 u.(1.-4. v.l.), 28-29 u. (1.-4. v.l.), 28-29 u. (1.-3. v.l.), 5, 87 u., 89, 100, 113, 115, 118-119, 124 o., 169, 178, 207 u. (2. v.l.), 207 u. (4. v.l.), 207 u. (6. v.l.),*
dpa/Werner Baum: *47o., 48o., 61 u.r., 122o.,*
dpa/Oliver Berg: *201o.*
dpa/Empics: *86*
dpa/epa: *200 u.r. 202 u.*
dpa/Rolf Hald: *163*
dpa/Martina Hellmann: *87 o.r.*
dpa/Frank Kleefeldt: *69, 77 o.r.*
dpa/Peter Kneffel: *194*
dpa/Georg Spring: *49 o.*
dpa/upi: *121*
dpa/Roland Witschel: *166 o.*
dpa/Bernd Weiflbrod: *208-209*
Getty Images/AFP/STAFF: *128 u.l.*
Getty Images/Allsport/Simon Bruty: *186 u.r.*
Getty Images/Allsport: *Titel u. (4.v.l.),*
Getty Images/Bongarts: *35, 75 o., 91 u. (3.v.l.), 170-171, 192 o.l.*
Getty Images/ Gary M. Prior: *203 o.*
Martin Hangen: *85*
Wilfried Hartmann: *88 o.l.*
Heiner Köpcke: *81, 180-181,187*
imago: *12, 16-17, 40-41, 54-56 u. (1.-4. v.l.), 68-69 u. (1.-4. v.l.), 70-71 u. (1.-4. v.l.), 72-73 u. (1.-4. v.l.), 74-75 u. (1.-4. v.l.), 76-77 u. (1.-4. v.l.), 76 o., 78-79 u. (1.-4. v.l.), 91 u. (1.v.l.), 126-127, 134 o., 136-137, 139, 174o., 174u., 176u., 177u., 207u. (1. v.l.), 207 u. (3. v.l.),*
imago/Camera 4: *Titel: o. (4.v.l.), 199 u., 202 o.l., 204 o.l., 205*
imago/Claus Bergmann: *Titel: o. (3.v.l.)*
imago/Colorsport: *58*
imago/Frinke: *44-45 u. (1.-4. v.l.), 46-47 u. (1.-4. v.l.), 48-49 u. (1.-4. v.l.), 50-51 u. (1.-4. v.l.), 52-53 u. (1.-4. v.l.), 53, 62 o.l., 91 u. (2.v.l.), 160-161, 162 u., 164 u., 166 u., 168 u.*
imago/ImageLabz: *28 o.*
imago/Alfred Harder: *188-189, 197 u.*
imago/HJS: *74 o., 191*
imago/ND-Archiv: *114, 140, Rückseite: o. (5.v.l.)*
imago/Martin Hoffmann: *59*
imago/Norbert Schmidt: *173 u., 175*
imago/Werner Schulze: *70 o., 144-145, 146, 150, 151*
imago/Sven Simon: *Titel: u. (2.v.l.), 10 o.l., 10-11, 61 o.r., 71 o., 72 o., 88 u., 129 o., 130 o., 130 u., 132 u., 133, 135, 142, 143, 152-153, 152 o., 155, 157, 162 u.r., 165 o., 166 o., 171 u., 173 o., 177 o., 184, 185, 198 u., 199 o.r., 230, Rückseite: o. (2.v.l.), o. (3.v.l.), u. (3.v.l.)*
imago/Team 2: *206*
imago/Ulmer: *11 u.r., 91 u. (4.v.l.), 196-197, 201 u.r.,*
imago/WEREK: *Titel u. (1.v.l.), 4-5, 6-7, 13 u. (3.v.l.), 50 o., 56, 60, 61 u.l., 62 u.l., 63, 66-67, 72 o., 141, 147, 148, 154, 159, 161 u., 164 u., 166 u., 168 o.l., 172 u., 175 u., 176 o.l., 178 u., 179, 193, 194 u, 234-235, Rückseite: u. (5.v.l.)*
Interfoto: *38 u.r.*
Keystone: *134 u.*
keystone/ Ursula Borchert: *21 o.*
Kunz: *39, 203 u.*
ndr: *54 o.*
POPPERFOTO/Bilderberg: *14-15, 25 o., 96, 104 u.l., 127 u., 128 u., 129 u.r., 130 u., Rückseite: u. (1.v.l.)*
picture-alliance/ASA: *45 o.r.*
picture-alliance/dpa: *11 o.M., 13 u. (2.v.l.), 22 o., 29 o.r., 30 o., 42, 62 u.r., 83, 101, 110-111, 122 u., 123, 124 u., 125, 132 o., 158, 232-233*
pixathlon: *24 o., 27 o., 32, 38 o.l., 38 u.l., 92-93, 98 u., 99, 116, 117, 138, 149, 183, Rückseite: o. (4.v.l.)*
Rzepka: *195*
Ullstein: *23 o., 26-27 u. (4.v.l.), 100 u., 106 o.l., 108, 156, 186 o.l., 207 u. (5.v.l.), Rückseite: o. (1.v.l.)*
Ullstein/Horstmüller: *130 o.*
Ullstein/Metelmann: *36, 37 u.r.*
Ullstein/Schirner: *37 u.l.*
Ullstein/Wende: *84*
Witters: *2-3, 10 u.l., 34, 64-65, 82, 102-103, 105, 104 u., 105, 106 u., 107*
Witters/Kaiser: *Titel: o. (1.v.l.), 90*
Andreas Wittner: *94-95*

Porträtfotos Kapitel 3:
Agon-Verlag: *(23)*, **dpa** *(96)*, **firo** *(1)*, **Getty Images** *(1)*, **imago** *(110)*, **Rauchensteiner** *(1)*, **Ullstein** *(7)*, **Witters** *(6)*, **Wittner** *(4)*